SHIVAS TÖCHTER

A BENGALEE. WOMAN

Wilfried Westphal

Shivas Töchter

Geschichte der Frau in Indien

Jan Thorbecke Verlag

Frontispiz: Bengalin in traditionellem Schmuck (Werk eines einheimischen Künstlers, 19. Jh.)

Bibliografische Information der Deutschen Nationalbibliothek
Die Deutsche Nationalbibliothek verzeichnet diese Publikation in der Deutschen
Nationalbibliografie; detaillierte bibliografische Daten sind im Internet
über http://dnb.d-nb.de abrufbar.

© 2006 by Jan Thorbecke Verlag der Schwabenverlag AG, Ostfildern
www.thorbecke.de · info@thorbecke.de

Dieses Buch ist aus alterungsbeständigem Papier nach DIN-ISO 9706 hergestellt.
Layout: Wolfgang Sailer, Jan Thorbecke Verlag
Karte: Axel Bengsch, nach Vorlage des Autors
Gesamtherstellung: Jan Thorbecke Verlag, Ostfildern
Printed in Germany
ISBN-10: 3-7995-0168-1
ISBN-13: 978-3-7995-0168-2

»Die Natur scheint ihre Gaben an das
schöne Geschlecht in ganz Hindustan
in verschwenderischerer Weise ausge-
teilt zu haben als in den meisten andern Ländern.«

Robert Orme,
1750

INHALT

Dritter Teil
UNTER DEM ZEPTER DER QUEEN

Vierter Teil
Im Namen der Freiheit

EINFÜHRUNG

Was der britische Historiker Robert Orme, der Indien aus eigener Anschauung kannte, schon im 18. Jahrhundert konstatierte, hat dennoch kaum Beachtung gefunden. Erst seit geraumer Zeit erregt auch in unseren Breiten die Inderin Aufmerksamkeit. In einer Zeitungsnotiz neueren Datums stand zu lesen: »Die schönsten Frauen der Welt kommen aus Indien; jedenfalls, wenn man den Machern des Miss-World-Wettbewerbs glaubt. Zum zweiten Mal in Folge hat eine Inderin den Titel der ›Miss World‹ gewonnen.«

Der Austragungsort der Miss-Wahlen war London, und es hätte den seligen Orme sicher mit Genugtuung erfüllt, wenn er dem illustren Ereignis hätte beiwohnen können. Schließlich sind gerade die Briten nicht unbedingt bekannt dafür, daß sie anderen, zumal in einem Land wie Indien, den gleichen Wert zuerkennen wie sich selbst. Und seien es auch nur Frauen, denen die Briten bekanntlich nur in Maßen Aufmerksamkeit schenken. Daß es sich dabei um Inderinnen handelt, muß sie dennoch einigermaßen peinlich berühren, waren sie es doch, die einst über Indien herrschten.

Wenn nun die Inderin ins Rampenlicht rückt, und sei es auch nur bei einem Schönheitswettbewerb, so ist das immerhin ein Indiz dafür, daß sie »sichtbar« wird, was durchaus keine Selbstverständlichkeit ist. Denn nicht nur gibt es Frauen anderer Länder, namentlich in der islamischen Welt, denen der Zugang zu Miss-Wahlen verwehrt ist (von anderen Beschränkungen ganz zu schweigen). Auch in Indien selbst haben Frauen lange Zeit ein Schattendasein geführt und tun dies in den meisten Fällen auch heute noch. Das ist auch auf den Einfluß des Islam zurückzuführen, der nicht gerade dafür bekannt ist, daß er der Frau die Anerkennung ihrer Rechte zugesteht. Doch ist Indien weniger durch den Islam als vielmehr durch den Hinduismus geprägt, und dieser steht in seiner Frauenfeindlichkeit dem Islam kaum nach. Was in gewisser Weise paradox ist:

denn nirgendwo wird die weibliche Anmut und der verführerische Reiz der Frau so sehr gefeiert wie in Indien. Wie es dazu im *Anangaranga*, einem dem berühmteren *Kamasutra* vergleichbaren indischen Handbuch der Liebe, heißt:

»Die, die die folgenden Merkmale und Eigenschaften aufweist, wird Padmini oder Lotosfrau genannt. Ihr Gesicht ist lieblich wie der volle Mond; ihr Körper, wohlgerundet, ist weich wie der Schirasbaum oder die Senfblume; ihre Haut ist rein, zart und hell wie der gelbe Lotos, niemals dunkel, obgleich sie, in der Blüte und dem purpurnen Schimmer ihrer Jugend, einer Wolke kurz vor dem Regen gleicht. Ihre Augen sind schön und glänzend wie die eines Rehs, scharf geschnitten und mit rötlichen Winkeln. Ihre Brüste sind fest, voll und hochangesetzt; ihr Mund ist wohlgeformt wie eine Muschel, so zart, daß der Speichel durchschimmert; ihre Nase ist gerade und anmutig, und drei Falten oder Runzeln, in der Gegend des Nabels, umgürten sie. Ihr *Yoni* ähnelt der sich öffnenden Knospe eines Lotos, und ihr Liebessaft verströmt den Duft einer frisch aufgesprungenen Lilie. Ihr Gang ist schwanengleich, ihre Stimme sanft und melodisch wie der Gesang des Kikolavogels; sie trägt gern ein weißes Gewand und erfreut sich an kostbarem Schmuck und erlesenen Kleidern. Sie ißt wenig, hat einen leichten Schlaf, und, indem sie ebenso ehrbar und gläubig wie klug und höflich ist, achtet sie sorgsam darauf, den Göttern zu huldigen und das Gespräch mit den Brahmanen zu pflegen. Solcher Art denn ist die Padmini oder Lotosfrau.«

Es werden noch drei weitere Arten von Frauen genannt; doch es ist der Typus der Padmini, der Lotosfrau, der das Idealbild einer Frau darstellt. Dabei wird freilich nicht nur ihre Anmut und ihre erotische Ausstrahlung gerühmt, sondern auch ihr Wesen, das sich durch Genügsamkeit und Gottesfürchtigkeit auszeichnet, hervorgehoben. Immerhin: die Lotosfrau sollte auch gescheit genug sein, gelehrte Gespräche mit Brahmanen, die die eigentlichen Sachverwalter des Wissens waren, zu führen. Darin war sie nicht nur der Muslimin überlegen, sondern auch ihrer Nachfahrin; das heißt der Anhängerin ihres eigenen Glaubens in späterer Zeit. Denn das ist das Bemerkenswerte an der Rolle der Frau in Indien:

Es ist ein Rückschritt in ihrem Status zu verzeichnen. Und dies nicht nur seit der Zeit, da das *Anangaranga* – im 16. Jahrhundert – verfaßt wurde. Schon Manu, auf den der vom Hinduismus geprägte Sittenkodex in Indien zurückgeht, schrieb vor zweitausend Jahren: »Laßt eine Frau sich niemals der Unabhängigkeit erfreuen.« Ein Gebot, an das man sich denn auch folgsam hielt.

Welche Auswirkungen diese rückläufige Entwicklung im Einzelfall haben kann, zeigt ein Ereignis, das sich vor einiger Zeit in Deorala, einem Dorf in Rajasthan, der Hochburg des Hinduismus in Indien, zutrug. Wie das amerikanische Nachrichtenmagazin »Newsweek« anläßlich eines umstrittenen Urteilspruches berichtete: »Die Szene war außergewöhnlich. Am 4. September 1987, tief im Innern des indischen Bundesstaates Rajasthan, lag der Leichnam des 24jährigen Maal Singh – eines College-Studenten, der einer plötzlichen Krankheit erlegen war – auf einem Scheiterhaufen. Da bestieg seine Witwe, Roop Kanwar, Absolventin einer höheren Schule von kaum 18 Jahren, den Scheiterhaufen und legte sich neben den Leichnam. Rauch und Flammen stiegen auf und hüllten sie ein, während Hunderte ihrer Nachbarn zuschauten.«

Auch wenn Sati, der geheiligte Ritus der Witwenverbrennung, heute in Indien nur noch selten vorkommt, denn er ist seit dem 19. Jahrhundert verboten, so macht dieser Brauch doch in besonders drastischer Weise deutlich, wie sehr die Unmündigkeit der Frau auch heute noch in der Tradition Indiens verwurzelt ist: Denn Sati bedeutet nichts anderes als das Eingeständnis, daß eine Frau nur in Abhängigkeit von ihrem Ehemann leben kann – stirbt er, ist auch ihr Leben verwirkt.

So ergibt sich in Indien die paradoxe Situation, daß einerseits die Frau in den höchsten Tönen gelobt wird, während man ihr andererseits jeglichen Wert abspricht. Dabei ist Sati nur ein – wenn auch das spektakulärste – Beispiel für die Mißachtung der Rechte der Frau in Indien. Weit häufiger als Sati kommen sogenannte Mitgiftmorde vor, bei denen es sich um die mutwillige Tötung von Ehefrauen handelt, weil die Mitgift, die sie mit in die Ehe gebracht haben, für nicht ausreichend befunden wurde: Tag für Tag werden in Indien im Durchschnitt *fünfzehn* dieser Morde begangen! Und dies, obwohl die Zahlung von Mitgift verboten ist. Der Staat, der zwar eine Vielzahl von Gesetzen zum Schutz der Menschenrechte erlassen hat, macht sich, indem er ihre Einhaltung nicht durchsetzt, zum notorischen Komplizen der Mitgiftjäger, wie auch aller übrigen, die das Gesetz nicht achten, und dies nicht zuletzt zu Lasten der Frau.

Das wird auch bei einem anderen Mißstand deutlich: Mädchen werden in den Tempeldienst geschickt, wo sie – einer gleichfalls geheiligten Tradition zufolge – zur Prostitution gezwungen werden. Die Zahl der Mädchen, die jährlich in das Amt einer *Devadasi*, einer Tempelprostituierten, gepreßt werden, wird auf 15 000 geschätzt. Und dies, obwohl die Praxis vom Gesetzgeber untersagt ist.

Die Mißachtung der elementarsten Rechte der Frau beginnt in Indien schon vor der Geburt: indem man weibliche Föten bewußt abtreibt, sofern man es nicht vorzieht, das Kind, sollte es sich als Mädchen erweisen, nach der Geburt zu töten. Diese weitverbreiteten Praktiken hängen zwar mit der Unsitte der Mitgift zusammen, die sich viele nicht leisten können, sind dennoch aber auch ein Indiz dafür, wie sehr ein weibliches Wesen in Indien geringgeschätzt wird. Sie haben dazu geführt, daß Indien heute ein Defizit an Frauen aufweist, das die Marke von 30 Millionen erreicht hat. Damit steht Indien ziemlich allein da; denn gewöhnlich ist es umgekehrt: Nicht Männer, sondern Frauen bilden einen Überschuß in der Bevölkerung eines Landes.

Frauen haben in Indien entschieden die schlechteren Karten, und dies beileibe nicht nur in dem, was uns als exotisch erscheint, sondern auch in ganz Alltäglichem – vom Bildungswesen bis zur Gesundheit –, und es erhebt sich die Frage, warum das so ist. Wenn es doch früher offenbar anders war. Aber auch das bedarf einer näheren Klärung. Eines jedoch ist gewiß: Indien ist ein Land, in dem es um die Frau nicht nur nicht zum besten bestellt ist, sondern in dem es auch nicht wirklich aufwärts geht. Im Gegenteil: Es spricht alles dafür, daß die Inderin in früheren Zeiten ein glücklicheres Leben führte als heute. Das ist freilich so ungewöhnlich nicht, auch wenn es widersinnig erscheint. Indien stellt – was den Rückschritt, zumindest aber den Stillstand der gesellschaftlichen Entwicklung der Frau betrifft – keine Ausnahme dar, sondern eher die Regel, auch wenn dies weitgehend unbekannt ist. Zumindest trifft dieser Mißstand für die Länder zu, die über eine lange Tradition höherer Kultur verfügen. Das auffallendste Beispiel ist Ägypten, wo ich in einer genaueren Untersuchung erstmals den Nachweis erbracht habe, daß es mit der gesellschaftlichen Stellung der Ägypterin im Laufe der Geschichte, das heißt seit dem Ende des Pharaonenreiches, kontinuierlich bergab gegangen ist. Gleiches ließe sich für andere Länder, die unter den Einfluß des Islam (und des Christentums) gerieten, sagen, von Marokko bis Pakistan, obwohl es hier an vergleichbaren Studien noch fehlt. Selbst die Griechen beziehungsweise Griechinnen führten in archaischer Zeit ein freieres Leben als in darauffolgenden Perioden, namentlich während des sogenannten klassischen Zeitalters, als Athen die Vormacht errungen hatte. Das blieb auch in der Folgezeit so; zunächst im Zeichen des Christentums und dann des Islam. Erst in neuerer Zeit, mit dem Einsetzen der Säkularisierung, hat sich das geändert.

In Indien hat die Säkularisierung, zumal auf dem Lande, wo noch immer drei Viertel der Bevölkerung leben, vergleichsweise wenig Wirkung gezeigt, so daß die Tradition, die die Frau benachteiligt, noch fast ungebrochen ist. Uma Bhaskar, eine Lehrerin in Delhi, der Hauptstadt des Landes, bringt es auf den Punkt, wenn sie sagt: »Ich hoffe nur, daß ich in meinem nächsten Leben als Mann geboren werde.« Denn, wie es nicht minder pointiert Kocheril Raman Narayan, der frühere indische Staatspräsident, der sich dadurch sehr wesentlich von seinen Geschlechtsgenossen in Indien unterscheidet, formulierte: »Hat man je einen Mann auf den Scheiterhaufen steigen sehen?«

Eine rhetorische Frage, denn natürlich würde so etwas einem Inder nicht einfallen, während er es andererseits durchaus in Ordnung findet, wenn sich eine Frau dafür hergibt. Zumindest stellt das die hergebrachte Ordnung nicht auf den Kopf, was unweigerlich geschähe, wenn ein *Mann* seiner Frau den letzten Treuebeweis erbringen würde, als der Sati schließlich gilt.

Wie aber konnte es geschehen, daß ein derart grausames Ritual, als das Sati einem neutralen Beobachter erscheinen muß, in einem Land entstehen konnte, das doch andererseits die Frau in so besonderer Weise ehrte, daß sie quasi zum Mittelpunkt von Kunst und Literatur wurde? Indische Dichter der klassischen Zeit haben es fertiggebracht, bis zu hundert Verse zu schmieden, mit denen sie jeweils die Schönheit einer einzigen Frau priesen. Einer von ihnen schaffte es sogar, allein die Brüste einer Göttin mit fünfzig Versen zu besingen! Und was die Kunst im eigentlichen Sinne – nicht nur die Bildhauerkunst, sondern auch die Malerei – anbelangt, so feiert auch hier die Frau, deren Reize in überschwenglicher Weise dargestellt werden, die höchsten Triumphe. Man denke an die Tempel von Khajuraho, die nicht nur mit gewagten Szenen, sondern auch einer unermeßlichen Vielfalt weiblicher Wesen, sowohl Göttinnen als auch Nymphen, geschmückt sind, die mit ihrer verspielten Koketterie und Erotik ihresgleichen suchen. Ähnliches gilt für die nicht minder reizvollen Darstellungen von Königinnen, Konkubinen und Himmelsfeen, die die Wände der Felsheiligtümer in Ajanta oder Sigiriya – letzteres in Sri Lanka, das lange Zeit unter dem Einfluß Indiens stand – zieren.

Hymnische Lobpreisungen dieser Art gehören jedoch der Vergangenheit an. Die spätesten Zeugnisse der klassischen Kunst – sieht man von der Miniaturmalerei einmal ab, die an den Höfen der Maharadschas blühte, wo sie nicht selten unter Verschluß gehalten wurde – stammen aus dem 13. Jahrhundert. Erst 1978, als sich ein beherzter Regisseur dazu erkühnte, wagte man es, wieder einen Kuß öffentlich darzustellen, diesmal freilich in einem zeitgemäßeren Medium, auf der Leinwand. Siebenhundert Jahre mußten vergehen, bis man wieder zu einer derartigen Freizügigkeit fand.

Nun stellt eine Liberalisierung in den Medien, zumal wenn sie – wie in Europa und Nordamerika – bis zur Libertinage reicht, noch nicht unbedingt ein Zeichen von Fortschritt dar. Von dem denn auch in Indien, zumindest, was die Beziehung zwischen den Geschlechtern anbelangt, keine Rede sein kann. Dabei brauchten die Inder – anstatt sich vom permissiven Westen lediglich korrumpieren zu lassen – nur zurück in die eigene Vergangenheit zu schauen. Sie würden feststellen – wobei so manche ihrer liebgewonnenen Gewohnheiten bis in die Grundfesten erschüttert würde –, daß ihre Ahnen vor tausend, zweitausend Jahren, ja, eigentlich noch viel früher ein freieres Leben führten, als sie es heute tun. Was zwar weniger auf die Männer zutrifft, die sich im Laufe der Zeit immer mehr in den Vordergrund drängten, dafür aber um so mehr auf die Frauen. Und um die geht es; denn Freiheit auf Kosten anderer ist ein Mißstand, den es zu beseitigen gilt.

Dieses Buch soll dazu einen kleinen Beitrag leisten. Allerdings handelt es sich dabei nicht um ein politisches Manifest, so angemessen dies auch wäre. Es soll vielmehr versucht werden, um auch einen größeren Leserkreis anzusprechen, in einem historischen Exkurs die Rolle und Wirkung der Frau in Indien nachzuzeichnen, wobei wir bis in die früheste Zeit zurückgehen werden, während wir andererseits die Entwicklung bis in die unmittelbare Gegenwart verfolgen wollen. Daraus ergibt sich ein Gesamtbild der Geschichte der Frau in Indien, die – berücksichtigt man nur die Zeitspanne, in der eine höhere Kultur in Indien bestand – immerhin fast 5000 Jahre umfaßt. Davon entfällt der weitaus größte Teil, nämlich fast 4000 Jahre, auf eine Periode, die durch die eigentliche Tradition Indiens, den Hinduismus und seine Vorläufer, geprägt ist. Erst im 11. Jahrhundert n. Chr. gewann der Islam – und damit eine neue kulturelle Tradition – in Indien an Boden, auch wenn die Vorherrschaft der Moguln, die für eine Festigung dieser Tradition in Indien sorgten, erst im 16. Jahrhundert einsetzte. Den Moguln folgten im 18. Jahrhundert die Briten, die den indischen Subkontinent bis 1947 beherrschten. Erst in dem Jahr erlangte Indien – wie auch Pakistan, das sich von Indien löste – seine Unabhängigkeit. Mehr als ein halbes Jahrhundert ist seit diesem Zeitpunkt vergangen, da Indien seine Geschicke in die eigenen Hände nahm.

Wie für die indische Kultur und Gesellschaft insgesamt, so ist die besondere historische Erfahrung Indiens auch für die Frau im Speziellen von Bedeutung gewesen. Sowohl der Islam als auch die britische Herrschaft zeitigten bedeutsame Änderungen, die gerade auch die Situation der Frau betrafen: Im ersten Fall waren die Auswirkungen eher negativ, im zweiten Fall positiv. Was die neueste Zeit betrifft, so ist der Befund weniger eindeutig: Auf der einen Seite ist durchaus eine fortschrittliche Tendenz zu verzeichnen, während andererseits auch erschwerende Momente hinzukommen, die einem wirklichen Fortschritt entgegenwirken.

Was vielleicht immer noch, wenn auch nicht wie ein politisches Manifest, so doch wie eine soziologische Abhandlung klingt, ist dennoch nicht das, was mir vorschwebt. Aus zweierlei Gründen: Einmal – und das wurde bereits gesagt – möchte ich ein allgemein interessiertes Publikum ansprechen. Zum andern ist Indien ein Land, das allein schon durch die Vielfalt seiner Völker und Kulturen fasziniert, wozu freilich noch die Vielgestaltigkeit seiner Landschaft, die vom Himalaya bis zum von Palmen gesäumten Strand reicht, kommt. Was uns aber hier nur mittelbar berühren wird. Dagegen soll durchaus nicht darauf verzichtet werden, die vielfältigen Wunder und Geheimnisse, die gerade den Menschen in Indien berühren, anzusprechen. Das folgende Beispiel, das aus der Feder eines hohen Würdenträgers im Dienste ehemaliger Maharadschas stammt, mag verdeutlichen, was gemeint ist. Es handelt sich dabei um einen geheimen Kult, dessen Bedeutung an anderer Stelle ausführlich behandelt werden wird:

»Der Koul war der geistliche Führer und leitete die Versammlungen, indem er in Leopardenfell gekleidet war und sein Gesicht rotbemalt und den Schädel kahlgeschoren hatte, außer einem Büschel langen Haares in der Mitte des Schädels. Er sah wild und grausam, doch zugleich auch ernst und würdevoll aus. Er errichtete eine Statue der Göttin aus Schlamm und Sand mit seinen eigenen Händen, und er pflegte die Gottheit mit vielfarbiger Kreide zu bemalen und mit Juwelen, die direkt aus der Schatzkammer des Herrschers kamen, zu bedecken – Edelsteinen, Halsbändern aus Perlen, diamantbesetzten Armbändern und Ohrringen aus Rubinen. Der Koul begann, indem er die Versammelten aufforderte, der Göttin ein Loblied zu singen. Als diese Zeremonie beendet war, wurde auf eine höchst ausgefallene Weise Wein gereicht, und nachdem man viele Stunden lang diese sehr starke Mixtur, die speziell für diesen Zweck zubereitet worden war, getrunken hatte, pflegte er die jungfräulichen Mädchen aufzufordern, vorzutreten und sich nackt vor der Göttin aufzustellen und die Gebete an sie zu richten in Gegenwart der Versammelten.«

Damit war die Zeremonie freilich noch nicht zu Ende, wie man sich denken kann. Doch wie es weitergeht beziehungsweise weiterging, das soll – wie gesagt – an anderer Stelle näher ausgeführt werden. Hier mag es genügen, darauf hinzuweisen, daß derlei Zeremonien, bei denen gerade auch die Frau eine herausragende Rolle spielte, einen integralen Bestandteil des Kultes im Hinduismus bilden. Sie mögen uns befremdlich erscheinen, verfehlen aber gerade deshalb nicht ihre faszinierende Wirkung. Da sie zudem häufig ein bezeichnendes Licht auf die Bedeutung der Frau in der indischen Religion werfen, verdienen sie besondere Beachtung.

Ähnliches gilt, wenn es um historische Ereignisse geht. Auch hier soll der Rolle der Frau, soweit sie in einer gegebenen Situation bedeutsam war, gebührende Aufmerksamkeit zuteil werden. Das trifft beispielsweise sowohl auf die Geschichte zu, die sich um das Taj Mahal rankt, das wohl bekannteste Bauwerk Indiens, das aus der Zeit der Moguln stammt, als auch auf den sogenannten »großen Aufstand«, mit dem die Inder sich gegen die Herrschaft der Briten erhoben und bei dem sich besonders eine Frau, die Rani von Jhansi, auszeichnete. Sie wurde zur Vorläuferin der Unabhängigkeitsbewegung in Indien. Doch wer war diese tapfere Rani? Und gab es noch andere in der langen Geschichte Indiens, die ihr zur Seite zu stellen sind?

Derlei Episoden und Persönlichkeiten genauer abzuhandeln und vorzustellen, dient nicht nur der Anschaulichkeit. Es wird dadurch auch gewährleistet, daß die, die nur allzuoft übersehen worden sind, in den eigentlichen Blickpunkt rücken – was bei dem Thema, dem wir uns hier widmen, schließlich auch angezeigt ist.

Bleibt noch die Frage, welchen Zweck diese Abhandlung verfolgt. Wie es bereits anklang, geht es mir in erster Linie darum, aufzuzeigen, wie sich die Rolle der Frau in Indien im Laufe der Geschichte verändert hat und was die Ursachen dafür waren, daß sich ihr Status ständig verschlechterte. Daraus ergeben sich dann Schlußfolgerungen, die geeignet sein könnten, einen Weg aufzuzeigen, den die Frau in Indien in Zukunft beschreiten könnte. Das aber wird nicht Aufgabe dieses Buches sein. Lediglich die Quintessenz. Und davor sollte man sich immerhin nicht drücken. Schließlich geht es nicht nur um Geschichte und Geschichten, sondern auch um Schicksale, heute und morgen. Da kann man sich nicht einfach aus der Verantwortung stehlen, wie es leider allzuoft geschieht. Gerade – so paradox es erscheinen mag – in der Wissenschaft, die sich Indien zum Gegenstand ihrer Untersuchungen erkoren hat. Die Indologie – zumal hierzulande – zeichnet sich durch nichts so sehr aus wie durch ihre gesellschaftliche Belanglosigkeit. Deshalb begeben wir uns im folgenden auch auf ein Terrain, das noch weitgehend unerforscht ist. Zumindest, was die großen Linien betrifft. Zusammenhänge werden nicht erkannt und damit auch Schlußfolgerungen nicht gezogen. Man begnügt sich mit Stückwerk, wo eine Gesamtschau vonnöten wäre. Soweit es die Frau betrifft, sei hier ein erster Versuch, so skizzenhaft er auch sein muß, gewagt.

Erster Teil
ZU EHREN DER GÖTTER

Kunstwerk der Schöpfung

Auch in Indien war der erste Mensch ein Mann. So wenigstens steht es in den Überlieferungen. Purusha war der Name des Urahns, und aus ihm entstanden vier Arten von Menschen. Alles wiederum männliche Wesen; zumindest ist es der Mann, der diese Arten kennzeichnet. Wie es dazu im *Rigveda*, einer Sammlung heiliger Schriften, die am Anfang schriftlicher Überlieferung in Indien steht, heißt:

> Als sie den Menschen zerteilten,
> in wie viele Teile trennten sie ihn?
> Wie wurde sein Mund, wie wurden seine Arme,
> wie wurden seine Schenkel und seine Füße genannt?

> Der Brahmane war sein Mund,
> aus seinen Armen wurde der Krieger erschaffen,
> seine Schenkel wurden zu Vaishyas,
> aus seinen Füßen wurden die Schudras geboren.

Die Vaishya, das sind Kaufleute und Landbesitzer, wohlhabende Bürger; Shudra hingegen sind arme Schlucker: das gemeine Volk, Diener und Arbeiter. Der Brahmane, der an der Spitze der traditionellen Gesellschaftsordnung steht, ist Gelehrter, Priester. Er genießt das höchste Ansehen, das er sich selbst zugeschanzt hat, denn schließlich ist es seine Klasse beziehungsweise Kaste, die alles Wissen tradiert und es in ihrem Sinne auslegt.

Nicht nur die Shudra, auch die sogenannten Unberührbaren, die außerhalb der eigentlichen Gesellschaftsordnung in Indien stehen, haben unter der Weisheit der Brahmanen zu leiden. Sie gelten als unrein, was in ähnlicher Weise auch für die Frauen zutrifft, und dies ohne Unterschied ihrer Klassen- beziehungsweise Kastenzugehörigkeit. Denn

Frauen sind nur ein Anhängsel des Mannes, das aus ihm entstanden ist. Das ist in Indien ebenso wie in der Bibel. Purusha gebiert aus sich selbst eine Frau, und gemeinsam erschaffen sie die Welt. Wenngleich auch hier der Mann im Mittelpunkt des Schöpfungsaktes steht. Die Frau ist nur Beiwerk. Auch wenn es nicht gänzlich ohne sie geht; selbst Atman, die Weltenseele, der Urbeginn allen Seins, hält es ohne ein weibliches Pendant nicht aus. Heißt es doch, wobei Atman wiederum als männliches Prinzip gesehen wird:

»Wahrlich, es mangelte ihm an Freude. Wer allein ist, dem fehlt die Freude. Er also begehrte ein Zweites. Er war in Wahrheit so groß wie eine Frau und ein Mann in enger Umarmung. Er unternahm es also, sich in zwei Hälften zu teilen. Daraus entstand ein Ehemann und eine Frau. Deshalb gilt wahrlich: ›Ein Einzelner ist nur ein Bruchstück‹, wie Yajnavalkya zu sagen pflegte. Und so wird das Fehlende von einer Ehefrau ausgefüllt. Er paarte sich mit ihr. Daraus entstanden menschliche Wesen.«

Auch Brahma, der höchste aller Götter, kann der Versuchung nicht widerstehen. Von ihm wird berichtet, daß er im Verein mit seinen göttlichen Gefährten Shiva und Vishnu die Frau eines Asketen, der der Sohn Purushas war, verführen wollte. In den Puranas, den heiligen Texten, heißt es dazu:

»Da sie ihn [den Asketen] so inbrünstig meditieren sahen, gingen die drei ewiglichen Götter zu seiner Frau Anasuya und sprachen mit ihr. ... [Shiva] selbst hielt ein lingam in der Hand; Vishnu verspürte Verlangen nach ihr; Brahmas höchste Göttlichkeit war der Lust gewichen, und der Gott Kama [die Liebe] hatte ihn vollständig in der Gewalt. Er sagte: ›Gewähre mir geschlechtliches Vergnügen, oder ich werde den Atem meines Lebens aufgeben, denn du hast mich in einen Wirbelwind der Leidenschaft gerissen.‹ Als Anasuya, die dem Treueschwur, den sie ihrem Ehemann gegeben hatte, ergeben war, ihre unzüchtigen Worte vernahm, gab sie keine Antwort, denn sie fürchtete den Zorn der Götter. Doch die Götter, die außer sich vor Verlangen waren, packten sie und schickten sich an, sie zu vergewaltigen, denn die magische Kraft der Liebe hatte sie verzaubert.«

Doch nun überwindet Anasuya alle Furcht, und entschlossen setzt sie sich zur Wehr:

»Da überkam Zorn die geliebte und treue Frau des Weisen, und sie verfluchte ... [die Götter] und sagte: ›Ihr werdet meine Söhne sein, denn das Verlangen hat euch zu Narren gemacht. Der *lingam* des großen Gottes, der große Kopf Brahmas hier und die beiden Füße ... [Vishnus] werden von nun an von den Menschen verehrt werden, und so werden die höchsten Götter für alle Zeit ein Gegenstand des Gespötts sein.‹«

Brahma und seine göttlichen Gefährten haben sich also gewaltig blamiert, als die keusche Anasuya sie abblitzen ließ, und obgleich die Symbole, unter denen sie fortan verehrt wurden – nicht zuletzt das *lingam*, ein Abbild des Phallus –, auch nicht wirklich Anlaß zu Gespött gaben, so ist ihr Ursprung doch eher als Schmach anzusehen, die sie sich immerhin bei einer Frau eingehandelt haben.

Dies wird allerdings verständlich, wenn man bedenkt, wie denn nun eigentlich die Frau in Indien beschaffen ist: Anders als in der Bibel, wo Eva bekanntlich aus einer Rippe Adams entstand, gesteht man der Frau in Indien – auch wenn sie gleichfalls nur ein Teil des Mannes ist und ihm seine Entstehung verdankt – zu, daß sie dennoch – zumindest bildlich gesprochen – aus edlerem Material erschaffen wurde. Denn wie es in einer lyrischen Ausschmückung der Schöpfungsgeschichte heißt, wurden bei der Erschaffung des Menschen alle harten Stoffe der Gestaltung des Mannes vorbehalten, während die Frau mit dem vorliebnehmen mußte, was übrigblieb. Doch das gereichte ihr eher zum Vorteil, denn dabei handelte es sich um »die Biegung des Mondes, die Schmiegsamkeit der Liane, das Zittern des Grases, die Schlankheit des Bambusrohrs, das Aufbrechen der Blüten, die Leichtigkeit der Blätter, den Blick des Hirschkälbchens, das Summen der Bienen, die fröhliche Heiterkeit der Sonnenstrahlen, das Weinen der Wolken, die Unbeständigkeit des Windes, die Schüchternheit des Hasen, die Eitelkeit des Pfaus, die Weichheit der Papageienbrust, die

Härte des Diamanten, die Süße des Honigs und die Grausamkeit des Tigers, die Glut des Feuers und die Kälte des Schnees, die Geschwätzigkeit der Elster und das Girren des Kokila, die Doppelzüngigkeit des Kranichs und die Treue des Cakravaka: das alles mischte ... [der Schöpfer] durcheinander, schuf daraus die Frau und gab sie dem Manne.«

Kein Wunder, daß selbst die Götter diesem Kunstwerk der Schöpfung nicht widerstehen konnten. Aber die Lockung, der selbst sie erlagen, hatte auch ihr Gutes: hinderte sie doch die Sterblichen – sterblichen Männer – daran, selbst nach dem Thron der Götter zu streben. Im *Mahabharata*, einem der beiden klassischen Epen Indiens, heißt es dazu:

»Ich werde dir erzählen, mein Sohn, wie Brahma wollüstige Frauen erschuf und zu welchem Zweck. Denn es gibt kein größeres Übel als Frauen; eine wollüstige Frau ist ein loderndes Feuer; sie ist die Täuschung, die der Schöpfer der Dämonen geschaffen hat; sie ist die scharfe Kante des Rasiermessers; sie ist Gift, eine Schlange und Tod, alles in einem.

Die Menschen waren von *dharma* [Ordnung der Dinge] erfüllt; so hat man uns erzählt. Und da sie sich anschickten, selbst zu Göttern zu werden, wurden die Götter unruhig. Die Götter gingen zu Brahma, dem Höchsten, und berichteten von dem, was sie beunruhigte, und sie standen schweigend vor ihm, mit gesenktem Haupt. Als der Allerhöchste erfuhr, was die Herzen der Götter bewegte, erschuf er in magischem Ritual Frauen, um die Menschheit zu verwirren. Nun waren die Frauen früherer Schöpfung tugendhaft gewesen; doch diese sündigen Verführerinnen entstanden aus dem Schöpfungswerk, das ... [Purusha] vollbrachte. Denn der Allerhöchste stattete sie mit allen Gelüsten aus, die man sich nur denken kann, und diese wollüstigen Frauen, die nach sündigen Vergnügungen lechzten, schickten sich an, die Sinne der Männer zu reizen. Da schuf der Herr der Götter, der Allerhöchste, Zorn als den Gehilfen des Verlangens, und alle Geschöpfe, die der Macht des Verlangens und des Zorns erlagen, fingen an, Frauen hörig zu sein.«

In der Bibel verspielte Adam das Paradies, in Indien sein Pendant den Himmel. In beiden Fällen verdankte er dieses Mißgeschick der Frau, wobei ihre Macht in Indien freilich größer war als in biblischen Gefilden.

Denn in Indien erlagen ihrer Verlockung sogar Götter: Wie hätten da Menschen widerstehen können?

Haus der Liebe

Wie auch immer und aus welchem Grunde der Mensch, speziell die Frau in Indien sein beziehungsweise ihr Debüt gab: Feststeht, daß sich schließlich auch hier die menschliche Rasse niederließ. Wann das geschah, ist ungewiß, da sich für die Periode der sogenannten Vorgeschichte, die noch nicht durch schriftliche Aufzeichnungen gekennzeichnet ist, nur schwer genauere Daten ermitteln lassen. Zudem weitet sich der zeitliche Horizont ständig weiter aus: Im Augenblick datieren die ältesten Spuren menschlicher Besiedelung in Indien aus einer Zeit, die etwa eine halbe Million Jahre zurückliegt. Jeder neue Fund, den archäologische Grabungen zutage fördern, kann bisherige Daten in Frage stellen. Immerhin scheint eines gewiß: Der Ursprung des Menschen, der menschlichen Rasse, lag nicht in Indien. Überlieferungen, wie sie im Vorangegangenen anklangen und die Gegenteiliges verkünden, sind nur als Legenden zu werten. Auch wenn sie nicht gänzlich der Wahrheit entbehren.

Das trifft besonders auf die Überlieferung zu, die von der Erschaffung der vier Arten von Menschen – vom Brahmanen bis zum Shudra – berichtet. Nicht nur, daß sich hierin die Grundlage des indischen Kastenwesens spiegelt, diese vier Arten oder Klassen des Menschen werden in der indischen Tradition auch als »varna« bezeichnet, was soviel wie »Farbe« oder »Äußeres« heißt. Damit ist nichts anderes als ein charakteristisches Merkmal gemeint: die Farbe der Haut, die in Indien denn auch von entscheidender Bedeutung ist. Dabei gilt vereinfacht: je heller die Haut, desto höher der Status. Brahmanen sind demnach hellhäutig – was freilich nicht der Hellhäutigkeit eines Europäers entspricht, dazu ist das Klima in Indien zu unterschiedlich –, Shudra, die sich am anderen Ende der Skala befinden (abgesehen von den sogenannten Unberührbaren, die außerhalb des Kasten- beziehungsweise Klassensystems in Indien stehen), sind dunkelhäutig.

Auffallend ist, daß es in der indischen Überlieferung – neben den vier »varnas« oder Gesellschaftsgruppen – auch vier Typen von Frauen gibt, deren eine, die Padmini oder Lotosfrau, wir bereits vorgestellt haben. Sie gilt als der Idealtyp der indischen Frau, und ihre wesentlichen Merkmale – helle Haut, die Mandelform ihrer Augen, eine gerade Nase, ihr aufrechter Gang und ihre Fähigkeit, gelehrte Konversation zu betreiben – weisen sie eindeutig als Angehörige der obersten Gesellschaftsschicht, der Kaste der Brahmanen, aus.

Nicht ganz so eindeutig ist die Zuordnung der drei anderen Frauentypen, auf die in der indischen Überlieferung immer wieder Bezug genommen wird. Zumal die Kshatriya, die Krieger, die an zweiter Stelle der traditionellen Gesellschaftsordnung in Indien stehen und als deren Sinnbild schließlich die Rajputen, Bewahrer der indischen Tradition gegenüber dem Islam, galten, in ihrer Erscheinung nicht von den Brahmanen zu unterscheiden waren. Was insbesondere auf die Frauen zutrifft, die in der Rajputana, wie man das Herrschaftsgebiet der Rajputen nannte, das inzwischen in Rajasthan umgetauft worden ist, noch heute als Urbild des idealen Frauentyps in Indien angesehen werden können.

Etwas anders verhält sich das bei der dritten Gruppe, den Vaishya, den Kaufleuten und Landbesitzern, und mehr noch bei den Shudra, der vierten Gruppe, dem gemeinen Volk. Wobei es zudem Überschneidungen gibt, die um so häufiger zu beobachten sind, je niedriger die Klassenzugehörigkeit ist. Bis man sich gar den Unberührbaren nähert. Ihrem Status, der durch Diskriminierung und Ausgrenzung gekennzeichnet ist, entspricht am ehesten die sogenannte *Hastini*, der Frauentyp, der den untersten Rang einnimmt. Der Hastini mangelt es denn auch – folgt man der traditionellen Auffassung – sowohl an Anmut als auch an Kultiviertheit und Sittsamkeit. Günstiger schneidet da schon die *Chitrini* ab, die sich immerhin in den darstellenden Künsten auszeichnet und den zweiten Platz auf der Skala der Frauentypen einnimmt:

»Die Citrini [Chitrini] besitzt einen schönen Gang, ist nicht zu groß noch allzu klein, hat einen schmalen Körper. Ihre Brüste und Hinterbacken sind mächtig. Sie hat Beine so gerade wie die einer Krähe und vorstehende Lippen, Lustwasser wie Honig riechend und einen Hals mit drei glückverheißenden Streifen. Sie hat die Stimmart des *cakora*-Lautes und ist des Gesanges, des Tanzes und dergleichen kundig.«

Die Chitrini oder »Dame des Tanzes«, wie man den Namen dieses Frauentyps übersetzen könnte, entspricht in der Tat dem Bild der Tänzerinnen, wie man es häufig in der plastischen Kunst Indiens findet. Die Betonung der Brüste, Hüften und des Gesäßes sind ein kennzeichnendes Merkmal der Frau in der indischen Skulptur. Es ist eigentlich eher die Chitrini und nicht so sehr die Padmini, die Lotosfrau, die in der indischen Plastik ihren Ausdruck findet. Was dadurch zu erklären ist, daß es in Indien eine enge Beziehung zwischen Tänzerinnen, deren Tätigkeit ursprünglich religiösen Charakter besaß, und Prostituierten gegeben hat, die gleichfalls im Rahmen einer rituellen Handlung agierten. Der Tanz erweckte die Begierde, zunächst des Gottes, dem die Tänzerinnen geweiht waren, und schließlich auch der männlichen Verehrer dieses Gottes, die – im Vollzug des Geschlechtsaktes, der als ein Fruchtbarkeitsritus gesehen wurde – an seine Stelle traten. Die Padmini dagegen herrscht eher in späteren Malereien, das heißt Miniaturen vor, wo die Grazie und Eleganz ihrer Erscheinung besonders zum Ausdruck kommt. Nicht von ungefähr blühte gerade diese Form der bildenden Kunst an den Höfen der Rajputen. Dennoch: Eine klare Grenze zwischen der Padmini und der Chitrini ist in den bildlichen Darstellungen nicht zu ziehen; wie im tatsächlichen Leben vermischen sich auch hier die Konturen.

Was nun den vierten Typus, die Shankini, die »Muscheldame«, die den dritten Platz auf der Skala der Frauentypen einnimmt, betrifft, so ist ihre Charakterisierung wiederum eher unvorteilhaft. Man sagt ihr ein weniger anziehendes Äußeres und ein intrigantes Wesen nach. Dennoch ist sie nicht ohne erotischen Reiz. Und dem konnte sich selbst ein Brahmane nicht entziehen, mochte er sich auch noch so sehr in seine heiligen Schriften versenken. Wogegen die Götter nicht gefeit waren, dagegen war auch auf Erden kein Kraut gewachsen. Am Ende erlagen sie alle, ob Brahmane oder Kshatriya, den Reizen selbst einer Elefantenfrau, so die Bedeutung des Namens der Hastini.

Revolutionäre Veränderungen

Die ethnische Überlagerung in Indien, die sich nicht nur in der Heraus-bildung des Kastenwesens äußerte, sondern auch den Hintergrund für die Überlieferung unterschiedlicher Frauentypen abgibt, reicht bis in früheste Zeit zurück. Allerdings werden deutlichere Spuren einer Zuwan-derung erst um die Mitte des 2. Jahrtausends v. Chr. sichtbar, als soge-nannte Arier, die aus dem Nordwesten kamen, in Indien einfielen und die Tradition schriftlicher Überlieferung begründeten, die den Beginn der eigentlichen historischen Zeit in Indien markiert. Fortan ist der Ablauf der Geschichte in Indien einigermaßen gesichert.

Doch zwischen dem vermeintlich ersten Auftauchen des Menschen in Indien – vor etwa einer halben Million Jahre – und dem 2. Jahrtau-send v. Chr. liegt eine lange Zeitspanne, während der die Entwicklung nicht stehenblieb. Die ersten Menschen in Indien, die allerdings noch eine Vorstufe des eigentlichen Menschen, des Homo sapiens, bildeten, waren Jäger und Sammler. Die Jagd und die Sammlertätigkeit waren die einzigen Quellen der Nahrungsbeschaffung und sicherten so das Über-leben dieser frühen Menschen. Das Jägertum erlangte dabei eine vor-rangige Bedeutung, zumal es eine Fülle von erlegbaren Tieren gab. Dies bedeutete, daß der Mann, dem – auf Grund seiner größeren Körperkraft – die Jagd oblag, eine Vorrangstellung gegenüber der Frau einnahm, die mit ihrer Sammlertätigkeit nur eine zusätzliche Nahrungs-quelle erschloß. Diese Vormachtstellung des Mannes hielt über Hun-derttausende von Jahren an; doch schließlich, vor etwa 20 000 Jahren, setzte ein Wandel ein, der zu einer allmählichen Aufwertung der Stellung der Frau führte. Sie hatte nämlich inzwischen genug Zeit gehabt, sich mit den Eigenschaften der Pflanzen, die sie sammelte, vertraut zu machen, und so war der Übergang von einer aneignenden zu einer produzieren-den Lebensweise, die nicht mehr auf dem Sammeln, sondern dem ge-zielten Anbau von Nahrungspflanzen beruhte, eine ganz natürliche Ent-wicklung, die allerdings weitreichende Folgen hatte. Denn nicht nur rückte nun die Frau in den Mittelpunkt der Gesellschaft – unter anderem auch deshalb, weil mit dem Auslaufen der Eiszeit das jagbare Großwild zurückging, da es keine ausreichenden Nahrungsquellen mehr fand –, es setzte auch eine geradezu revolutionäre Veränderung in allen Lebensbereichen ein, die deshalb nicht zu Unrecht als »Neolithische Revolution« bezeichnet wird. Neolithisch deshalb, weil sich dieser Prozeß, der zu einer höheren Kultur führte, während des sogenannten Neolithikums, das heißt der jüngeren Steinzeit, abspielte.

Einer Revolution kamen die Veränderungen, die das Leben des Menschen von Grund auf wandelten, tatsächlich gleich. Denn nun – auch wenn es ein langsamer Prozeß war, der sich über Tausende von Jahren erstreckte – war der Mensch Herr seines Schicksals geworden: Er war in seinem Überleben nicht mehr vom Zufall abhängig, wie geschickt er auch bei der Jagd und beim Sammeln zu Werke gegangen sein mochte. Er bestimmte nun selbst, was die Grundlage seiner Ernährung war, und besaß zugleich die Sicherheit – von den Unberechenbarkeiten des Klimas einmal abgesehen –, stets mit ausreichender Nahrung versorgt zu sein. Und nicht nur dies: Er, das heißt sie, die Frau, erwirtschaftete auch schnell einen Überschuß, der dazu führte, daß man sich nicht mehr ausschließlich der Nahrungsgewinnung widmen mußte. Andere Tätigkeiten, handwerklicher, künstlerischer und geistiger Art, gewannen immer mehr an Bedeutung, bis sich schließlich die Gesellschaft so weit auffächerte, daß ein berufliches Spezialistentum aufkam. Auch war man nun nicht mehr darauf angewiesen, den Nahrungsquellen sozusagen hinterherzulaufen, also ein nomadisches Leben zu führen: Der Mensch wurde seßhaft, Dörfer entstanden, wuchsen zu Städten, und aus Städten wurden schließlich Staaten. Der Mensch hatte den Schritt zur Hochkultur vollzogen.

Daß die Bedeutung der Frau in diesem Prozeß des Übergangs vom Jägertum zur dörflichen und schließlich städtischen Lebensweise, die auf dem Anbau von Nahrungspflanzen (sowie der Tierhaltung) beruhte, so herausragend war, wird besonders durch weibliche Statuetten dokumentiert, die im 4. Jahrtausend v. Chr. auftauchen. Es handelt sich dabei um kleine Tonplastiken, die zunächst noch stilisiert und schematisch wirken, allmählich aber einem mehr naturalistischen Stil weichen. An diesen Tonfigürchen fällt vor allem die Betonung der Geschlechtsmerkmale auf: schwere, volle Brüste, breites Becken, geschwungene Hüften; lediglich die Schamgegend bleibt unauffällig. Hier legten sich die frühen

Künstler beziehungsweise Künstlerinnen – denn auch die Entwicklung der Töpferei war eine »Erfindung« der Frau – noch entschieden mehr Beschränkungen auf, als es ihre Nachfolger, die bezeichnenderweise nunmehr meist *männlich* waren, in späterer Zeit tun sollten, wo man in Bildwerken von Tempeln und Reliquienschreinen die weibliche Schamgegend prononciert zur Schau stellte.

Immerhin, zwei wesentliche Merkmale der plastischen Kunst in Indien, soweit es sich um die Darstellung weiblicher Wesen handelt – Göttern wie Menschen –, sind auch schon in den frühen Plastiken unübersehbar ausgeprägt: die vollen Brüste und ausladenden Hüften. Was damit ausgedrückt werden sollte, liegt auf der Hand: die Frau als Sinnbild der Fruchtbarkeit. Sie schenkte Leben – und dies in doppeltem Sinn: einmal, indem sie Kinder zur Welt brachte, und zum andern durch die Sicherung der Nahrung, die ihr oblag. Kein Wunder, daß sie eine hohe Achtung erwarb, die schließlich dazu führte, daß das Wesen der Frau vergöttlicht, zur »Großen Mutter«, der »Muttergöttin«, die über alles Leben auf Erden wachte, erhoben wurde. Die Statuen stellen ein Abbild dieser Muttergottheit dar: Man verwahrte sie in besonderen Schreinen, stellte sie auf Altäre und trug sie als Amulette. Man beschwor die Göttin, stand unter ihrem Schutz und entwickelte ein persönliches Verhältnis zu einer Gottheit, die durch ihr Abbild ständig präsent war und in der Vorstellungswelt des Menschen ein ganz konkretes, wenn auch überirdisches Wesen darstellte.

Indem die Frau durch ihre Vorrangstellung im praktischen Leben quasi vergöttlicht wurde, erlangte sie andererseits einen Schutz, eine Aura, die ihr die Göttin verlieh, auf Grund derer sich ihre gesellschaftliche Stellung noch festigte. Der Mann, mochte er auch physisch stärker sein, wagte nicht, die göttlich sanktionierte Position der Frau, die im Mittelpunkt der Gesellschaft stand, in Frage zu stellen. Der Zorn der Göttin, der alle Existenz gefährden würde, wäre ihm sicher. Dennoch, obwohl die Frau in dieser Phase der kulturellen Entwicklung eine eindeutige Vorrangstellung einnahm, wirkte sich diese – nach allem, was wir wissen – nicht in der Weise aus, wie es dann später, als sich das Verhältnis umgekehrt hatte, der Fall sein sollte. Die Frau verzichtete darauf, eine diktatorische Alleinherrschaft auszuüben. Eine solche etablierte erst der

Mann, als er schließlich an die Macht gelangte. Fortan hatte die Frau nichts mehr zu sagen.

Die Vormachtstellung der Frau im Neolithikum hielt sich in Grenzen. Sie bestimmte die Erbfolge, den Wohnsitz und schließlich auch die Legitimierung eines Königs. Der Mann brachte der Frau Achtung, wenn nicht gar Ehrfurcht entgegen, und sie konnte ungestört ihren Neigungen und Fähigkeiten, die zu einer immer größeren Verfeinerung der Kultur führten, nachgehen. Nicht nur den Ackerbau und das Handwerk erfand die Frau, auch die Schrift und Religion. Der Mann kam aus dem Staunen nicht heraus und backte einstweilen ganz kleine Brötchen.

Das Erbe der Neolithischen Revolution sollte in Indien noch lange fortwirken. Allerdings nicht nur im positiven Sinne. Denn es gab ein Merkmal dieser Revolution, das sich in Indien zu einem Fluch auswirken sollte: der Glaube an die Wiedergeburt des Menschen. Dieser Glaube ist nirgends so ausgeprägt wie in Indien, und er geht auf die Vorstellung zurück, daß die Frau der Garant der ständigen Wiederkehr des Lebens – sowohl in der Natur als auch beim Menschen – ist. Der Zyklus des Nahrungsanbaus obliegt der Frau, und in gleicher Weise sorgt sie für die ständige Erneuerung der Menschheit. Die Seele des Verstorbenen geht in sie ein, und indem sie die Seele mit einem neuen Körper ausstattet, verhilft sie ihr zu einem neuen Leben. Das Prinzip der Seelenwanderung hat hier seinen Ursprung; verhängnisvoll wirkte es sich in Indien deshalb aus, weil es – so paradox es klingt – einer *statischen* Weltsicht Vorschub leistete. Der Inder umschreibt sie mit dem Begriff *dharma*, was nichts anderes bedeutet, als sich mit seinem Schicksal abzufinden, nicht aufzubegehren gegen die überkommene, vom Hinduismus geprägte Ordnung, die das Kastensystem vorschreibt und die Unterordnung der Frau. Nur wer sein gegenwärtiges Leben, wie jämmerlich es auch sein mag, widerspruchslos erduldet, wird in einem neuen Leben, dessen Beschaffenheit sich nach der Befolgung der überlieferten Gesetze im vorangegangenen richtet, bessere Karten haben. Eine Hoffnung, die nie erlischt – und jeden Inder, ganz besonders aber die Inderin, an ihren Platz verweist, mit dem sie vorlieb nehmen muß, ohne sich dagegen auflehnen zu können. Ein unglückliches Erbe, das die Neolithische Revolution in Indien hinterließ. Selbst die positiven Auswirkungen, die von dieser Revolution ausgingen, vermochten es am Ende nicht aufzuwiegen.

Aufreizende Pose

Die Tradition der frühen dörflichen Kultur ging Mitte des 3. Jahrtausends v. Chr. ihrem Ende entgegen. Der Prozeß des Klimawandels, der mit dem Ende der Eiszeit begonnen hatte, setzte sich fort und zwang den Menschen, sich in die fruchtbaren Oasenlandschaften der großen Flüsse zurückzuziehen. Dies führte zu einer wachsenden Konzentration der Bevölkerung, ermöglichte Bewässerungsprojekte, die eine gemeinschaftliche Organisation voraussetzten, und gipfelte schließlich in zentralisierten Staatswesen. Auf diese Weise entstand auf dem Boden des indischen Subkontinents die sogenannte Induskultur, die ihre Bezeichnung von jenem Fluß, dem Indus, herleitet, dem auch Indien seinen Namen verdankt. Die Induskultur erlangte ihre Blüte in der Zeit zwischen 2500 und 1800 v. Chr., schließt also unmittelbar an die Tradition der dörflichen Kultur an, als deren Fortsetzung sie betrachtet werden kann. Doch es gab einige bedeutsame Veränderungen, als deren wichtigste eben die Herausbildung von Städten anzusehen ist. Mohenjo Daro, die größte städtische Siedlung der Induskultur, umfaßte ein Areal von annähernd 300 Hektar und bot einer Bevölkerung Platz, die wahrscheinlich die Marke von 40 000 überschritt. Es war tatsächlich ein urbanes Zentrum, das dennoch nicht die Funktion der Hauptstadt eines geeinten Reiches erfüllte. Denn ein solches hat es – im Gegensatz zum Reich der Pharaonen – am Indus nie gegeben.

Die Induskultur gibt so manches Rätsel auf, was nicht zuletzt darin seine Ursache hat, daß sie zwar über ein Schriftsystem verfügte, dieses aber bisher noch nicht entziffert werden konnte. Für die Rekonstruktion dieser Kultur, die als eine Art »Mutterkultur« des indischen Subkontinents anzusehen ist, gibt es bislang ausschließlich archäologische Zeugnisse, also Artefakte, Reste von Bauten und Kunstgegenstände.

So ist denn auch die Frage, welche Rolle die Frau in der Induskultur spielte, nicht eindeutig zu beantworten. Es scheint jedoch, daß sie all-

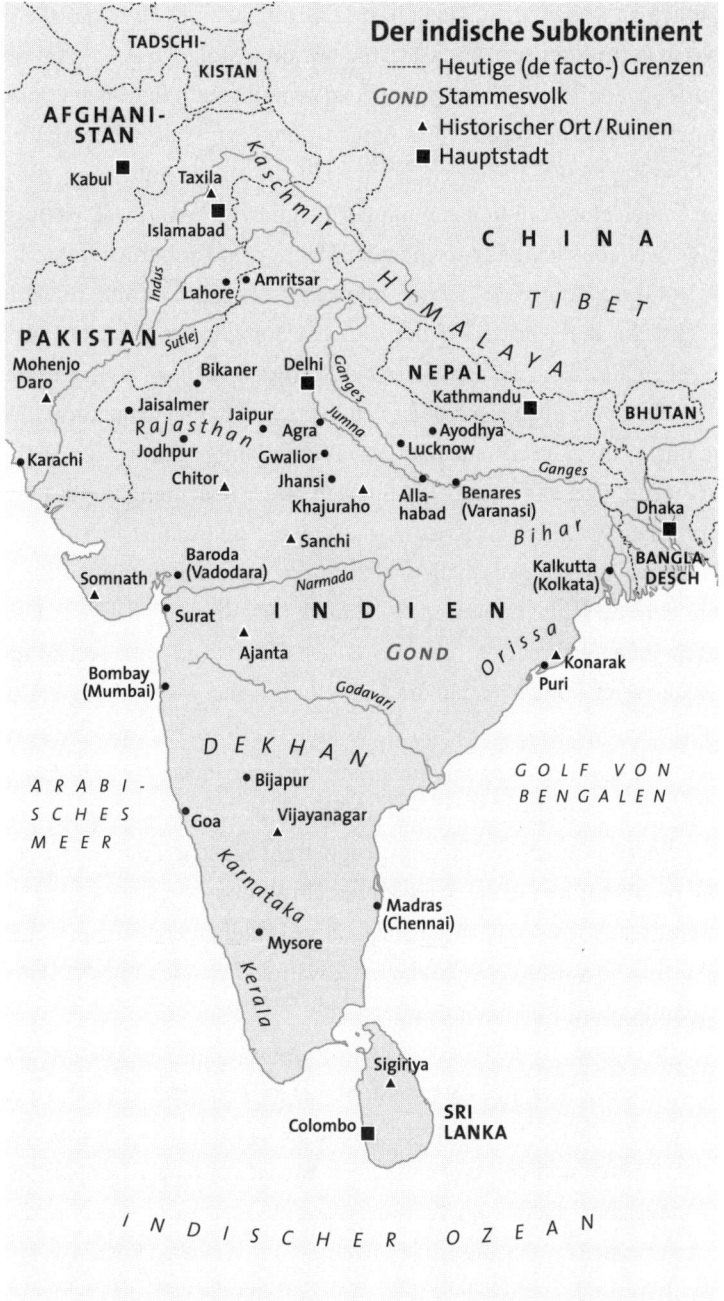

Der indische Subkontinent

- - - - - Heutige (de facto-) Grenzen
Gond Stammesvolk
▲ Historischer Ort / Ruinen
■ Hauptstadt

TADSCHI-
KISTAN

AFGHANI-
STAN

Kabul ■

Taxila ▲

Islamabad ■

CHINA

Kaschmir

HIMALAYA

TIBET

Indus

Lahore ● Amritsar

PAKISTAN Sutlej

Mohenjo
Daro ▲

Bikaner ● Delhi ■

Ganges

NEPAL
Kathmandu ■

BHUTAN

Jaisalmer ● Jaipur ●

Rajasthan Agra ●

Jumna

● Ayodhya

● Lucknow

Jodhpur ●

Gwalior ●

Chitor ▲ Jhansi ●

Khajuraho ▲

Alla-
habad ● Benares
(Varanasi) ●

Ganges

Dhaka ■

Karachi ●

● Sanchi ▲

Baroda
(Vadodara) ●

Bihar

Kalkutta
(Kolkata) ●

BANGLA-
DESCH

Somnath ▲

Narmada

INDIEN

Surat ●

Ajanta ▲

Gond

Orissa

Konarak ▲
Puri ●

Bombay
(Mumbai) ●

Godavari

GOLF VON
BENGALEN

ARABI-
SCHES
MEER

DEKHAN

Bijapur ●

Goa ●

Vijayanagar ▲

Karnataka

Madras
(Chennai) ●

Mysore ●

Kerala

Sigiriya ▲

SRI
LANKA

Colombo ■

INDISCHER OZEAN

0   500 km

Grafik: www.geografik.net

mählich an Boden verlor, auch wenn das Abbild einer Muttergottheit – etwa in Form einer Terrakotta-Plastik, wie sie in Mohenjo Daro gefunden wurde – weiterhin Verehrung genoß und somit vermutlich auch Priesterinnen, die nun ein regelrechtes Amt ausübten, zur Wahrnehmung ihres Kultes tätig waren. Inwieweit damit weltliche Macht einherging, die in den frühen Hochkulturen eng mit der Religion verknüpft war, ist ungewiß. Zweifellos hatte inzwischen der Mann, dem vermutlich immerhin die Domestizierung von Tieren – allen voran des Rindes – oblegen hatte, beachtliche Fortschritte auf der sozialen Stufenleiter gemacht. Dafür sprechen Plastiken, die den Herrn der Schöpfung zeigen, als den er sich vielleicht schon zu dieser frühen Zeit betrachtet haben mag. Zumindest die Büste einer Gestalt, die man als »Priesterkönig« tituliert hat, deutet darauf hin, daß nun auch der Mann sich seiner Bedeutung bewußt war. Vermutlich vor allem als Krieger, als Eroberer und schließlich auch als Herrscher, alles Eigenschaften beziehungsweise Funktionen, die der Frau eher verschlossen waren, weil sie die überlegene physische Kraft des Mannes erforderten, der das Geschaffene immerhin verteidigen mußte, wenn er nicht gar auf die Ausweitung seiner Macht drängte. Und selbst wenn weder das eine noch das andere erforderlich gewesen sein sollte – auch wenn Krieg mit Sicherheit die letzte Phase der Induskultur prägte –, so war doch die Notwendigkeit, für ein geordnetes Zusammenleben größerer Bevölkerungsgruppen auf engstem Raum zu sorgen, eine Herausforderung, der letztlich nur ein Mann gewachsen war. Er trat zumindest als Rivale auf, vielleicht auch als Handlanger der Frau, welche die weltliche Macht an ihn delegierte, während sie sich mit der Wahrnehmung von Kulthandlungen begnügte.

Wie sah sie aus, die Frau zur Zeit der Induskultur? Nach der Bronzestatuette einer Tänzerin, die man in Mohenjo Daro gefunden hat, zu urteilen, sollte sie kokett und anmutig sein. Keine Spur mehr von den übervollen Brüsten und den breiten Hüften, wie sie die frühen Tonplastiken gekennzeichnet hatten. Auch die extravagante Haartracht – zwei seitlich sich auftürmende Lockengebilde – hatte einer sittsameren Frisur Platz gemacht. Immerhin, auch die Tänzerin von Mohenjo Daro, die kleine Brüste, dafür aber eine betonte Schamgegend auszeichnet, wie sie auch weiterhin für die plastische Kunst Indiens charakteristisch bleiben sollte, wird ihre Bewunderer gefunden haben. Lockt sie doch mit aufreizender Pose; ein zierliches Persönchen zwar, das sich aber dennoch seiner Wirkung, die sich zwischen Koketterie und ungenierter Zurschaustellung bewegt, durchaus bewußt ist. Eine Tempeltänzerin? Eine jener *devadasis*, wie sie dann später, vor allem in Südindien, wohin die Schöpfer der Induskultur schließlich abgedrängt wurden, zu einem integralen Bestandteil des Kultes werden sollten? Die Tänzerin von Mohenjo Daro steht zumindest am Anfang einer Tradition, die gerade in Indien besondere Bedeutung erlangen sollte. Als Natyashastra wurde der Tanz, in dessen Mittelpunkt stets die Frau stand, schließlich in den Rang einer Wissenschaft erhoben.

Ushas, die Morgenröte

Im Laufe des 2. Jahrtausends v. Chr. setzten große Veränderungen auf dem indischen Subkontinent ein. Die Induskultur zerfiel, und fremde Völker drangen in Indien ein, die dem Subkontinent ihren eigenen Stempel aufdrückten. Er hatte – zumindest anfangs – entschieden kriegerischen Charakter, heißt es doch im *Rigveda*, der ältesten ihrer Überlieferungen:

> Wie eine Wetterwolke anzuschauen,
> so stürzt der Panzerheld ins Schlachtgewühl.
> Heil dir und Sieg und unverletzten Körper!
> Oh, daß des Panzers Stärke fest dich schirme!

Ein Gesang, der in unseren Ohren vertraut klingt, was kein Zufall ist, denn die fremden Eroberer, die seit etwa 1500 v. Chr. nach Indien einwanderten, nannten sich selbst »Arier«, das heißt die »Edlen«; im Gegensatz zu den Ureinwohnern, die sie verdrängten oder unterjochten. Sie wurden »Dasyu«, »Dunkelhäutige«, oder auch »Dasa«, »Sklaven«, genannt. Was hinreichend erklärt, wie »die Edlen« über die Ureinwohner des indischen Subkontinents dachten.

Die Arier waren Angehörige jener großen Sprachfamilie, die als »indogermanisch« oder auch »indoeuropäisch« bezeichnet wird. Sie sind beziehungsweise waren also in der Tat mit den Germanen verwandt, wenngleich auch nur sprachlich und nicht unbedingt rassisch. Immerhin rühmten sich die Arier – ähnlich wie es die Nachfolger der Germanen, wenn auch in unrühmlicher Weise, taten – ihrer hellen Haut; was seinen Niederschlag darin fand, daß sie jene Gesellschaftsordnung einführten, die sich nach der »Farbe« eines jeden, also seiner rassischen Merkmale richtete. An der Spitze der gesellschaftlichen Pyramide rangierten die hellhäutigen Brahmanen, gefolgt von den Kshatriya, den Kriegern, und am anderen Ende die Shudra, das gemeine Volk, und die, die eigentlich außerhalb der Gesellschaft standen, die Unberührbaren. Diese waren Angehörige der Urbevölkerung, die ihrer eigenen Tradition verhaftet blieb und sich in unwegsame Gebiete zurückzog, auch wenn sich der Kontakt mit den neuen Herren Indiens, die allmählich ein festgefügtes Kastensystem begründeten, auf die Dauer nicht vermeiden ließ. Ein großer Teil der Urbevölkerung gehörte schließlich doch zu der neuen Kultur und Gesellschaft, die sich herausbildete, wenngleich auch nur als Basis, verachtet als Diener und Sklaven. Die anderen, die sich nicht ein- oder unterordneten und ihre Freiheit und Eigenständigkeit bewahrten, überlebten als sogenannte Stammesvölker. Bei ihnen setzte sich die Tradition des vorarischen Indien fort, die durch eine vorrangige beziehungsweise herausragende Stellung der Frau geprägt war.

Die Arier drangen allmählich bis in den Doab vor, das »Zweistromland« zwischen Jumna und Ganges, das zur eigentlichen Keimzelle des historischen Indien werden sollte. Auch hier hatte es bereits dörfliche Siedlungen gegeben; die Neuankömmlinge schwangen sich zu Herren dieser Gemeinschaften auf, zerstörten oder integrierten sie und bildeten kleine Königreiche, ein jedes von einem »Radscha«, einem Fürsten, regiert.

Herrscherinnen oder auch nur Priesterinnen, die zur Zeit der Induskultur einen wesentlichen Anteil an der Gestaltung der Gesellschaft gehabt hatten, mußten unter der neuen Ordnung dem eindeutigen Primat des Mannes weichen. Nicht nur *Könige* regierten nun, wo einst möglicherweise Königinnen geherrscht hatten; auch der Kult lag jetzt in der Hand von *Priestern*, jenen Brahmanen, die – als Mittler zwischen der Welt der Götter, die nun auch wiederum vorrangig männlich waren, und den Menschen – Sachverwalter der Religion und Hort allen Wissens waren. Die Frau, das weibliche Prinzip, wurde auf den zweiten Platz verwiesen – sowohl bei den Menschen als auch im Reich der Götter. Dort herrschten fortan männliche Gottheiten wie Indra, der Herr der Krieger, Agni, das Feuer, oder Surya, die Sonne. Immerhin, ihnen zur Seite standen weibliche Pendants, die ein Relikt jener Zeit waren, da die Große Mutter (und andere Gottheiten, die die vorrangige Bedeutung der Frau widerspiegelten) im Vordergrund gestanden hatten. Als »Devi«, Göttin schlechthin, lebte die einstige Muttergottheit fort, mal mit diesem, mal mit jenem Gott vermählt, sowohl Glück verheißend als auch Verderben bringend.

Auch unter den neuen Herren blieben Fruchtbarkeit und schöpferische Kraft ein wesentliches Merkmal, das die Götter auszeichnete. Es war dies ein Erbe der vorarischen Zeit und äußerte sich vor allem in der Verehrung des Gottes Shiva, der aus der Tradition der Induskultur übernommen wurde, obwohl man sich zunächst abfällig über das Phallussymbol dieses Gottes, das *lingam*, äußerte. Sein Gegenpart, *Shakti*, das weibliche Pendant, sollte später, in einer Renaissance weiblicher Gottheiten, eine bedeutsame Rolle erlangen.

Aber auch zu Anfang, als die Arier eine neue Tradition in Indien begründeten, kam dem weiblichen Element in der Götterverehrung noch eine herausragende Bedeutung zu. Dabei verbanden sich Vorstellungen der neuen Herren mit Überlieferungen aus vorarischer Zeit, denn auch den Ariern war die Verehrung weiblicher Gottheiten nicht fremd. Am deutlichsten kommt dies in einer Hymne zum Ausdruck, die Ushas, der Morgenröte, gewidmet ist. Sie war die Gefährtin Suryas, des Sonnengottes, dem sie allmorgendlich von neuem zu gefallen suchte. Zugleich verkörperte sie aber auch das Erwachen eines neuen Tages, einen Schöpfungsakt. In der Hymne, die aus dem *Rigveda* stammt und einen Höhepunkt der frühen Dichtkunst der Arier darstellt, heißt es:

Geboren aus dem Dunkel, weißgekleidet
Die lichte, die vom ersten Tag hat Kunde,
Die junge Frau, treu dem Gesetz der Ordnung,
Alltäglich kommt sie zur bestimmten Stunde

Du gehst, gleich einer Maid, in stolzer Schönheit
Zum Gotte, der sich sehnt, dich zu empfangen,
Enthüllst vor ihm, du junge Frau, die Brüste,
Wenn du im Osten strahlend aufgegangen.

Den holden Leib enthüllst du nun den Augen,
Schön wie ein Weib, das Mutterhände schmücken,
Aufleuchte, Ushas, um uns Glück zu bringen,
Nie wird uns eine andre so entzücken.

In ähnlicher Weise werden auch andere Göttinnen, die die Natur verkör-
pern, besungen. Daß man ihnen zu Ehren Hymnen verfaßte – und dies
in künstlerisch besonders anspruchsvoller Weise –, beweist, daß man
dem Wesen der Frau noch immer große Achtung entgegenbrachte. Die
schönsten Verse widmete man ihr, auch wenn sie als Göttin der Erde entrückt war. Die Aura, die Ushas und ihre Schwestern am Götterhimmel
umgab, verlieh auch ihrem irdischen Ebenbild Glanz.

Idyllische Zustände

Wie nun sah das Leben der Frau unter der neuen Ordnung, die die Arier
etablierten, im einzelnen aus? Zum ersten Mal tritt uns nun die Inderin
in Konturen entgegen, die etwas genauer umrissen werden können.
Denn mit den Ariern, die nicht nur ein umfangreiches Schriftgut hinterlassen haben, sondern damit zugleich auch Quellen, die man – anders
als bei den Siegelinschriften der Induskultur – lesen kann, beginnt die
eigentliche Geschichte Indiens. Die nur nachvollziehbar ist – wie bei jeder historischen Untersuchung –, wenn man sich auf schriftliche Überlieferungen stützen kann.

Die Stellung der Frau in der vedischen Gesellschaft war noch immer
hoch, auch wenn die Frauen bereits eine Einbuße in ihrem Ansehen und
in ihren Rechten hinnehmen mußten. Die Arier waren ein auf das männliche Prinzip ausgerichtetes Volk; das heißt, sie hingen dem an, was man
Patriarchalismus nennt. Insofern verkörperte die Gesellschaftsordnung,

die sie begründeten, das genaue Gegenteil dessen, was das Erbe des autochthonen Indien gewesen war: eine matriarchale Ordnung. Diese war zwar auch schon zur Zeit der Induskultur ins Wanken geraten, doch erst unter den Ariern, bei denen der Mann eine eindeutige Vorrangstellung besaß, setzte jene Entwicklung ein, die die Stellung der Frau in Indien kontinuierlich unterminierte. Bis ihre Position schließlich im 18. Jahrhundert einen Tiefpunkt erreicht hatte.

Die Vorrangstellung des Mannes in vedischer Zeit äußerte sich in verschiedener Weise: Männer führten Krieg, gewannen Land, machten Beute, sicherten den Bestand der Gesellschaft. Männer waren folglich politisch tonangebend; sie beanspruchten außerdem die Welt der Götter, zumal diese vorrangig männlich war, für sich. Da Religion immer auch ein umfangreiches Gebäude aus Glaubensvorstellungen und Erklärungsmodellen – neben den eigentlichen Riten und Zeremonien – mit einschließt, fiel den Männern auch der Hort des Wissens zu. Sie waren folglich »allmächtig«; konnten es sich aber dennoch nicht leisten, ihre vorrangige Bedeutung voll zur Geltung zu bringen. Noch mußten sie auf das Erbe Rücksicht nehmen, das sich aus der matriarchalen Tradition herübergerettet hatte und erst allmählich zurückgedrängt werden konnte, bis es schließlich gänzlich verschwand. Lediglich bei den Stammesvölkern, der Urbevölkerung, setzte sich die überkommene Tradition, zum Teil bis in die Gegenwart, fort.

So herrschte unter den vedischen Ariern noch ein weitgehendes Gleichgewicht zwischen den Geschlechtern. Charakteristisch ist der Spruch eines Weisen, der sich im *Rigveda* findet und sich auf Indra, den höchsten aller Götter, bezieht, der da »verkündete, daß der Geist der Frauen unbezähmbar und ihr Gemüt unbeständig« ist. Mit anderen Worten: Die Frau hat nicht nur ihren eigenen Willen, man tut auch gut daran, sich auf ihren Wankelmut einzustellen. Kurzum: Die Frau hat ihre eigene Persönlichkeit, und man muß dem Rechnung tragen.

Dennoch war es in vedischer Zeit die primäre Bestimmung der Frau, fruchtbar zu sein, damit das Volk der Eroberer, das ja zunächst noch in der Minderheit war, gestärkt wurde. Außerdem sollte sie Lust, *kama*, spenden, wobei das eine nicht unbedingt etwas mit dem anderen zu tun hatte. Moralvorstellungen, wie sie im Christentum traditionell vor-

herrschen, waren den Ariern unbekannt. Liebe – und das bedeutete in
erster Linie körperliche Liebe; der romantische Aspekt spielte eher eine
untergeordnete Rolle – hatte durchaus ihren eigenen Wert, und was das
betraf, so war man durchaus nicht prüde. Jungfräulichkeit stand ebensowenig hoch im Kurs wie eheliche Treue. Was hingegen gewährleistet
sein mußte, das war die Gewißheit des Mannes, daß – wenn er verheiratet war – seine Nachkommen auch tatsächlich von ihm stammten,
denn der Sohn erbte Besitz und Namen und setzte die väterliche Linie
fort.

Letzte Gewißheit hatte der Mann natürlich nie; schon gar nicht in
vedischer Zeit, wo der Frau noch erhebliche Freiheiten zuerkannt wurden
und diese auch gar nicht schüchtern war, ihren Willen – gerade auch, was
ihre sexuellen Bedürfnisse betraf – durchzusetzen. Bezeichnend ist eine
Stelle im *Rigveda*, bei der es sich um ein Gespräch zwischen einem Weisen, Agastya, der sich der Askese und Meditation widmet, und seiner
Frau, Lopamudra, die daran wenig Gefallen findet, handelt:

›Viele Jahre [klagt Lopamudra] habe ich mich früh und spät abgemüht,
während die Tage uns dem Alter näherbringen. Das Alter verändert
die Schönheit der Leiber. Es sollten doch die Männer zu ihren Frauen
kommen!

Denn selbst die Altvordern, die sich der Wahrheit befleißigten und
mit den Göttern wahrhafte Reden führten, auch sie haben aufgehört,
sich zu kasteien, denn sie fanden nicht das Ende. Es sollten doch die
Frauen sich mit den Männern vereinen!‹

›Nicht vergeblich [entgegnet Agastya] ist das Mühen, das die Götter
gern haben. Wir werden es mit allen Versuchungen aufnehmen. Wir
wollen hier den Wettlauf mit der Götter hundert Ränke gewinnen, wenn
wir vereint das Schiff des Lebens steuern.‹

›Mich hat [wird Lopamudra nun deutlicher] die Lust nach dem
zurückhaltenden Stier angewandelt, die irgendwoher, von da oder dort
mich ankam.‹ Lopamudra zieht den Stier aus, die Törin saugt den keu-
chenden Weisen aus.

›An diesen Soma [geheiligtes Elixier] in meinem Inneren, den ich
getrunken habe [verkündet Agastya], richte ich unmittelbar das Wort:

Wenn wir eine Sünde getan haben, dann soll er fein diese verzeihen. Vielbegehrlich ist nun einmal der Sterbliche.«

Agastya gibt es zu: Er konnte den Verlockungen des *kama*, mit denen Lopamudra ihn versuchte, nicht widerstehen. Und das war durchaus ein Sieg, den die Frau – und das autochthone Erbe Indiens, das die sexuellen Reize der Frau betonte – errang. Die Geschichte, die hier gleichnishaft geschildert wird, kennzeichnet einen elementaren Konflikt, der gerade in Indien besondere Bedeutung erlangte: das Streben des Menschen nach dem Göttlichen, das Entsagung und Selbstverleugnung voraussetzt, und die Versuchung des Irdischen, als dessen stärkste Kraft sich die Anziehung zwischen den Geschlechtern erweist. Im vorarischen Indien bestand dieser Gegensatz noch nicht, denn das Göttliche und das Irdische, symbolisiert durch die erotischen Reize der Frau und die Gewähr ihrer Fruchtbarkeit, waren noch eine Einheit gewesen. Erst die Arier, die weniger erdgebundene Gottheiten als vielmehr himmlische Wesen verehrten, trieben einen Keil zwischen das Göttliche und das Weltliche, woraus eine Kluft erwuchs, die immer größer wurde, bis die Frau – als Sinnbild des Irdischen und Verderbenbringenden – gänzlich diffamiert und ausgegrenzt wurde. Ihre erotische Ausstrahlung hinderte den Mann vermeintlich, nach Höherem zu streben. Folglich sah er in der Frau ein unreines, sündhaftes, unwürdiges Wesen. Das war in Indien nicht anders als im Abendland, wo das Christentum zu einer vergleichbaren Entwicklung führte.

Die Frau in vedischer Zeit geizte durchaus nicht mit ihren Reizen. Das war sie gewöhnt, auf Grund der Tradition, die in Indien vorgeherrscht hatte, und es wurde durchaus vom Mann geschätzt. Mochte er auch noch so große Anstrengungen unternehmen, diesen Reizen zu widerstehen. »Wie ein bruderloses Mädchen«, heißt es im *Rigveda*, »kommt sie den Männern entgegen, sie gleicht einer, die die Schaubühne besteigt, um Schätze zu gewinnen. Schön gekleidet wie ein verlangendes Weib für den Gatten, entblößt Ushas ihre Brust wie eine Buhlerin.«

Hier wird zwar wiederum Ushas, der Morgenröte, ein Loblied gesungen, doch war die Göttin ja nur ein Abbild ihrer irdischen Erscheinung, als die die Frau – in all ihrer Anmut und Koketterie – gesehen wurde.

Wobei man sie nicht nur mit einem »leichten Mädchen« vergleicht – denn darum handelt es sich, wenn von einem »bruderlosen Mädchen« die Rede ist –, sondern sich auch auf die Ehefrau bezieht, die sich gleichfalls, um dem Gatten zu gefallen, schmückt. Das ist durchaus nicht selbstverständlich, denn in späterer Zeit wurde darauf kein Wert mehr gelegt, es galt geradezu als Sünde. Die Frau hatte auch äußerlich – ihrem vermeintlichen Wesen entsprechend – unscheinbar zu sein, damit der Mann nun auch wirklich seiner eigentlichen Bestimmung gerecht werden konnte.

Was das »bruderlose Mädchen« betrifft, so handelte es sich dabei zwar nicht grundsätzlich um eine Liebesdienerin. Doch da in frühvedischer Zeit nicht selten Krieg oder Krankheiten ganze Familien auslöschten und so weder Eltern noch Bruder dem Mädchen einen passenden Ehemann verschaffen konnten, mußte sich dieses selbst auf die Suche machen. Wobei sie sich verständlicherweise so vorteilhaft wie möglich herausputzte; was sie natürlich auch Avancen derer aussetzte, die es bei einem kleinen Abenteuer nicht bewenden ließen, so daß die derart Ausgenutzte allmählich auf die schiefe Bahn geriet und aus der Not eine Tugend machte. Denn als Prostituierte oder gar Kurtisane hatte sie durchaus ihr Auskommen und – zumindest was letztere betraf – obendrein auch noch ein gewisses Ansehen. Denn Kurtisanen standen im alten Indien ebenso hoch im Kurs wie im antiken Griechenland.

Allerdings war der Bedarf an Kurtisanen einstweilen noch gering. Denn da die Frau – in der Gesellschaft im allgemeinen wie auch in der Ehe im besonderen – in vedischer Zeit eine vergleichsweise hohe Stellung einnahm, bedeutete dies, daß sie geachtet wurde. Man erkannte ihre eigenständige Persönlichkeit an, und demzufolge gebührte ihr auch das Recht, diese zu entfalten und zu gebrauchen. Das heißt, Frauen war Wissen nicht verwehrt, und Mädchen wurden nicht anders als Jungen in den Überlieferungen und Glaubensvorstellungen, die den Wissensschatz der vedischen Gesellschaft ausmachten, unterwiesen. Da die Frau folglich nicht ungebildet war und den Männern sozusagen das Wasser reichen konnte, behandelten diese sie auch entsprechend. Frauen waren in der Ehe annähernd gleichwertige Partner; sie wurden wie die Männer durch eine besondere Zeremonie, die ihre geistige und ethische Reife bezeugte, formell in die Gesellschaft der Arier aufgenommen und konnten *selbst* entscheiden, *wen* sie heirateten. Dazu waren sie nach Abschluß ihrer Ausbildung – wie rudimentär diese insgesamt auch war – durchaus in der Lage, gab es doch in vedischer Zeit auch die Kinderehe nicht, wie sie später ein Kennzeichen der indischen Gesellschaft werden sollte. Mit all ihren verderblichen Auswirkungen, die besonders die Frauen beziehungsweise Mädchen betrafen.

In vedischer Zeit ging ein Mädchen eine Ehe nicht vor dem sechzehnten oder siebzehnten Lebensjahr ein. Auch wenn gewöhnlich die Eltern oder ein Bruder darüber wachten, daß das Mädchen die richtige Wahl traf, so oblag es doch *ihr*, eine solche Wahl zu treffen. Dazu hatte sie hinreichend Gelegenheit, denn Frauen und Mädchen waren in vedischer Zeit in ihrer Bewegungsfreiheit nicht eingeschränkt. Es gab weder das Verbot, das eheliche Heim – etwa zu Besorgungen oder aus einem festlichen Anlaß – zu verlassen, noch wurde erwartet, daß ein junges Mädchen, wenn es sich in der Öffentlichkeit zeigte, dies in Begleitung einer Anstandsperson tat. Es stand den Mädchen frei, sich selbst mit einem Liebhaber zu treffen, und sie waren bei einem solchen Schäferstündchen durchaus nicht prüde.

Es wurde nicht erwartet, daß Mädchen jungfräulich in die Ehe gingen. Dennoch wurde die Ehe durchaus als eine Institution angesehen, die eine zentrale Bedeutung in der Gesellschaft einnahm. Sie stand unter dem Schutz der Götter und wurde in Form einer rituellen Handlung vollzogen. Dabei ging es vor allem um die Sicherung einer legitimen Nachkommenschaft, was die wichtigste Funktion der Ehe war. Es wurde denn auch von der Ehefrau erwartet, daß sie fruchtbar war und vor allem Söhne in die Welt setzte. Diese waren ein Garant des Fortbestandes der Familie und der Gesellschaft. Eine Tochter wurde zwar nicht als Unglück angesehen – wie in späteren Zeiten –, aber die Frau, die einen oder gar mehrere Söhne gebar, konnte sich eines besonderen Ansehens sicher sein. Groß war ihr Ungemach, wenn sich herausstellte, daß sie unfruchtbar war; sie mußte sich dann darauf einstellen, daß ihr Mann eine zweite Frau nahm. Die Monogamie war zwar die vorherrschende Eheform, doch war die Polygamie, die »Vielweiberei«, durchaus keine Seltenheit, vor allem in herrschaftlichen Kreisen, wo mehrere Frauen sowie Konkubinen durchaus die Regel waren. Andererseits gab es auch den umgekehrten Fall, wo eine Frau mehrere *Männer* ehelichte. Diese Praxis, die ein Relikt vorarischer Zeit war, stellte allerdings eher eine Ausnahme dar.

Das Zusammenleben mehrerer Ehefrauen in einem Haushalt brachte naturgemäß Konflikte mit sich, wobei Eifersucht nicht einmal der wichtigste Grund war; es war vor allem der Neid, daß eine Nebenbuhlerin womöglich vom Glück begünstigter war und Mutter eines Sohnes wurde, der das Zusammenleben vergiftete. Dabei kam es nicht selten zu Streit, und man nahm Zuflucht zu allerlei Zaubermitteln und Unheil beschwörenden Sprüchen. Ein Fluch, der überliefert ist, lautet: »Laß dieses Mädchen, o Herr, dir zur Braut gereichen, o Yama!« Yama, das war der Todesgott – fürwahr kein frommer Wunsch, der hier geäußert wird.

Starb der Ehemann, stand es der Frau frei, wieder zu heiraten. Was wiederum in späterer Zeit durchaus unüblich war; wie überhaupt eine Witwe in vedischer Zeit – anders als später – ihr Ansehen, das sie als Ehefrau genossen hatte, nicht verlor.

Insgesamt läßt sich sagen, daß die Frau im Rahmen der Familie ein gesichertes und angesehenes Leben führte. Auch in der Öffentlichkeit begegnete man ihr mit Respekt und Achtung. Da sie Zugang zu Bildung hatte, war ihr auch eine aktive Rolle in der Religion nicht verwehrt. Sie konnte selbst Opferhandlungen vollziehen, führte gelehrte Gespräche mit den eigentlichen Sachverwaltern der Religion, den Brahmanen, und verfaßte sogar gelegentlich selbst gelehrte Traktate. Wofür die Veden, die heiligen Schriften der vedischen Arier, so manches Zeugnis ablegen. Es war alles in allem ein eher idyllisches Bild, das – soweit es die Frau betrifft – die Gesellschaft in vedischer Zeit bot. Doch diese Idylle war nicht von Dauer. Wie sich schon bald zeigen sollte.

Der Erleuchtete

»Als der junge Königssohn die Kindheit hinter sich hatte und in das mittlere Alter eingetreten war, erlernte er die seinem Stande entsprechenden Wissenszweige, die sonst erst in vielen Jahren zu erfassen sind, in wenigen Tagen.

Da aber der gegenwärtige König des Sakya-Geschlechtes jüngst vom großen Heiligen Asita als das künftige Ziel seines Sohnes den Heilsweg vernommen hatte, sorgte er dafür, daß er den Freuden der Liebe sich hingab.

Daher holte er für ihn aus einer Familie von gefestigter Moral eine treffliche Frau, mit Schönheit, Schamhaftigkeit und Bescheidenheit ausgestattet, Yasodhara mit Namen, die weitberühmte, die ihrem Namen Ehre machte, eine wahre Glücksgöttin.

Danach ergötzte nun sich dieser dem Erdenherrscher liebe, Sanatkumara gleichende Prinz mit jener Sakya-Prinzessin wie der Tausendäugige mit Saci.

In der Befürchtung, er könnte vielleicht einmal etwas Widerwärtiges sehen, was seinen Geist verwirren könnte, wies ihm der Fürst eine Wohnung im Innern des Palastes, fern vom Treiben der Welt, an.

Da verbrachte er nun die Zeit bei den herrlichen Konzerten der Frauen in den wie Wolken im Herbst leuchtenden Gemächern, die gleichsam wie Himmelswagen auf Erden angestrichen waren und die Freuden aller Jahreszeiten boten.

Wie der Kailasa erstrahlte dieser Palast unter dem sanften Schall der Trommeln, die am Rande mit Gold eingefaßt waren und von den Fingern der Frauen geschlagen wurden, und unter Tänzen, die denen der trefflichsten Apsarasen glichen.

Dort entzückten ihn die Frauen mit ihren leisen Stimmen, ihren reizenden Locktönen, ihrem sanften, koketten und süßen Lächeln, mit ihrem Brauenspiel und ihren Seitenblicken.

Gehalten von den auf den Pfaden der Liebe bewanderten und in der Lust ausdauernden Frauen gelangte er vom Dache des Palastes nicht auf den Erdboden, so wenig wie ein Heiliger, der vom Verdeck seines Himmelswagens herabsteigt.«

Der, von dem hier die Rede ist, wurde als Sohn eines Fürsten, der über ein kleines Reich am Fuße des Himalaya herrschte, geboren. Das genaue Datum seiner Geburt ist nicht überliefert; man nimmt an, daß der »Königssohn« um das Jahr 450 v. Chr. das Licht der Welt erblickte. Seine Mutter, Maya mit Namen, starb wenige Tage nach der Niederkunft. Angeblich, weil sie mit der Geburt ihres Sohnes eine heilige Mission erfüllt hatte und somit selbst heiligen Status, der dem Irdischen entrückt war, erlangt hatte. Der kleine Siddharta – so der Name, den ihm die Eltern gaben – wurde der Obhut der Schwester seiner Mutter übergeben, die gleichfalls mit Shuddodama, dem König, verheiratet war. Dieser ließ seinem Sohn die dem Sproß eines Fürsten gebührende Erziehung angedeihen, war aber ängstlich darum bemüht, die Prophezeiung eines Heiligen nicht Wahrheit werden zu lassen. Denn die Familie des Fürsten stammte zwar von einem Gelehrten vedischer Zeit ab, zählte sich aber zur Kaste der Kshatriya, der Krieger, weshalb der Fürst alles daransetzte, daß sein Sohn das kriegerische Ideal seiner Familie fortsetzte und sich als Erbe des Königreiches würdig erwies. Das geeignete Mittel, um Siddharta gar nicht erst auf abweichende Gedanken kommen zu lassen, bestand, so meinte der Fürst, in Ablenkungen, denen ein Jüngling gewöhnlich nicht widerstehen kann. Also vermählte er seinen Sohn mit einer Tochter aus dem gleichen Geschlecht, dem auch das Fürstenhaus entstammte, den Sakya beziehungsweise Shakya, und sorgte des weiteren dafür, daß sich Siddharta auch mit den übrigen Frauen, die seinen Harem bevölkerten, vergnügte. Der Fürst hatte seinem Sohn einen abgeschiedenen Trakt des Palastes als Wohnung zugewiesen, um zu gewährleisten, daß er mit der Welt außerhalb der Mauern des Palastes nicht in Berührung kam. Eine nicht unbegründete Vorsichtsmaßnahme, wie sich im weiteren Verlauf der Geschichte, die freilich nicht nur Legende ist, zeigen wird.

Aufgezeichnet hat die Legende, der wir hier folgen, ein gewisser Ashvagosa, ein Dichter und Weiser, der lange nach der Zeit lebte – im 1. Jahrhundert n. Chr. –, da sich die Geschichte, von der er erzählt, zugetragen hat. Ashvagosa war der erste bedeutende Dichter Indiens, und so ist es wohl wert, seiner Darstellung der epochemachenden Ereignisse, die mit dem Leben jenes Fürstensohnes Siddharta verbunden sind, zu folgen. Wie zu erwarten – denn es gab ja eine Prophezeiung –, ließ sich der Lauf der Dinge, wie sie geweissagt waren, auf die Dauer nicht aufhalten. Siddharta, der Vergnügungen in seinem Harem allmählich überdrüssig, verlangte es schließlich danach, seinen goldenen Käfig zu verlassen. Er unternahm Ausfahrten in die Umgebung der Stadt Kapilavastu, in der die Residenz des Fürsten lag, und auf diesen Ausflügen geschah es, daß der Prinz mit dem wahren Gesicht der Welt in Berührung kam. Er sah Elend und Not, Krankheit und Tod, und er erkannte, daß es mehr im Leben gab, als nur seinem eigenen Vergnügen nachzugehen. Er konnte sich der Not nicht mehr verschließen und mußte versuchen, das Leiden der Menschen zu beenden. Siddharta sah eine Mission, und er beschloß, sich ihr fortan mit aller Kraft zu widmen.

Der Fürst aber, der seinen Sohn nicht verlieren wollte (und um den Fortbestand des Reiches fürchtete), ließ nichts unversucht, seinen Sohn doch noch von dem ihm geweissagten Weg abzubringen. In den Worten des Dichters: »Da er den Zustand des Sohnes erkannt hatte, beorderte er dazu in seiner Liebe, ohne an irgend welche Gefahren des Erlösungsgedankens zu denken, geeignete, in den Künsten erfahrene Dirnen.«

Als Ort der Verführung wurde ein Hain in der Nähe gewählt, zu dem ein Vertrauter des Königs den Prinzen bei einer seiner Ausfahrten brachte. Der Gefolgsmann des Königs konnte jedoch nicht verhindern, daß der Prinz auf dem Wege zu dem Hain einer Prozession begegnete, die einem Toten das letzte Geleit gab. Was natürlich den Prinzen erneut in seinem Entschluß bestärkte. Doch der Gewährsmann des Königs beachtete den Wunsch des Prinzen umzukehren nicht, sondern führte ihn – seinem Auftrag gemäß – in den Wald. »Gewaltsam«, heißt es bei Ashvagosa, »wurde da des Männerfürsten Sproß nach diesem mit Scharen von schönen Frauen angefüllten Walde entführt, gleichsam wie ein Heiliger, der eben sein Gelübde getan hat und sich, ärgerlich über die Störung seiner Askese, nach des Oberherrn von Alaka Behausung entführt sieht, die von den herrlichsten Apsarasen erfüllt ist.«

Apsarasen beziehungsweise Apsaras, das sind in der indischen Mythologie liebliche Nymphen, die den Himmel bevölkern, und wahrlich, die Liebesbeflissenen, die der Fürst ausgesucht hatte, standen den himmlischen Apsaras nicht nach, auch wenn sie mehr durch den Fürstensohn geblendet waren als er durch sie. Ashvagosa berichtet:

»Darauf gingen die Frauen mit vor Neugier unruhigen Augen dem aus dem Stadtpark ankommenden Fürstensohne wie einem Freier entgegen. Als sie ihn erreicht hatten, brachten sie ihm, die Augen vor Staunen weit geöffnet, ihre Begrüßung dar mit ihren lotuskelchähnlichen Händen.

Sie standen da, indem sie ihn umringten, die Herzen vom Liebesgotte getroffen, indem sie ihn gleichsam mit unbeweglichen, vor Liebe weitgeöffneten Augen tranken.

Denn diese Frauen hielten ihn für den verkörperten Liebesgott, da er von leuchtenden Malen, gleichsam angeborenen Schmuckstücken, strahlte.

Die einen waren wegen seiner Milde und seiner Sicherheit zugleich überzeugt, daß er der leibhaftig auf die Erde herabgestiegene nektarstrahlige Mond sei.

Von seiner Schönheit getroffen, gähnten sie, um ihn zu verschlingen, und indem sie mit den Augen einander maßen, seufzten sie leise.

So betrachteten ihn diese Frauen nur mit den Augen; von seiner Majestät gezügelt, sprachen sie nicht, noch lachten sie.«

Udayin, der Vertraute des Königs, hatte alle Mühe, die Damen, die doch – was die Gefilde des Liebesgottes betraf – nicht gerade Anfängerinnen waren, an die Aufgabe, für die sie angeheuert waren, zu erinnern. Er wies auf all die Heiligen und Weisen der Überlieferung hin, die reihenweise den Verführungskünsten von Hetären und Kurtisanen erlegen waren, und spornte sie an, nun gleichfalls ihr Bestes zu geben. So daß der Prinz nun wahrhaft in Bedrängnis geriet:

»Von den Frauen geleitet, leuchtete er in jenem reizenden Parke, wie der von den Apsarasen umgebene Sonnengott in seinem Lusthause.

Von Liebesrausch hingerissen, berührten ihn dort die einen Frauen mit ihren festen, üppigen, beim Anprall hüpfenden Brüsten.

Eine andere Schöne tat, als ob sie strauchelte, und umarmte ihn ungestüm, wobei die weiche Armranke bei herabhängenden Schultern sich zart um ihn schlang.

Eine Andere hauchte mit ihrem Munde, der kupferrote Lippen besaß und von Likör duftete, an sein Ohr, indem sie sagte. ›Höre ein Geheimnis!‹

Eine Andere, reich Gesalbte, sprach gleichsam beflehend: ›Verrichte hier diese Anbetung‹, wobei sie seine Hand drückte, um ihn zu gewinnen.

Eine Andere, die angeblich im Rausche ihr dunkles Gewand immer wieder herabgleiten ließ, wobei der Gürtel sichtbar wurde, erglänzte wie die Nacht, wenn die Blitze zucken.

Andere liefen unter dem geschwätzigen Klirren der goldenen Gürtel umher, hierhin und dorthin, und zeigten ihm dabei ihre von einem dünnen Gewande bedeckten Hüften.

Andere erfaßten einen blühenden Mangozweig und lehnten sich daran, wobei sie ihre Goldkrügen ähnlichen Brüste zeigten.

Eine Andere kam von dem Lotuswalde her, mit einem Lotus in der Hand, die Lotusäugige, und trat jenem Lotusgesichtigen an die Seite, gleichsam wie die im Lotus ruhende Glücksgöttin.«

Derart und noch auf manch andere Weise, die der Dichter nicht müde wird aufzuzählen, versuchten die Schönen, den Prinzen zu becircen. Doch was immer sich die koketten Liebesdienerinnen einfallen ließen, es fruchtete nichts, und am Ende schreibt Ashvagosa: »Aber wiewohl ... [der Prinz] so umworben wurde, freute er sich doch nicht und lächelte nicht, die Sinne geschützt mit Festigkeit, indem er voller Unruhe dachte: ›Sterben muß man!‹«

Wahrlich, dieser Aspirant, der das Heil suchte, war aus anderem Holz geschnitzt als jener Agastya, der sich vergeblich mühte, den Avancen seiner Frau zu wiederstehen. Siddharta hatte das Leid der Welt erkannt, und er wußte folglich um die Vergänglichkeit allen Seins. Auch Schönheit verging, zumal die Schönheit der Frauen. »Woran fehlt es diesen Frauen«, fragt sich der von diesen vergeblich Umworbene, »daß sie nicht merken, wie vergänglich die Jugend ist?«

Der Prinz kehrt in den Palast zurück, ohne den mannigfaltigen Versuchungen der Liebeskundigen erlegen zu sein. Und er tritt vor seinen Vater, den Fürsten, und tut ihm seine Absicht kund, fortan das Leben eines Einsiedlers zu führen. Doch der Fürst läßt sich nicht umstimmen und befiehlt, Türen und Tore des Harems zu verschließen, um das Vorhaben des Sohnes zu vereiteln. Im übrigen berät er sich mit seinen Ministern, was des weiteren zu tun sei. Doch auch sie haben kein probateres Mittel zur Hand als jenes, das der Fürst bereits angewandt hat: Frauen sind die beste Versuchung, auf die Dauer hält ihnen niemand stand. Also erteilt der Fürst die nötigen Anweisungen und fordert die Damen im Harem seines Sohnes auf, sich nun einmal wirklich ins Zeug zu legen. Doch auch dieses Unterfangen ist zum Scheitern verurteilt, wobei diesmal die Akanistha, die Herren der Askese höchstselbst, dem bedrängten Prinzen zu Hilfe kommen:

»... [da nun] warteten dem Trefflichsten die trefflichsten Frauen in der Nacht mit Musikvorträgen auf, dem Indra-Ähnlichen, wie auf dem mond-gelben Scheitel des Himavat [Himalaya] dem Sohne des Herrn der Reich-tümer die Mengen der Scharen der Apsarasen.

Aber selbst durch diese herrlichsten, himmlischen Konzerten ähnli-chen Vorträge fand er keineswegs Genuß noch Freude; denn der Wunsch dieses Trefflichen, nach dem Glücke des höchsten Gutes auszuziehen, hatte nicht aufgehört.

Nun wurde dort von den Akanisthas, den in der Askese ausgezeich-neten Göttern, die seinen Entschluß kannten, mit einem Male die Frauen-schar in Schlaf versenkt, und die Gesten ihrer Glieder wurden verändert.

Da lag die Eine, die Wange in die zitternde Hand geborgen, indem sie gleichsam zornig die doch so geliebte, mit Goldblättern verzierte Laute, die auf ihrem Schoße lag, fallen ließ.

Eine Andere, die dalag, die Hand an der Flöte ruhend und das weiße Gewand von der Brust herabgeglitten, erschien wie ein Fluß, in dem die Lotusse mit einer geraden Reihe von Bienen bedeckt sind und dessen Ufer mit dem Schaum des Wassers lachen.

Wieder eine Andere schlief, indem sie die Trommel wie einen Lieb-sten mit den Armen umschlungen hielt, die zart waren wie junge Lotus-schößlinge und von Gold glänzende, eng sitzende Reifen trugen. [...]

Andere lagen wie leblos da und nahmen sich, ihrer Sinne nicht mäch-tig, nicht schön aus, da ihre Schmucksachen und Kränze in Unordnung geraten, die Kleider ungebunden herabgeglitten und die unbeweglichen, glänzenden Augen nicht geschlossen waren.

Eine Andere lag da, wie vom Rausche zuckend, die Mundhöhlung offen, die Glieder preisgegeben, mit fließendem Speichel, die Scham sichtbar; sie sah nicht schön aus und zeigten den Körper in häßlicher Weise.

So zeigte die ruhende Frauenschar ein mannigfaches, ihrem Wesen und Herkommen entsprechendes Aussehen, ähnlich dem eines Teiches, dessen Lotusse vom Winde gebogen und zerzaust sind.«

Als Siddharta dieses Bild, das die Herren der Askese ihm offenbart hatten, gewahrte, wurde er von Abscheu erfüllt: Die Schönheit der Frauen war nur Blendwerk; sie täuschte den Mann, und wollte er ihrer trügerischen Versuchung nicht erliegen, blieb ihm nur, ihr zu fliehen. Worin auch Siddharta nun den einzigen Ausweg sah. Mit Hilfe der Götter, die die Tore des Palastes öffneten, entwich er noch in der gleichen Nacht in die Freiheit, wobei Yakshas, geisterhafte Wesen, »mit ... lotusgleichen Händen« die Hufschläge des Pferdes, mit dem der Prinz flüchtete, dämpften, »indem sie Lotusblumen streuten«.

Ohne von seinem Vater und seiner Frau, die ihm inzwischen einen Sohn geboren hatte, Abschied zu nehmen, entsagte Siddharta der Welt der Versuchungen und führte fortan das Leben eines Einsiedlers. Immer auf der Suche nach der wahren Erkenntnis, die das Leid der Welt erklären könnte. Und während er so seinem Entschluß treu blieb, belohnten ihn schließlich die Götter, indem sie ihm die Wahrheit offenbarten und er Erlösung fand. Fortan nannte er sich *Buddha*, der »Erleuchtete«, und als solcher ging er in die Geschichte ein. Als er starb, in der Zeit um 370 v. Chr., hatte die neue Lehre, die er begründete, bereits eine feste Anhängerschaft gefunden. Sie prägte das Gesicht Indiens tausend Jahre und wurde auch in den Ländern jenseits seiner Grenzen heimisch. Dort hat sie bis auf den heutigen Tag überdauert.

Schwere Last

»Als da der Königssohn diese ruhenden jungen Frauen mit den entstellten Gesichtern erblickte, die ihre Bewegungen nicht beherrschten und sich wenig schön ausnahmen, wenn auch ihre Körper reich an Vorzügen waren und ihre Erscheinung glänzend war, da empfand er Ekel.

›So ist das wahre Wesen der Frauen in der Welt der Lebenden: unsauber und entstellt! Aber durch Kleider und Schmucksachen getäuscht, empfindet der Mann Liebe zu den Sinnengenüssen, die die Frauen bieten.

Wenn der Mann die Natur der Frauen und diese Entstellung im Schlafe bedächte, würde er sicherlich hier seine Freundlichkeit nicht wachsen lassen. Aber von dem Gedanken an ihre Vorzüge geschlagen, empfindet er Liebe zu ihnen!‹«

So formuliert es Ashvagosa in seiner Geschichte über das Leben Buddhas: Die Frau versteht es, sich zu verstellen, um dem Mann zu gefallen, doch ihr wahres Wesen ist eben diese Täuschung, die über ihre eigentliche Minderwertigkeit hinwegtäuscht. Sie ist es nicht wert, daß der Mann sein Herz an sie hängt. Oder ihr gar verfällt.

Auch wenn es sich hier nur um die Worte und die Interpretation eines Dichters handelt, selbst wenn er gefeiert und geachtet wurde, so ist doch eines gewiß: Buddha war kein Freund der Frauen!

Überliefert ist ein Ausspruch Buddhas, in dem es heißt: »Wenn, Ananda, Frauen nicht gestattet worden wäre, dem Orden beizutreten, würde die reine Religion Bestand gehabt haben, würden die guten Gesetzte tausend Jahre lang festgestanden haben. Doch da sie dieses Zugeständnis erhalten haben, wird die Religion nun nur fünfhundert Jahre bestehen.«

Buddha sollte mit seiner Prophezeiung recht behalten: denn die »reine Religion« wurde tatsächlich ein halbes Jahrtausend, nachdem Buddha sie gestiftet hatte, verfälscht. Doch war dies keine Entwicklung, die den Frauen anzulasten ist: Vielmehr ergab sich dieser Wandel im Buddhismus, der fortan in zwei Hauptrichtungen zerfiel – den Hinayana, der die ursprüngliche Form des Buddhismus repräsentierte, und den Mahayana, der eine Angleichung an fremde Religionen darstellte –, aus dem Umstand, daß der Buddhismus, der über die Grenzen Indiens hinausgetragen worden war, sich den Bedingungen, die er dort vorfand, anpassen mußte. Doch diese Entwicklung, die dennoch einen Triumph des Buddhismus bedeutete, konnte der Buddha nicht voraussehen. Er schob alle Schuld auf die Frauen. Was die Frage aufwirft, warum er das tat. Was hatten Frauen mit dem Leid und Lauf der Welt zu tun, um die Buddha sich doch eigentlich Gedanken machte?

Es war das ewige Thema, soweit es Indien betraf: die Gegensätzlichkeit zwischen der Welt der Askese und Meditation und dem Bereich des Sinnlichen und Verlockenden, als dessen Inbegriff – da es Männer waren, die diese Überlegungen anstellten – die Frau galt. Über diesen Gegensatz hatten sich auch schon die Brahmanen Gedanken gemacht, doch – wie wir gehört haben – fehlte ihnen die Kraft (oder die Einsicht), der Verlockung des Sinnlichen zu widerstehen. Erst Siddharta, der dadurch den Ruhm eines Buddha und somit das Heil erlangte, vermochte, sich aus sinnlicher Verstrickung zu lösen und damit den Sieg über das, was den Menschen vermeintlich niederhält, zu erringen.

Obgleich Buddha jegliche Gefühlsregung ablehnte, Freude ebenso wie Schmerz, so war es doch eine zentrale Gemütsbewegung, die er besonders verabscheute: die Hingabe an rati, die geschlechtliche Liebe. Diese Versuchung, deren elementare Kraft er erkannte, bildete einen Kern seiner Lehre. Widersteht man ihr, beschreitet man den rechten Pfad, der allein zum Heil, zur Erlösung, zum Nirwana führt.

Die Religion, die Buddha begründete, war – anders, als man erwarten könnte – keine Glaubenslehre, die diesseitsgewandt war und die Forderung erhob, anderen gegenüber Erbarmen oder gar Hilfsbereitschaft zu bekunden. Jeder war für sein Leben selbst verantwortlich: Hilfe, die man andern gewährte, beschränkte sich auf das Beispiel, das man abgab, wenn man den rechten, heilbringenden Pfad beschritt. Insofern ist beziehungsweise war der Buddhismus – in seiner ursprünglichen Form – nicht eigentlich eine Religion, sondern eher eine philosophische Deutung des Lebens und dessen, was die Bestimmung des Menschen ist. Erst später, als sich – um die Zeitenwende – der Mahayana herausbildete, nahm der Buddhismus die Form einer tatsächlichen Religion an, die weniger auf ethischen Prinzipien als vielmehr einer glaubensmäßigen Bindung an höhere Wesen beruhte. Damit verlor der Buddhismus seine ursprüngliche Kraft, was nicht unwesentlich zu seinem Niedergang in Indien beitrug. Auch wenn er außerhalb Indiens, in den Anrainerstaaten des Subkontinents, weiterhin eine beherrschende Rolle spielte.

Nun waren die Frauen nicht wirklich der zündende Funke, der Buddha inspirierte. Wenigstens wird man ihnen kaum allein seine Beweggründe zuschreiben können, der Welt endgültig zu entsagen. Hier hat die Legendenbildung die Ereignisse dramatisiert. Es war vielmehr ein allgemeines Unbehagen, das sich in der Bevölkerung breitmachte, was Buddha bewog, einen Weg zu beschreiten, der zu einer Reform der Gesellschaft führte. Und es war nicht nur Buddha, der diesen Wandel in Gang setzte; auch andere sannen über Veränderung nach. Namentlich Mahavira, ein Zeitgenosse Buddhas, der gleichfalls eine Reformbewegung begründete: den Jainismus, auch dies eine »Religion«, wiewohl wiederum eher ethische Prinzipien – wie der Schutz allen Lebens, auch des kleinsten Insekts – im Vordergrund stehen.

Was kritisiert und angeprangert wurde, das war die allmähliche Erstarrung der vedischen Gesellschaft, das heißt, gewisse Exzesse und Fehlentwicklungen, die sich im Laufe der Zeit unter dem Diktat der Arier herausgebildet hatten. Dazu gehörte insbesondere das Kastenwesen, das die Gesellschaft in ein starres Gefüge hierarchisch gegliederter Bevölkerungsgruppen unterteilte. Ursprünglich ein Mittel der Herrschaftssicherung einer fremden Minderheit über das Gros eingesessener Völker, entwickelte sich das Kastenwesen schließlich zu einer strikten Einteilung der Gesellschaft in höhere und niedere Kasten, die scharf voneinander abgegrenzt waren. Angehörige der unteren Schichten hatten keine Möglichkeit, ihrem niederen Status und einer entsprechend prekären Lebenssituation zu entkommen. Buddha verwarf dieses starre System: Jedem stand der Weg zum Heil offen, sofern er von seinen Begierden, jeglicher Art, abließ. Verständlich, daß viele – trotz der strengen Auflagen – in der neuen Religion ihr Heil sahen.

Buddha verurteilte auch die Exzesse, die sich in der bisherigen Religion, die die Arier begründet hatten und die zur Basis des Hinduismus wurde, herausgebildet hatten. Er kritisierte die Vorrangstellung der Brahmanen, die sich immer größere Macht anmaßten, und er verwarf die ausschweifenden und aufwendigen Praktiken, die sich im Kult, so wie ihn die Brahmanen zelebrierten, manifestierten. Buddha predigte die Abkehr von diesem allzu weltlichen Treiben im Namen einer Religion, die nur noch aus der Zelebrierung sinnlicher Genüsse zu bestehen schien. Askese und Meditation, die bei den Brahmanen immer mehr an Bedeutung verloren hatten, waren die Alternative, die Buddha aufzeigte. Daß ihm so viele auf diesem Weg der Entsagung folgten, beweist, wie groß die Unzufriedenheit mit den Zuständen, wie sie sich unter der Herrschaft der Arier herausgebildet hatten, tatsächlich war. Es erklärt zugleich, warum der Buddhismus in Indien ein Jahrtausend lang die vorherrschende Religion darstellte.

Was am Anfang noch nicht so offensichtlich war, gewann später entscheidende Bedeutung: die Gewährung von Rechten und Vergünstigungen, die der Buddhismus Frauen zugestand, während der Hinduismus, in der Form, wie er sich schließlich aus seinem Vorläufer, dem Brahmanismus, entwickelte, sie ihnen verweigere. Ein Umstand, der auf den ersten Blick paradox erscheint. Denn war es nicht gerade Buddha, der sozusagen in der Frau das Grundübel der Welt sah? Daß er seine ursprünglich radikale Meinung allmählich änderte, war nicht zuletzt auf den Einfluß jenes Ananda zurückzuführen, an den Buddha seine Prophezeiung über den Bestand der von ihm gestifteten Religion richtete. Ananda war Buddhas Lieblingsschüler, obwohl oder weil Ananda es wagte, seinem Lehrer zu widersprechen. Dies tat er auch dann, als Buddha sich sträubte, Frauen in den *sangha*, den Orden, den er zur Festigung und Verbreitung seiner Lehre gegründet hatte, aufzunehmen. Ananda erinnerte den Meister daran, daß er den Frauen den Weg zum Heil verwehrte, wenn er nicht auch klösterliche Gemeinschaften, in denen Nonnen den tugendhaften Weg beschritten, zuließe. Wiederwillig ließ Buddha sich umstimmen; immerhin hatte er ja auch den Frauen den Weg zum Nirwana verheißen. Und wo könnten sie ihn sicherer beschreiten als in einer klösterlichen Gemeinschaft, wo sie sich ganz dem hehren Ziel hingeben konnten?

Von Ehe und Familie hielt Buddha nichts. Das hatte er selbst vorexerziert. Er lehnte zwar die Ehe nicht ab, aber im Grunde war sie nur hinderlich auf dem Wege zum Heil. Wer – wie er – die Ehe aufkündigte und sich dem *sangha* anschloß, verkürzte den Weg. Freilich war es nicht nur religiöse Inbrunst, die als Grund dafür diente, sich einer religiösen Gemeinschaft anzuschließen. Frauen zumindest bekannten offen auch andere Motive, die sie dazu bewogen, das bisherige Leben aufzukündigen. So gab eine, die einer klösterlichen, buddhistischen Gemeinde beitrat und sich dort bezeichnenderweise literarischer Tätigkeit widmen konnte, freimütig zu:

O Frau! Wie schön ist es, frei zu sein! Wie frei bin ich,
Endlich erlöst von der Plackerei in der Küche!
Verschmiert und schmutzig zwischen meinen Kochtöpfen,
Mußte ich obendrein auch noch
Meinen gewalttätigen Ehemann ertragen,
Der noch nicht einmal soviel wert war
Wie die Sonnenschirme, an denen er ständig herumbastelte.
Erlöst nun von all meiner früheren Begierde und allem Haß,
Verweile ich in Ruhe sinnend
Unter schattenspenden Zweigen –
Oh, wie geht es mir doch gut!

Kein Wunder, daß besonders auch Frauen eine klösterliche Gemeinschaft im Zeichen der neuen Lehre suchten, denn außerhalb des Sangha
wurde ihre Stellung immer prekärer.

Allerdings wirkte sich der Schutz, den der Buddhismus gewährte,
auch auf die Frauen aus, die sich zwar zur neuen Religion bekannten,
dem weltlichen Leben aber nicht entsagten. Der Buddhismus erkannte
Frauen insgesamt eine höhere Stellung zu als in der traditionellen
Gesellschaft, die durch den Brahmanismus beziehungsweise Hinduismus geprägt war. Hier verschlechterte sich – wie wir noch sehen
werden – der Status der Frau erheblich, was schließlich zu solchen
Exzessen wie der Kinderheirat, der Witwenverbrennung und der
grundsätzlichen Ausgrenzung von Frauen führte, die ihren Ehepartner überlebten. Da der Buddhismus in der Ehe kein geheiligtes Sakrament sah und die Frau nicht der Oberhoheit des Mannes unterstellte,
wie es in der hinduistischen Tradition zur Regel werden sollte, besaß sie die Freiheit, nach eigenem Ermessen über ihr Leben zu befinden.
Sie konnte die Ehe aufkündigen, sie konnte einer klösterlichen Gemeinschaft beitreten, und sie konnte – im Falle des Todes ihres Ehepartners – wieder heiraten. In jedem Fall war sie keinerlei Repressalien
seitens des Mannes oder seiner Familie ausgesetzt. Die Frau war –
unter dem Schild des Buddhismus – eine eigenständige Persönlichkeit, der prinzipiell die gleichen Möglichkeiten offenstanden wie
dem Mann. Das war – gemessen an der beklagenswerten Entwicklung,

die im Zeichen des Hinduismus in Indien einsetzte – ein nicht geringes Privileg.

Dennoch darf nicht übersehen werden, daß der Buddhismus auch negative Auswirkungen auf die Frauen zeitigte. Denn die Grundeinstellung Buddhas, daß alles Übel sinnlichem Begehren entspringt und dieses sich im Sexuellen konzentriert, das sich wiederum – aus der Sicht des Mannes – in der Frau manifestiert, blieb bestehen und wurde zum Dogma. Die Frau war letztlich der Grund allen Leidens, das die Welt heimsuchte, und nur wenn man sie mied, ihrer Anziehungskraft widerstand, konnte man zum Heil der Welt beitragen.

Diese ambivalente Sicht der Frau – einerseits betrachtete man sie als Schuldige, andererseits gestand man ihr das Recht auf eine eigene Identität zu – hob letztlich die Wirkung des Buddhismus, soweit es die Stellung der Frau betrifft, auf. Am Ende trug sogar die negative Einschätzung den Sieg davon; denn der Buddhismus verstärkte die Tendenz, die auch schon in vedischer Zeit zu beobachten war, nämlich die Frau und das Geschlechtliche, als dessen Sinnbild sie galt, als Hindernis auf dem Weg zum Heil zu betrachten. Aus dieser vedischen Tradition geboren, zementierte der Buddhismus die diskriminierende Sicht der Frau, und als die neue Lehre schließlich in den Hintergrund trat und der Hinduismus an ihre Stelle rückte, war die Frau, die nun nur noch zurückgesetzt wurde, ihres Schutzes beraubt. Ein unheilvolles Erbe, das der Buddhismus hinterließ. Zumindest in Indien, wo der Buddhismus fast völlig verdrängt wurde, bürdete er der Frau eine schwere Last auf.

Baumnymphen und Himmelsfeen

So zwiespältig die Wirkung des Buddhismus im Hinblick auf die Situation der Frau in Indien auch war, so verdanken wir ihm doch andererseits die ersten genaueren Zeugnisse, die das Leben der Frau im alten Indien dokumentieren. Ein herausragendes Beispiel literarischer Art – die Lebensgeschichte Buddhas, die der Dichter und Gelehrte Ashvagosa verfaßte – haben wir schon genannt. Sie vermittelt über die eigentliche Geschichte des Buddhismus hinaus ein anschauliches Bild der Gesellschaft zumal in höfischer Umgebung im Indien der Zeitenwende, als die Kultur, die der Buddhismus beflügelt hatte, in voller Blüte stand. Dabei findet das *Buddhacarita*, »Das Leben Buddhas«, wie es Ashvagosa entwarf – neben zahlreichen anderen literarischen Quellen, die im Zeichen des Buddhismus entstanden – eine reizvolle Ergänzung in einer Vielzahl von Werken der bildenden Kunst. Hier ist eine große Übereinstimmung zwischen dichterischer Darstellung und der Wiedergabe in Plastik und Malerei zu beobachten. Das trifft nicht zuletzt auf die Frau, ja, in besonderem Maße gerade auf sie zu.

Soweit es Indien betrifft, sind hier vor allem Orte zu erwähnen, die Zentren buddhistischer Gelehrsamkeit und Frömmigkeit waren. Also klösterliche Gemeinden, die sich vom Entstehungsgebiet des Buddhismus am Mittellauf des Ganges in alle Richtungen über den Subkontinent ausbreiteten. In erster Linie sind hier zwei Orte zu erwähnen: Sanchi in Zentralindien und Ajanta weiter südlich auf der eigentlichen Halbinsel. Beides waren klösterliche Anlagen, die in vorchristlicher Zeit entstanden und über Jahrhunderte lang Bestand hatten. In Sanchi ist es vor allem ein Reliquienschrein – Stupa genannt –, der mit seiner Ausschmückung Berühmtheit erlangte. Dargestellt sind Szenen aus dem Leben Buddhas. Was jedoch besonders ins Auge fällt, das ist die Figur einer sogenannten *Yakshi*. Yakshis sind nymphenhafte Wesen, die gerade in der plastischen Kunst, die dem Buddhismus verpflichtet ist, eine hervorragende Bedeutung erlangten. Was in gewisser Weise paradox ist, denn bei den Yakshis, die in Verbindung mit einem Baum auftreten, handelt es sich um Überbleibsel religiöser Vorstellung aus vorarischer Zeit, als die Frau – in Verbindung mit der Natur und hier insbesondere sprießender Fruchtbarkeit – im Mittelpunkt der Verehrung stand. So findet sich in Sanchi die Darstellung einer Yakshi, die sich in aufreizender Pose an die mit Früchten beladenen Äste eines Baumes lehnt. Ihre Geschlechtsmerkmale – sowohl die Scham als auch schwellende Brüste – sind besonders betont und verleihen ihr einen lasziven Ausdruck: nicht das, was man als Zierat an einem Reliquienschrein, der den Mittelpunkt eines Klosters bildet, erwarten würde. Es hat fast den Anschein, als ob dem Bildhauer, der im Auftrag frommer Mönche handelte, sozusagen der Meißel durchging und sein eigenes Bildwerk schuf. Jedenfalls werden die Mönche ihre liebe

Mühe gehabt haben, beim Anblick dieser verführerischen Nymphe mit ihren Gedanken bei der Sache, das heißt dem Heil zu sein.

Das war auch in Ajanta nicht anders, dem zweiten bedeutenden Zentrum buddhistischen Kultes in Indien, das wegen seiner herausragenden künstlerischen Hinterlassenschaft Berühmtheit erlangte. In Ajanta handelt es sich weniger um Plastiken als vielmehr Malereien, die in einer Vielzahl von Höhlen, die kultischen Zwecken dienten, die Wände schmückten. Auch hier werden Szenen aus dem Leben Buddhas (sowie seine früheren Erscheinungen, denn das eigentliche Leben Buddhas war nur die letzte Stufe eines langen Weges der Wiedergeburten, der zum Nirwana führte) dargestellt. Und auch hier ist es besonders der Reiz der Frauenbildnisse, der den Betrachter entzückt. Ein Liebespaar, sie kokett an die Schulter ihres Erwählten gelehnt, die Augen mandelförmig, die Beine übereinandergeschlagen, so daß das Gewand über die Schenkel rutscht, schmal die Taille, die Brüste um so üppiger: der Liebhaber hat keine Chance, ihrem Charme zu entgehen, und der Mönch, der sie betrachtete, wird sich der Bewunderung für den Meister nicht erwehrt haben können, hatte er es doch geschafft, einer solchen Verlockung zu widerstehen.

In Ajanta finden wir auf Bildern all das – mit unnachahmlicher Grazie und Koketterie – dargestellt, was Ashvagosa in den Worten eines Dichters vor uns ausbreitet. Es sind dieselben Szenen, die gleichen Personen – etwa Yashodhara, die Gemahlin Buddhas, im Kreise ihrer Hofdamen, reich geschmückt, von einem Sonnenschirm geschützt und mit gesenktem Blick –, die gleiche Anmut und Sinnlichkeit, die die Dienerinnen und Hofdamen auszeichnen, wie sie auch Ashvagosa schildert. So als sei die Geschichte, die er erzählt, an den Wänden der Felsenheiligtümer von Ajanta zu tatsächlichem Leben erwacht.

Zeugnisse buddhistischer Kunst, die eng mit dem Ursprungsland der Lehre des Erleuchteten in Verbindung stehen, finden sich auch in Sri Lanka, das bereits im 3. Jahrhundert v. Chr. unter den Einfluß des Buddhismus gelangte. Wesentlichen Anteil an der Festigung und Ausbreitung des Buddhismus in Indien und darüber hinaus in Ceylon, hatte der bedeutendste Herrscher der Maurya-Dynastie, Ashoka. Die Maurya, die vom 4. bis zum 2. Jahrhundert v. Chr. regierten, schufen das erste Großreich in Indien, das fast den ganzen Subkontinent umfaßte. Erst den Moguln sollte es zweitausend Jahre später gelingen, ein vergleichbares Imperium in Indien zu errichten.

Die Ausbreitung des Buddhismus erfolgte auf friedlichem Wege, das heißt, Missionare wurden vom Kernland des Buddhismus aus in alle Winkel gesandt. So auch im Falle Ceylons, das schon damals »Lanka« hieß. Von jenen, die Ashoka nach Lanka entsandte, ist eine seiner Töchter zu erwähnen, die sich als erste Missionarin, von der wir Kunde haben, einen Namen machte. Sie hieß Sanghamitta und gründete in Lanka eine mönchische Gemeinschaft für Frauen. Außerdem wird ihr das Verdienst zugeschrieben, einen Ableger des sogenannten Bodhi-Baumes, unter dem Buddha die Erleuchtung fand, nach Sri Lanka verpflanzt zu haben, wo er noch heute in der alten Ruinenstadt Anuradhapura besondere Verehrung genießt.

Ceylon, ein Rückzugsgebiet ursprünglicher Völkerschaften, die von arischen Invasoren überlagert wurden, blieb – anders als das Festland – ein Hort des Buddhismus. Es kam zwar immer wieder zu feindlichen Einfällen sogenannter Tamilen aus Südindien, die dem Hinduismus beziehungsweise seinem Vorläufer, dem Brahmanismus, anhingen, doch erlitt dadurch der Buddhismus in Sri Lanka nur zeitweilige Rückschläge. Allerdings führten die wiederholten Übergriffe der Tamilen zum Teil zu erheblichen politischen Wirren, was aber immerhin zur Folge hatte, daß auf diese Weise die wohl eindrucksvollsten Kunstwerke Sri Lankas entstanden. Denn als es nach einem dieser feindlichen Einfälle zu Thronstreitigkeiten im angestammten Königshaus kam, die ein gewisser Kasyapa für sich entschied, wurde die Hauptstadt des Reiches an einen Ort verlegt, der Kasyapa als Zuflucht dienen sollte. Dieser Ort, der als Sigiriya bekannt geworden ist, wird von einem gewaltigen Felsmassiv überragt, das Kasyapa gerade recht erschien, um darauf in schwindelerregender Höhe einen Palast zu errichten. Dies aber ist es nicht, was den Ort so bedeutsam macht. Es sind vielmehr Malereien, die entlang einer Rampe, die hinauf zum einstigen Palast führt, an der Felswand angebracht sind und als ein Gipfel vom Buddhismus inspirierter Kunst angesehen werden können, denen Sigiriya seine Berühmtheit verdankt. Daß es sich dabei wiederum um Frauendarstellungen handelt – und zwar diesmal um sogenannte Himmelsnymphen, jene Apsaras, die Ashvagosa erwähnt –

Für welche Themen interessieren Sie sich?

- ○ Vor- und Frühgeschichte
- ○ Antike
- ○ Mittelalter
- ○ Neuzeit

- ○ Kulturgeschichte
- ○ Kunst / Kunstgeschichte
- ○ Fremde Länder, fremde Kulturen

- ○ Sachbücher
- ○ Geschichtswissenschaft
- ○ Illustrierte Bücher

- ○ Landeskunde Südwestdeutschland
- ○ sonstiges:

Mehr unter www.thorbecke.de
info@thorbecke.de
Tel: 0711/4406-194, Fax: -199

Ihre Meinung ist uns wichtig!

Diese Karte lag in dem Buch:

Ihre Meinung zu diesem Titel:

Haben Sie dieses Buch
- ○ gekauft?
- ○ geschenkt bekommen?

wie sind Sie auf diesen Titel gestoßen?
- ○ Buchbesprechung in:

- ○ Werbung / Anzeige in:

- ○ Verlagsprospekt
- ○ Entdeckung in der Buchhandlung
- ○ Internet
- ○ Empfehlung

Kannten Sie Thorbecke bereits?

Liebe Leserin, lieber Leser,

gerne informieren wir Sie über unsere neuen Bücher. Schicken Sie uns einfach diese Karte zurück.

Wenn Sie möchten, beantworten Sie doch bitte unsere Fragen auf der Rückseite. Damit tragen Sie dazu bei, daß Sie zukünftig Bücher bei uns finden, die genau SIE interessieren.

Gerne revanchieren wir uns für Ihre Mühe: Unter allen Einsendern verlosen wir monatlich 5 Bücher Ihrer Wahl.

Vorname / Name

Straße / Nr.

Plz / Ort

e-mail

Antwort

JAN THORBECKE VERLAG

Postfach 4201
D-73745 Ostfildern

beweist einmal mehr, wie wenig selbst Buddha auszurichten vermochte, wenn es galt, der Verlockung des Weiblichen Einhalt zu gebieten. Hier sind sie, die Versucherinnen, in all ihrer Anmut und Koketterie, angetan mit kostbarem Geschmeide, die Brüste schwer und prall wie reife Früchte, die Hände in graziöser Bewegung, die Taille schmal, auf den Lippen ein Lächeln, in den Augen ein verführerischer Glanz: Dies sind die Schönen, die Ashvagosa beschwört, Himmelsfeen, die dennoch allzusehr ihr irdisches Ebenbild offenbaren. Ein Triumph nicht nur der buddhistischen Künstler, sondern auch Ausdruck jener geradezu magischen Kraft, die zuweilen von der Erscheinung der Frau ausgeht und sich selbst gegen den Buddhismus behauptete. Bildwerke wie die Malereien von Sigiriya und Ajanta oder die Plastiken in Sanchi und andernorts, die alle im Namen einer die Frau zurückweisenden Religion entstanden, setzten ihr dennoch ein schmeichelhaftes Denkmal. Zumindest in der Kunst trug die Frau den Sieg davon.

König der Könige

Die Bildnisse von Sigiriya, die – hoch oben an der Felswand – wahrhaftig wie himmlische Feen erscheinen, stammen aus dem 5. Jahrhundert n. Chr. Zu dieser Zeit befand sich der Buddhismus in seinem Ursprungsland bereits im Niedergang. Ein neues Großreich hatte sich in Indien etabliert, dessen Kern wiederum im Norden des Subkontinents lag. Die Dynastie, die über dieses Reich herrschte, war die der Gupta, ursprünglich Angehörige der Vaishya, der Kaste der Landbesitzer und Kaufleute. Durch die Heirat eines ihrer Söhne, der als Chandra Gupta I. bekannt wurde, mit einer Prinzessin, der Tochter eines angesehenen Fürsten, erlangten die Gupta königliche Würde, und Chandra Gupta zögerte nicht, sich schließlich den hochtrabenden Titel *Maharajadhiraja*, was soviel wie »König der Könige« heißt, zuzulegen. Doch erst unter seinen Nachfolgern dehnte sich das Gupta-Reich über weite Teile des indischen Subkontinents aus.

Anders als die Maurya-Dynastie, ihr Vorläufer, deren territoriale Ausdehnung sie jedoch nicht erreichte, förderte die Gupta-Dynastie den Buddhismus nicht. Während Ashoka, der bedeutendste Herrscher der

Maurya, ein unermüdlicher Streiter für die Lehre des Erleuchteten gewesen war, kehrten die Gupta zur überkommenen Tradition zurück. Das heißt, sie griffen die Überlieferung der vedischen Glaubensvorstellungen auf und führten sie zu neuer Größe, indem sie zu Wegbereitern des eigentlichen Hinduismus wurden, der – in der Nachfolge eines früheren Stadiums dieser Religion, des Brahmanismus – nun seinen Siegeszug in Indien antrat, auch wenn ihm schon bald in Gestalt des Islam ein neuer Rivale erwachsen sollte. Dieser war jedoch in seiner Wirkung in Indien nicht vergleichbar mit dem Buddhismus, so daß der Hinduismus seine beherrschende Stellung auf dem indischen Subkontinent auch weiterhin behielt.

Die angestammte, sich auf die Veden gründende Tradition war in Indien nie gänzlich verdrängt worden. Zwar erlangte der Buddhismus – nachdem sich Ashoka zur Lehre des Buddha bekannt hatte – eine vorrangige Position in Indien, doch bedeutete dies nicht, daß die vedische Tradition, die sich zum Brahmanismus entwickelte, daneben nicht weiterbestand. Sie führte zwar ein Schattendasein, erwies sich am Ende aber als kraftvoller. Allerdings blieb sie von den machtvollen Reformbewegungen des Buddhismus wie auch des Jainismus nicht unbeeinflußt, was nicht zuletzt auch Auswirkungen auf die Situation der Frau hatte. Die Herabwürdigung und Ablehnung der Frau als Quelle allen Übels im Buddhismus wirkte als verhängnisvolles Vermächtnis im Hinduismus nach.

Die Zeit der Gupta-Dynastie, deren Herrschaft von 320 bis 535 n. Chr. währte, wird als das »goldene Zeitalter« der indischen Geschichte bezeichnet. Nicht nur festigte sich die überkommene ursprüngliche Tradition, die im Hinduismus eine neue Blüte erlangte, sie bildete fortan auch die Grundlage von Kultur und Gesellschaft in Indien. Unter den Gupta entfalteten sich Literatur und Künste; was freilich auch unter dem Einfluß des Buddhismus geschehen war. Doch vieles, was seinen Ursprung in buddhistischem Gedankengut hatte, erlangte erst in späterer Zeit seine volle Reife. Am augenfälligsten ist dies in Ajanta und Sigiriya, wo es der künstlerischen Brillanz, die sich unter der Ägide der Gupta entwickelte, zuzurechnen ist, daß hier jene kunstvollen Bildwerke entstanden, die noch heute den Betrachter verzaubern.

Was als goldenes Zeitalter Indiens gefeiert wird, hatte freilich seine Schattenseiten. Denn so prächtig und prunkvoll sich die Herrschaft der Gupta auch ausnahm, sie konnte eines nicht verdecken: die in vielem bereits beklagenswerte Stellung der Frau, deren Ansehen und Wirken sich beträchtlich gewandelt hatte. Wie sehr sich das Bild der Frau von einer annähernd gleichwertigen Partnerin zu einer demütigen, unterwürfigen Gefährtin geändert hatte, zeigt sich am Beispiel eines jener literarischen Werke, die zur Zeit der Gupta entstanden. Gemeint ist das *Ramayana*, eine der beiden epischen Dichtungen, die zum literarischen Erbe Indiens wurden und noch heute das Denken und Fühlen der Inder bestimmen. Das *Ramayana* – wie auch sein Pendant, das *Mahabharata* – reicht mit seinen Wurzeln weit in vorchristliche Zeit zurück; doch erhielt das Ramayana – ebenso wie das Mahabharata – zur Zeit der Gupta seine endgültige Form und stellt somit einen Spiegel jener Zeit dar; zumal, was das Bild der Frau anbelangt, das im *Ramayana* mit großer Eindringlichkeit gezeichnet wird. Denn wenngleich das *Ramayana* auch als Heldenepos bezeichnet wird, so handelt es sich doch eigentlich um eine Romanze – eine Liebesgeschichte im großen Stil freilich, deren epischer Charakter ihr Unsterblichkeit verliehen hat. Es bietet sich deshalb an, diese Geschichte hier etwas genauer zu behandeln, denn noch heute sehen Inderinnen in der weiblichen Hauptfigur dieser Geschichte ihr Urbild, einen Idealtyp der Frau, an dem sie sich messen und an dem sie gemessen werden.

Die Feuerprobe

Die eigentliche Geschichte, die im *Ramayana* erzählt wird, beginnt mit der Ankunft zweier Prinzen in Begleitung eines Weisen am Hof eines befreundeten Königs namens Janaka. Dieser ist im Besitz einer Art Wunderwaffe, eines stattlichen Bogens, der weithin berühmt ist und mit dem es eine besondere Bewandtnis hat. Wie Janaka dem Weisen, der darum gebeten hat, daß der König die Wunderwaffe seinen beiden Schützlingen einmal zeige, erläutert:

»»O du heiliger Rishi, laß dir sagen, warum dieser Bogen bei mir ist. Es gab einmal einen König namens Devarata in der sechsten Generation nach König Nimi, der diesen Bogen als Unterpfand erhielt. Einst beim Daksha-Opfer erhob Gott Shiva seinen Bogen im Scherz und sagte den Göttern: *O ihr Devas, ihr habt mir meinen Teil am Opfer nicht gegeben, daher werde ich euch mit meinem Bogen zerstören.*

O großer Weiser, da waren die Devas von Furcht übermannt und baten Gott Shiva flehentlich und wollten ihn wieder günstig stimmen. Da überließ er seinen Bogen den Himmlischen, und sie gaben ihn König Devarata. Das ist der Bogen. Als ich später die Erde pflügte, weil ich ein Opfer abhalten wollte, fand ich ein Mädchen. Da sie der Pflug entdeckt hatte, nannte ich sie Sita und nahm sie als Tochter an. Dieses erdgeborene Mädchen ist unter meinem Schutz aufgewachsen. Für die Heirat meiner Tochter habe ich festgesetzt und allen Königen, die um ihre Hand anhalten würden, bekannt gemacht, daß ich sie keinem Prinz ließe, der nicht genügend Kraft bewiesen hätte.

O du großer Weiser, all diese Könige sind gekommen, um ihre Stärke zu erproben, und ich habe ihnen den Bogen vorgelegt und von ihnen verlangt, daß sie ihn spannen sollten, aber keiner hat es vermocht. Daher habe ich meine Tochter keinem von ihnen gegeben. Die Könige aber zürnten, weil ihre Ohnmacht beim Spannen des Bogens sie in Verruf gebracht hatte, und sie umstellten meine Hauptstadt, und mein Volk mußte viel von ihnen erdulden. Die Belagerung dauerte ein ganzes Jahr, meine Schätze schmolzen unabsehbar zusammen. Nachdem ich mir schwere Bußen auferlegt hatte, versöhnte ich die Götter, die mir eine große Streitmacht schenkten, mit der ich jene Könige besiegte, die sich aus Feigheit inzwischen zurückgezogen haben, obgleich sie noch immer unter dem eingebildeten Unrecht stöhnen.

O großer Weiser, das ist der Bogen, ich will ihn den beiden Prinzen zeigen. O Rishi, sollte Rama imstande sein, ihn zu spannen, so will ich ihm meine Tochter geben.‹«

Rama, das ist der eigentliche Held der Geschichte. Und Sita sein Gegenpart. Sita – ihr Name bedeutet »Ackerfurche« – ist eine Erdgeborene, im wahrsten Sinne des Wortes. Sie verkörpert das Erbe der vorvedischen Zeit, als Göttinnen die Welt regierten, die die Fruchtbarkeit der Natur schlechthin und der Erde, des Bodens im besonderen, symbolisierten.

Insofern ist Sita eine Reinkarnation der großen urzeitlichen Muttergottheit, die freilich im *Ramayana*-Epos ihre ursprüngliche Funktion weitgehend eingebüßt hat. Denn von der einst mächtigen Göttin ist in der Gestalt der Sita nicht mehr viel geblieben. Rama ist der Held und Handelnde, Sita nur die Duldende. Was nicht verwundert, denn schließlich ist das *Ramayana* eine Schöpfung patriarchaler Ordnung, wie sie die Arier in Indien einführten. Erinnerungen an die vorarische Zeit klingen nur an.

Hinter der Gestalt Ramas verbirgt sich wiederum eine Gottheit, und zwar Vishnu, der zusammen mit Brahma und Shiva eine göttliche Trinität im Hinduismus bildet. Sie ergab sich als Reaktion auf kultische Exzesse, die in vedischer Zeit entstanden waren und durch eine mehr philosophische Sicht der Welt, die schließlich in den Buddhismus mündete, ersetzt wurden. Nach dem neuen Glauben, wie er zur Grundlage des Hinduismus wurde, stellt Brahma – als oberste Gottheit – den Schöpfer der Welt dar, Vishnu gilt als Garant, daß diese Welt bestehen bleibt, und Shiva symbolisiert die Gewalt der Zerstörung, welche die Welt beständig bedroht. Zugrunde liegt diesem neuen Glauben die Vorstellung von einem zyklischen Lauf der Welt, der dem ewigen Kreislauf in der Natur entspricht. In dieser Vorstellung gründet sich auch die Auffassung von einer schicksalhaften Abfolge von Wiedergeburten.

Rama ist eine Inkarnation des Gottes Vishnu. Als solche obliegt ihm eine vorherbestimmte Aufgabe, die der Funktion Vishnus entspricht: Rama soll die Welt von dem Übel befreien, das ein Dämonenkönig namens Ravana über sie zu bringen sucht. Doch ist der Auslöser für Ramas Mission, da der Gott in menschlicher Gestalt auftritt, ein irdisches Mißgeschick, das ihm widerfährt, als er im Wettstreit um die Hand Sitas den Sieg davonträgt. Denn ihm gelingt, was zuvor keiner vermocht hat: Er spannt den Bogen Shivas und ist damit würdig, Sita heimzuführen.

Janaka richtet eine prunkvolle Hochzeit aus, ein Ereignis, das im *Ramayana* einen ersten Höhepunkt darstellt. Wie es dazu heißt:

»Sita nahm neben dem heiligen Feuer gegenüber von Rama Platz. Sie war mit Juwelen geschmückt. König Janaka wandte sich an den Nachfahren Raghus und sagte. ›O Rama, von heute an wird meine Tochter Sita deine

Tugendgefährtin sein. Empfange sie, Prinz, und nimm ihre Hand in die deine. Diese glückliche, treue und zärtliche Prinzessin wird dich ständig begleiten und dir in liebem Gehorsam folgen so wie ein Schatten. Möget ihr beide glücklich sein.‹

Bei diesen Worten besprengte König Janaka sie mit Wasser, das durch heilige Segenswünsche geweiht war. Darauf riefen die Götter: ›Sieg! Sieg!‹ und himmlische Musik ertönte, während ein Blumenschauer vom Himmel herabregnete. So wurde Sita mit Rama verheiratet.«

Die Götter können ihr martialisches Gehabe selbst bei einem solchen Anlaß nicht verleugnen, handelt es sich doch bei ihnen um Himmelsherren, die die Arier kreierten. Ansonsten aber ging es schon recht gesittet zu, und Rama wußte durchaus den Vorzug zu schätzen, nunmehr mit der schönen Sita vermählt zu sein.

Janaka nutzte die Gelegenheit, auch drei weitere Töchter mit dem Hause Raghu zu verbinden, in das Rama durch göttliche Fügung hineingeboren worden war, indem er sie den drei Brüdern Ramas zur Frau gab. Fürwahr, ein freudiges Ereignis, für das denn auch im *Ramayana* noch einmal der ungeteilte Segen des Himmels beschworen wird:

»Nachdem die Heiratszeremonie der vier Prinzen des Hauses Raghu mit den vier Prinzessinnen beendet war, fiel Blumenregen vom Himmel herab. Himmlische Musik ertönte, Nymphen tanzten, und Sänger brachten Lobeshymnen dar. All diese wunderbaren Ereignisse begleiteten die Hochzeit der Söhne von König Dasharatha, während die Prinzen das Feuer umschritten und mit ihren Bräuten vereinigt wurden. Danach begaben sie sich mit ihnen zu ihren Wohnungen, und auch König Janaka zog sich mit seinen Verwandten und Freunden und mit freudigem Herzen über das Fest zurück.«

Die Zeremonie, die hier geschildert wird und bei der dem Feuer eine zentrale Bedeutung zukommt, stellt noch heute die traditionelle Form einer Eheschließung in Indien dar: Die Brautleute und ein Priester nehmen um eine kleine Feuerstelle Platz, die die Frischvermählten schließlich siebenmal umschreiten. Erst dann ist die heilige Handlung, als die eine Eheschließung nach indischem Brauch gilt, vollzogen.

So einträchtig die Hochzeitsfeierlichkeiten verliefen: es entbrannte doch schon bald ein Streit um die Nachfolge im Hause Raghu. Dasharatha, der König, bereits in fortgeschrittenem Alter, wollte Rama als Nachfolger bestimmen. Doch da er mit drei Frauen verheiratet war, meldete die Mutter eines Stiefbruders von Rama Ansprüche auf den Thron für ihren Sohn an, und da der König ihr die Erfüllung eines Wunsches schuldete, wurde Bharata, der besagte Stiefbruder Ramas, zum Nachfolger bestimmt. Rama, in Begleitung Sitas und eines anderen Stiefbruders, Lakshmana, verließ den Hof von Ayodhya, dem Sitz des Hauses Raghu, und zog in die Einsamkeit der Wildnis.

Ayodhya, ein historischer Ort, der noch heute als die Geburtsstätte Ramas verehrt wird und deshalb als eine der heiligen Stätten Indiens gilt, war die Residenz eines kleinen Königreiches namens Kosala. Es verlor seine Unabhängigkeit im 6. Jahrhundert v. Chr., als es zu einer ersten Konzentration politischer Macht im eigentlichen Indien kam. Daraus läßt sich ableiten, daß die Entstehungsgeschichte des *Ramayana* in die erste Hälfte des 1. Jahrtausends v. Chr. zurückreicht. So wird verständlich, daß sich gerade in der Gestalt Sitas noch Reminiszenzen finden, die an die Zeit martriarchaler Vorstellungen erinnern.

In Ayodhya übernahm schließlich nach dem Tod von Dasharatha Bharata die Macht, der immerhin versucht hatte, Rama den Vortritt zu lassen. Doch dieser lehnte ab, da er sich einem Versprechen, das er Dasharatha gegeben hatte, verpflichtet fühlte. So wanderte er weiter, in Begleitung Sitas und Lakshmanas, in der Wildnis umher, bis ein Ereignis eintrat, das zu einer dramatischen Wende führte.

Es begann damit, daß eine Riesin, die eine Schwester des Dämonen Ravana war, Rama in Versuchung zu führen suchte und als dieser ihren Annäherungsversuchen widerstand und sie sich dadurch zurückgesetzt fühlte, auf Rache sann. Zunächst verlegte sie sich auf die Hilfe Kharas, eines weiteren Bruders, der in der Nähe weilte und über ein stattliches Heer verfügte. Rama, der schon den Bogen des Shiva gespannt hatte, bewies nun erneut, daß er über überirdische Kräfte verfügte. Er tötete Khara und vernichtete dessen Heer. Die Riesin, Shurpanakha mit Namen, wandte sich daraufhin an den wahren Bösewicht, ihren Bruder Ravana, der in Lanka, also Ceylon, herrschte. Shurpanakha machte dem Ravana weis, daß er die Weltherrschaft erlangen würde, wenn es ihm gelänge, Sita, die Gefährtin Ramas, zu rauben. Ravana – auch Dämonen sind einfältig – ließ sich das nicht zweimal sagen und schritt zur Tat.

Mit einem gefügigen Einsiedler, der sich in eine Gazelle verwandeln sollte, um damit die Aufmerksamkeit Sitas zu erregen, heckte er einen Plan aus, und Sita fiel denn auch auf die List Ravanas herein. Als sie der Gazelle ansichtig wurde, bat sie Rama, ihr nachzueilen, was dieser tat, während Lakshmana zum Schutz Sitas zurückblieb. Rama erlegte die Gazelle, doch diese ahmte, bevor sie starb, die Stimme Ramas nach und rief nach Sita und Lakshmana. Worauf letzterer dem vermeintlichen Ruf Ramas Folge leistete, während Sita allein in einer Höhle zurückblieb. Dies war der Augenblick, auf den Ravana gewartet hatte. Als Mönch verkleidet, näherte sich der Dämon der nichtsahnenden Sita – und bereute es nicht, sich auf dieses Abenteuer eingelassen zu haben:

»Als ... [Ravana] die Prinzessin von Videha [Sita] allein sah, gekleidet in einen gelbseidenen Sari und mit lotusblättrigen Augen, da wurde der Dämon vom Pfeil des Liebesgottes Kama getroffen, und freudig redete er sie an, wobei er den sanften Ton eines Brahmanen annahm. Er lobte ihre Schönheit, die ihresgleichen in den Drei Welten nicht hatte, der Göttin Shri [Gemahlin Vishnus] gleich, und sagte. ›O du, glänzend wie Gold und Silber, gekleidet in einen gelbseidenen Sari, du, wie ein Teich voller Lilien, umwunden von Girlanden frischer Blumen, bist du Lakshmi [Göttin des Reichtums], ihres Lotus beraubt oder Kirti [Himmelsfee] oder eine Nymphe reizvollen Anblicks? Bist du Bhuti [eine Nymphenmutter] mit den schlanken Hüften oder Rati [Göttin der Lust], die sich im Wald tummelt? Wie eben, wie scharf und weiß sind deine Zähne, wie groß deine leicht geröteten Augen mit ihren dunklen Pupillen, wie schön gestaltet und rund deine Schenkel und wie bezaubernd deine Beine, dem schlanken Rüssel des Elefanten gleich! Wie rund und satt sind deine Wangen, gleichwie die glatten Früchte des Talabaums; wie entzückend dein Busen, der perlenverzierte!‹«

Derart versuchte der vom Liebespfeil Getroffene die schöne Sita zu becircen. Doch diese erwies dem Mönch, in dem sie einen Brahmanen vermutete, zwar die gebührende Ehre, überhörte aber geflissentlich die blumigen Anzüglichkeiten in seiner Rede. Da beschloß Ravana, etwas deutlicher zu werden, und gab sich als der, der er in Wahrheit war, zu erkennen:

»›O Sita, ich bin jener Ravana, König der Dämonen, vor dem die Welt, die Götter, Dämonen und Menschen zittern. O du Quell des Entzückens, seit ich dich sah, wie schimmerndes Gold, in Seide gekleidet, gefallen mir meine Gefährtinnen nicht mehr. Sei du die Königin dieser unzähligen Frauen, die ich aus vielen Gegenden raubte.

Meine Hauptstadt Lanka liegt mitten im Meer und ist auf dem Gipfel eines Hügels erbaut. Dorthin, o Sita, komm mit mir in die Haine und vergiß diesen Wald hier. O du Liebliche, wenn du mein Weib wirst, sollen dir fünftausend verschieden geschmückte Dienerinnen dienen.‹«

Obwohl Sita die Gefahr erkennt, in der sie schwebt, nimmt sie all ihren Mut zusammen und erklärt:

»›Ich gehöre zu meinem Herrn Rama, der standhaft ist wie ein Fels, ruhig wie der Ozean und Indra selbst gleich; Rama, der jegliche gute Eigenschaft hat, dessen Erscheinung dem Nyagrodha-Baum gleicht. Ich gehöre zu diesem berühmten und edlen Krieger mit seinen langen Armen, seiner breiten Brust, mit der Haltung eines Löwen, ja der dem König der Tiere gleicht; ihm, dem größten Menschen, bin ich gänzlich verbündet. Rama mit seiner Vollmondgestalt, dem Sohn eines Königs, dem Herrn seiner Leidenschaft, weithin berühmt und mächtig, werde ich immer treu bleiben.‹«

Nicht nur beteuert Sita ihre unwandelbare Treue, sie wagt auch einen Vergleich: Während sie Rama als einen Löwen rühmt, nennt sie Ravana verächtlich einen Schakal. Auch wenn sie vor Angst zittert, »wie ein Blatt im Wind«.

Doch noch hat sie nur die drohenden Worte des Dämons vernommen. Seine wahre Gestalt hat er bisher noch verhüllt. Erst jetzt gibt er sich wirklich zu erkennen und weist auf seine wahren Eigenschaften, wie sie einem Dämon eigen sind, hin:

»Mit diesen Worten nahm der flammengleiche Ravana eine Gestalt an, die schrecklich war wie der Tod. Seine Augen glühten wie glühende Kohlen, und dieser Bruder Kuveras [göttlicher Halbbruder Ravanas] warf seine fromme Verkleidung ab. Mit schwelenden Augen, eine Beute des Zorns, im blendenden Goldschmuck, wie eine finstere Wolke, so erschien dieser Jäger der Nacht vor ihr mit seinen zehn Köpfen und zwanzig Armen.«

Beim Anblick dieses Ungeheuers, dessen wahre Gestalt sie erst jetzt erkennt, ist Sita zu keinem Widerstand fähig, und so gelingt es Ravana, sich ihrer zu bemächtigen:

»Mit seiner linken Hand ergriff er das Haar der lotusäugigen Sita und mit der Rechten ihre Hüften. Entsetzt flohen die Himmlischen, als sie Ravana so mit seinen scharfen, berggipfelgleichen Zähnen erblickten, wie den Tod selber. Darauf erschien augenblicklich Ravanas großer Wagen, gefertigt aus Gold, gezogen von schreienden Maultieren, und er redete Sita hart zu und hob sie hoch und ergriff sie und bestieg seinen Wagen.«

Wie die Götter, so pflegte auch der Dämon Ravana mit einem prunkvollen Wagen über das Himmelszelt zu fahren, und auf diese Weise war es ihm ein Leichtes, Sita mit nach Lanka zu nehmen. Was Rama in tiefe Trauer stürzte, als er nach seiner Rückkehr von der Jagd auf die Gazelle von der Entführung Sitas erfuhr, die ein Geier vergeblich zu verhindern versucht hatte. Zum Glück begegnete auch er einem Ungeheuer, das jedoch nur unfreiwillig als solches auftrat, denn es war mit einem Fluch beladen. Ehe es unter dem Schwerthieb Ramas starb und dadurch von seinem Fluch erlöst wurde, erteilte es ihm den Rat, sich an Sugriva zu wenden, den König der Affen. Er werde ihm helfen, Sita zurückzugewinnen.

Es zeigte sich freilich, daß Sugriva selbst in arger Bedrängnis war, denn sein Bruder hatte ihm nicht nur die Frau geraubt, sondern machte ihm auch die Herrschaft streitig, indem er ihn vom Thron gestoßen hatte. Mit Ramas Hilfe erlangte Sugriva seine Königsmacht zurück, und nun war es an Sugriva, Rama zur Hand zu gehen.

Zunächst sandte man einen gewieften Gefolgsmann Sugrivas namens Hanuman, der ein Sprößling des Windgottes war, nach Lanka, um nähere Erkundungen einzuholen. Hanuman, wie sein Herr in Affengestalt, gelang es, bis zu Sita vorzudringen, die in einem Hain, der zum Palast Ravanas gehörte, gefangengehalten wurde. Ihr Anblick war mitleiderregend, auch wenn sie ihre Anmut selbst jetzt noch nicht gänzlich verleugnen konnte:

»Bedrückt, kummerbeladen, gequält erschien sie wie Rohini, die Gattin des Mondes, von Rahu [Himmelsdämon] verfolgt. In Tränen war ihr Gesicht gebadet, verzweifelt war sie, erschöpft, angstdurchtränkt, ohne Freunde und Verwandte und Rama und Lakshmana; nur noch von den Dämonen umringt, sah sie aus wie eine Gazelle, umgeben von einer Hundemeute.«

Sita, von Dämoninnen bewacht, übt sich in Askese. Was Ravana, der ihre Zuneigung zu gewinnen sucht, respektiert. Doch seine Geduld geht nun zur Neige, und erstellt noch immer in Leidenschaft entbrannt – ein Ultimatum: »›Ich gewähre dir noch zwei Monate Bedenkzeit. Dann mußt du das Bett mir mir teilen. Wenn du dich weigerst, werden meine Köche deine Glieder mir zum Frühstück zerhacken!‹«

Hanuman, der die Lage erkundet, rät zur Flucht. Doch Sita lehnt ab: Es würde für sie beide den sicheren Tod bedeuten. Aber sie hat neue Hoffnung geschöpft, denn sie weiß nun, daß Rama alles daransetzen wird, sie zu befreien. Hanuman erkennt, daß er Sita nicht umstimmen kann, und macht sich auf den Rückweg zu seinem Herrn. Vorher richtet er allerdings noch allerhand Schaden in Lanka, der Residenz des Dämonenkönigs, an, die er in Brand steckt. Derart geschwächt, hat Ravana schlechte Karten, als er sich schließlich einem Heer der Affen gegenübersieht, das Sugriva zur Befreiung Sitas aufgestellt hat.

Es kommt zum Kampf, wobei sich natürlich Rama, der Göttergleiche, besonders auszeichnet, indem es ihm gelingt, Ravana, den Dämonenkönig, zur Strecke zu bringen. Sita wird befreit, und eigentlich steht nun einem Happy-End nichts mehr im Wege.

Doch Rama mag zwar ein tapferer Krieger sein, aber deshalb hat er noch lange kein großmütiges Herz. Sita muß dies sogleich erkennen, als sie ihm endlich gegenübersteht. Verkündet er doch:

»Ich habe getan, was ein Mann tun muß, um eine Schmach zu löschen, ich habe Ravana getötet, denn meine Ehre hüte ich eifersüchtig! Ich habe dich wiedergewonnen, wie der unschuldige Agastya einst die keinem Menschen betretbaren Regionen des Südens durch sein Fasten wiedergewann. Sei glücklich und wisse, daß dieser glühende Feldzug, den ich mit dem Beistand meiner Freunde so ruhmreich beendet, nicht gänzlich um deinetwegen geschah. Tilgen wollte ich nur die Schande und rächen die Beleidigung in meinem berühmten Haus. Aber dein Tun und Lassen sind mir verdächtig geworden, und deine Gegenwart schmerzt mich, wie die Lampe das kranke Auge schmerzt! Daher, o Janakas Tochter, gehe wohin du willst. Ich lasse dich frei. O du Liebliche, offen stehen die zehn Regionen für dich, ich habe mit dir nichts mehr zu schaffen!«

Mehr als seine Liebe zu Sita bedeutete Rama seine Ehre, und dies ist es, eine fixe Idee, was Frauen zu allen Zeiten zum Verhängnis wurde. In Indien ebenso wie anderswo. So sehr sie auch ihre Unschuld beteuert haben mögen, wie es Sita tat, in einem Aufschrei, mit dem sie allen, denen ein solches Mißgeschick widerfuhr, eine ewig gültige Stimme verlieh:

»Warum, o Held, sprichst du zu mir in solchen Worten, wie ein gewöhnlicher Mann die gewöhnliche Frau anspricht? Ich schwöre dir, o du Langarmiger Krieger, daß mein Wandel tadellos war! Das Tun und Lassen anderer Frauen hat dich mit Mißtrauen erfüllt! Tu deine Zweifel hinweg, denn du kennst mich doch! Wenn meine Glieder den Leib eines anderen berührt haben, so gegen meinen Willen, o Herr, und nicht aus Neigung; das Schicksal wollte es so! Das Herz, das mir allein gehört, war dir stets treu; mein Körper war in der Gewalt eines anderen. Ich war der Lage nicht Herr, was konnte ich tun? Wenn ich dir immer noch, trotz aller Beweise, die ich dir früher von meiner Liebe gab, eine Fremde bin, stolzer Prinz, ist mein Untergang unwiderruflich.‹«

Rama, dessen Herz verschlossen ist, widerspricht Sita nicht, und so bleibt ihr keine andere Wahl, als ein Gottesurteil anzurufen. Sie wendet sich an Lakshmana, ihren einstigen Beschützer, und erklärt:

»›Errichte mir einen Scheiterhaufen, o Lakshmana, das ist das einzige Heilmittel für mein Unglück! Zerstört haben mich diese ungerechten Tadel, ich kann nicht mehr leben! Öffentlich hat mich mein Mann von sich gestoßen, meine Tugend berührt ihn nicht, es gibt für mich nur noch die Probe des Feuers!‹«

Betroffen richtet Lakshmana seinen Blick auf Rama, seinen Bruder. Doch dieser bleibt ungerührt, und so nehmen die Dinge ihren Lauf. Lakshmana errichtet einen Scheiterhaufen, und Sita machte ihre Ankündigung wahr:

»[Da] ... wandelte Sita um Rama herum, der mit gebeugtem Haupt dastand, näherte sich dem lodernden Feuer, erzeigte den Himmlischen und den Brahmanen Gehorsam und stellte sich mit zusammengelegten Händen vor die Flamme und sprach: ›Schütze mich, o du Zeuge alles Seienden, denn mein Herz hat immer wahr zu Rama gesprochen! Schütze mich ganz, o du Zeuge der Welten, denn ich bin unschuldig, obgleich Rama auf mich wie auf eine Befleckte sieht!‹

Und mit diesen Worten umschritt Sita den Scheiterhaufen und betrat furchtlosen Herzens die Flammen.«

Rama läßt es geschehen; doch ein anderer erbarmt sich: Brahma, der Allmächtige, der Schöpfer aller Dinge, eilt herbei auf seinem Sonnenwagen und tadelt Rama, daß er an der Unschuld Sitas zweifelt und tatenlos zusieht, wie die Flammen über ihr zusammenschlagen. Er erinnert ihn an seine göttliche Mission und wirft ihm vor, dennoch wie ein gewöhnlicher Mensch zu handeln: kleinlich im Herzen und voller Mißtrauen.

Diese Worte vernimmt auch Agni, der Feuergott, und gehorsam fügt er sich dem Urteilsspruch des Höchsten der Götter:

»Der Gott des Feuers hörte die ausgezeichneten Worte des Ahnherrn. Er trug Sita in seinem Schoß, und nachdem er den Scheiterhaufen gelöscht hatte, stand dieser Träger der heiligen Opfer auf, verkörperte sich und hielt die Tochter Janakas in den Armen. Und darauf trug er die junge Frau, schön wie die Dämmerung, geziert mit feinem Gold, rotgekleidet, mit dunklem und lockigem Haar, frischen Kränzen, herbei und brachte die Untadelige Sita zu Rama zurück.«

Der sie denn auch mit Freude und »Entzücken im Herzen« wieder aufnahm. Nicht Sita, die dessen nicht bedurfte, sondern er war geläutert, und glücklich kehrte das Paar nach Ayodhya, der Residenz, zurück, wo Rama nunmehr selbst den Thron bestieg und bis in alle Ewigkeit regierte. Denn seine Herrschaft währte zehntausend Jahre. Erst dann stieg Rama in den Himmel auf und nahm wieder die Gestalt Vishnus an. Sita aber lebte in den Herzen aller tugendsamen Frauen und Mädchen fort. Bis auf den heutigen Tag.

Devot und unmündig

Das *Ramayana* ist ein Spiegel seiner Zeit, der bis auf den heutigen Tag fortwirkt. Es ist zugleich Heldenepos und Erbauungslektüre, wobei die zentrale Botschaft lautet: Die Frau ist dem Mann ergeben; sie hält ihm die Treue und ist notfalls sogar bereit zu sterben, wenn es der Ehrenkodex verlangt. Den die Brahmanen festgelegt haben, denn sie sind es, in deren Geist das *Ramayana* verfaßt wurde.

Es gibt eine Stelle im *Ramayana*, wo die Hörigkeit der Frau unmißverständlich dargelegt wird. Es handelt sich um die Szene, in der es darum geht, von Ayodhya, dem väterlichen Herrschersitz, Abschied zu nehmen und in die Waldeinsamkeit zu ziehen, da der Thron Rama verwehrt ist. Dieser hält Sita an zurückzubleiben, da das Leben in der Wildnis für sie zu beschwerlich sei. Darauf erklärt sie, von der unverrückbaren Wahrheit ihrer Worte überzeugt: »Was redest du da? Vater und Mutter, Bruder und Sohn, jedes hat sein eigenes Schicksal: des Weibes Schicksal in dieser und in jener Welt ist allein der Gatte.« Und das bedeutet: »Wenn du in den Wald ziehst, gehe ich vor dir her und drücke vor deinen Füßen Dornen und scharfe Gräser nieder.« Dies ist die geziemende Einstellung einer tugendhaften Frau, und sie wird auch heute noch in Indien von einer traditionsbewußten Ehefrau erwartet.

Paradox am Bild der Sita, wie es im *Ramayana* entworfen wird, ist der Umstand, daß sie eigentlich – nicht anders als Rama – ein göttliches Wesen ist, denn sie wird aus der Erde geboren, ist eine Tochter der urzeitlichen Erdgöttin. In einem Zusatz zum *Ramayana*, der nicht zum ursprünglichen Stoff gehört, kehrt Sita am Ende sogar wieder dorthin zurück, woher sie gekommen ist. Das Volk zwingt Rama, Sita, von deren Unschuld es nicht überzeugt ist, in die Einsamkeit zu verbannen, wo sie ihm zwei Söhne gebiert. Diese treten später an seinem Hof als Sänger auf, worauf sich Rama reuevoll an Sita erinnert und sie zurückkommen läßt. Doch diesmal ist sie es, die auf das Glück verzichtet. Sie hat zum Stolz ihres wahren Wesens zurückgefunden. Unbeirrbar erklärt sie: »So wahr ich in meinem Herzen an keinen andern als Rama denke, so wahr soll die Göttin Erde mir einen Spalt darbieten! So wahr ich in Gedanken, Worten und Werken Rama ehre, so wahr soll die Göttin Erde mir einen Spalt darbieten!« Und dieser »Spalt« ist nichts anderes als jene Ackerfurche, aus der Sita geboren wurde und deren mythische Bedeutung sie in ihrem Namen trägt.

Ein Spalt tut sich tatsächlich in der Erde auf, und ein Thron, von Schlangenhäuptern getragen, kommt zum Vorschein, darauf sitzt die Göttin Erde und nimmt ihre verschmähte Tochter wieder in ihre mütterlichen Arme; ehe der Thron, mit Mutter und Tochter in vereinter Göttlichkeit, wieder in der Erde versinkt.

In dieser Version hat Rama das Nachsehen – und Sita das letzte Wort. Verständlich, daß man es gemeinhin übersieht und Sita in der Rolle der folgsamen und fügsamen Gefährtin ihres göttlichen Gatten, dem man allein dieses Attribut zuerkennt, beläßt. Immerhin, selbst im *Ramayana* klingt die Erinnerung an die einstige Muttergöttin an, in deren Namen Sita am Ende sogar zu ihrer eigenen Größe zurückfindet. Aber, wie gesagt, das übersieht man geflissentlich. Und es erhebt sich die Frage, wie es dazu kommen konnte, daß die Frau – die sich in der Figur der Sita spiegelt – einen derart grundlegenden Wandel ihrer Rolle erfuhr, daß sie am Ende sozusagen nur noch ein Anhängsel des Mannes war.

Der Grund für diese Entwicklung, die zur Zeit, da das *Ramayana* entstand, noch nicht abgeschlossen war, sondern sich auch weiterhin – über einen Zeitraum von insgesamt fast drei Jahrtausenden: vom Beginn des 1. Jahrtausends v. Chr. bis zum Ende des 18. Jahrhunderts – fortsetzte, ist auf eine Vielzahl von Faktoren zurückzuführen, die alle ineinanderwirkten und sich gegenseitig potenzierten.

Entscheidend waren politische Veränderungen, die einen kulturellen und gesellschaftlichen Wandel nach sich zogen. Die erste Zäsur – sieht man von dem Auslaufen der Tradition der Induskultur einmal ab – war die Etablierung der arischen Herrschaft in Indien, die Mitte des 1. Jahrtausends v. Chr. weitgehend abgeschlossen war. Es folgte eine Phase, in der eine vorwiegend kriegerische Lebensweise einem Aufblühen der Kultur in friedlicher Umgebung wich. Dies hatte zur Folge, daß die Frau ihre wirtschaftliche Bedeutung – und damit eine Garantie ihrer Selbständigkeit – einbüßte: Denn während der Mann bislang vornehmlich in kriegerischen Aktivitäten tätig gewesen war und die Frau für die Nahrungssicherung sorgte, übernahm er nun die bisherige Rolle der Frau als Nahrungsbeschaffer und wies ihr den engeren Bereich des Haushalts zu, der fortan ihr eigentliches Wirkungsfeld wurde. Das heißt, die Frau war zwar als Verwalterin von Haus und Heim, als Geschlechtspartnerin und Mutter nicht gänzlich entbehrlich, aber ihr gesellschaftlicher Status hatte eine empfindliche Einbuße erlitten.

Hinzu kam, daß im Zuge der Unterwerfung und Eingliederung der autochthonen Bevölkerung Frauen der eingeborenen, nicht-arischen Völker von den Eroberern als Konkubinen und Nebenfrauen erwählt wurden. Dies führte nicht nur zu einer Rivalität zwischen den arischen und eingeborenen Frauen, sondern auch zu einer allmählichen Gleichstellung. Die eingeborenen Frauen waren mit der vedischen Tradition nicht vertraut, und um einer Verunreinigung dieser Tradition vorzubeugen, untersagte man es den Frauen schließlich generell, sich mit den heiligen Überlieferungen zu befassen und an rituellen Handlungen teilzunehmen.

Damit verlor die Frau weiter an Ansehen, ihr wurde keinerlei geistige Bildung zuteil, und sie galt, was den Kult anbelangte, praktisch als unrein.

Schließlich gab es noch eine weitere Neuerung, die sich nachteilig auswirkte: Die religiösen Vorstellungen, die die Arier nach Indien gebracht hatten, verfestigten sich nicht nur, sie führten auch zu dem Brauch, daß das Heiratsalter immer mehr herabgesetzt wurde. Dies hatte seinen Grund darin, daß der Mann sein Heil im Jenseits nur dann finden konnte – das der Frau zählte nur in bezug auf das des Mannes –, wenn bei seinem Tod entsprechende Riten zelebriert wurden, die dies gewährleisteten. Hierfür war, da Frauen von Kulthandlungen ausgeschlossen waren, ein Sohn erforderlich, und um die Existenz eines solchen möglichst früh zu sichern, war es nötig, mit der Heirat nicht unnötig lange zu warten. Je eher, desto besser. Wobei des weiteren die Überlegung eine Rolle spielte, daß nur ein wirklich leiblicher Sohn die erforderlichen Riten ausführen konnte, denn man ging zugleich von der Vorstellung aus, daß gewissermaßen der Vater im Sohn wiedergeboren würde und somit Unsterblichkeit erlangte. Also wurde das Heiratsalter für Frauen beziehungsweise Mädchen, so weit herabgesenkt, daß praktisch keine Möglichkeit bestand, daß ein anderer außer dem Ehemann der Vater des Kindes war, das sich – kaum hatte das Mädchen die Pubertät erlangt – schließlich einstellte. Zur Zeit der Gupta, also um die Mitte des 1. Jahrtausends n. Chr., betrug das Heiratsalter bei Mädchen höchstens zwölf Jahre.

Dies bedeutete, daß das Mädchen nicht nur kein effektives Mitspracherecht bei der Wahl des Partners hatte; auch Liebesheiraten waren – soweit es zumindest das Mädchen betraf – praktisch ausgeschlossen. Als Kind heiratete das Mädchen, wechselte sozusagen als Mündel von der Obhut, das heißt Vormundschaft, des Vaters in die des Ehemannes. Dieser, oft erheblich älter als sie, empfand denn auch nicht die geringste Achtung für die ihm Angetraute. Sie war im wahrsten Sinne seine Untergebene.

Diese verhängnisvolle Entwicklung, die die Frau in Indien zu einem Menschen zweiter Klasse degradierte, war zur Zeit der Gupta zwar noch nicht abgeschlossen – im Zuge der Überlagerung Indiens durch den Islam sollte die Inderin eine weitere Zurücksetzung erfahren –, doch war ihre unterlegene Stellung bereits so weit zementiert, daß an eine Befreiung der Frau aus ihrer unwürdigen Lage nicht mehr zu denken war. Sie hatte bereits verlernt – erzwungenermaßen unwissend, wie sie war –, welch ehrbare Rolle sie einst oder gar ursprünglich gespielt hatte. Sie hatte – wie Sita in ihrem demütigen Auftreten – ihre vermeintliche Minderwertigkeit verinnerlicht; sie war ein Teil von ihr geworden.

Heiliges Gesetz

»Ich will die immerwährenden Pflichten eines Mannes und einer Frau nennen, die auf dem Pfad der Tugend wandeln, sowohl gemeinsam als auch getrennt. Männer müssen dafür sorgen, daß ihre Frauen Tag und Nacht unter Aufsicht stehen, und müssen über die selbst wachen, die den Sinnen ergeben sind. Ihre Väter bewachen sie in ihrer Kindheit, ihre Ehemänner bewachen sie in ihrer Jugend, und ihre Söhne bewachen sie im Alter. Eine Frau ist nicht geschaffen für die Selbständigkeit.«

Was im *Ramayana* erzählerisch verbrämt ist, fand seinen Niederschlag in handfesten Gesetzesbüchern, die insbesondere der Beziehung zwischen den Geschlechtern ausführliche Beachtung schenken. Dies trifft besonders auf eine Sammlung von Gesetzen zu, die einem gewissen Manu zugeschrieben wird. Er war einer jener Weisen, Brahmanen, die in zunehmendem Maße das Wissen unter ihrem Schild und Schutz horteten. So daß insbesondere Frauen davon ausgeschlossen waren, und folglich die Traktate, in denen die Normen und Verhaltensweisen der Gesellschaft niedergelegt wurden, allein die Sicht des Mannes – und zudem die der Priester, die den obersten Rang in der streng hierarchisch geordneten Gesellschaft einnahmen – wiedergeben.

Es verwundert deshalb nicht, daß die Frauen in diesen Gesetzesbüchern nicht allzu gut wegkommen. Wobei diese Gesetzessammlungen freilich nur die Vorstellungen und Bräuche, die in der Gesellschaft vorherrschten, widerspiegeln; sie andererseits aber auch, indem sie sie festschrieben, zementierten. Die sogenannten »Gesetze des Manu«, aus denen das oben angeführte Zitat stammt, sind dafür das herausragende Beispiel. Sie haben – mehr noch als das *Ramayana*, das sich mehr auf die Gefühlswelt bezieht – das gesellschaftliche Verhalten des Inders geprägt.

Deutlicher noch als Buddha, dessen Einfluß unverkennbar ist, konstatiert Manu, daß das Wesen der Frau von Natur aus schlecht sei. »Das Bett und die Bank«, verkündet er, »Schmuck, Begierde, Zorn, Unaufrichtigkeit, ein böswilliges Wesen und verwerfliches Verhalten sind es, was Manu den Frauen zugeteilt hat.« Wobei Manu sich hiermit dem Schöpfer gleichsetzt, in dessen Namen er spricht. Männer tun gut daran, Frauen aus dem Weg zu gehen, denn: »Es liegt im ursprünglichen Wesen der Frau, den Mann hier auf Erden ins Verderben zu führen; aus diesem Grunde sind umsichtige Männer stets wachsam und lassen sich nicht von Begierden hinreißen, wenn sie wollüstigen Frauen ausgesetzt sind.« Bemerkenswert, daß sich in dieser Sicht nicht nur die Gedanken des Buddha wiederfinden, sondern daß auch eine Parallele zur Bibel besteht, wo bekanntlich – eingedenk des »Sündenfalls«, den Eva angeblich provozierte – die Frau ebenfalls als die Ursache allen Übels dargestellt wird. Verwundern kann uns das freilich nicht, denn schließlich waren es nicht nur Männer, die hier wie da die große Weisheit niederlegten; sie fühlten sich auch, da sie sich mit gelehrten Dingen abgaben, in ihrem – wie sie meinten – höheren Tun gestört, wenn sie durch die Anwesenheit einer Frau, der sie Geistiges verwehrten, so daß sie sich auf ihre körperlichen Reize besann, an die vermeintlich niederen Seiten ihres Wesens erinnert wurden. Folglich mußte die Frau – sozusagen zum Schutz der Männer – verteufelt werden.

Das Verhängnisvolle dabei war, daß sich diese Sicht der Frau nicht nur Männer zu eigen machten, die sich in scheinbar höheren geistigen Sphären ergingen, sondern auch solche, die selbst geistige Kleingärtner waren. Für sie gab es nichts anderes, als die Frau zu verunglimpfen, um ihr eigenes Ego aufzupolieren. Und das war nicht nur vor zweitausend Jahren so, da sich diese misogyne, die Frauen verachtende Haltung in Indien festigte, sondern das ist auch heute noch so, wie wir noch sehen werden.

Manu räumt immerhin ein, daß es gewisse Umstände gibt, welche die angebliche Verderbtheit der Frau recht eigentlich herbeiführen beziehungsweise fördern. »Trinken«, erklärt er, »schlechter Umgang, Trennung vom Ehemann, sich herumtreiben, übermäßig schlafen und bei anderen Leuten wohnen, sind die sechs Dinge, die Frauen verderben.« Folglich läßt man sie besser nicht allein, wacht ständig über sie, von klein auf, und selbst noch im Alter werden sie kontrolliert.

Frauen gesteht man den Status von Kindern und Sklaven zu, und wenn man eine von ihnen tötet, so ist das kein größeres Vergehen, als wenn man etwa Getreide stiehlt, verbotene Nahrung zu sich nimmt oder eben Geschlechtsverkehr hat mit einer Frau, die trinkt. Im übrigen gilt es nicht als gesetzeswidrig, eine falsche Aussage zu machen, wenn es sich »um Frauen handelt, nach denen man Verlangen hat«.

Frauen sind dennoch nicht Freiwild. Manu läßt sich sogar herbei, folgenden Ausspruch zu tätigen: »Die Götter schauen mit Wohlgefallen auf solche Orte, wo Frauen geehrt werden, und wo Frauen nicht geehrt werden, da vermögen alle Opfer nichts auszurichten.« Es muß jedoch bezweifelt werden, ob dieser Ausspruch tatsächlich von Manu stammt. Denn wie er nur Vorschriften und Gesetze, die vor ihm in Gebrauch gekommen waren, zusammentrug und aufzeichnete, so wurde auch seine Gesetzessammlung durch spätere Nachträge ergänzt. Auf diese Weise ergibt sich eine Reihe von Widersprüchlichkeiten im Gesetzeswerk Manus, doch ändert dies nichts an der Grundausrichtung: Soweit sich die Gesetzessammlung auf die Frau bezieht, läßt sie an ihrer vermeintlichen Minderwertigkeit keinen Zweifel; auch wenn die Frau nicht ganz rechtlos ist, was insbesondere in ihrer Rolle als Mitglied in der Grundeinheit der Gesellschaft, der Familie, deutlich wird. Diese erkennt Manu – anders als Buddha – ausdrücklich an. Ja, wenn es eine Bedeutung der Frau in der Gesellschaft gibt, dann ist es ihre Funktion als Ehefrau und Mutter.

Frühe Reife

»Frauen wurden erschaffen, um Kinder zu gebären, und Männer, um die Linie fortzuführen; das ist der Grund, weshalb das göttliche Gebot dem Mann und der Frau eine gemeinsame Pflicht vorschreibt.« So formuliert es Manu und erklärt somit die Familie zu einer quasi heiligen Gemeinschaft, die unter dem Schutz der Götter steht und in der auch der Frau eine bedeutsame Rolle zuerkannt wird.

Oberhaupt der Familie ist freilich der Mann, im Sinne eines *Pater familias*. Als solcher genoß er weitreichende Autorität, nicht nur über die Kinder, sondern auch über seine Frau beziehungsweise deren mehrere. Denn, wo immer es sich der Mann leisten konnte, war er polygam. In seiner Autorität richtete sich das Familienoberhaupt nach den heiligen Gesetzen, die seine Gewalt über die Mitglieder seiner Familie zwar einschränkten, ihm aber eindeutig eine Vorrangstellung zuerkannten. Denn er war es, der die religiösen Überlieferungen in der Familie bewahrte und dem die kultischen Handlungen, die zum Wohl der Familie und der Ahnen erforderlich waren, oblagen. Das Oberhaupt der Familie war der Garant für ihr Bestehen und sein Wort Gesetz.

Die Geburt eines Sohnes war das höchste Ziel einer Ehe. Nur der Sohn war befugt, die Autorität des Vaters zu übernehmen, durch die Wahrnehmung des Begräbniszeremoniells für die Aufnahme des verstorbenen Familienoberhaupts im Jenseits zu sorgen und den Kult der Ahnenverehrung zu pflegen.

Mädchen waren weniger erwünscht. Sie wurden eher als eine Last empfunden, denn da sie bei der Heirat in eine andere Familie überwechselten – die wiederum nach dem männlichen Prinzip ausgerichtet war –, gingen sie gewissermaßen ihrer eigenen Familie verloren. Schlimmer noch: Man mußte eine Mitgift zur Verfügung stellen, um sie »an den Mann zu bringen«. Mädchen waren folglich nicht gern gesehen, und man setzte alles daran – das heißt, man erflehte das Wohlwollen der Götter –, um wenigstens mit *einem* Sohn gesegnet zu sein. Dennoch scheinen jene Exzesse, wie sie in späterer Zeit in Indien aufkommen sollten, zur Zeit der Gupta noch nicht üblich gewesen zu sein. Jedenfalls finden sich keine Hinweise auf Kindestötungen, die in späterer Zeit ein durchaus praktiziertes Mittel waren, sich Kindern weiblichen Geschlechts zu entledigen. Das ist selbst heute noch in einigen Gegenden Indiens gang und gäbe, wobei man sich allerdings zunehmend – soweit es die dafür erforderlichen finanziellen Mittel ermöglichen – auf die Abtreibung weiblicher Föten verlegt.

Immerhin, Mädchen wurden von klein auf gegenüber ihren Brüdern zurückgesetzt und führten schon im Kindesalter ein Schattendasein. Im Laufe ihres Lebens verstärkte sich dies: Wurden Kinder beiderlei Geschlechts, soweit sie tatsächlich noch im Kindesalter waren, im allgemeinen recht freizügig erzogen, so änderte sich das, wenn sie in das Alter kamen, wo sie – im Rahmen einer feierlichen Handlung – als Mitglieder der Gesellschaft anerkannt wurden. Es handelte sich dabei um eine Art Jugendweihe – *upanayana* genannt –, die ursprünglich auch für Mädchen vorgesehen war, jedoch – soweit es sie betraf – allmählich immer mehr eingeschränkt wurde, bis sie ihnen schließlich gänzlich verwehrt wurde und an ihre Stelle die Hochzeitszeremonie trat.

Das Besondere an diesem Initiationsritus war, daß er als die eigentliche Geburt galt – eben weil derjenige, an dem man diesen Ritus vollzog, erst jetzt in die Gesellschaft aufgenommen wurde –, und nur, wer sich diesem Ritus unterzog – und damit die Auszeichnung, ein »Zweimalgeborener« zu sein, erwarb –, hatte ein Anrecht, in den heiligen Schriften unterwiesen zu werden und somit die Fähigkeit zu erlangen, die kultischen Handlungen zu vollziehen. Indem Mädchen von diesem Initiationsritus ausgeschlossen wurden, waren sie nicht nur keine gleichwertigen Mitglieder der Gesellschaft, ihnen war auch jeglicher Zugang zu einer geistigen Bildung wie auch rituellen Handlungen verwehrt. Allein die Heirat bewahrte sie davor, außerhalb der Gesellschaft zu leben. Die Ehe war ihr einziger Garant, als Mitglieder der Gesellschaft anerkannt zu werden.

Indem das Heiratsalter für Mädchen immer mehr herabgesetzt wurde, fiel es schließlich mit dem des Initiationsritus zusammen. Im Idealfall – das heißt, entsprechend der Gesetze, wie sie Manu und andere aufstellten – bedeutete dies, daß ein Mädchen im Alter von etwa zehn Jahren heiratete. War sie älter als zwölf, galt es bereits als ein gesellschaftlicher Makel, wenn sie noch nicht verheiratet war.

Daß das Heiratsalter für Mädchen bereits zur Zeit der Maurya erheblich herabgesetzt war, dafür gibt es einen bezeichnenden Hinweis in der *Indika* des Megasthenes, der die bedeutendste Beschreibung Indiens aus der Zeit der Antike hinterließ. Sie ist allerdings nur in Auszügen überliefert, wobei insbesondere Arrian, ein Historiker aus Kleinasien, der im 2. Jahrhundert n. Chr. lebte, sich in einer Abhandlung über die Geschichte Indiens auf Megasthenes stützt. Dieser weilte als Gesandter des Diadochen Seleukos I. zu Beginn der Maurya-Herrschaft in Indien und gewann somit einen direkten Einblick in das Leben der Inder. Dennoch konnte er als Grieche seinen gewohnten Blickwinkel nicht verleugnen, denn über das besondere Heiratsalter der Frauen in Indien berichtet er – in der Fassung, wie sie Arrian überliefert – folgendes:

»In dem Land jedoch, wo die Tochter des Herakles geherrscht habe, würden die Mädchen mit sieben Jahren heiratsfähig, die Männer aber lebten höchstens 40 Jahre. Und hierüber erzähle man sich bei den Indern folgende Geschichte: Erst im hohen Alter sei Herakles eine Tochter geboren worden. Da er sein Ende nahen gefühlt und keinen würdigen Mann gehabt habe, dem er seine Tochter geben konnte, habe er selbst seiner siebenjährigen Tochter beigewohnt, damit er den Indern als Könige ein von ihm und ihr abstammendes Geschlecht hinterlassen könne. Herakles habe sie also heiratsfähig gemacht. Und daher besitze auch das ganze Geschlecht, das von Pandaia abstamme, eben dieses Vorrecht von Herakles her.«

Arrian zitiert hier Megasthenes, und der habe angeblich die Geschichte von den Indern erfahren. Was höchst zweifelhaft ist, denn sie waren zwar mit den Griechen – im Zuge des Alexanderzuges nach Indien – in Berührung gekommen, kaum aber mit Herakles, dem Sohn des Zeus. Dieser aber sei angeblich bis nach Indien gelangt und habe besagter Tochter ein Königreich hinterlassen, das – nach dem Namen der Tochter – Pandaia hieß. In diesem Reich nun heirateten die Mädchen in dem Alter, da auch ihre Königin (mit ihrem Vater) die Ehe eingegangen war. Das vielgerühmte Beispiel hatte Schule gemacht.

Arrian, der diese Geschichte anführt, ist dennoch skeptisch. Er schreibt, indem er in seinen Ausführungen fortfährt:

»Mir aber scheint, wenn Herakles nun tatsächlich fähig gewesen wäre, so Ungewöhnliches zu bewirken, so hätte er auch sein Leben verlängern können, um seiner Tochter in heiratsfähigem Alter beizuwohnen. Wenn aber die Berichte über die Reife der dortigen Mädchen wahr sind, so scheint mir dies mit dem zusammenzustimmen, was über das Alter der Männer berichtet wird, daß die ältesten von ihnen vierzigjährig sterben.

Denn wen das Greisenalter um soviel schneller ereilt und der Tod zusammen mit dem Greisenalter, der erreicht gewiß auch seine Blüte entsprechend dem Ende schneller. So sind wohl die Männer dreißigjährig junge Greise, mit zwanzig Jahren Jünglinge ohne Jugend; die Blüte der Jugend aber liegt etwa bei fünfzehn Jahren. Und so fällt die Heiratsfähigkeit der Frauen entsprechend wohl mit dem siebten Jahre zusammen.«

Als Beweis, die seine These stützt, fügt Arrian hinzu: »Denn auch die Früchte reiften in diesem Land schneller als in jedem anderen, hat Megasthenes selbst berichtet, und sie verdürben schneller.«

Man ließ es in der Antike nicht dabei bewenden, etwas, das man beobachtet hatte, lediglich zu überliefern; man suchte auch nach einer Erklärung. In unserem Fall kommt die Erklärung Arrians der Wahrheit zweifellos näher als die Deutungsversuche des Megasthenes. Dennoch war es nicht die womöglich in Indien früher einsetzende Geschlechtsreife, die die Nachfahren der Arier auf den Gedanken brachte, das Heiratsalter für Mädchen herabzusetzen. Wie wir gesehen haben, gab es mehrere Faktoren, die dazu führten. Sie waren eher religiöser als biologischer Natur.

Sieben Schritte

»Als Eumenes die Gefallenen mit großem Gepränge beisetzen ließ, ereignete sich etwas Seltsames, in einer Weise, die den Gebräuchen der Griechen gänzlich widerspricht. Denn Keteus, der Anführer jener, die aus Indien gekommen waren, wurde, als er tapfer kämpfte, in der Schlacht getötet, und er hinterließ zwei Frauen, die ihn auf dem Feldzug begleitet hatten. Die eine hatte er erst kürzlich geheiratet, während die andere schon seit einigen Jahren seine Gefährtin gewesen war; doch beide waren sie ihm in gleicher Weise treu ergeben. Nun gab es ein altes Gesetz in Indien, wonach – wenn junge Männer und Mädchen den Wunsch hatten, einander zu heiraten, und dies nicht den Vorstellungen der Eltern entsprach – sie lediglich auf Grund eines gegenseitigen Einverständnisses die Ehe eingingen. Doch wenn in jenen vergangenen Zeiten Ehen zwischen Personen geschlossen wurden, die noch nicht erwachsen waren, ergaben sich nicht selten Fehlentscheidungen, und wenn beide Seiten ihre Verbindung bereuten, entwickelten viele der Frauen ein unsittliches Verhalten und konnten der Verlockung nicht widerstehen, sich in einen anderen Mann zu verlieben, und wenn sie schließlich den Wunsch hatten, ihren Ehemann zu verlassen, dies aber nicht offen und in geziemender Weise tun konnten, nahmen sie Zuflucht zu einer List, indem sie sich Gift besorgten, ein probates Mittel, um jemanden zu töten, denn es war leicht zu beschaffen, da es in Indien eine große Anzahl der unterschiedlichsten Drogen mit tödlicher Wirkung gibt; einige davon führen schon zum Tod, wenn man sie nur als Pulver unter das Essen mischt oder in ein Getränk schüttet. Doch als diese schändliche Praxis sich immer mehr ausbreitete und vielen das Leben gekostet hatte und es sich zeigte, daß die Bestrafung der Schuldigen andere Frauen nicht davon abhielt, gleichfalls diese Schändlichkeit zu begehen, wurde ein Gesetz erlassen, das vorsah, daß eine Frau, sofern sie nicht schwanger war oder schon Kinder geboren hatte, zusammen mit ihrem verstorbenen Ehemann verbrannt werden sollte und daß, wenn sie sich diesem Gesetz nicht unterwarf, sie bis zum Ende ihres Lebens Witwe bleiben und für immer von Opferhandlungen und anderen Feierlichkeiten ausgeschlossen sein sollte, da sie fortan als unehrenhaft galt. Als diese Gesetze erlassen worden waren, führte dies dazu, daß die Frauen nunmehr eine gegensätzliche Haltung einnahmen, denn da eine jede es vorzog, den vorgesehenen Tod auf sich zu nehmen, anstatt die Last der Schande zu ertragen, die eine Weigerung bedeutete, sorgten sie nicht nur für die Sicherheit und das Wohlergehen ihrer Ehemänner, worin auch ihr eigenes Heil lag, sondern sie traten auch miteinander in Wettstreit, um die höchste aller Ehren zu erlangen, und dies war es, was sich im vorliegenden Fall zutrug. Denn obwohl nach dem Gesetz nur eine Frau mit ihrem Mann verbrannt werden sollte, rang bei dem Begräbnis von Keteus sowohl die eine als auch die andere seiner beiden Frauen um die Ehre, mit ihm in den Tod zu gehen, als ob dies die höchste Krönung der Tugend sei. Als die Angelegenheit den Heerführern zur Entscheidung vorgetragen wurde, erklärte die jüngere Frau, daß die andere schwanger sei und sich deshalb des Gesetzes nicht bedienen konnte. Die Ältere führte an, daß sie der anderen an Jahren voraus sei und deshalb ihr auch die größere Ehre gebühre; denn es war allgemein die Regel, daß der Älteren vor der Jüngeren größerer Respekt und mehr Ehrfurcht entgegengebracht wurde. Die Heerführer entschieden sich, nachdem sie sich bei den Hebammen versichert hatten, daß die Ältere schwanger war, für die Jüngere; worauf jene, die abgewiesen worden war, in Weinen und Wehklagen ausbrach, sich den Schleier vom Kopf riß und sich das Haar raufte, so als ob ihr eine schreckliche Nachricht überbracht worden wäre. Die andere, hocherfreut über ihren Sieg, machte sich auf den Weg zum Scheiterhaufen, reichgeschmückt und festlich hergerichtet von den Frauen ihres Gefolges, so als ob sie sich zu einer Hochzeitsfeier begäbe, in Begleitung ihrer Verwandten, die Lieder zum Ruhme ihrer Tugend sangen. Als sie den Scheiterhaufen erreicht hatte, entledigte sie sich ihres Schmuckes und verteilte ihn unter ihre Dienerinnen und Freundinnen, als Andenken sozusagen für jene, die ihr nahegestanden hatten. Ihr Schmuck bestand aus einer Reihe von Ringen, die mit Edelsteinen in den unterschiedlichsten Farben verziert waren; auf ihrem Kopf hatte sie eine nicht geringe Zahl kleiner goldener Sterne getragen, die mit funkelnden Edelsteinen durchsetzt gewesen waren; Halsbänder aus Juwelen, groß und klein, wobei ihre Größe zur Mitte hin zunahm, hatten ihren Hals geschmückt. Schließlich nahm sie Abschied von ihrem Gefolge und bestieg, wobei ihr Bruder ihr half, den Scheiterhaufen, und während das Volk zusammenströmte, um dem Schauspiel beizuwohnen und ihr seine Bewunderung zu zollen, trat sie ihren Abgang aus dem Leben in heldenhafter Weise an. So daß das ganze Heer in voller Bewaffnung dreimal um den Scheiterhaufen marschierte, ehe das Feuer entzündet wurde, und das Opfer, das sich inzwischen an die Seite des Toten gelegt hatte, es verschmähte, sich durch Schreie zu erniedrigen, sogar als die Flammen hell auflodderten – ein Anblick, der die Zuschauer unterschiedlich berührte. Einige waren von Mitleid ergriffen, andere ergingen sich in Lobpreisungen, während es nicht an Griechen fehlte, die den Akt als barbarisch und unmenschlich verdammten.«

Die Schilderung dieses Ereignisses – und seiner Hintergründe – entbehrt nicht einer literarischen Größe, die an ein griechisches Schauspiel gemahnt. So verwundert es nicht, daß der Verfasser des Berichtes, dem

diese Schilderung entstammt, Grieche war. Er hieß Diodor, lebte im
1. Jahrhundert v. Chr. und schrieb eine monumentale Geschichte über
die Länder der damals bekannten Welt. Soweit er sich in seinem Werk auf
Indien bezieht, stützte er sich wiederum auf Megasthenes, der Indien
aus eigener Anschauung kannte. So handelt es sich denn auch bei der
geschilderten Episode um einen Vorfall, der sich zu der Zeit ereignete,
da die Griechen – in der Folge des Alexanderzuges nach Indien – mit
den Indern in Berührung kamen; wobei im vorliegenden Fall der Aus-
gangspunkt der Schilderung in den politischen Wirren zu suchen ist, die
sich nach dem Tode Alexanders ergaben: Der genannte Eumenes, ein
ehemaliger Vertrauter Alexanders, griff in den Kampf um die Nachfolge
ein, und »Keteus«, bei dem es sich um einen indischen Feldherrn handelte, der sich auf die Seite der Griechen gestellt hatte, unterstützte ihn.
Dies brachte ihm den besagten Heldentod ein und verhalf einer seiner
beiden Frauen zu besonderem Ruhm. Ist sie doch die erste Inderin, von
deren heroischem Opfergang an der Seite ihres verstorbenen Ehemannes
wir genauere Kunde haben.

Der Bericht Diodors anläßlich dieses tragischen Ereignisses vermittelt aber zugleich auch einen recht anschaulichen Einblick in jenen
Aspekt des Familienlebens der Inder, der die Beziehung zwischen den
Ehepartnern betrifft. Wobei freilich wiederum genauere Beobachtung
mit phantasievoller Mutmaßung einhergeht. Immerhin, es werden einige
bedeutsame Erscheinungen angesprochen.

Da ist zum einen der Hinweis, daß es offensichtlich verschiedene
Arten der Eheschließung gab. Zunächst beruht die Ehe auf einem Einverständnis der beiden Partner; die Meinung der Eltern ist nicht entscheidend. Dann jedoch werden Ehen zwischen Minderjährigen arrangiert, was jedoch nicht selten Unzufriedenheit in der Ehe nach sich zieht,
so daß Frauen versuchen, aus der Ehe auszubrechen, um sich mit einem
geeigneteren Partner zusammenzutun. Auffallend ist, daß Diodor dies
nur Frauen unterstellt. Das hat seinen Grund: Männer, zumal wenn sie
einer höheren Gesellschaftsschicht angehörten, waren gewöhnlich polygam, das heißt, sie verfügten über mehrere Frauen, mit denen sie die Ehe
eingegangen waren. Wenn ihnen eine nicht zusagte, hatten sie immer
noch eine andere (oder deren mehrere), mit der beziehungsweise denen

sie sich vergnügen konnten. Den Frauen war diese Möglichkeit verwehrt. Zwar hatte es in vorarischer Zeit auch die Polyandrie in Indien gegeben, bei der nicht der Mann, sondern die Frau über mehrere Ehepartner verfügte, doch diese Art der Ehe hatte sich nur bei einigen der autochthonen Völker erhalten, also der Urbevölkerung, die von den Ariern in Rückzugsgebiete abgedrängt worden war.

Die Beobachtung, die Diodor hinsichtlich verschiedener Arten von Eheschließungen macht, trifft insofern zu, als es in der Tat nicht nur eine Form der Eheschließung gab. Insgesamt unterschied man acht Möglichkeiten, wie eine Ehe zustande kommen konnte. Davon stellten zwei – nämlich jene, die Diodor erwähnt – gewissermaßen Idealtypen dar: die arrangierte Ehe, die in jugendlichem Alter geschlossen wurde, und die Ehe, die aufgrund einer Übereinkunft zwischen den Ehepartner zustande kam. Erstere galt freilich als die angemessenere, und sie wurde denn auch im Rahmen einer feierlichen, kultischen Handlung geschlossen. Sie gründete sich somit auf einen heiligen Akt und war unauflöslich.

Eine Ehe, die in gegenseitigem Einverständnis der Partner eingegangen wurde, resultierte gewöhnlich aus dem Umstand, daß der Zeitpunkt der Vermählung des Mädchens, der mit der Zeit kurz vor der Pubertät zusammenfallen sollte, überschritten worden war und das Mädchen folglich nicht mehr den Erwartungen, die man gemeinhin an eine Braut stellte, entsprach. Dies eröffnete ihr die Möglichkeit, sich selbst nach einem Ehepartner umzusehen. Diese Art der Eheschließung, die auf gegenseitiger Zuneigung und nicht auf einer Bevormundung beruhte, fand zwar nicht die Zustimmung der Gesetzeshüter, die sie schließlich sogar für ungültig erklärten. Sie inspirierte aber dennoch so manchen Dichter, der diese Form der Eheschließung romantisch verklärte. Das bekannteste Beispiel: Rama und Sita, auch wenn es hier Rama war, die der Initiative ergriff. Bezeichnenderweise galten und gelten sie als das ideale Ehepaar, das in Liebe zusammengefunden hatte und einander treu ergeben war (ohne daß Rama – wie es seinem Stand entsprochen hätte – sich mit anderen Frauen abgab; daß die Eifersucht ihn schließlich plagte und dies Sita fast zum Verhängnis geworden wäre – sofern es ihr nicht tatsächlich zum Verhängnis wurde –, sieht man letztlich als einen Beweis für seine grenzenlose Liebe an).

Die anderen Formen der Vermählung beziehungsweise Eheschlie-
ßung, die in den Quellen erwähnt werden, reichen von der Übergabe einer
Tochter an einen Priester, was als eine gültige Form der Bezahlung für die
Dienste eines Priesters angesehen wurde, bis zum schlichten Raub einer
Braut. Dies kam auch in den höchsten Kreisen vor. So wird von Prithviraj
Chauhan, einem König des 12. Jahrhunderts, der sich im Kampf gegen
die muslimischen Invasoren auszeichnete, berichtet, er habe die Tochter
eines königlichen Rivalen entführt, die dieser ihm nicht zur Frau geben
wollte. Es half freilich, daß Sanjukta, die Tochter, dem kühnen Entführ-
er ihr Herz geschenkt hatte.

Wie auch immer eine Ehe zustande kam: Hoch im Kurs standen
Jungfrauen. Wer sich in unrechtmäßiger Weise an ihnen verging, machte
sich im Extremfall eines Kapitalverbrechens schuldig. Manu, der ge-
strenge Gesetzeshüter, gibt da ganz klare Anweisungen:

»Ein Mann, der sich gegen den Willen einer Jungfrau an ihr vergeht,
sollte umgehend körperlich gezüchtigt oder mit dem Tode bestraft werden; doch wenn ein Mann ein Mädchen entjungfert, das dazu sein Einverständnis gibt, und er ihrem Stand angehört, dann soll er weder die
eine noch die andere dieser Strafen erleiden. Wenn eine Jungfrau sich
einem Mann hingibt, der einer höheren Kaste angehört, so sollte sie
dafür keinerlei Bußgeld entrichten; doch wenn sie mit einem Mann, der
einer niedrigeren Kaste entstammt, schläft, dann sollte sie zu Hause
eingesperrt werden. Wenn ein Mann niederer Kaste mit einer Jungfrau
aus der höchsten Kaste schläft, sollte er eine Körper- oder die Todesstrafe erleiden; wenn er mit einer Jungfrau schläft, die derselben Kaste
wie er angehört, sollte er den Brautpreis zahlen, wenn dies der Vater
verlangt. Aber wenn ein Mann einem Mädchen Gewalt antut und sie
vergewaltigt, sollten ihm umgehend zwei Finger abgeschnitten werden, und er sollte außerdem ein Bußgeld von sechshundert Kupfermünzen zahlen. Wenn ein Mann eine Jungfrau verführt, die dazu willens ist, und wenn er der gleichen Kaste angehört wie sie, sollten ihm
seine Finger nicht abgeschnitten werden; doch sollte er eine Buße von
zweihundert Kupfermünzen entrichten, damit er von seinem Laster ab-
läßt.«

Manu übersieht nichts: Selbst die Verführung einer Jungfrau durch eine andere Jungfrau zieht er in Betracht – hier drohen der Schuldigen neben einer Geldbuße zehn Peitschenhiebe. Kein Zweifel: die Jungfräulichkeit eines Mädchens war ein hohes Gut, und es wurde gemeinhin erwartet, daß ein Mädchen jungfräulich in die Ehe ging. Daran hat sich in Indien bis auf den heutigen Tag nichts geändert, sieht man einmal ab von einem Wandel der Normen, wie er im Zuge einer zunehmenden Säkularisierung auftritt, die aber noch weitgehend auf die größeren Städte beschränkt ist.

Neben der Jungfräulichkeit des Mädchens war es entscheidend, welcher Gesellschaftsschicht beziehungsweise Kaste der Ehepartner angehörte. Zu unterscheiden ist zwischen Regeln, die für den Mann, und solchen, die für die Frau galten. Dem Mann wurden – wie üblich – auch hier die größeren Freiheiten zugestanden: Zwar galt grundsätzlich das Prinzip, daß die beste Ehe diejenige ist, die zwischen Ehepartnern gleicher sozialer Stellung geschlossen wird, doch wurden dem Mann Ausnahmen von dieser Regelung zugestanden; insbesondere, wenn er eine Ehe mit mehreren Frauen einging und wenigstens die erste Frau, die er heiratete, der gleichen Kaste angehörte wie er. Im übrigen konzedierte man dem Mann das Recht, eine Frau geringeren Standes zu ehelichen, indem man anerkannte, daß es eben Männer gibt, die »sich von der Lust leiten lassen«. Frauen wurde dieses Zugeständnis nicht gemacht: Sie durften nicht unter ihrem Stand heiraten.

Ursprünglich gab es den Brauch des Brautpreises, der von der Familie des Bräutigams zu entrichten war und vor allem dem Zweck diente, den beiderseitigen Status der Familien der eheschließenden Partner zu bekunden und die Ehe gleichzeitig durch einen formellen Akt, der nicht nur symbolisch war, zu sanktionieren und ihr somit Stabilität zu verleihen. Die Institution des Brautpreises hatte allerdings den Nachteil, daß oft nur schwer zu unterscheiden war zwischen der eigentlichen Bedeutung des Brautpreises und einem Abgleiten dieses Brauches in eine Art Spekulation, so daß es sich eher um einen Kauf beziehungsweise Verkauf der Frau handelte, die an den Meistbietenden vergeben wurde. Strabon, ein Zeitgenosse und Landsmann Diodors, der sich gleichfalls auf Augenzeugenberichte stützt, berichtet dazu, wobei er sich auf die Gegend von Taxila, im Nordwesten des indischen Subkontinents, bezieht:

»Diejenigen, die aus Armut nicht in der Lage sind, ihre Tochter einfach in eine Ehe zu entlassen, bieten sie in der Blüte ihrer Jahre auf dem Marktplatz zum Kauf an, während Muschelhörner und Trommeln, mit denen man auch zum Krieg aufruft, die Menge herbeilocken. Wenn jemand vortritt, wird zunächst der Rücken des Mädchen bis zu den Schultern entblößt, damit man sie begutachten kann, und dann kann man sie in der gleichen Weise auch von vorn betrachten, und wenn sie dem Betreffenden gefällt und sie auch ihrerseits ihr Einverständnis erklärt, dann gehen sie auf Grund derjenigen Absprachen, die getroffen werden, eine geschlechtliche Gemeinschaft ein.«

Gemeint ist hier fraglos eine Ehe, die nicht die Würdigung genießt, wie man sie gewöhnlich einer Ehe entgegenbringt. Auch handelt es sich hier um eine Art des Brautkaufes, die aus materieller Not erfolgt. Zumindest in späterer Zeit war eine derartige Transaktion verpönt, und Manu nimmt ausdrücklich gegen den Brauch des Brautpreises Stellung. Er vergleicht diese Sitte mit Zuhälterei: Das Mädchen würde sozusagen für Geld vergeben, was der Prostitution gleichkomme.

Anstelle des Brautpreises trat schließlich die Mitgift, die auch heute noch – und dies in zunehmendem Maße – in Indien üblich ist. Hier ist es nicht die Familie des Bräutigams, sondern die der Braut, die eine entsprechende Leistung in Geld oder Sachwerten bei einer Eheschließung erbringt. Die Höhe der Mitgift richtet sich – abgesehen von der Zahlungsfähigkeit der Brautfamilie – nach der Wertschätzung, die die Familie des Bräutigams genießt. War auch dies ursprünglich ein Mittel der Festigung einer Ehe – denn die Mitgift diente sozusagen als Pfand –, so hat es sich in neuerer Zeit in Indien geradezu in sein Gegenteil verkehrt, wie wir noch sehen werden.

Bedeutsam war und ist – soll eine Ehe nicht unter einem Unstern stehen – die Begutachtung der jeweiligen Horoskope. Auch auf die Beachtung besonderer, glückverheißender Tage und selbst Stunden wird bei der Planung der Hochzeit Wert gelegt.

Wenn schließlich alle Vorbereitungen getroffen und alle Regeln bedacht sind, kann die eigentliche Zeremonie der Eheschließung beginnen. Dazu heißt es, wobei wir noch einmal auf das Beispiel des

Ramayana zurückkommen, wo ja gleich vier Ehen auf einmal geschlossen werden:

»Darauf betrat König Dasharatha zusammen mit seinen Söhnen und den heiligen Weisen das Heiratszelt. Dann wandte sich König Janaka an Vasishta und sagte: ›O tugendhafter Weiser, nun vollziehe zusammen mit den andern Weisen die Hochzeitszeremonie.‹

Vasishta entzündete das Opferfeuer in der Mitte des Zeltes. Vishvamitra und Shatananda standen vor ihm, besprengten den Altar mit wohlriechenden Wassern und schmückten ihn mit Blumen. Dann stellte er die goldenen Kannen heraus und das heilige Kushagras, füllte viele Töpfe mit Weihrauch und stellte sie in Form einer Muschel auf. Teller mit geröstetem Korn und Reis wurden hingestellt und mit Darbhagras bestreut, wobei die heiligen Sprüche über sie ausgesprochen wurden. Dann entzündeten die heiligen Rishis ein Feuer, wobei sie vedische Mantras hersagten, und opferten Gaben.«

Das Hochzeitszeremoniell, zumal wenn es nach den heiligen Riten zelebriert wurde, umfaßte eine Reihe von Handlungen, bei denen einem Opferfeuer eine zentrale Bedeutung zukam. Es befand sich gewöhnlich in einem Zelt oder Pavillon, der zum Zweck der Hochzeitszeremonie errichtet wurde, und im Zeichen dieses Feuers, dem man Opfergaben in Form von zerlassener Butter und Reis darbot, wurde die Zeremonie vollzogen: Der Vater der Braut führte dem Bräutigam seine Tochter zu, und der Bräutigam legte das feierliche Versprechen ab, fortan für sie zu sorgen; dann nahm er sie bei der Hand, während ihrer beider Gewänder miteinander verknüpft wurden, und umschritt mit ihr das Feuer; darauf trat die Braut auf einen Mühlstein, was ebenso als ein heiliger Akt angesehen wurde wie die sieben Schritte, die sie daraufhin noch einmal gemeinsam taten. Schließlich wurde das Paar, das nunmehr im Namen der Götter getraut war, mit heiligem Wasser besprengt, und die eigentliche Zeremonie war vorüber.

Doch bis zum Vollzug der Ehe bedurfte es noch einiger Vorkehrungen, die gleichermaßen sorgsam beachtet werden mußten. Dazu gehörte ein gemeinsames Betrachten des Polarsterns am Abend, der als Symbol der Treue galt. Ferner wurde erwartet, daß die Braut-leute die ersten drei Nächte in Keuschheit verbrachten, ehe sie dann in der vierten Nacht – nachdem der Bräutigam eine feierliche Handlung vollzogen hatte, die eine baldige Empfängnis gewährleisten sollte – durch die körperliche Vereinigung ihre eheliche Verbindung besie-gelten.

Herr und Meister

»Eine tugendhafte Frau, die Zuneigung zu ihrem Manne hat, soll in Über-einstimmung mit seinen Wünschen handeln, als ob er ein göttliches Wesen wäre, und soll mit seiner Zustimmung die Sorge für seine Familie übernehmen. Sie soll das ganze Haus peinlich rein halten und verschie-denartige Blumen in diversen Teilen desselben anordnen, sie soll den Fußboden glätten und polieren, um so dem Ganzen ein sauberes und an-sprechendes Aussehen zu geben. Sie soll das Haus mit einem Garten um-geben und in ihm alle Dinge bereitstellen, die für die Morgen-, Mittags- und Abendopfer erforderlich sind. Darüber hinaus soll sie selbst den Altar der Hausgötter verehren, denn, so sagt Gonardiya, ›nichts zieht das Herz des Hausherrn so sehr zu seiner Frau als die sorgsame Beachtung der oben genannten Dinge‹.«

Herr im Haus war er zweifellos, der frischgebackene Ehemann, und seine Frau die Dienerin. Ihrem Herrn Gemahl gebührte gottähnliche Vereh-rung – war er es doch, der die eigentliche Verbindung zu den Göttern aufrechterhielt –, und es wurde erwartet, daß die Frau ihrem Mann jeden Wunsch von den Augen ablas. Aber nicht nur ihrem Herrn und Meister mußte sie dienen, auch für seine Familie mußte sie sorgen. Denn – und das war (und ist) meist die größte Pein für die junge Frau – sie wechselte vom Haus ihrer Eltern in das ihres Gemahls über, und dieser lebte auch nach der Eheschließung im Haushalt seiner Eltern. Für die Angeheira-tete bedeutete das oft eine arge Zumutung, denn sie hatte nun alle Last zu tragen und stand unter der Aufsicht der Schwiegermutter, die sich nur allzuoft als ein wahrer Drachen entpuppte. Dies ist auch heute noch oft so, wobei – wohlgemerkt – nicht der Schwiegersohn, sondern die Schwiegertochter die Leidtragende ist. Auch sonst gab es – und gibt es – für die junge Frau, die im Grunde eine ganze Familie geheiratet hatte (zumindest was ihre Sorgepflicht betraf), nicht viel zu lachen. Heißt es doch weiter in der Anleitung für eine »tugendhafte Ehefrau«, die dem berühmt-berüchtigten *Kamasutra* entstammt, das weit mehr als nur ein vermeintlich skandalöses Handbuch der Erotik ist:

»Die Gattin soll stets die Gesellschaft weiblicher Bettler, buddhistischer Bettelnonnen, unkeuscher und herumziehender Weiber, Wahrsagerinnen und Hexen meiden. Was die Mahlzeiten betrifft, soll sie immer bedenken, was ihr Gatte gerne mag und was er nicht mag und welche Dinge für ihn gut sind und welche ihm schädlich sind. Wenn sie den Klang seiner heimkehrenden Schritte hört, soll sie sofort aufstehen und bereit sein zu tun, was immer er ihr befehlen mag, und sie soll entweder ihre Dienerin anweisen, seine Füße zu waschen, oder sie selbst waschen. Wenn sie mit ihrem Gatten ausgeht, soll sie ihren Schmuck anlegen und ohne seine Zustimmung soll sie Einladungen weder geben noch annehmen, noch soll sie Hochzeiten und Opfern beiwohnen oder in der Gesellschaft von Freundinnen sitzen oder die Tempel der Götter besuchen. Und wenn sie an irgendwelchen Spielen oder Sport teilnehmen möchte, so soll sie das nicht gegen seinen Willen tun. Gleichermaßen soll sie sich immer erst nach ihm niedersetzen und vor ihm aufstehen, und sie soll ihn nie aufwecken, wenn er schläft. Die Küche soll an einem stillen und abgelegenen Platze sein, damit sie Fremden nicht zugänglich sei, und sie soll immer sauber aussehen.«

Man muß das unterwürfige Verhalten der Frauen in einer traditionellen indischen Familie einmal mit eigenen Augen gesehen haben, um wirklich ermessen zu können, wie ergeben sie ihrem Mann – aber auch allen anderen männlichen Mitgliedern der Familie – gegenüber tatsächlich sind. Das grenzt nicht selten an Selbstverleugnung. Als Rechtfertigung dafür dient auch die folgende Passage im *Kamasutra*, mit der die Ausführungen über das einer tugendsamen Ehefrau angemessene Verhalten fortgesetzt werden:

»Falls ihr Mann sich schlecht aufführt, wird sie ihn nicht übermäßig tadeln, auch wenn es ihr eigenes Mißfallen erregt. Sie soll gegen ihn keine schmählichen Reden führen, sondern ihn mit versöhnlichen Worten zurechtweisen, sei er in Gesellschaft von Freunden oder allein. Überdies soll sie nicht zänkisch sein, denn, so sagt Gonardiya, ›es gibt keinen so schwerwiegenden Grund für Abneigung von seiten des Mannes als diese Eigenschaft an einer Frau‹. Endlich soll sie es vermeiden, schlechte Ausdrücke zu gebrauchen, mürrisch dreinzuschauen, zur Seite zu sprechen, im Torweg zu stehen und die Vorübergehenden zu betrachten, im Lustwäldchen zu plaudern und lange Zeit an einem einsamen Platze zu bleiben, schließlich soll sie immer ihren Körper, ihre Zähne, ihr Haar und alles, was zu ihr gehört, ordentlich, frisch und sauber halten.«

Kurzum: Eine Perle soll sie sein, die Ehefrau. Allzeit hübsch anzusehen und immer zu allen Diensten bereit. Wozu freilich auch jene gehören, die ihr selbst Spaß machen. Da durfte sie sogar die Initiative ergreifen, wie das *Kamasutra* der sonst eher nur Geplagten zugesteht: »Wenn die Gattin sich ihrem Manne intim zu nähern wünscht, soll sie mit reichem Schmuck angetan sein, verschiedenen Arten von Blumen und einem mehrfarbig verzierten Stoff sowie einigen wohlriechenden Salben und Schminken.« Auch hier gilt: sich dem Mann so darzubieten, daß er daran Gefallen findet. Denn es geht natürlich in erster Linie um *seine* Lust.

Gonardiya, auf den sich der Verfasser des *Kamasutra* bezieht, hat gut reden: Wie weise er auch immer gewesen sein mag, er sprach sich letztlich nur selbst nach dem Munde. Was die Frauen bewegte, zumal wenn sie verheiratet waren, daran verschwendete er keinen Gedanken. Kein Wunder, daß da bei den Frauen der Gedanke aufkam, sich von der Last, die ihnen da mit der Heirat aufgebürdet worden war, zu befreien, indem sie ihren »Göttergatten« kurzerhand ins Jenseits beförderten. Dies dürfte aber dennoch, trotz der Ausführungen Diodors, eher eine Ausnahmeerscheinung gewesen sein. Denn der Brauch, daß die Frau beim Tode ihres Mannes diesem auf den Scheiterhaufen folgt, läßt sich in Wahrheit kaum darauf zurückführen, daß man dadurch den vermeintlich allzu großen Eifer der Frauen, sich ihrer besseren Hälfte zu entledigen, einzudämmen versuchte. Sati, wie dieser Brauch genannt wurde, hatte andere

Ursachen, die vor allem damit zusammenhingen, daß eigentlich das Leben der Frau verwirkt war, wenn sie ihrem »Göttergleichen« nicht mehr dienen konnte. Folgte sie ihm auf den Scheiterhaufen, konnte sie gewiß sein, ihm auch im Jenseits (und im nächsten Leben) dienen zu dürfen.

Dienen war ihre Mission; das wurde als selbstverständliche Pflicht einer Ehefrau angesehen. Erst wenn sie einen Sohn geboren hatte, stieg ihr Ansehen. Sie hatte nun einem Stammhalter das Leben geschenkt, und dies zumindest erkannte man als verdienstvolle Leistung an. Fortan wurde sie als Mutter verehrt und genoß selbst dann eine Vorrangstellung, wenn der Mann sich eine weitere Frau nahm. Zumindest, was die Achtung betraf, die man ihr entgegenbrachte. In der sexuellen Gunst sonnte sich freilich meist die Jüngere, die denn auch von der Älteren – trotz ihres besonderen Status – als Rivalin angesehen wurde. Hier mag sich eine Zuflucht zu verdächtigen Mixturen weit häufiger ergeben haben als im Falle des Wunsches, sich eines ungeliebten Ehemannes zu entledigen.

Allerdings war eine Scheidung, sofern die Ehe nach den heiligen Riten geschlossen war, nicht möglich. Und natürlich wurde auch Ehebruch streng geahndet, soweit er von oder mit einer verheirateten Frau begangen wurde. Manu vermerkt dazu: »Wenn eine Frau, die auf ihre Verwandten stolz oder sich ihres eigenen Wertes bewußt ist, ihren Mann mit einem andern betrügt, sollte der König sie vor aller Augen von Hunden verschlingen lassen.« Wenigstens ging auch der Ehebrecher nicht leer aus: Er wurde öffentlich verbrannt. Das galt freilich nur für den, der sich mit einer verheirateten Frau einließ. Man wollte sicher sein, daß der Stammhalter, von dem das Schicksal des Mannes abhing, auch wirklich von ihm gezeugt war.

Starb der Mann, war das Los der Frau nicht beneidenswert. In früheren Zeiten, als das autochthone Erbe, das der Frau größere Freiheiten eingeräumt hatte, noch nachwirkte, konnte sie eine neue Ehe eingehen, wobei allerdings nicht selten ein Brauch geübt wurde, der als *Niyoga*, das heißt »Ernennung«, überliefert wird. Hierbei handelt es sich um das Eingehen einer Ehe mit einem Bruder des Verstorbenen, der gewissermaßen an dessen Stelle trat. Dies war vor allem dann bedeutsam, wenn der Verstorbene keinen Sohn hinterlassen hatte – für den mußte nun sein Bruder sorgen.

Im Zuge der Veränderungen, die die Rechte der Frau beschnitten, wurde schließlich auch die Wiederheirat von Witwen mit einem Stigma belegt. Dies sollte nicht zuletzt auch dem Verstorbenen zugute kommen. Diesem galt schließlich auch die Treue der Frau über den Tod hinaus – wenigstens wurde dies erwartet –, und folglich führte die Frau, wenn sie es nicht vorzog, mit ihm in den Tod zu gehen, fortan ein Schattendasein. Nicht nur mußte sie sich selbst von jeglichem Auftritt in der Öffentlichkeit oder gar Vergnügen fernhalten, eine Witwe wurde auch als unheilbringend gemieden. Im Grunde begegnete man ihr nur noch mit Verachtung und Abscheu; kein Wunder, daß so manche es vorzog, freiwillig aus dem Leben zu scheiden, indem sie den Scheiterhaufen bestieg und an der Seite ihres verstorbenen Mannes den Flammentod erlitt. Gab es gegen diese Sitte zunächst auch Kritik – selbst aus den Reihen derer, die die Freiheit der Frauen immer mehr beschnitten –, so verstummte sie doch allmählich. Und es kam schließlich zu jenen entsetzlichen Exzessen, von denen wir noch hören werden. Die Frau im sicheren Hafen der Ehe? So manche hätte wohl darauf verzichtet, wenn sie nur die Wahl gehabt hätte. Doch es gab auch Frauen im alten Indien, die ihr Heil außerhalb der Ehe suchten.

Käufliche Liebe

Eine Frau, die es vorzog, nicht zu heiraten, oder durch besondere Umstände daran gehindert wurde, hatte zwar keine große Wahl, was die Sicherung ihres Lebensunterhalts anbelangte, aber die Zahl derer, die außerhalb einer Ehe lebten, war dennoch groß. Denn es gab ein Betätigungsfeld für Frauen, auf dem die Nachfrage schier unbegrenzt war: die Prostitution, wobei es sich hier nicht nur um das handelt, was wir gemeinhin mit Prostitution verbinden. Denn die Einstellung des Inders zur Sexualität war nicht nur durch besondere Freizügigkeit gekennzeichnet – trotz der Einschränkungen, denen eine »ehrbare« Frau ausgesetzt war –, Sexualität wurde auch in enger Beziehung zur Religion gesehen. Handelte es sich doch letztlich um einen Akt der Schöpfung, auch wenn nicht jede sexuelle Vereinigung diesem Ziel diente. Daraus erklärt sich, daß Prostitution im alten Indien auch als ein Dienst an den Göttern gesehen wurde. Das heißt, es gab neben der gewöhnlichen auch eine Form der geheiligten oder Tempelprostitution, die nicht minder bedeutsam war als der säkulare Zweig des professionellen Liebesdienstes. Schließlich gab es auch noch die große Zahl derer, die als Konkubinen dienten. Sie alle – Prostituierte, Kurtisanen und Konkubinen – bildeten ein wahres Heer an Liebesdienerinnen, das nicht nur allgegenwärtig war, sondern sich auch allgemeiner Wertschätzung erfreute. Einigen kritischen Stimmen, zu denen auch Manu gehörte, zum Trotz.

Abgesehen von denen, die im Tempeldienst standen, waren es unter den Prostituierten vor allem die Kurtisanen, die eine besondere Würdigung erfuhren. Vatsyayana, der Verfasser des *Kamasutra*, widmet gerade ihnen breiten Raum in seinem Werk, wobei er sich auf ein älteres Handbuch stützt, das ausschließlich dieses Thema behandelt und in vorchristliche Zeit zurückreicht, während Vatsyayana sein Werk im 4. Jahrhundert n. Chr. verfaßte. In der Form, wie er das Traktat über die Kurtisanen überliefert, heißt es darin:

Die großen Kurtisanen sind Schönheiten
mit verführerisch jungen Leibern,
süßen Stimmen und bezaubernden Manieren.
Sie schätzen die Spiele der Liebe und achten
den Charakter eines Mannes mehr als sein Geld.

Sie betrügen ihre Liebhaber nicht und hauen sie
nicht übers Ohr; treu und festen Sinnes,
sind diese Mädchen in jeder Gesellschaft willkommen;
sie zeichnen sich durch Kenntnisse in der Kunst aus
und verehren die Götter.

Anders als man erwarten könnte, waren Kurtisanen im alten Indien keine »leichten Mädchen« im üblichen Sinne. Sie waren gebildet und hatten Stil. Diskretion und Zurückhaltung zeichneten eine Kurtisane aus, nicht Aufdringlichkeit oder ordinäres Verhalten:

Eine große Kurtisane bedrängt und belästigt niemanden,
kleidet sich unauffällig
und tut nichts, was als vulgär angesehen werden könnte;
sie achtet darauf, keinen Klatsch aufkommen zu lassen,
und haßt Stumpfheit und Dummheit.

Sie vermeidet es, ein Gespräch an sich zu reißen,
ist niemals unhöflich
und immer dankbar für das, was sie erhält.
Vor allem ist sie bewandert
im Kama Sutra und seinen Künsten und Wissenschaften.

Letzteres war es, um das es zwar nicht ausschließlich, aber doch sehr wesentlich ging. Und was das betraf, so konnte man im alten Indien auf eine Vielzahl gelehrter Bücher zurückgreifen, die alle das Thema »Liebe« zum Gegenstand hatten. Keines erreichte freilich größere Berühmtheit als das *Kamasutra*, das »Lehrbuch der Liebe«, das Vatsyayana verfaßte. Allerdings hatte das Liebeshandbuch Vatsyayanas im alten Indien eine ganz andere Bedeutung als die, die man ihm später zuerkannte. Denn im Grunde handelt es sich um eine recht nüchterne, oft penible Aufzählung von Liebespraktiken und Verführungskünsten, ergänzt durch die Klassifizierung von Männern und Frauen, die – jeweils nach ihren Eigenschaften und ihrer Bedeutung im Spiel der Geschlechter – abgehandelt werden. Keinesfalls ist das *Kamasutra* des Vatsyayana eine exotische Form der Pornographie, als die es außerhalb Indiens gemeinhin gesehen wird. Ein Beispiel mag das verdeutlichen. In dem Abschnitt, der von der »geschlechtlichen Vereinigung« handelt, heißt es im ersten Kapitel:

»Man teilt die Männer je nach Größe ihres Lingams in drei Klassen ein: Hase, Stier und Hengst; die Frauen je nach der Tiefe ihrer Yoni in Gazelle, Stute und Elefantenkuh.«

Entsprechend dieser Einteilung – wobei sich »Lingam« und »Yoni« auf die entsprechenden Geschlechtsteile des Mannes und der Frau beziehen – ergeben sich drei »gleichartige« und sechs »ungleichartige Liebesvereinigungen«; also im ersten Fall etwa Hase und Gazelle, im zweiten Hase und Stute. Wie zu erwarten, sorgt letzteres für die eigentliche Überraschung. Doch Vatsyayana referiert derart gelehrt darüber, daß selbst ein Stier, der sich mit einer Elefantenkuh abgibt, die Lust an der Sache verliert. Denn Vatsyayanas Kommentar lautet:

»Ist bei diesen ungleichartigen Vereinigungen der Mann der stärkere Teil, so ist seine Vereinigung mit einer Frau der nächsten Größenordnung eine ›hohe Vereinigung‹ und von zweierlei Art, während seine Vereinigung mit der in der Größenordnung am weitesten von ihm entfernten Frau die ›höchste Vereinigung‹ und nur einer Art ist. Wenn dagegen die Frau den Mann in der Größenordnung übertrifft, so ist ihre Vereinigung mit dem ihr zunächst stehenden Mann eine ›niedere Vereinigung‹ und von zweierlei Art und ihre Vereinigung mit dem von ihr in der Größenordnung entferntesten Mann die ›niedrigste Vereinigung‹ und nur einer Art.«

Wir wollen es dabei belassen, soweit es die Ausführungen Vatsyayanas über die verschiedenen Arten der geschlechtlichen Vereinigung betrifft, denn das hier vorgestellte Beispiel ist nur der Anfang einer weit umfangreicheren diesbezüglichen Erörterung, und uns statt dessen wieder den Kurtisanen zuwenden. Unter diesen gab es eine, die besondere Berühmtheit erlangte. Ihr Name war Ambapali. Von ihr heißt es in einer buddhistischen Überlieferung:

»Es gab dort auch die Kurtisane Ambapalika, die schön, gefällig, von großer Anmut, begabt in Tanz, Gesang und Lautenspiel war und von Männern besucht wurde, die sie begehrten. Sie verlangte fünfzig Silbermünzen pro Nacht. Durch sie erlangte Vesali seine Blüte.«

Vesali beziehungsweise Vaishali war die Hauptstadt eines Fürstentums am Fuße des Himalaya. Zur Zeit Buddhas lebte hier besagte Ambapali, und da sie mit dem Erleuchteten zusammentraf und sich schließlich zu seiner Lehre bekannte, überrascht es nicht, daß ihr Name überliefert ist. Mehr noch, Ambapali ging in den Kanon jener Legenden ein, die sich um

Buddha ranken. Danach war auch ihre Geburt – wie die Buddhas – von Wundern umgeben, denn es wird berichtet, daß man sie im Garten des Königs unter einem Mangobaum fand. Diesem Umstand verdankt Ambapali ihren Namen, denn die Bezeichnung für Mango lautet *amba*. Ein Gärtner, der sie fand, brachte sie zum König, der sich ihrer annahm und sie aufzog. Als sie zu einem Mädchen heranwuchs, dessen Schönheit alsbald in aller Munde war, bewarben sich Prinzen und Fürsten weit und breit um die Gunst, sie zur Frau nehmen zu dürfen. Da der König es sich mit niemandem verderben wollte, wandte er sich an die Versammlung der Edlen in seiner Stadt und bat sie um Rat. Die Versammelten erklärten, daß sie – da es sich um ein Mädchen ohne eigentliche Familie handelte und sie zudem eine Schönheit war – niemandem gehören dürfe. Sie solle vielmehr der Allgemeinheit der Edlen zur Verfügung stehen.

Der König bedauerte diesen Vorschlag, doch Ambapali erklärte sich einverstanden, unter der Voraussetzung, daß man ihr fünf Forderungen erfülle. Die erste betraf die Zuteilung eines Hauses in der vornehmsten Gegend der Stadt. Sodann verlangte sie, daß, wenn sie einen Kunden bediene, sie kein zweiter besuchen dürfe. Als drittes forderte sie, daß sie einen Preis von fünfhundert Kupfermünzen erheben dürfe, den ein Kunde zu zahlen habe. Sodann bedingte sie sich das Zugeständnis aus, daß ihr Haus nur dann durchsucht werden dürfe, wenn sie vorher – und zwar sieben Tage vor der Durchsuchung – von der Maßnahme unterrichtet werden würde. Schließlich erwartete sie, daß man ihr Haus nicht überwache, weder den Eingang noch den Ausgang.

Offensichtlich wußte Ambapali nicht nur, was sie wert war, sondern auch, was einer Kurtisane, die diese Bezeichnung verdiente, gebührte. Und die Ratsmitglieder, die es gar nicht erwarten konnten, mit ihr ins Geschäft zu kommen, willigten denn auch in alle ihre Forderungen ein. So konnte es geschehen, daß selbst ein so mächtiger König wie Bimbisara, der Herrscher von Magadha, einem Nachbarreich, mit dem Vaishali in Fehde lag, es nicht nur wagte, sich nach Vaishali zu begeben, weil auch er der Verlockung einer weithin gerühmten Kurtisane nicht widerstehen konnte, sondern sich dort auch der besonderen Gunst der schönen Ambapali erfreute. Die, als bekannt wurde, wen sie in ihrem Haus empfangen hatte, nichts Eiligeres zu tun hatte, als auf ihr Recht zu pochen, daß ihr

Haus erst nach der ihr zugestandenen Frist durchsucht werden dürfe. Man hielt sich daran, was Bimbisara die Gelegenheit gab, unversehrt zu entkommen. Ambapali aber brachte schließlich einen Sohn zur Welt, dessen Vater kein anderer als der große Bimbisara war.

Nun wäre dies, so rührend die Geschichte auch ist, noch kein Grund, dass die schöne Ambapali ausgerechnet in der buddhistischen Überlieferung eine so bedeutsame Rolle spielt. Doch die Geschichte geht noch weiter: Als Buddha nämlich, gegen Ende seines Lebens, in die Gegend von Vaishali kam und Ambapali davon erfuhr, machte sie sich auf, den Erleuchteten zu besuchen. Dieser empfing sie auch, denn sie hatte zu erkennen gegeben, daß sie sich zu seinen Lehren hingezogen fühlte. Es gelang ihr sogar, Buddha dazu zu bewegen, eine Einladung anzunehmen, die sie ihm unterbreitete, so daß er sie in einem Landhaus, das ihr gehörte, besuchte, wo sie ihn bewirtete. Eine Einladung der Herrscherfamilie, der Licchavi, hatte Buddha dagegen abgelehnt: Er erkannte das ehrliche Bemühen Ambapalis, den Weg zum Heil, den er wies, selbst zu beschreiten. Was sie denn auch tat, indem sie dem *Sangha*, der Gemeinschaft, die der Lehre Buddhas anhing, beitrat und fortan das Leben einer Nonne führte.

Mag die Geschichte der Ambapali, von der die buddhistische Überlieferung berichtet, auch legendenhaft ausgeschmückt sein, sie hat zweifellos einen wahren Kern. Denn nicht nur fand die neue Lehre Buddhas gerade auch bei Kurtisanen, die ja gebildet waren und Umgang mit Angehörigen der gehobeneren Schichten pflegten, besonderen Anklang. Sie verfügten auch über die Freiheit – im Gegensatz zum Gros der Frauen, die in der Abhängigkeit von Vätern und Ehemännern standen –, sich der neuen Gemeinschaft anzuschließen.

Was nicht bedeutete, daß die Wohlhabenderen unter den Herren der Schöpfung fortan auf die Gunst einer Kurtisane verzichten mußten. Es gab sie zu allen Zeiten der indischen Geschichte, zumindest, seit die Arier den Ton angaben. Dabei genossen die indischen Kurtisanen – *ganikas* genannt, im Gegensatz zu dem allgemeinen Begriff *veshyas*, was »Prostituierte« heißt – ein Ansehen, das sich mit dem der Hetären im Griechenland der Antike vergleichen läßt. Nicht nur waren sie gebildet, man schätzte auch ihre Gesellschaft, selbst wenn es dabei nicht um ihre eigentlichen Liebesdienste ging. Was diese betraf, so waren sie dazu verpflichtet, wenn der Kunde den geforderten Preis bezahlt hatte. Kam die Kurtisane ihrer Verpflichtung nicht nach, so mußte sie eine Strafe, die sich auf das Achtfache des vereinbarten Preises belief, zahlen. So sehr ihre Dienste – sexueller wie gesellschaftlicher Art – geschätzt wurden, so bedeutete dies doch nicht, daß eine Kurtisane über dem Gesetz stand. Ihre Tätigkeit wurde streng überwacht, und während ein Mord, der an einer Kurtisane begangen wurde, mit einer Geldbuße geahndet wurde, drohte der Kurtisane, wenn sie einen Kunden oder Liebhaber tötete, die Höchststrafe: Tod durch Verbrennen am Schandpfahl oder durch Ertränken, indem man sie in einen Fluß oder Teich warf. Im übrigen verdiente die Obrigkeit an den Kurtisanen ebenso wie an den gemeinen Prostituierten, denn sie waren zu Abgaben verpflichtet und wurden obendrein nicht selten zu Spitzeldiensten herangezogen: Denn daß eine Schöne der Nacht jemandem, der ihr verfallen ist, selbst die größten Geheimnisse entlocken kann, das hatte man auch schon im alten Indien erkannt.

So war die Karriere selbst einer Kurtisane – so sehr sie auch der Glanz von Reichtum und Ruhm umgab – eher ein zweifelhaftes Vergnügen, und Vatsyayana stellt nicht von ungefähr die Frage, was denn die Gründe waren, die ein Mädchen dazu bewogen, den Beruf einer Kurtisane zu ergreifen. Er schreibt:

> Um eine Kurtisane zu sein,
> muß ein Mädchen entweder habgierig
> oder fest entschlossen sein, ihrem Elend zu entkommen.
> Und sie muß eine natürliche Freude am Sex haben.

Und auf die Frage, was letztlich ausschlaggebend ist, daß sich ein Mädchen auf die Tätigkeit einer Kurtisane einläßt, antwortet das *Kamasutra*:

> Falls sie nicht weiß, ob dieser Entschluß
> durch Habgier oder Wollust bestimmt wird, wird sie
> sich weniger täuschen, wenn sie das erste annimmt –
> es ist schließlich keine Sünde für eine Prostituierte,
> das Geschäft mit dem Vergnügen zu verbinden.

Dennoch bleibt fraglich, ob es nicht doch eher das Elend war, das ein Mädchen dazu verleitete, den Weg der käuflichen Liebe zu gehen. Das ist zumindest heutzutage in Indien der Fall, wie wir noch sehen werden.

Dienerinnen Gottes

Anders verhielt es sich bei denen, die als *devadasis*, das heißt »Gottesdienerinnen«, tätig waren. Hier handelte es sich um Frauen beziehungsweise Mädchen, die einem Gott geweiht waren. Ursprünglich Priesterinnen, wurden Frauen, die im Tempel Dienst taten, infolge der Übernahme des Priesteramtes durch Männer, die mit der Ausbreitung der arischen Eroberer einherging, aus ihren angesehenen Funktionen verdrängt und zu bloßen Gehilfinnen degradiert. Allerdings unter dem Deckmantel, daß Frauen, die im Tempeldienst tätig waren, als Gefährtinnen und Gespielinnen den Göttern zugeteilt waren, denen die Tempel geweiht waren. Auf diese Weise genossen zwar auch Devadasis ein gewisses Maß an Ansehen, doch in dem Maße, wie ihre Zahl zunahm und ihre Tätigkeit immer mehr in eine als sakrale Handlung verbrämte Prostitution abglitt, verloren sie auch an Prestige und waren am Ende kaum noch von gewöhnlichen Prostituierten zu unterscheiden.

Devadasis rekrutierten sich aus allen Gesellschaftsschichten, wobei zumeist Eltern Töchter bereits im Kindesalter einem Tempel überließen, wo sie dann unter der Obhut von Priestern und bereits im Tempeldienst tätigen Devadasis aufgezogen und auf ihre späteren Aufgaben vorbereitet wurden. Dazu gehörte allerdings nicht nur die Erfüllung sexueller Erwartungen, die Priester und Gläubige an sie stellten, sondern auch Tanz und Gesang. Letzteres stand zunächst sogar im Vordergrund, denn es galt ja ursprünglich, den Gott, dem eine Devadasi geweiht war, zu erfreuen, und sie tat dies, indem sie vor seinem Abbild tanzte und sang. Die Priester und Tempelbesucher begnügten sich freilich damit nicht: Die anmutigen Tänzerinnen erweckten nicht nur religiöse Gefühle, und da die Götter, in Stein gebannt, nun einmal nicht mehr als Tanz und Gesang von den Devadasis erwarten konnten, erfreuten sich an ihrer Statt die Priester und Gläubigen der sexuellen Dienste, die die Devadasis eigentlich den Göttern schuldeten. Gedeutet wurde diese als heilig erklärte Prostitution, der sich die Devadasis unterwerfen mußten, als eine Art Ersatz für die eigentlich den Göttern zustehende geschlechtliche Vereinigung, die wiederum nicht nur der sexuellen Befriedigung der Götter diente, sondern sie auch in ihrer schöpferischen Kraft bestärkte. Schließlich galt es, den Erhalt der Welt zu sichern, die ständig von Kräften der Zerstörung bedroht war. Insofern stellte der Akt, den man im Namen des Gottes vollführte, ein wohlgefälliges Werk dar, und die Eltern, die ihre Töchter den Göttern weihten, rechneten sich dies zur Ehre an. Für die Tempel war dies nebenbei ein gutes Geschäft, denn jeder, der einmal in die Rolle des Gottes schlüpfen wollte, mußte einen Obolus entrichten. Auf diese Weise gereichte die Institution der Devadasis den Priestern in doppelter Weise zum Vorteil: Es füllte sich die Kasse des Tempels, die sie verwalteten, und sie konnten sich einer großen Auswahl williger, weil eingeschüchterter Liebesdienerinnen erfreuen. Kein Wunder, daß sich der Brauch der Tempelprostitution in Indien bis in die Gegenwart erhalten hat.

Ein besonderes Ereignis im Leben einer Devadasi war der Augenblick, da sie mit dem Gott, dem sie geweiht war, vermählt wurde. Dies konnte auf zweierlei Weise geschehen; in jedem Falle aber mußte sie Jungfrau sein, denn das wurde ja allgemein von einer Braut, die in die Ehe eintritt, erwartet. Gebadet und geschmückt wurde die Devadasi in den Tempel geführt, wo sie sich ihrer Kleider entledigte und auf ein steinernes Lingam setzte, das als Sinnbild des Gottes, dem sie vermählt wurde, galt. Dies war die eine Form der Entjungferung, die den Höhepunkt der heiligen Hochzeitszeremonie bildete. Daneben konnte aber auch ein Priester oder ein reicher Gönner, der sich das Privileg etwas kosten ließ, an Stelle des Gottes als Bräutigam auftreten und den Akt der Entjungferung vornehmen. War die Devadasi auf diese oder jene Weise mit dem Gott vermählt, konnte ihre eigentliche Karriere als Tempelprostituierte beginnen, wobei nicht alle Devadasis Prostituierte waren. Ihre Aufgaben konnten sich auch auf Gesang und Tanz beschränken.

Die Götter, in deren Namen die Devadasis ihre Dienste verrichteten, spiegeln die Vielfalt des hinduistischen Pantheons. Obwohl Shiva im Vordergrund stand, als dessen Symbol das Lingam, wenn auch nicht ausschließlich galt, so waren es doch auch andere Götter – insbesondere

Surya, der Sonnengott, aber auch Vishnu und Krishna –, die im Kult, dem die Devadasis geweiht waren, eine besondere Bedeutung erlangten. Auf die Rolle Shivas, dessen Verehrung bis in die Zeit der Induskultur zurückreicht, werden wir noch zu sprechen kommen. Surya gehörte zu den Göttern, welche die Arier nach Indien mitgebracht hatten. Er wird zumeist als stattlicher Jüngling dargestellt, umgeben von seinen beiden Gefährtinnen Ushas, der Morgenröte, und Pratyushas, der Dämmerung. Seit der Renaissance des Hinduismus in der Gupta-Zeit wurde dem Kult dieses Sonnengottes besondere Beachtung geschenkt, und es entstanden bedeutende Tempelbauten, die ihm gewidmet waren. Besonders erwähnenswert ist der Sonnentempel von Konarak im Osten Indiens, am Golf von Bengalen, der der Form nach den Wagen symbolisiert, mit dem der Sonnengott – wie der Helios der Griechen – über den Himmel fährt. Geschmückt ist der Tempel mit einer Vielzahl von Skulpturen, wobei insbesondere die Darstellung von Tänzerinnen und Musikantinnen ins Auge fällt, aber auch eine Reihe von Szenen, die – in recht freizügiger Weise – den Liebesakt zeigen. Dies dürfte hinreichend erklären, welcher Art die Kulthandlungen waren, die hier zu Ehren des Sonnengottes vollzogen wurden.

Vishnu ist uns bereits in Gestalt des Rama, der als seine menschliche Erscheinung gilt, begegnet. Es war dies jedoch nicht die einzige Inkarnation dieses Gottes, denn Vishnu hat insgesamt zehnmal die Gestalt eines Menschen angenommen. Am bekanntesten ist seine irdische Erscheinung als Krishna, aber auch Buddha gehört zu den Inkarnationen Vishnus. Dies beweist, wie sehr der Hinduismus von der Fähigkeit geprägt ist, sich anderen Religionen anzupassen beziehungsweise diese sich selbst in wesentlichen Elementen einzuverleiben.

In der Vorstellung der Inder, besonders derer, die diesen Gott als eine Art universelle beziehungsweise höchste Gottheit anerkennen, dienten die Inkarnationen Vishnus alle dem gleichen Zweck: die Welt vor Unheil zu bewahren. Wie Rama gegen den Dämonenkönig Ravana zu Felde zog, so wird auch Buddha konzediert, daß er zum Heil der Welt beitrug. Selbst Krishna trat gegen Dämonen und böswillige Herrscher auf, obwohl er – ähnlich wie Rama – eigentlich in einer ganz anderen Rolle im Bewußtsein der Inder präsent ist.

Auch Vishnu ist letztlich ein Schöpfergott, und da er zudem in der Gestalt des Krishna eine Art Don Juan erster Güte ist, verwundert es nicht, daß auch ihm Devadasis geweiht wurden. Allerdings verselbständigte sich die Erscheinung Krishnas im Laufe der Zeit und nahm schließlich – nicht anders als im Falle Ramas – Züge einer eigenständigen Gottheit an, die an Beliebtheit die aller anderen Götter übertraf. Was mit der Natur dieses Schwerenöters zusammenhängt, denn Krishna wird vor allem als ein liebenswerter Herzensbrecher verehrt.

Gita Govinda

Die Geschichte Krishnas beginnt mit folgenden Versen:

> Im Frühlingshauch, mit frühlingsblumenzartem Leib,
> Im Walde wallend, Krischna suchend überall,
> Von Kamas Kummer schwer bedrängt, verwirrten Sinns,
> Ward Radha von der Freundin angeredet so:

> Unter malajischem, duftende Nelkengebüsche
> Besuchendem Hauche, unter dem bienenumschwärmten,
> Von Kokilas Rufen ertönenden Strauche,
> Hari nun spielet im Lenze, dem frohen,
> Tanzet, o Freundin, mit Mädchen, zur Zeit,
> Die nicht süß ist, wo Liebe geflohen.

Radha, die Geliebte Krishnas – der auch »Hari«, Herr des Frühlings, genannt wird –, hat allen Grund, von »Kamas Kummer«, das heißt den Qualen der Liebe, heimgesucht zu sein, denn Krishna begnügt sich nicht nur mit einer. Er vergnügt sich auch mit anderen, während Radha, die er verlassen hat, vor Eifersucht vergeht:

> Radha, während allverliebt im Haine Hari scherzte,
> Ging hinweg, ob dem verlornen Vorzug eifersüchtig,
> Und in einer Laube, deren Wipfel

Laut von Bienenschwärmen tönte,
Sprach mit Härmen sie zur Freundin also:

Der mit dem Nektar der Lippe versüßet
Den Ton des bezaubernden Rohres,
Flitternden Blickes und flatternden Kranzes,
Geschtütterter Ringe des Ohres,
Dort, wie sich Hari gebärdet im Reigen,
denk' ich, wo munterer Scherz ihm ist eigen.

Anders als Rama wächst Krishna in ländlicher Umgebung auf: Er wird von
Kuhhirten aufgezogen, und die Töchter und Ehefrauen von Hirten sind es
auch, mit denen er sich im Walde vergnügt. Eine von ihnen ist Radha, der
er besonders zugetan und die auch ihm verfallen ist. Doch Krishna ist ein
rechter Tausendsassa: 900 000 ist angeblich die Zahl der *gopis*, der Hir-
tenmädchen, mit denen er sich abgibt. Der »Ton des bezaubernden Rohres«, einer Flöte, auf der Krishna spielt, macht die Mädchen ihm gefügig,
und wahrlich, die Verlockung, die von ihren Reizen ausgeht, ist groß:

Mit den erschaudernden Ranken des Armes
Ein Hirtinnentausend umkränzend,
Mit bejuweleten Händen und Füßen und
Busen das Dunkel durchglänzend,
Dort, wie sich Hari gebärdet im Reigen,
Denk' ich, wo munterer Scherz ihm ist eigen.

Schimmer von sandelbemaleter Stirn zu
Des Mondes Beschämung ergießend,
Schwellende Brüste mit ungestüm pochender
Pforte des Herzens umschließend,
Dort, wie sich Hari gebärdet im Reigen,
Denk' ich, wo munterer Scherz ihm ist eigen.

Radha, von Eifersucht gequält und vor Sehnsucht vergehend, malt sich
aus, wie sich ihr Geliebter, der Treulose, im Mondschein in Tändelei und

Liebesspielen ergeht. All ihren Stolz und ihren Zorn mißachtend, schickt sie ihre Freundin zu Krishna, um ihn herbeizurufen. Mittlerweile überkommen auch Krishna Gewissensbisse, und er beschließt, zu Radha zurückzukehren. Unterwegs trifft er die Botin, der er von seiner Reue und seiner eigenen Seelenqual berichtet. Er fordert sie auf, Radha zu ihm zu bringen. Doch Radha ist in ihrem Herzen zu aufgewühlt, als daß sie der Aufforderung Krishnas nachkommen könnte. Und so macht sich ihre Freundin noch einmal auf den Weg, während Radha, ihrem unsteten Leichtfuß alles zutrauend, sich ausmalt, wie er sich nun mit ihrer Freundin vergnügt. Schließlich taucht er aber dann doch auf und wird zunächst mit bitteren Vorwürfen empfangen:

Doch nach endlich hingebrachter Nacht,
Morgens, noch von Smara's Pfeilen wund,
Sprach zu dem, vor ihr zwar auf den Knien
Gnade Fleh'nden, sie doch voll Verdruß:

Dein von beschwerlicher nächtlicher Wache
Gerötetes Auge, das träge Blinzelnde,
Trägt es nicht gleichsam zur Schau
Des erwünschten Genusses Gepräge?
Harihari! Geh nur, Madhawa! Geh nur, Kesawa!
Rede nicht trügliche Worte!
Lotosgeäugter! Suche nur die,
Die dir dienet im Kummer zum Horte!

Radha, von Smaras, das heißt des Liebesgottes, »Pfeilen wund«, läßt sich nicht beschwichtigen; sie beschimpft den Reumütigen und nennt ihn »Madhawa« und »Kesawa«, womit sie auf schändliche Dämonen anspielt. Aber sie wäre nicht Radha, wenn sie nicht doch am Ende schwach würde; immerhin, sie weist Krishna zunächst ab, und es bedarf erst der Intervention der Freundin, die unschuldig ist – was Radha aber nicht davon abhält, Krishna vorzuwerfen, sich noch einmal mit einer anderen vergnügt zu haben –, daß nun endlich Frieden einkehrt. Die beiden Liebenden versöhnen sich, und es kommt zum Höhepunkt. Das heißt, Radha und Krishna sind nicht schüchtern, einander ihre Liebe zu beweisen. Was allerdings in der Fassung der Verserzählung, der wir hier folgen und die aus einer Zeit stammt, da man dem geneigten Leser hierzulande etwas gewagtere Szenen vorenthielt, stillschweigend übergangen wird. Wenden wir uns deshalb einer anderen Version zu, um das aufgeklärte Publikum unserer Tage nicht gänzlich zu enttäuschen. In dieser Version, die freilich nicht den Anspruch eines poetischen Kunstwerkes erheben kann, heißt es:

»Krishna zog Radha mit beiden Armen zu sich und streifte ihr das Gewand vom Leib. Dann küßte er sie auf vielerlei verschiedene Art, und die an ihrem Gürtel befestigten Glöckchen wurden im Liebeskampf abgerissen. Dann stieg Radha über Krishna und vereinigte sich umgekehrt mit ihm. Später nahm Krishna acht verschiedene Stellungen ein, rang mit ihr und biß und kratzte ihren Körper, bis sie es nicht mehr ertragen konnte und sie vom Kampf abließen.«

Offensichtlich kannten sie sich in den Künsten der Liebe, wie sie im *Kamasutra* aufgelistet werden, aus, und es war wahrlich ein Fest der Sinne, mit dem Radha und Krishna ihre Versöhnung besiegelten.

Was aber hat dies mit den Frauen in Indien zu tun? Oder gar den Devadasis, die uns auf die Fährte von Radha und Krishna führten? Radha stellt – wie Sita – ein Idealbild der Frau in Indien dar. Doch anders als Sita ist Radha nur eine Wunschvorstellung, denn sie verkörpert die Sinnlichkeit und die Freiheit des Wesens, wie sie ursprünglich die Frau in Indien auszeichneten, doch im Zuge der Überlagerung durch die arische Tradition verdrängt wurden, bis sie nur noch eine ferne Erinnerung und ein unerreichbarer Traum waren. Denn nicht Radha, sondern Sita diente als eigentliches Vorbild für die Frau. Radha mit ihrer Leidenschaft und Launenhaftigkeit hätte das Gebäude aus Vorurteilen und Vorschriften, das man zur Entmündigung und Unterwerfung der Frau errichtet hatte, ins Wanken gebracht. Um so beliebter ist die Geschichte von Radha und Krishna nicht nur in der Vorstellung der Frauen; auch die Männer träumen lieber von Radha als von Sita. Sie geben es nur nicht zu.

Dies erklärt, weshalb die Geschichte der leidenschaftlichen Liebe zwischen Radha und Krishna unzählige Dichter und Sänger inspirierte, wobei allerdings die *Gita Govinda*, das »Lied vom Kuhhirten«, aus dem wir die zitierten Verse entnahmen, die bekannteste Version darstellt. Sie wurde im 12. Jahrhundert von dem Hofdichter eines Königs von Bengalen verfaßt und bei festlichen Anlässen, zu denen insbesondere Tempelfeste gehörten, vorgetragen. Ein Ort, wo dies in besonderem Maße geschah, war Puri, wie Konarak ein Ort im östlichen Indien, der bezeichnenderweise Vishnu geweiht war. Jayadeva, der Schöpfer der *Gita Govinda*, hatte hier nicht nur einen Großteil seines Lebens verbracht, es entwickelte sich hier auch ein Kult, der im besonderen Radha und Krishna gewidmet war. Und daß damit nicht etwa einer platonischen Liebe gehuldigt wurde, beweist der Umstand, daß auch in Puri erotische Darstellungen, die den Tempelkomplex schmücken, breiten Raum einnahmen. Sie verweisen wiederum auf die Bedeutung sexueller Praktiken im Kult, für die in erster Linie die Devadasis zuständig waren.

Surasundaris und Nayikas

Mit den Tempelbezirken von Konarak und Puri wie auch mit der *Gita Govinda*, die – im einen wie im andern Fall – den Kult erotischer Ekstase feierten, haben wir uns bereits dem Mittelalter genähert, das auch in Indien in die Zeit zwischen der Mitte des 1. und der Mitte des 2. Jahrtausends n. Chr. datiert wird. Es war dies eine Zeit politischer Unbeständigkeit, in der die Herrschaft über Indien in eine Vielzahl von Dynastien zerfallen war, von denen es keine schaffte, die Oberhoheit zu erlangen. Mit dem Ende der Gupta-Herrschaft im 6. Jahrhundert setzte eine Phase regionaler Zersplitterung ein, die bis zum Beginn imperialer Expansion unter den Moguln im 16. Jahrhundert währte. Allerdings begann die islamische Überfremdung bereits im 8. Jahrhundert, konzentrierte sich zunächst aber nur auf den Nordwesten des Subkontinents, während die übrigen Gegenden weitgehende Autonomie bewahrten, so daß hier das klassische Erbe aus der Zeit der Gupta bestimmend blieb und zuweilen sogar zu neuer Blüte gelangte. In Nordindien geschah dies nicht zuletzt in jener Gegend, wo in besonderer Weise auch die erotische Kunst – in der Literatur wie in Bildwerken – ihre Triumphe feierte. Dazu gehören allerdings nicht nur die östlichen Landesteile, sondern auch ein Ort, der ziemlich im Zentrum des Subkontinents liegt und unter dem Namen *Khajuraho* bekannt geworden ist. Hier erlangte die Kunst der Tempelverzierung, die für die Kultbauten Indiens so charakteristisch ist, ihre höchste Blüte; zugleich aber auch die sakrale Architektur schlechthin. Da Khajuraho zudem ein blühendes Gemeinwesen war, das zu einem zwar nicht mächtigen, doch wohlgeordneten und prosperierenden Reich gehörte, das von aufgeklärten Herrschern regiert wurde, lohnt es, einen genaueren Blick auf diesen Ort zu werfen und an seinem Beispiel Kultur und Gesellschaft – und damit auch die Situation der Frau – in Indien am Vorabend der islamischen Invasion zu beleuchten. Auf diese Weise wird deutlich, wie das von der indischen Tradition geprägte Bild der Frau zu sehen ist, bevor die Muslime mit ihren eigenen Vorstellungen dieses Bild veränderten. Dabei ist zu berücksichtigen, daß Khajuraho und das Reich der Chandella, zu dem es gehörte, nur eine Variante in einer Vielfalt regionaler Kulturen darstellten, in die die indische Tradition zerfallen war. Aber es wäre müßig, den Versuch zu unternehmen, sie alle zu berücksichtigen, zumal diese Regionalkulturen, die jeweils ein eigenes Königreich bildeten, eine gemeinsame Basis besaßen, die aus der indischen Tradition erwachsen war.

Khajuraho verdankt seine Entstehung einem bemerkenswerten Ereignis. Wenigstens ist dies die Erklärung, wie sie in Legenden überliefert wird; die dennoch bezeichnend sind. Demnach begab es sich, daß in einer heißen Sommernacht eine junge Frau namens Hemavati von Unruhe erfaßt wurde und ein Bad nahm. Sie war die Tochter eines Priesters, der im Dienste eines Königs stand, und ihre Schönheit glich der eines Gemäldes. Doch ein schweres Unglück hatte sie getroffen, denn obwohl sie kaum mehr als sechzehn Jahre zählte, war sie bereits Witwe.

Als sie sich nun ihrer Kleider entledigt hatte und sich im kühlen Wasser erfrischte, erschien der Mond am Himmel und wurde von dem lieblichen Anblick, der sich ihm bot, so sehr gebannt, daß er beschloß, zur Erde hinabzusteigen und sich der jungen Frau zu nähern. In Liebe entbrannt, nahm er sie in die Arme und vereinigte sich mit ihr, eine Liebesfeier, welche die ganze Nacht über währte.

Als der Morgen kam und der Mond wieder seine göttliche Gestalt annahm und zum Himmel zurückkehren wollte, erschrak Hemavati, denn sie fürchtete, daß nun Schande über sie kommen würde. Doch der Mond beschwichtigte sie und sagte: »Du brauchst mich nicht zu verdammen; du solltest vielmehr glücklich sein, denn dein Sohn wird einst König werden. Er wird ein tapferer Herrscher sein, dem die ganze Welt zur Freude gereichen wird, und ihm werden tausend Zweige entspringen.«

Hemavati, so sehr sie diese Verheißung auch mit Freude erfüllte, war dennoch klar, in welch prekärer Lage sie sich befand. Voller Bangen erklärte sie: »Wie soll meine Schande wiedergutgemacht werden? Ich bin eine arme Witwe ohne Herrn oder Ehemann, auch wenn ich einen jugendlichen Körper besitzen mag.« Worauf der Mond antwortete:

»Fürchte dich nicht, dein Sohn wird an den Ufern des Karnavati-Flusses geboren werden, und er wird ein tapferer Held sein. Du aber begebe dich dann nach Khajjurapura, verteile Geschenke und bringe Opfer dar. Dein Sohn wird in Mahoba regieren, und ein großes Reich wird ihm gehören, das er durch den Sieg über andere Könige mit Hilfe seines vierfachen Heeres gewonnen hat. Er wird einen Stein der Weisen besitzen, der Eisen in Gold verwandelt. Er wird zahlreiche Tempel errichten und Seen und Teiche ausheben. Auch wird er eine Festung im heiligen Kalinjar errichten.«

So sehr fürchtete Hemavati um ihren Ruf, daß selbst diese Prophezeiung sie nicht beruhigen konnte, ging es doch nicht nur um ihr Ansehen in diesem Leben, sondern auch um ihre Stellung im nächsten. Und die würde wahrlich beklagenswert sein.

Also verkündete der Mond, daß der Erwartete, wenn er das rechte Alter erreicht habe, ein Sühneopfer darbringen werde, und damit sei sie, Hemavati, von allen Sünden reingewaschen. Im übrigen werde ihr Sohn ein Kshatriya sein, ein Angehöriger der geachteten Kriegerkaste, und mit dieser Verheißung nahm der Mond Abschied von Hemavati und kehrte in den Himmel zurück.

Hemavati aber gebar, als ihre Zeit gekommen war, einen Sohn, der auf den Namen Chandravarman getauft wurde. Die Nymphen des Himmels vollführten glückverheißende Zeremonien, und freudige Musik ertönte. Und wahrlich, Chandravarman erfüllte all das, was sein Vater, der Mond, vorausgesagt hatte: Er eroberte ein Reich, errichtete eine Festung in Kalinjar, wo – wie es heißt – »ein Bad mehr Verdienste im Glauben einbringt als ein Besuch im Himmel«, und machte sich schließlich auf nach »Khajjurapura«, das heißt Khajuraho, wo seine Mutter, Hemavati, weilte und ihn daran erinnerte, daß er jenes Sühneopfer darbringen solle, das sie ihrer Sünden entledigen würde. Auch wies sie ihn an, Tempel zu errichten und Gärten und Seen anzulegen, so wie es der Mond verkündet hatte. Und Chandravarman führte all diese Aufgaben gewissenhaft aus und befreite damit Hemavati von allem Makel, so daß auch sie zum Himmel aufstieg, während ihr Sohn die Herrschaft über sein irdisches Reich antrat.

Soweit die Legende, die – wie alle Legenden – sicher einen wahren Kern hat. Und sei es nur, daß der Name »Chandella«, unter dem die Dynastie bekannt wurde, die sich in Khajuraho ein bleibendes Denkmal schuf, von dem Wort *Chandra* herrührt, das »Mond« bedeutet. Allerdings findet sich für den vermeintlichen Gründer der Dynastie, Chandravarman, in den *historischen* Überlieferungen kein Hinweis. Als erster Herrscher der Chandella, über den gesicherte Erkenntnisse vorliegen, gilt Harshadeva, dessen bedeutendste Leistung offenbar darin bestand, daß er sich mit einer Prinzessin namens Kanchuka vermählte. Sie wird als ihrem Gatten sehr ergeben überliefert, obwohl sie vermutlich einer höheren Gesellschaftsschicht entstammte als er. War sie doch eine Tochter aus fürstlicher Familie, die zu den Rajputen zählte, angesehenen Kriegerclans, die besonders deshalb Berühmtheit erlangten, weil sie das traditionelle, indische Erbe gegen die muslimischen Eroberer verteidigten. Harshadeva hingegen scheint ein Angehöriger jener Stammesvölker gewesen zu sein, die die Invasion der Arier überstanden hatten, indem sie sich in unzugängliche Gebiete zurückzogen, wo sie zum Teil bis auf den heutigen Tag überlebt haben. Die Gegend, in der die Chandella zu Macht gelangten, war ein solches Rückzugsgebiet, und es ist zu vermuten, daß die Legende von der göttlichen Abstammung der Chandella auf den Versuch zurückgeht, den aus der Sicht der herrschenden Clans eher unrühmlichen Ursprung der Chandella-Dynastie durch die Inanspruchnahme göttlicher Intervention aufzuwerten. Was übrigens keine Besonderheit war, denn der Mond – wie auch die Sonne – wurde gerade von den Rajputen als Stammvater ihrer Clans gesehen.

Kanchuka gebar einen Sohn, Yashovarman, der sich als erfolgreicher Feldherr entpuppte, denn er war es, dem in den historischen Überlieferungen die Eroberung von Kalinjar beziehungsweise Kalanjar – einer der späteren Eckpfeiler des Herrschaftsgebietes der Chandella – zugeschrieben wird. Yashovarman war es auch, der mit dem Bau eines der bedeutenderen Tempel in Khajuraho den Grundstein für die ruhmvolle Entwicklung dieses Ortes legte. Kein Wunder, daß man ihn als großen Herrscher rühmte, den man mit Krishna verglich, der als Sieger über mächtige Dämonen immerhin auch als tapferer Krieger galt. Kanchuka aber, die illustre Prinzessin, die ihn geboren hatte und sich im Ruhme ihres Sohnes sonnte, wurde an die Seite Devakis gestellt, der Mutter Krishnas. Ihr wurde also letztlich, indem sie quasi göttlichen Nimbus erlangte, die gleiche Ehre zuteil wie der legendären Hemavati.

Yashovarman gelangte in der ersten Hälfte des 10. Jahrhunderts an die Macht, und obwohl es bereits hundert Jahre später zu ersten Einfällen der Muslime kam und schließlich auch Kriege mit lokalen Machthabern ausbrachen, währte die Herrschaft der Chandella bis zu Beginn des 14. Jahrhunderts. Unter der Hoheit der Muslime führten sie sogar eine Schattenherrschaft, die erst Mitte des 16. Jahrhunderts endete. Das Geschlecht der Chandella hielt sich also praktisch ein halbes Jahrtausend an der Macht, und obwohl sie politisch keine überragende Rolle spielten, zeugen ihre materiellen Hinterlassenschaften von einem hohen Grad der Kultur. Die Chandella hatten das Glück, dem Zerstörungswerk der Muslime weniger ausgesetzt gewesen zu sein als andere Königreiche, die dem Ansturm der fremden Eroberer erlagen. Khajuraho, das zwar nicht das Zentrum ihrer Herrschaft war, doch der Mittelpunkt ihrer Kultur, blieb praktisch unversehrt und vermittelt uns somit ein anschauliches Bild jener Zeit, da die angestammte, indische Tradition einen ihrer letzten Triumphe feierte.

In der Legende, die sich um die angebliche Stammutter der Chandella rankt, ist von 85 Tempeln die Rede, die Chandravarman errichtete. Er benötigte dafür – so heißt es in der Legende – nur vier Stunden; freilich bediente er sich dabei göttlicher Hilfe. In Wahrheit benötigten die Chandella etwas länger, doch kaum mehr als hundert Jahre, um besagte 85 Tempel, die tatsächlich entstanden, zu errichten. Allerdings haben nur 25 dieser Tempel die Zeit überdauert, doch auch diese Zahl ist noch beachtlich und läßt erkennen, wie bedeutend Khajuraho einst als religiöses Zentrum war. Und genau dies, ein Ort sakraler Weihe zu sein, machte die Bedeutung Khajurahos aus.

Dabei fällt auf, daß das Abbild der Frau, das überall in den Verzierungen der Tempel gegenwärtig ist, eine zentrale Rolle spielt. Freilich sind es nicht nur Abbilder irdischer Wesen, die hier dargestellt sind, sondern auch Erscheinungen weiblicher Gottheiten, die in menschlicher Gestalt auftreten. Auch Nymphen, die eine Zwischenstellung zwischen Mensch und Gottheit einnehmen, finden sich an den mit reichem Figurenschmuck ausgestatteten Wänden der Tempel. Es läßt dies auf eine besondere Stellung der Frau in der Gesellschaft schließen.

Dies ist einigermaßen paradox: Denn hatte die Frau nicht – zunächst durch die asketische Tradition des Buddhismus und dann durch die Renaissance des Hinduismus – eine empfindliche Einbuße ihrer ursprünglich vorrangigen Rolle in der Gesellschaft hinnehmen müssen? Ganz offensichtlich hatte die gesellschaftliche Zurückstellung der Frau, die im Laufe der Zeit immer deutlicher zutage getreten war, einen radikalen Wandel erfahren. Und dies nicht nur in Khajuraho – wenngleich hier auch in besonderem Maße –, sondern auch an anderen Orten wie in Konarak und Puri, auf deren Bedeutung im Zusammenhang mit der Tempelprostitution wir bereits hingewiesen haben. Doch die Devadasis sind nur ein Indiz für die vermehrte Hinwendung zum Weiblichen im Kult, die seit dem Beginn der mittelalterlichen Epoche in der indischen Geschichte zu beobachten ist. Entscheidender noch war das Aufkommen einer neuen religiösen Bewegung, die unter dem Namen »Tantrismus« bekannt geworden ist. Damit ist eine Lehre gemeint, die – obwohl sie sich sowohl aus dem Buddhismus wie auch dem Hinduismus speiste – mit ihren Wurzeln bis in die Zeit vor dem Einfall der Arier zurückreicht. Als Vermittler gelten jene Stammesvölker, die die ursprüngliche matriarchale Tradition begründet und überall in Indien – wenn auch in Rückzugsgebieten – überlebt hatten. Was diese Völker in die neue Bewegung einbrachten, war die Hinwendung zu jener Muttergottheit, die einst das Pantheon der Völker Indiens beherrscht hatte. Zwar wurden die männlichen Götter, die durch die Glaubensvorstellungen der Arier in den Vordergrund traten, nicht außer acht gelassen, doch wurden ihnen nun weibliche Gottheiten zur Seite gestellt, die in den Mittelpunkt des Kultes rückten. Dies bedeutete zugleich eine Aufwertung des gesellschaftlichen Status der Frau, die denn auch in Funktion und Ausschmückung der Tempel in Khajuraho unübersehbar zum Ausdruck kommt.

Was letzteres betrifft, so sei ein Zeugnis zitiert, das deutlich macht, in welch vielfältiger Weise die Frau im Tempelschmuck Khajurahos präsent ist. Wie ein Spiegel ihres Lebens breitet sich vor uns ein buntes Panorama aus:

»Neben den Bildnissen von Göttern und Göttinnen gibt es eine Vielzahl plastischer Darstellungen jugendlicher Frauengestalten – *nayikas, apsaras* und *surasundaris* [Kurtisanen und Nymphen], die in prachtvoller Weise die Tempelwände schmücken. Diese Bildwerke sind von einigen Kunstkritikern als Abbilder lebender Schönheit, die sich völlig frei von ihrem steinernen Untergrund abheben, bezeichnet worden. Jede dieser Skulpturen hat ihre eigene Geschichte zu erzählen, in jeder einzelnen von ihnen drückt sich ein besonderer Gemütszustand oder eine Handlung aus. Surasundaris sind ein fröhliches Völkchen; sie scheinen das Leben in all seiner Fülle zu genießen. Einige von ihnen sind zu sehen, wie sie Schmuck anlegen, wobei ihnen Dienerinnen helfen, andere, wie sie sich zurechtmachen, das heißt, wie sie sich das Haar kämmen oder sich das Wasser aus dem Haar wringen, nachdem sie ein Bad genommen haben, sich das zinnoberrote Zeichen auf die Stirn drücken oder das Haar scheiteln, ein Puderkästchen oder den Stift halten, mit dem sie lackglänzende Farben auf ihre Füße oder Schminke auf ihre Lider auftragen. Dann gibt es Darstellungen von Frauen, die damit beschäftigt sind, Liebesbriefe zu schreiben oder einen Dorn aus ihrem Fuß zu entfernen, oder aber sich zurückgelehnt haben und ihren Erinnerungen nachhängen oder den Zweig eines Baumes halten oder in Selbstbewunderung vor einem Spiegel versunken sind, den sie in der Hand halten, mit einem Ball spielen oder sich im Tanz üben. Was in all dem besondere Aufmerksamkeit verdient, das ist das lebendige und wirklichkeitsgetreue Abbild weiblicher Eigenschaften, das von den Bildhauern der Chandella mit großer Meisterschaft und Zartfühligkeit geschaffen wurde.«

Freilich stellen diese Bildnisse, die von weiblicher Anmut künden, nur einen Teil des figürlichen Tempelschmucks dar, der Khajuraho in aller Welt berühmt gemacht hat. In dem Zeugnis, das wir hier heranziehen, heißt es weiter:

»Die skulptierten Wände der Tempel in Khajuraho stellen keine Szenen aus den Epen oder den Puranas [Mythen und Legenden] dar, wie man sie an einigen der bedeutenden Schreine in anderen Gegenden Indiens findet. Doch diese Wandverzierungen zeigen einige höchst anregende Szenen aus dem Leben, im besonderen bezaubernd schöne Gestalten junger Männer und Frauen, die sich dem Liebesspiel hingeben. Diese Skulpturen stellen im Hochrelief freizügige Szenen verliebter Schäkerei und geschlechtlicher Vereinigung dar. Diese erotischen Darstellungen, die in dieser Weise die Liebe zeigen, erinnern an die Kunst des Liebesspiels, wie sie in ihren Techniken im Kamasutra Vatsyayanas abgehandelt wird. Anmut und männliche Kraft, die diese Skulpturen kennzeichnen, verleihen ihnen eine besondere Würde, die unser ästhetisches Empfinden anspricht.«

Ein in Stein gemeißeltes *Kamasutra* könnte man den Bilderschmuck nennen, der die Tempel in Khajuraho ziert. Was ihn jedoch von dem Werk Vatsyayanas unterscheidet, das ist die künstlerische Gestaltung, die weit über die nüchterne Darstellung des eher der Wissenschaft verhafteten Vatsyayana hinausgeht. Die Bildwerke in Khajuraho bezaubern nicht nur den Betrachter, es geht auch eine magische Wirkung von ihnen aus, der man sich nur schwer entziehen kann. Und hierin liegt ihre eigentliche Bedeutung, denn so sehr sich auch die Bildhauer in der Darstellung anmutiger Frauengestalten mit all ihren Gesten, Posen und Handlungen, die das Leben spiegeln, ergehen, der eigentliche Zweck des Tempelschmucks war ein anderer: in jenen Szenen, *mithuna* genannt, die das Spiel der Liebe verherrlichen, den Akt der Schöpfung zu beschwören, der als göttlich empfunden und im Innern der Tempel zelebriert wurde. Zwar war es das Lingam, das Zeugungsorgan als steinerne Skulptur, die als das Sinnbild des Gottes Shiva galt, ein Phallus zuweilen monumentaler Größe, der im Allerheiligsten aufbewahrt wurde, doch war es nicht eigentlich der Gott selbst, der verehrt wurde, sonder *Shakti*, sein weibliches Pendant, welches das Urbild der Fruchtbarkeit symbolisierte und zu dem man – im Zeichen des Tantrismus – zurückgekehrt war. Folglich fanden im Innern der Tempel, vor dem Bild Shivas, aber zu Ehren Shaktis, die sich in mannigfacher Gestalt manifestierte, Zeremonien und Riten statt, an denen nun auch wieder Frauen teilnahmen; nachdem man ihnen zwischenzeitlich ja die Beteiligung an religiösen Handlungen weitgehend verwehrt hatte. Im Namen Durgas oder Kalis, der göttlichen Erscheinungsformen, hinter denen sich Shakti, die unpersönliche Schöpferkraft in ihrer weiblichen Gestalt, verbarg, gaben sich Frauen in oft orgiastischen Ritualen dem Geschlechtsakt hin. Hierbei wurde stets die Einhaltung bestimmter Riten, wie das Verzehren geheiligter Speisen oder die Befolgung vorgeschriebener Handlungen, beachtet. Dennoch waren die tantrischen Praktiken, die zu Ehren Kalis oder Durgas zelebriert wurden, von einem Grad sexueller Freizügigkeit geprägt, die nicht selten die Grenze des Sakralen überschritt. Dies rief Kritik seitens der orthodoxen Vertreter der Priesterschaft auf den Plan, so daß sich selbst in Khajuraho, wo der Tantrismus zu höchster Blüte gelangte, die Herrscher schließlich von ihm abwandten, obwohl sie ihn anfangs gefördert hatten. Doch als dies – im 11. Jahrhundert – geschah, zeichnete sich bereits eine neue Bewegung am Horizont ab, die diesmal jedoch nicht nur religiöse Ziele verfolgte.

Zweiter Teil
AM HOFE DER MOGULN

Mahmud, der Bilderstürmer

»[...] er betete zum Allmächtigen um Hilfe und verließ Ghazni am
10. Shaban des Jahres 414 nach der Hedschra mit 30 000 Reitern und weiteren Kriegern und schlug den Weg nach Multan ein, wo er um die Mitte
des Monats Ramadan eintraf. Der Weg von dort nach Indien führte durch
eine öde Wüste, in der es weder Einwohner noch Nahrung gab. So sammelte er Proviant für den Marsch, und nachdem 30 000 Kamele mit Wasser und Getreide beladen waren, machte er sich auf den Weg nach Anhalwara. Als er die Wüste hinter sich gelassen hatte, kam am Rande des Weges
eine Festung in Sicht, die voller Menschen war und in der es Brunnen
gab. Eine Abordnung suchte ihn auf, um Verhandlungen zu führen, doch
er entschied sich, die Festung anzugreifen, und Gott schenkte ihm den
Sieg, denn die Herzen der Verteidiger ließen sie in Stich; so groß war ihre
Furcht. So brachte er diesen Ort unter das Zepter des Islam, tötete die
Verteidiger und zerstörte ihre Götterbilder. Seine Krieger füllten die Was-
servorräte auf, und dann marschierten sie weiter in Richtung Anhalwara,
wo sie zu Beginn des Monats Zi-l Kada anlangten.«

Es war dies nicht der erste Feldzug, den Mahmud von Ghazni, ein ehemaliger Sklave türkischer Abstammung, der es zum Herrscher eines aus-
gedehnten Reiches brachte, unternahm. Und er war auch nicht der erste
muslimische Eroberer, der in die Länder des indischen Subkontinents
einfiel. Aber Mahmud von Ghazni legte bei seinen Eroberungszügen, die
mehr Plünderungen und mutwilliger Zerstörung ähnelten, einen solchen
Eifer an den Tag, daß er den Indern als der Inbegriff eines blindwütigen
Bilderstürmers in Erinnerung geblieben ist. Der Feldzug, zu dem er im
Jahre »414 nach der Hedschra«, das heißt der Flucht Mohammeds aus
Mekka, dem Beginn islamischer Zeitrechnung, aufbrach, prägte sich in
der Erinnerung der Inder besonders ein, denn er hatte eines der großen

religiösen Zentren zum Ziel, die in der Tradition des Hinduismus entstanden waren. In den historischen Quellen, die wir muslimischen Chronisten verdanken, heißt es weiter:

»Es wird [...] berichtet, daß die Einkünfte von 10 000 volkreichen Dörfern für den Unterhalt des Tempels von Somnath bestimmt waren, und über tausend Brahmanen waren ständig im Gottesdienst, der dem Kultbild dort diente, tätig. Im Innern des Tempels hing eine goldene Kette, die zweihundert indische *man* [160 kg] wog. An dieser waren zahlreiche Glocken befestigt, und es waren einige dazu abgestellt, deren Aufgabe darin bestand, sie zu bestimmten Zeiten am Tage und in der Nacht zu läuten, um die Brahmanen zum Gebet zu rufen. Zu den weiteren, die in diesem Tempel Dienst taten, gehörten dreihundert Barbiere, die dazu bestimmt waren, die Köpfe der Pilger zu scheren. Außerdem gab es dort dreihundert Musikanten und fünfhundert Tänzerinnen, die dem Tempel angehörten; es war Brauch, sogar unter den Königen und Fürsten Indiens, ihre Töchter dem Tempel zu überantworten, damit sie dort Dienst taten. Jeder der Tempeldiener erhielt ein festes Gehalt, und es wurde ordnungsgemäß und pünktlich bezahlt. Wenn sich eine Sonnen- oder Mondfinsternis ereignete, kamen Hindus in großer Zahl aus allen Teilen Indiens, um den Tempel zu besuchen. Es wird berichtet [...], daß jedesmal, wenn sich ein solches Ereignis zutrug, über zweihunderttausend Menschen zusammenkamen, um Opfergaben darzubringen. Es heißt [...], daß der Raum, in dem sich das Götterbild von Somnath befand, völlig im Dunkeln lag und daß es durch den Glanz der Edelsteine, die den Kandelaber schmückten, erleuchtet wurde. In der Schatzkammer dieses Tempels befanden sich noch zahlreiche weitere kleine Götterbilder aus Gold und Silber. Kurzum, abgesehen von dem, was seinem Heer durch die Plünderung der Stadt in die Hände fiel, erbeutete Mahmud solche Mengen an Gold, Edelsteinen und anderen Wertgegenständen aus diesem Tempel, daß kein anderer König über mehr Schätze verfügte als er.«

Somnath, auf der Halbinsel Kathiawar am Arabischen Meer gelegen, war ein bedeutendes Pilgerzentrum, das dem Gott Shiva geweiht war. So heilig war der Ort und so bedeutsam der Kult, dem man hier huldigte, daß täglich Wasser aus dem Ganges nach Somnath gebracht wurde, um damit die Kulthandlungen zu zelebrieren. Was aber einen Eroberer wie Mahmud von Ghazni lockte – so fanatisch er auch den Götzenkult, als der ihm der Glaube der Inder erschien, bekämpfte –, das waren die Schätze, die im Tempel von Somnath angehäuft waren. Denn nicht nur verfügte der Tempel über regelmäßige und bedeutende Einkünfte, er war auch ein Hort jener Opfergaben, welche die Pilger – aber auch Stifter – dem Kultbild darbrachten. Ein wahrhaft lohnendes Ziel, um dessentwillen alle Beschwernisse, die es zu überwinden galt, bereitwillig erduldet wurden. Der Weg führte immerhin von Afghanistan – wo Ghazni, die Hauptstadt des von Mahmud geschaffenen Reiches, lag – durch das heutige Pakistan bis in die Wüsten Indiens, die sich dem Eroberer wie ein Wall entgegenstellten. Doch er bezwang alle Gefahren und Widernisse und erreichte schließlich mit seinem Heer, das ebenso ausdauernd wie kampferprobt war, das begehrte Ziel. Nach christlicher Zeitrechnung war es das Jahr 1025, in dem Somnath sein Schicksal ereilte:

»Er [Mahmud] erreichte an einem Donnerstag um die Mitte des Monats Zi-l Kada Somnath, und er gewahrte dort eine gewaltige Festung, die nahe am Ufer errichtet war, so daß die Wellen des Meeres gegen sie anbrandeten. Die Verteidiger standen auf den Mauern und verspotteten die angriffslustigen Muslime und drohten ihnen, daß ihr Gott sie alle bis auf den letzten Mann in Stücke schlagen und sie alle vernichten würde. Am nächsten Morgen, am Freitag, gingen die Angreifer zum Sturm über, und als die Hindus den Kampfesmut der Mohammedaner sahen, gaben sie ihre Posten auf und verließen die Mauern. Die Muslime legten ihre Leitern an die Mauern und stürmten sie: dann verkündeten sie ihren Triumph mit einem Jubelschrei, in dem sie die Unbesiegbarkeit des Islam lobten. Und dann folgte ein schreckliches Gemetzel, und die Verteidiger wurden immer mehr in die Enge getrieben. Eine Abordnung der Hindus eilte in den Tempel, warf sich vor dem Götterbild zu Boden und erflehte von ihm, ihnen den Sieg zu gewähren. Die Nacht brach herein, und der Kampf wurde abgebrochen.«

Somnath war eine befestigte Stadt, die um den Tempel herum erbaut worden war. Ihre Einwohner, die sich hinter den Mauern verschanzten, hatten jedoch keine Chance: Sie waren im Krieg ungeübt und standen einem Feind gegenüber, der nicht nur auf Beute aus war, sondern auch durch die zündende Botschaft eines Glaubens beflügelt wurde, der sich allen anderen überlegen dünkte und auch vor Gewalt nicht zurückschreckte. Eine Glaubensvorstellung, die Indern völlig fremd war, denn in Dingen des Glaubens waren sie tolerant: Gar Krieg im Namen des Glaubens zu führen – sei es nun Hinduismus oder Brahmanismus, Buddhismus oder Jainismus –, entsprach nicht ihrem religiösen Empfinden. Erst der Islam, der die gesamte indische Tradition in ihren Grundfesten erschütterte, weckte auch in den Indern einen religiös inspirierten Kampfesgeist, mit dem sie sich zur Wehr zu setzen versuchten. Daß sie damit am Ende Erfolg hatten, verdankten die Inder, die ihrem Erbe treu blieben, freilich der Intervention weiterer Eroberer; diesmal der Europäer, allen voran der Briten, die sich an die Stelle der islamischen Oberherren setzten und dadurch den Indern hinduistischer Tradition zu neuem Ansehen verhalfen, denn sie waren es, auf die sich die Engländer vornehmlich stützten.

Einstweilen aber, zu Beginn des 11. Jahrhunderts, als sich der Islam erst anschickte, in Indien Fuß zu fassen, mußten die Inder nicht nur um ihre Religion, sondern auch um ihr Leben bangen. Und dies nicht zuletzt in Somnath, auf das es Mahmud im besonderen abgesehen hatte. Und so ließ er denn auch nicht ab von seinem Entschluß, sich zum Herrn der Stadt zu machen:

»Früh am nächsten Morgen nahmen die Mohammedaner den Kampf wieder auf und fügten den Hindus noch größere Verluste zu, bis diese Zuflucht im Hause ihres Götzenbildes, Somnath, suchten. Ein furchtbares Gemetzel ergab sich am Tor des Tempels. Scharen der Verteidiger strömten in den Tempel, und, ihre Nacken fest mit den Händen umklammernd, weinten sie und flehten das Götterbild mit leidenschaftlichen Bitten an. Dann kamen sie wieder heraus und stellten sich zum Kampf, bis sie niedergemacht wurden, und nur wenige konnten ihr Leben retten. Diese fuhren mit Booten auf das Meer hinaus, um zu entkommen, doch die Muslime holten sei ein, und die, die nicht getötet wurden, ertranken.«

Der Tempel war das letzte Bollwerk, und als auch das von den Angreifern gestürmt worden war, ging es auch dem Götterbild selbst, »Somnath«, an den Kragen. Kein anderer als Mahmud selbst tat sich als unerbittlicher Bilderstürmer hervor:

»Es heißt, daß der Tempel von Somnath von einem der mächtigsten Königen Indiens errichtet wurde. Das Götzenbild war aus hartem Stein gemeißelt, etwa vier bis fünf Meter hoch, nicht ganz zur Hälfte in die Erde eingelassen. Sobald Mahmuds Blick auf dieses Götzenbild fiel, hob er voller Zorn seine Streitaxt und schlug auf das Idol mit solcher Kraft ein, daß es in Stücke zersprang. Die Splitter wurden eingesammelt und nach Ghazni gebracht und an der Schwelle der großen Moschee niedergelegt, wo sie sich bis auf den heutigen Tag befinden.«

Damit hatte Mahmud seinem religiösen Eifer Genüge getan. Ihm, dem Muslim, der an ein abstraktes Gottesbild gewöhnt war, mußte es in der Tat befremdlich erscheinen, daß die Inder nicht nur figürliche Götterbilder anbeteten, sondern daß sie obendrein auch einen der höchsten ihrer Götter in Form eines Phallus verehrten. Denn darum handelte es sich bei dem Götzenbild, das im Mittelpunkt des Kultes in Somnath, der ja Shiva geweiht war, stand. In Stücke gehauen, zierte das Lingam schließlich Allahs Tempel in Ghazni, und jeder, der ihn betrat, schritt darüber hinweg, trat es mit Füßen.

In delikater Mission

Fünfhundert Tänzerinnen, heißt es, gehörten zum Tempel von Somnath. Was wurde aus ihnen? Man kann davon ausgehen, daß die fremden Eroberer, so sehr sie den »Götzenkult«, wie sie es nannten, verdammten, dieser Art Beute nicht weniger abgeneigt waren als jenen Schätzen, die im Tempel gehortet worden waren. Man teilte die Gottesdienerinnen unter den Siegern auf, wobei sich ihr Anführer zweifellos die Schönsten unter ihnen für seinen eigenen Harem aussuchte, und war vermutlich über alle Maßen von den besonderen erotischen Künsten, mit denen die einstigen Liebesdienerinnen aufwarten konnten, angetan. Daß die fremden Eroberer, so gottesfürchtig sie waren, die besonderen Reize der Inderinnen – und zwar nicht nur derer, die von Berufs wegen der Liebe nachgingen – zu schätzen wußten, das bezeugt kein Geringerer als Ibn Battuta, einer der großen Reisenden der Weltgeschichte, der im 14. Jahrhundert in Indien weilte und einen wertvollen Bericht über seine Beobachtungen hinterließ. Als Muslim, der er aus Nordafrika stammte, widmete er zwar sein Augenmerk besonders dem Leben seiner Glaubensbrüder, die sich inzwischen in Indien fest etabliert hatten, schenkte seine Aufmerksamkeit aber auch den eigentlichen Indern, deren Glaube und Brauchtum sich wesentlich von dem der fremden Herren – die zudem auch noch nicht überall regierten – unterschied. Was ihre Frauen betrifft, so vermerkt Battuta anerkennend:

»Als nächste Station erreichten wir die große Stadt Marh. Ihre meisten Bewohner sind tributpflichtige Heiden. Sie bauen einen ausgezeichneten Weizen an, der an Güte unübertroffen ist und nach Delhi exportiert wird. Die Körner sind länglich, gelb und groß. Ähnlichen Weizen habe ich nur in China gesehen. Die Bewohner gehören dem Stamm der Malawa an. Es sind dies Inder von starkem Körperbau, großer Statur und schönen Gesichtszügen. Die Frauen des Stammes sind ausnehmend hübsch und wegen ihres Entgegenkommens in der Liebe und der übergroßen Leidenschaft, die sie einem Manne zu verschaffen wissen, berühmt, ebenso wie die Frauen der Mahraten und der Malediven.«

Die »Malawa« waren Bewohner einer Gegend, die – nach ihnen benannt – als Malwa bekannt wurde, einst ein Königreich, das inzwischen der Oberhoheit der Muslime unterstand. Diese hatten in Delhi das Zentrum ihrer Macht errichtet und geboten inzwischen über ein Herrschaftsgebiet, das vom Panjab bis Bengalen und vom Fuße des Himalaya bis weit in den Dekhan, die Gegend der eigentlichen Halbinsel, reichte. Hier siedelten auch die Marathen.

Ibn Battuta erwähnt China nicht zufällig, denn er befand sich auf einer Mission, die ihn als Gesandten des Sultans von Delhi in das Reich der Mitte führte. Wie es zu dieser Mission kam, ist recht aufschlußreich und nicht ohne Bedeutung für unser Thema. Ibn Battuta berichtet:

»Der König von China hatte dem Sultan ein großes Geschenk gemacht. Es bestand aus einhundert Sklaven und Sklavinnen, fünfhundert Gewändern aus Seidendamast, fünf Minen Moschus, fünf mit Perlen bestickten Gewändern, fünf in Gold gestickten Köchern und fünf Schwertern. Er bat den Sultan, ihm den Wiederaufbau des Götzentempels zu erlauben, der sich in der Gebirgslandschaft befand. Der Ort mit diesem Tempel hieß Samhal, den die Bewohner Chinas als Pilger aufzusuchen pflegten. Die muslimische Armee Indiens hatte diesen Ort erobert, geplündert und zerstört.«

»Samhal« beziehungsweise Sambhal, am Oberlauf des Ganges gelegen, war eine bedeutende Pilgerstätte gewesen, ehe sie ähnlich Somnaths von den muslimischen Eroberern besetzt und ihrer traditionellen religiösen Funktion beraubt wurde. Selbst den Kaiser von China grämte dies, denn aus seinem Reich waren seit der Blütezeit des Buddhismus in Indien immer wieder Pilger in das Heimatland Buddhas gereist. Seit die Muslime sich hier festgesetzt hatten, waren den Pilgern die Stätten ihrer Andacht in Indien genommen. Deshalb das Gesuch des chinesischen Kaisers an Muhammad ibn Tughluq, den Sultan von Delhi. Dieser jedoch, hochtrabend und selbstgefällig, wie er nun mal als muslimischer Herrscher war, ließ sich nicht erweichen. Ibn Battuta schreibt:

»Als der Sultan das Geschenk erhalten hatte, schrieb er an den König von China: ›Dieser Wunsch kann nach den Religionsgesetzen des Islam nicht erfüllt werden. Der Bau einer Kirche oder eines Tempels im Gebiet der Muslime ist nur dem gestattet, der die Kopfsteuer entrichtet. Wenn du bereit bist, sie zu bezahlen, werden wir den Bau des Tempels erlauben. Heil sei dem Manne, der dem rechten Weg folgt!‹«

Immerhin, der Sultan gesteht dem chinesischen Kaiser, der offensichtlich über ein Reich mit hochstehender Kultur herrschte, zu, was der Islam grundsätzlich Andersgläubigen gewährt: Gegen eine besondere Steuer, die erhoben wird, dürfen sie ihren eigenen Glauben ausüben. Um dem Kollegen im fernen China sein Angebot schmackhaft zu machen und die diplomatischen Formen zu wahren, läßt sich Muhammad ibn Tughluq seinerseits nicht lumpen. Heißt es doch bei Ibn Battuta weiter:

»Er [der Sultan] machte dem König von China ein noch wertvolleres Geschenk; es bestand aus hundert wunderschönen Pferden mit Sattel und Zaumzeug, hundert Sklaven, hundert indischen Heidenmädchen, die Sängerinnen und Tänzerinnen waren, hundert sogenannten Bairamgewändern, die aus Baumwolle bestehen und an Schönheit nicht übertroffen werden können; der Wert eines solchen Gewandes betrug einhundert Dinare.«

Damit ließ es der Sultan zwar nicht bewenden – die Liste seiner Geschenke, über die Battuta berichtet, ist endlos –, doch für unsere Zwecke mag es genügen. Geht es uns doch um die »Heidenmädchen« (und ihr Pendant, das aus China verschickt wurde): Die einen wie die andern waren eine besondere Dreingabe, von der man wußte, daß sie ihre Wirkung nicht verfehlen würde. Wobei man es auf beiden Seiten wohl nicht bei künstlerischen Darbietungen, mit denen sicher auch die chinesischen Sklavinnen aufwarten konnten, beließ. Die indischen »Heidenmädchen« zumindest, die sich in den Künsten der Unterhaltung auskannten und zudem zweifellos mit jenem besonderen Talent ausgestattet waren, das Battuta den Inderinnen bescheinigt, werden den Herrn des Reiches der Mitte zweifellos nicht enttäuscht haben.

Und wie im Falle der denkwürdigen Mission, die Ibn Battuta im Auftrag des Sultans von Delhi unternahm, so werden auch die Tänzerinnen, die Mahmud von Ghazni in die Hände fielen, dazu beigetragen haben, die Beziehungen zwischen den Völkern zu verbessern. Und sei es auch nur, daß die Schönen, die anerkanntermaßen über besondere Qualitäten verfügten, die fremden Eroberer derart becircten, daß diese ihre Meinung über die vermeintlich barbarischen Riten, die man in Indien zelebrierte, revidierten. So mancher von ihnen wird zwar seinem eigenen Glauben nicht abgeschworen, sich aber im Geheimen dennoch eingestanden haben, daß es auch so manches gab, das für die Religion der

Inder sprach. Wenigstens hatte man dagegen nichts einzuwenden. Überhaupt war es üblich, daß sich ein Muslim auch mit einer Andersgläubigen einlassen durfte, wohingegen dies der Angehörigen seines eigenen Glaubens verwehrt war. Frauen gestand man nicht die Bedeutung zu, die sie in die Lage versetzt hätte, ihren Glauben an die Nachkommen weiterzugeben. Das ist auch heute noch so.

Ein unwürdiges Ende

Die Stellung der Frau im Islam war – und ist – in vielerlei Hinsicht vergleichbar mit der, die man ihr in der durch die hinduistische Tradition geprägten Gesellschaft zuweist. Im einzelnen werden wir darauf noch eingehen. Hier mag es einstweilen genügen, darauf hinzuweisen, daß die Muslime, als sie nach Indien kamen, vertraute Verhältnisse vorfanden, soweit es die Rolle der Frau betraf. Dennoch sollte nicht übersehen werden, daß gerade in der Phase der kriegerischen Auseinandersetzungen, die sich im Zuge der feindlichen Einfälle der Muslime in Indien entspannen, immer wieder auch Frauen in den Vordergrund des politischen Geschehens rückten. Und zwar sowohl auf indischer Seite als auch auf jener der Invasoren. Dies beweist, daß Frauen durchaus die Möglichkeit besaßen beziehungsweise entwickeln konnten, über ihre traditionelle Rolle, die sich auf den häuslichen Bereich beschränkte, hinauszuwachsen. Es hätte viel mehr solcher Frauen gegeben, wenn man von seiten der Männer, die eine diskriminierende, von der Religion – sowohl dem Islam als auch dem Hinduismus – sanktionierte Tradition hinter sich wußten, nicht immer wieder den Versuch unternommen hätte, eine Frau, die emanzipatorische Ambitionen hegte – zumal, wenn sie auf ein politisches Amt abzielten –, gar nicht erst auf der Leiter des Erfolges hochkommen zu lassen. Das wurde besonders deutlich bei Raziya Begum, der es trotz großer Anfeindungen und Widerstände gelang, die Würde einer Sultanin zu erlangen. Freilich um den Preis, daß ihre Herrschaft nur kurze Zeit währte.

Raziya war die Tochter eines ehemaligen Sklaven, der im Dienst eines Feldherrn der Ghuriden gestanden hatte, die die Nachfolge der sogenannten Ghaznaviden, deren bedeutendster Vertreter Mahmud von Ghazni gewesen war, angetreten hatten. Sowohl die Ghaznaviden als auch die Ghuriden waren Herrscher, die von außerhalb Indiens – ihre Machtbasis war Afghanistan – regierten. Als Mohammed von Ghur, der letzte aus dem Geschlecht der Ghuriden, im Jahre 1206 starb, trat Qutb-ud-Din Aibak, der die indischen Besitzungen der Ghuriden verwaltet hatte, die Nachfolge an. Allerdings mit einem wesentlichen Unterschied: Er begnügte sich mit seinem Herrschaftsgebiet in Indien und schuf somit die Grundlage für ein unabhängiges Reich muslimischer Prägung in Indien. Die Herrschaft Aibaks währte nur kurz, und aus den Wirren um die Nachfolge ging sein ehemaliger Sklave Iltutmish hervor, der es unter Aibak zu einem erfolgreichen Feldherrn gebracht hatte.

Iltutmish, der sechsundzwanzig Jahre regierte, erwies sich als ein fähiger Herrscher, der nicht nur seinen Machtanspruch wahren konnte, sondern auch die Grenzen seines Reiches weiter ausdehnte. Von besonderer Bedeutung war die Anerkennung seiner Herrschaft durch den Kalifen in Bagdad, womit die Herrschaft der Muslime in Indien eine religiöse Sanktionierung erfuhr. Fortan durften sich die Herrscher in Indien »Sultan« nennen, was in etwa dem Amt eines Statthalters entsprach, der die Oberhoheit des Kalifen anerkannte.

Iltutmish hatte drei Söhne, doch er gab seiner Tochter Raziya den Vorzug, als er Vorkehrungen für seine Nachfolge traf. Ein zeitgenössischer Chronist erläutert die Gründe für seine ungewöhnliche Entscheidung, wobei er sich auf Raziya bezieht, wenn er schreibt:

»Zur Zeit ihres Vater, Sultan Said Shamsu-d din [Iltutmish] hatte sie Autorität mit großer Würde ausgeübt. Ihre Mutter war die Hauptfrau Seiner Majestät, und sie wohnte im königlichen Palast Kushk-firozi. Der Sultan erkannte in ihrem Mienenspiel Anzeichen von Stärke und Tapferkeit, und obwohl sie ein Mädchen war und in Zurückgezogenheit lebte, so wies der Sultan doch, als er von der Eroberung Gwaliors zurückkehrte, seinen Sekretär Taju-l Malik Mahmud, der die Regierungsgeschäfte führte, an, ihren Namen schriftlich als den des Erben des Königreiches und Nachfolgers auf dem Thron festzuhalten. Ehe diese Anweisung ausgeführt wurde, wiesen die Diener des Staates, die mit Seiner Majestät engen Kontakt pflegten, darauf hin, daß der König erwachsene Söhne habe, die für die Nachfolge wohl geeignet seien, und wunderten sich, welche Gründe es wohl geben könne, eine Frau zum Erben eines mohammedanischen Thrones zu machen, und was dies für einen Nutzen haben könne. Sie baten ihn, ihr Gemüt zu beruhigen, denn das, was er vorhatte, erschien ihnen höchst bedenklich. Der König antwortete: ›Meine Söhne geben sich den Vergnügungen der Jugend hin, und keiner von ihnen besitzt die Gabe, König zu sein. Sie sind ungeeignet, das Land zu regieren, und nach meinem Tod werdet ihr erkennen, daß niemand so befähigt ist, die Staatsgeschäfte zu führen, wie meine Tochter.‹«

Der Chronist fügt zwar den Nachsatz hinzu: »Es waren sich später alle einig, daß der König eine weise Entscheidung getroffen hatte.« Doch bedeutete dies nicht, daß Raziya, der Tochter des Sultans, die Unterstützung zuteil geworden wäre, die sie verdiente. Denn wie der Chronist, Minhaj-us-Siraj, der Zeuge der Ereignisse wurde und sich durch bemerkenswerte Einsicht auszeichnet, zusammenfassend schreibt:

»Die Sultanin Raziya war eine große Herrscherin. Sie war weise, gerecht und großmütig, eine Wohltäterin ihres Reiches, eine Verteidigerin des Rechts, die Beschützerin ihrer Untertanen und die Anführerin ihrer Soldaten. Sie war mit all den Fähigkeiten ausgestattet, die einen König auszeichnen, doch sie wurde nicht mit dem richtigen Geschlecht geboren, und so waren in der Meinung der Männer all diese Tugenden wertlos.«

Es gibt nur wenige Herrscher muslimischer Prägung, die in Indien an die Macht gelangten, denen ein solches Lob gebührt, wie es Minhaj-us-Siraj der Sultanin Raziya zollt. Und es ist bezeichnend, daß sie die einzige Frau blieb, die während der Herrschaft der Muslime in Indien die oberste Regierungsgewalt innehatte. Um so tragischer ist ihr Schicksal, das an eine jener Geschichten erinnert, die als die Erzählungen aus »Tausendundeiner Nacht« Berühmtheit erlangten. Allerdings hat ein Großteil dieser Erzählungen gerade in Indien seinen Ursprung.

Es begann damit, daß – entgegen der Verfügung Iltutmishs – nach dessen Tod sein ältester Sohn, Rukn-ud-Din, die Nachfolge antrat. Um seine Herrschaft zu sichern, ließ er den älteren seiner beiden Brüder ermorden (der andere war noch ein Kind) und drohte auch, seine Schwester zu beseitigen, wenn diese sich nicht – wie es sich für eine Frau zieme – in die Abgeschiedenheit des Harems zurückziehe. Doch Raziya ließ sich nicht einschüchtern, sondern wandte sich an das Volk von Delhi, das zur Residenz der muslimischen Herrscher in Indien aufgerückt war, und klärte es über die ruchlosen Machenschaften im Palast auf. Worauf das Volk – im Gegensatz zu den hohen Regierungsbeamten, die sich auf die Seite Rukn-ud-Dins gestellt hatten – die Partei Raziyas ergriff und auch sogleich zur Tat schritt, indem Rukn-ud-Din beim Besuch einer Moschee überrascht und gefangengesetzt wurde. Raziya warf ihm Mord und Verrat vor und ließ ihn töten. Mit Unterstützung des Heeres ergriff sie dann die Macht.

Raziya erfüllte die Erwartungen vollauf, die ihr Vater in sie gesetzt hatte, und es heißt, daß sie nicht nur eine kluge und gerechte Herrscherin war, sondern auch ein kühner und erfolgreicher Feldherr. Ibn Battuta, der sich bei seinem Besuch in Delhi ausführlich über die Geschichte der Sultane, die hier geherrscht hatten, informieren ließ, weiß zu berichten:

»Als Rukn-ud-din getötet war, entschied das Heer einstimmig, seine Schwester Raziya zum Herrscher zu bestimmen. Sie ernannten sie zum Herrscher, und sie herrschte wie ein unumschränkter Monarch vier Jahre. Sie ritt auf dem Pferd wie ein Mann, bewaffnet mit Bogen und Köcher; und sie lehnte es ab, ihr Gesicht zu bedecken. Doch dann wurde sie einer Verbindung mit einem abessinischen Sklaven, der ihr gehörte, beschuldigt. Das Heer erklärte sich bereit, sie abzusetzen und sie zu verheiraten. Und so wurde sie abgesetzt und mit einem ihrer Verwandten verheiratet. Und ihr Bruder Nasir-ud-din wurde Herrscher.«

In der Tat beging Raziya den Fehler, ihre Gunst einem abessinischen Sklaven namens Jamal-ud-Din Jaqut zu schenken, den sie vom Verwalter des königlichen Reitstalls zum Oberbefehlshaber des Heeres beförderte. Vielleicht wollte sie sich dadurch absichern, denn wenngleich sie das Heer auch auf den Schild gehoben hatte, so waren ihre Gegner unter den Staatsdienern doch noch immer bemüht, Unruhe zu stiften. Das Gerücht, daß die Sultanin vertrauten Umgang mit einem Sklaven pflegte, was einem

Verstoß gegen Protokoll und Sitte gleichkam, paßte ihnen nur zu gut ins Konzept.

Allerdings rechneten die Verschwörer, die sich bei ihrer Intrige auf einen Statthalter Delhis stützten, der über eine Nachbarprovinz gebot, nicht mit einer dramatischen Wende. Diese ergab sich, als es Raziya gelang, diesen Provinzgouverneur mit Namen Ichtiyar-ud-Din Altuniya auf ihre Seite zu ziehen; ja, sich sogar mit ihm zu vermählen, denn er war es, den Raziya ehelichte. Damit näherte sich das Drama, das mit ihrem Namen verbunden ist, seinem Höhepunkt. Ibn Battuta, der die näheren Einzelheiten in Erfahrung brachte, berichtet:

»Als Raziya nun abgesetzt war, wurde ihr jüngster Bruder Nasir-ud-din Herrscher, und er regierte als absoluter Monarch für eine Weile. Doch dann erhoben sich Raziya und ihr Mann gegen ihn. Sie marschierten an der Spitze ihrer Sklaven und einer Anhängerschaft politisch Unzufriedener und bereiteten sich darauf vor, gegen Nasir-ud-Din in den Kampf zu ziehen. Dieser, begleitet von seinem Sklaven und Stellvertreter und späteren Nachfolger Ghiyas-ud-din Balban, zog ihnen entgegen. Es kam zur Schlacht. Raziyas Streitmacht erlitt eine Niederlage, und sie ergriff die Flucht. Von Hunger getrieben und von Erschöpfung übermannt, suchte sie Zuflucht bei einem Bauern, den sie bei der Arbeit auf seinem Feld traf. Sie bat ihn, ihr etwas zu essen zu geben. Er gab ihr ein Stück Brot, das sie aß; dann fiel sie in Schlaf. Sie trug Männerkleidung; doch als sie schlief, fiel der Blick des Bauern auf ein Gewand, das mit Juwelen besetzt war und das sie unter ihren Kleidern trug. Er erkannte, daß sie eine Frau war. Und so tötete er sie, plünderte sie aus und scheuchte ihr Pferd fort und begrub sie dann auf seinem Feld.«

Ein unwürdiges Ende, das die einstige Sultanin ereilte. Auch wenn ihr schließlich ein Denkmal errichtet wurde, denn der Mörder Raziyas erregte Mißtrauen und wurde zu einem Geständnis gezwungen. So fand man den Ort, an dem er sie verscharrt hatte, und dieser Ort entwickelte sich zu einer Pilgerstätte:

»Dann ging ... [der Bauer] auf den Markt, um eines ihrer Kleidungsstücke zu veräußern. Doch die Leute auf dem Markt wurden mißtrauisch und brachten ihn zu einem Aufseher. Dort schlug man ihn, bis er den Mord gestand und verriet, wo er sie begraben hatte. Ihr Leichnam wurde dann ausgegraben, gewaschen, in ein Leichentuch gehüllt und dort beigesetzt. Eine Kuppel wurde über ihrem Grab errichtet, dem man nun Besuche abstattet, und die Leute glauben, daß ihnen dadurch Segen zuteil wird.«

Durgavati

Unter den Frauen der Inder, daß heißt derer, die in Indien eingesessen waren, denn inzwischen hatten sich ja auch die muslimischen Eroberer in Indien niedergelassen, ist vor allem eine zu erwähnen, die während der Zeit der kriegerischen Auseinandersetzungen, die mit der Eroberung Indiens durch die Muslime einhergingen, Berühmtheit erlangte. Derart, daß man sie geradezu als eine Jeanne d'Arc Indiens bezeichnet hat. Obwohl es da auch noch eine andere Inderin gibt, die mit ihren ruhmvollen Taten an die heldenhafte Gestalt der Johanna von Orléans erinnert. Wir werden von ihr noch hören.

Durgavati – so hieß die Inderin, von der wir an dieser Stelle berichten wollen – war eine Prinzessin aus dem Geschlecht der Chandella. Diese hatten inzwischen empfindliche Einbußen ihrer politischen Macht und kulturellen Größe hinnehmen müssen, so daß sie auf das Niveau kleiner Provinzfürsten herabgesunken waren, die vom Ruhm ihrer Ahnen zehrten. Zu diesen hatte auch eine Vorläuferin Durgavatis gehört, die sich gleichfalls im Kampf gegen die Eroberer ausgezeichnet hatte. Ihr Name war Malandevi. Sie hatte um die Wende vom 12. zum 13. Jahrhundert gelebt und war mit einem Chandella-Fürsten namens Paramardi verheiratet gewesen, der sich vergeblich um den Erhalt seines Reiches bemüht hatte. Zunächst mußte er eine Niederlage, die ihm ein benachbarter Fürst beibrachte, hinnehmen, und dann sah er sich dem Vorstoß der Muslime ausgesetzt, die ihn in der Festung von Kalanjar bedrängten. Dies war der Augenblick, wo Malandevi, die beherzter als ihr königlicher Gemahl war, in Erscheinung trat. Während Paramardi zur Aufgabe der Festung bereit war und sich dem Anführer der Belagerer ergeben wollte, der der Statthalter Mohammed von Ghurs in Delhi, jener bereits genannte Qutb-uddin Aibak, war, übernahm Malandevi, unterstützt von einem der Minister Paramardis, das Kommando und leistete den Angreifern erbitterten Widerstand. Paramardi starb, wobei nicht geklärt ist, ob eines natürlichen Todes oder auf Veranlassung Malandevis beziehungsweise des Ministers, um die Anstrengungen der Verteidiger nicht zu beeinträchtigen; doch war der Rani, die an seine Stelle trat, kein Glück beschieden: Die Brunnen in der Festung versiegten, und die Eingeschlossenen waren schließlich gezwungen, sich zu ergeben. Was folgte, war inzwischen für die Inder zu einer traurigen Gewohnheit geworden: »Die Tempel wurden in Moscheen verwandelt [...]«, heißt es in einer zeitgenössischen Quelle, »und jede Erwähnung von Götzendienst ausgelöscht.« Die Zahl derer, die in Gefangenschaft gerieten und zur Sklaverei verdammt waren, betrug 50 000. Was mit Malandevi geschah, ist ungewiß. Der Ehrenkodex, der in den indischen Fürstenhäusern herrschte, sah vor, daß die Frauen freiwillig in den Tod gingen, um nicht in die Hände des Feindes zu fallen. Auf welche Weise sie das taten, werden wir noch sehen.

Das Schicksal der Chandella war besiegelt, auch wenn die Dynastie noch weiterbestand. Der Glanz war dahin und mit ihm der Ruhm, der einst Khajuraho, die Tempelstadt, die ein Triumph hinduistischer Architektur und Kunst gewesen war, umgeben hatte. Als Durgavati auf der Bühne der Geschichte erschien, war Khajuraho verlassen, und ihr Vater, Kirat Rai, war ein verarmter Lokalfürst, der sich gezwungen sah, seine Tochter unter der Würde seines Standes zu verheiraten. Sie war lediglich mit seinem illustren Namen ausgestattet, als sie die Ehe mit Dalpat Sa einging, immerhin auch ein Radscha, ein König, doch ohne Ansehen, was er allerdings durch immensen Reichtum wettmachte. Man kann davon ausgehen, daß es eine Zweckehe war – aus der Sicht beider Parteien –, und Liebe wird dabei nicht im Spiel gewesen sein. Die Trauer Durgavatis wird sich deshalb auch in Grenzen gehalten haben, als ihr Gemahl bald, nachdem sie ihm einen Sohn geschenkt hatte, das Zeitliche segnete. Jedenfalls folgte sie ihm nicht auf den Scheiterhaufen, sondern zog es vor, im Namen ihres minderjährigen Sohnes die Regierungsgeschäfte zu führen, was sie mit großer Umsicht und Tatkraft tat.

Es wird von Durgavati berichtet, daß sie nicht nur eine große Schönheit war, sondern auch außergewöhnlichen Mut besaß, den ihr selbst ihre Feinde bescheinigten. So schrieb Abul Fasl, ein Vertrauter ihres Gegners, des Mogulherrschers Akbar, in seiner Chronik zu Ehren seines Herrn: »Sie [Durgavati] war ein guter Schütze mit dem Gewehr wie mit dem Bogen und ging fortwährend auf die Jagd und erlegte wilde Tiere mit ihrem Gewehr. Es war ihre Gewohnheit, daß – wann immer sie hörte, daß ein Tiger gesichtet worden war – sie solange kein Wasser trank, bis sie ihn erlegt hatte.«

Aber die Rani war nicht nur eine begeisterte Jägerin, sie bewies auch Geschick und Tapferkeit auf dem Schlachtfeld: »Sie war in große Streitigkeiten mit Baz Bahadur und den Mianas verwickelt, und stets trug sie den Sieg davon. 20 000 wohltrainierte Reiter begleiteten sie auf ihren Feldzügen, und tausend Elefanten, die in aller Munde waren.«

Baz Bahadur war der Herrscher von Malwa, jener Provinz, deren anmutige Frauen Ibn Battuta gerühmt hatte. Inzwischen waren zweihundert Jahre vergangen, und auf die Herrschaft der Sultane von Delhi war die Gründung eines Imperiums gefolgt, das zwar noch in den Anfängen stand, doch bereits Anzeichen unumschränkter Macht verriet. Herren dieses Reiches waren die Moguln, eine Herrscherdynastie mongolischer Abstammung, die aus Zentralasien stammte und zu Beginn des 16. Jahrhunderts in Indien Fuß gefaßt hatte. Hier schwang sie sich alsbald zum Oberherrn über die angestammten hinduistischen wie muslimischen Fürsten auf. Akbar, der als dritter Herrscher der Moguln den Thron bestieg, verfolgte eine aggressive Expansionspolitik, im Verlauf derer er nicht nur dem kläglichen Rest der Chandella-Dynastie den Garaus machte, sondern auch in jenes Gebiet vordrang, in dem Durgavati herrschte. Sie sollte dem Haus, dem sie entstammte, noch einmal zu letztem Ruhm verhelfen. Das Reich, über das sie gebot, ist als Gondwana bekannt geworden, das »Land der Gond«, jenes Volkes autochthonen Ursprungs, das zu den Ureinwohnern Indiens gehörte und wesentlichen Anteil am Aufstieg der Chandella gehabt hatte. Durgavati, die sich dem Mogulherrscher Akbar entgegenstellte, verteidigte somit auch das Erbe ihres eigenen Geschlechts; obwohl dieses bereits mit dem gewaltsamen Tode ihres Vaters, der dem Ansturm der Muslime 1545 erlag, praktisch erloschen war.

Der Kampf um Gondwana begann mit einem Vorstoß Asaf Khans, eines Statthalters Akbars im östlichen Teil seines Reiches, den er mit der Unterwerfung Gondwanas betraute. Man schrieb das Jahr 1564. Die Rani wird inwischen in den Dreißigern gewesen sein, während ihr Sohn, Bir Narayan, mittlerweile das Mannesalter erreicht hatte, ihr aber weiterhin die Regierungsgeschäfte überließ.

Asaf Khan hatte zunächst Kundschafter nach Gondwana entsandt, die sich nicht nur über die Kampfbereitschaft der Rani informieren sollten, sondern deren Aufgabe es darüber hinaus war, Näheres über die Schätze in Erfahrung zu bringen, über welche die Rani angeblich in unermeßlichem Maße verfügte. Sie waren nicht der geringste Anlaß, daß Akbar – und sein Statthalter – begehrliche Blicke auf Gondwana richteten.

Gondwana war ein unwegsames Land, eine Wildnis, die aus zerklüfteten Bergregionen und undurchdringlichem Dschungel bestand. Dies gereichte der Rani zum Vorteil und brachte ihr auch erste Erfolge ein, indem sie eine Vorhut der Invasoren in einen Hinterhalt lockte und ihr eine empfindliche Niederlage beibrachte. Doch versäumte sie es, weil ihre Berater ihr davon abrieten, ihren Sieg zu nutzen und die Vorausabteilung gänzlich zu vernichten, so daß diese sich wieder mit der Hauptstreitmacht vereinigen konnte, und dieser war die Rani, die in ihrer Kampfkraft geschwächt war, weil sich ein Großteil ihrer Truppen bereits beim ersten Auftauchen des Feindes abgesetzt hatte, nicht gewachsen. Dennoch führte sie die ihr verbleibende Streitmacht mutig in die Schlacht. Der Chronist Abul Fasl berichtet:

»Die Rani, in ihrem Kampfeseifer, bestieg einen mächtigen und schnellen Elefanten, der das erlesenste all ihrer Tiere war und Sarman hieß, und machte sich bereit. Sie brachte ihre Truppen in Stellung, ordnete an, wo die Elefanten eingesetzt werden sollten, und bereitete sich für die Schlacht vor. Nachdem die Heere aufeinandergetroffen waren, dauerte es nicht lange, und Pfeile und Musketen wurden mit Dolchen und Schwertern vertauscht.«

Die Rani hielt sich tapfer, und ihre Truppen, die sie mit ihrem Mut im Kampfeswillen bestärkte, widerstanden dem Feind. Doch dann geschah ein Unglück, das die Rani empfindlich schwächte und ihr schließlich zum Verhängnis wurde:

»Dreimal schlug der Radscha Bir Sa das siegreiche Heer zurück, doch beim dritten Mal wurde er verwundet. Als die Rani davon erfuhr, ordnete sie an, daß vertrauenswürdige Männer ihn vom Schlachtfeld entfernten und in Sicherheit brachten. Sie führten den Befehl aus und trugen ihn an einen Ort in sicherer Entfernung. So geschah es, daß viele das Schlachtfeld verließen, und die Streitmacht der Rani geriet in arge Bedrängnis. Nicht mehr als 300 Männer blieben ihr noch.«

Der Radscha, Bir Sa beziehungsweise Bir Narayan, war der Sohn der Rani, und sie war verständlicherweise um ihn besorgt. Doch so mancher, der an seiner Seite gekämpft hatte, nutzte die Gelegenheit, indem er dem Verwundeten Geleitschutz gab, sich vom Schlachtfeld abzusetzen, und zwar offenbar in größerer Zahl, als die Rani erwartet hatte. So daß ihre Streitmacht noch weiter zusammenschrumpfte, und es keine Aussicht auf einen Sieg mehr gab. Dennoch gab die Rani nicht auf:

»Doch der Kampfeswillen der Rani ließ sich nicht erweichen, und sie kämpfte weiter tapfer an der Seite ihrer eigenen mutigen Anhänger. Ein Pfeil vom Bogen des Schicksals traf sie an der rechten Schläfe, und sie zog ihn tapfer heraus und schleuderte ihn von sich. Die Spitze steckte in der Wunde, und es war nicht möglich, sie zu entfernen. Da traf sie ein zweiter Pfeil und bohrte sich in ihren Nacken. Auch diesen zog sie mit tapferer Hand heraus, doch die übermäßigen Schmerzen ließen sie das Bewußtsein verlieren.«

Als sie wieder zu sich kam und erkannte, daß alles verloren war, bat sie einen ihrer Gefolgsleute um einen letzten Dienst:

»»Ich habe mich immer um dich gekümmert und für dich gesorgt, so daß du mir eines Tages einen Dienst erweisen könntest. Heute ist ein Tag, an dem ich im Kampf unterlegen bin. Gott verhüte, daß ich auch Namen und Ehre verliere und in die Hände des Feindes falle. Handle wie ein treuer Diener und töte mich mit diesem spitzen Dolch.‹«

Doch der Diener weigerte sich, den Wunsch seiner Herrin auszuführen, und er bat sie inständig zu fliehen, was die Rani jedoch indigniert mit folgenden Worten ablehnte: »›Traust du mir eine solche Schande zu?‹« Und sie zögerte keinen Augenblick: »Dann zog sie ihren Dolch und fügte sich selbst die tödliche Wunde zu und starb wie ein Mann.«

Barbarischer Akt

Mit dem Tod der Rani von Gondwana war die Schlacht, mit der sie ihr Reich verteidigt hatte, entschieden. Doch Asaf Khan, der Sieger, gab sich damit nicht zufrieden. Nicht nur war der Radscha, der Sohn der Rani, noch am Leben, es winkte auch jener Schatz, der der eigentliche Anlaß für seinen Eroberungszug war. Der Ort, wo dieser Schatz aufbewahrt wurde, war eine Festung namens Chauragarh; hier hatte sich der Radscha, der von seinen Wunden genas, verschanzt. Als Asaf Khan, nachdem er seine Streitmacht aufgefüllt hatte, schließlich gegen diese letzte Bastion der Verteidiger vorrückte, stellte sich Bir Narayan, der junge Radscha, der nun an die Stelle seiner Mutter getreten war, tapfer zum Kampf. Aber es war nur noch ein letztes, kurzes Gefecht, das sich vor den Toren von Chauragarh entspann: Der Radscha wurde getötet, und damit war der Weg frei zu den Schätzen in der Festung.

Doch der Verlust dieser Schätze war nur ein geringer Preis im Vergleich zu dem, was die erwartete, die in der Festung zurückgeblieben waren. Abul Fasl berichtet:

»Er [der Radscha] hatte ... [zwei seiner Diener] dazu ernannt, sich um den Jauhar zu kümmern, denn es ist Sitte bei den indischen Fürsten in einem solchen Fall, Holz, Baumwolle, Gras und zerlassene Butter und dergleichen mehr in einem Raum zusammenzutragen und die Frauen herbeizuholen und zu verbrennen, freiwillig oder unter Zwang. Dies nennen sie ›jauhar‹. Diese beiden treuen Diener, welche die Hüter der

Ehre waren, führten diesen Befehl aus. Wer immer, aus Schwäche seiner Seele, davor zurückschreckte, sich selbst zu opfern, wurde – so sieht es ihr Brauch vor – von den beiden besagten Dienern in den Tod getrieben.«

Mit anderen Worten: Der Radscha hatte angeordnet, daß alle Frauen seiner Familie in den Tod gingen, wenn er selbst in der Schlacht getötet werden sollte. So schrieb es das Gesetz der Ehre, das die indischen Fürsten sich auferlegt hatten, vor. In diesem Falle aber geschah etwas Seltsames, das an ein Wunder gemahnt:

»Etwas Erstaunliches ereignete sich: Vier Tage, nachdem man den Scheiterhaufen angezündet hatte und die ganze Ernte dieser Rosen zu Asche verbrannt war, fanden jene, die die Tür öffneten, zwei Frauen, die noch am Leben waren. Ein großes Stück Holz hatte sie abgeschirmt und vor dem Feuer geschützt. Eine von ihnen war Kamlavati, die Schwester der Rani, und die andere die Tochter des Fürsten Puragadha, die mit dem Radscha vermählt werden sollte, aber ihm noch nicht gehörte hatte. Diesen beiden Frauen, die jener Feuersbrunst entkommen waren, wurde die Ehre zuteil, vor den Schahinschah geführt zu werden und die Schwelle seines Palastes zu küssen.«

Der Schahinschah, der »König der Könige«, wie sein persischer Titel lautete, war kein anderer als Seine Kaiserliche Majestät, der Mogulherrscher Akbar höchstpersönlich, dessen Harem die beiden fürstlichen Damen überantwortet wurden. Es war genau dies das Schicksal, vor dem sie hatten bewahrt werden sollen. Denn der »Brauch«, von dem hier die Rede ist, diente vor allem dem Zweck, der Entwürdigung der Frau vorzubeugen, die sie unweigerlich erfahren würde, wenn sie in die Hände eines Feindes, noch dazu fremden, muslimischen Glaubens, fiel. Dafür nahm man selbst den Verlust eines ganzen »Straußes von Rosen« in Kauf, zumal man selbst an ihnen auch keine Freude mehr haben würde, denn der Tod – in der Schlacht – war auch das Los derer, die über das Schicksal ihrer Frauen entschieden.

Jauhar, wie man den Brauch des gemeinschaftlichen Opferganges der Frauen hinduistischer Fürsten nannte, war eine Erscheinung, die mit ihren Wurzeln in die ältere Tradition dessen zurückreichte, was wir als Sati kennengelernt haben. Doch bedeutete Jauhar nicht eigentlich ein Bekenntnis ewiger Treue, das die Frau ihrem Ehemann schuldete, obwohl auch das eine Rolle spielte. Vorrangig ging es darum, die Ehre und Würde eines Fürstengeschlechts nicht zu verletzen, indem Frauen, die einem solchen Geschlecht angehörten, durch einen fremden Eroberer, dem man unterlag, besudelt wurden. Denn die Fürstenhäuser, die die Praxis des Jauhar pflegten, zeichneten sich durch nichts so sehr aus wie durch das Ansehen und den Ruhm, den sie genossen. Beides zollte man ihnen nicht ganz unverdient, denn die Rajputen, um die es sich handelt, waren tapfere Krieger, die geradezu ritterliche Ideale pflegten. Jedenfalls waren sie es, die sich zum Verteidiger der angestammten indischen Tradition aufschwangen. Dies verwickelte sie in erbitterte Kämpfe mit den muslimischen Eroberern, die Mühe hatten, dieses unnachgiebigen Gegners Herr zu werden. Der Kampf dauerte vierhundert Jahre, und an keinem Ort wird dies deutlicher als in Chitor.

Chitor war eine Bergfeste, die am Rande jenes Gebietes lag, das einmal als Rajputana beziehungsweise Rajasthan, womit das eigentliche Kernland der Rajputen gemeint ist, bekannt werden sollte. Sie gilt als die bedeutendste Festung ihrer Art in Indien und ist von einem Nimbus umgeben, der sie als ein Ort heldenhaften Kampfes und tragischen Opferganges berühmt gemacht hat. Die Anfänge von Chitor reichen bis in die Zeit der Maurya zurück; doch erst im 8. Jahrhundert, als sich hier ein Zweig der Rajputen niederließ, der seine Abstammung auf Rama, den legendären Helden des nach ihm benannten Epos, zurückführte, erlangte Chitor seine eigentliche Bedeutung als Herrschersitz eines ruhmreichen Fürstengeschlechts, der Ranas von Mewar. Tempel und Paläste wurden errichtet, Wehrmauern, Zisternen und Teiche angelegt, und schließlich thronte eine ganze Stadt auf einem 170 Meter hohen Felsplateau, die uneinnehmbar erschien. Doch die muslimischen Eroberer, die sich in der Gegend von Delhi festsetzten, empfanden die Feste von Chitor, die das Einfallstor zur Rajputana bildete, als besondere Herausforderung. Und so unternahmen sie denn alle Anstrengungen, um sich dieser stolzen Bergfeste, die als Symbol des Freiheitswillens und der Wehrhaftigkeit der Rajputen galt, zu bemächtigen. Die muslimischen Eroberer mußten einen dreimaligen Anlauf nehmen, ehe es ihnen endlich gelang, ihr Ziel zu erreichen und die Ranas von Mewar in die Knie zu zwingen.

Der erste Feldzug, den die fremden Eroberer gegen Chitor unternahmen, erfolgte im Jahre 1303. Anführer der muslimischen Streitmacht war Ala-ud-din Khalji, Sultan von Delhi, der nach der Ermordung seines Vorgängers 1296 an die Macht gelangt war. Ala-ud-din war ein ebenso skrupelloser wie erfolgreicher Herrscher, der die Macht des Sultanats von Delhi auf festen Boden stellte, was er vor allem durch die Ausweitung seines Herrschaftsgebietes bewerkstelligte. Es ist deshalb unwahrscheinlich, daß er sich bei seinen Feldzügen von anderen Motiven als politischem Kalkül – und der Aussicht auf Beute – leiten ließ. Dennoch wird ihm genau dies bei seinem Feldzug gegen Chitor unterstellt. Allerdings vermischen sich hier Wahrheit und Dichtung. Immerhin, selbst die Legende ist aufschlußreich und verdient eine nähere Betrachtung. Sie lautet in etwa folgendermaßen, wobei anzumerken ist, daß es verschiedene Versionen gibt:

»Bhimsi [der Herrscher von Chitor] ... hatte die Tochter von Hamir Sank, des Herrschers von Ceylon, geheiratet, was unendliches Leid über die Sesodias [das Herrschergeschlecht von Mewar] bringen sollte. Ihr Name war Padmini, eine Bezeichnung, die nur einer außergewöhnlichen Schönheit verliehen wird, so daß sich ihr Ruhm durch Erzählungen und die Lieder der Barden bis in unsere Tage erhalten hat. Ihre Schönheit, ihre Taten, der Triumph ihres Lebens und die Umstände ihres Untergangs bilden den Gegenstand einer der beliebtesten Überlieferungen der Rajputana. Die einheimischen Barden sehen in der Schönheit, und nicht in Ruhm und Eroberungssucht den Grund für den Angriff Ala-ud-dins, der seine Forderungen auf den Besitz Padminis beschränkte, auch wenn dies nach einer langen und erfolglosen Belagerung geschah. Schließlich begnügte er sich mit dem Wunsch, lediglich einen Blick auf diese außergewöhnliche Schönheit zu werfen, und erklärte sich mit dem Vorschlag einverstanden, sie mit Hilfe von Spiegeln zu sehen. Im Vertrauen auf die Aufrichtigkeit der Rajputen betrat er die Festung mit nur leichter Bedeckung und kehrte, nachdem ihm sein Wunsch gewährt worden war, um. Der Fürst, der beweisen wollte, daß er nicht weniger Vertrauen besaß, begleitete den Sultan bis zum Fuße der Festung, während sein Gast sich ehrfürchtig entschuldigte für die Mühe, die er ihm auf diese Weise bereitete. Es war jedoch dies der Grund, weshalb Ala-ud-din seine eigene Sicherheit aufs Spiel gesetzt hatte, wobei er auf die größere Redlichkeit des Hindu baute. Denn als sie unten angelangt waren, geriet Bhimsi in einen Hinterhalt: man nahm ihn gefangen, brachte ihn eilig in das Lager des Sultans und machte seine Freilassung davon abhängig, daß Padmini sich ergab.«

Was immer Legende an dieser Geschichte ist, eines trifft mit Sicherheit zu: die »größere Redlichkeit« des Rajputen, der seinem Gast vertraut, während dieser ihn hintergeht.

Was nun die schöne Padmini betrifft, so ist auch dieses Objekt der Begierde, um das vermeintlich der Kampf um Chitor entbrennt, kein Zufall. Ob nun Tochter eines Königs von Ceylon oder nicht, hinter ihrem Namen verbirgt sich jener Frauentyp, der in Indien von alters her als Idealbild gilt. Denn Padmini, das ist keine andere als die »Lotosfrau«, von der wir bereits gehört haben und von der es heißt (diesmal in einer dichterischen Variante):

> Ihr Gesicht ist lieblich
> wie der Vollmond in einer klaren Nacht,
> ihre runden Glieder sind weich wie Walnußblumen,
> duftend wie der Lotos,
> schön wie die Blütenblätter des Frangipani.

Kein Wunder, daß selbst ein Al-ud-din, der im übrigen – wie wir noch an anderer Stelle sehen werden – die exotische Anmut einer Inderin durchaus zu schätzen wußte, in Liebe beziehungsweise Begierde zu der schönen Padmini entbrannte. Sofern es denn tatsächlich eine Rani gab, die Padmini hieß und ihm sozusagen den Kopf verdrehte. Dabei gab er sich natürlich mit einem bloßen Spiegelbild (mehr ließ die Etikette und das Ehrgefühl der Rajputen nicht zu) nicht zufrieden. Deshalb die List, mit der er die so heiß Begehrte in arge Bedrängnis brachte.

Doch nun war es an den Rajputen, es den Muslimen mit gleicher Münze heimzuzahlen:

»Die Nachricht wurde Ala-ud-din überbracht, daß an dem Tag, an dem er die Belagerung aufhob, die schöne Padmini in sein Lager kommen würde, vorausgesetzt, dies geschähe gemäß ihrem und ihres Gemahls hohen Stand, das heißt, in Begleitung ihrer Hofdamen und Dienerinnen; und zwar nicht nur jener, die sie nach Delhi begleiten würden, sondern auch vieler anderer, die ihr damit eine letzte Ehre erweisen wollten. Man erwarte, daß streng darauf geachtet werde, daß niemand die Heiligkeit weiblicher Tugend und Abgeschiedenheit verletze. Nicht weniger als siebenhundert verhängte Sänften näherten sich dem Lager des Sultans. In jeder befand sich einer der Tapfersten der Verteidiger von Chitor, getragen von sechs bewaffneten Soldaten, die als Sänftenträger verkleidet waren. Schließlich erreichten sie das Lager. Die herrschaftlichen Zelte waren mit Stoffbahnen abgeschirmt; die Sänften wurden abgesetzt, und eine halbe Stunde wurde dem Fürsten gewährt für ein Abschiedsgespräch mit seiner Gemahlin. Sie setzten dann den Fürsten in eine Sänfte und traten den Rückweg an, während die größere Zahl der vermeintlichen Begleiterinnen Padminis zurückblieb, um sie angeblich nach Delhi zu begleiten. Doch Ala-ud-din hatte nicht die Absicht, Bhimsi gehen zu lassen, und wurde eifersüchtig, weil das Gespräch zwischen den beiden scheinbar so lange dauerte. Da sprangen, statt des Fürsten und Padminis, ihre getreuen Gefolgsleute aus den Sänften: Ala-ud-din war jedoch wohlbewacht. Er ordnete die Verfolgung an, während die Rajputen den Rückzug deckten, bis sie bis auf den letzten Mann niedergemacht wurden.«

Die List gelang: Bhimsi und die schöne Padmini konnten entkommen, erreichten sicher die Festung, und die Verteidiger – angespornt durch diesen Erfolg – leisteten so erbitterten Widerstand, daß sich Ala-ud-din schließlich gezwungen sah, die Belagerung abzubrechen.

Doch als der Sultan seine Streitmacht wieder aufgefüllt hatte, begann die Belagerung von neuem. Und obwohl sich auch diesmal die Verteidiger tapfer wehrten, konnten sie dem Ansturm der Muslime auf Dauer nicht standhalten und entschlossen sich zu einer letzten Verzweiflungstat. Doch bevor diese zur Ausführung gelangte, mußte jener Akt vollzogen werden, den in einem solchen Fall der Ehrenkodex der Rajputen vorsah:

»Doch ein anderes schreckliches Opfer sollte diesem Akt der Selbstauf-opferung mit jenem fürchterlichen Ritus, dem Jauhar, vorausgehen, wo die Frauen verbrannt werden, um sie vor Befleckung und Gefangenschaft zu bewahren. Der Scheiterhaufen wurde angezündet in dem ›großen un-terirdischen Zufluchtsort‹, Räumen, zu denen kein Licht drang, und den Verteidigern von Chitor zeigte sich eine Prozession, die aus den Köni-ginnen und ihren eigenen Frauen und Töchtern, mehrere Tausend an der Zahl, bestand. Die schöne Padmini bildete den Schluß der Prozession, der sich jede beigesellte, deren weibliche Schönheit oder Jugend die Lust der Tataren hätte entfachen können. Man führte sie in die unterirdischen Gewölbe, und – nachdem man diese verschlossen hatte – überließ man sie dem lodernden Feuer, das sie vor Entehrung bewahrte.«

Nach diesem geheiligten Ritus des Jauhar stürzten sich die Verteidiger in die letzte Schlacht und folgten ihren Frauen und Töchtern in den Tod. So-weit die Legende – an der eines zumindest auf einer wahren Begebenheit beruht: Der Akt des Jauhar wurde tatsächlich vollzogen. Wie in Chaura-garh, so auch in Chitor. Und wie in Chitor so auch an den anderen Für-stenhöfen der Rajputen, die dem Ansturm der muslimischen Eroberer er-lagen. Chitor erlangte jedoch besondere Berühmtheit, denn nicht nur Ala-ud-din Khalji eroberte die Festung – und trieb damit, wenn auch unbeabsichtigt, alle Frauen und Mädchen, die in der Festung Zuflucht gefunden hatten, in den Tod –, auch Bahadur Shah, der Herrscher einer unabhängigen Nachbarprovinz, fiel in die Rajputana ein und eroberte 1535 Chitor. Schließlich fühlte sich auch Akbar bemüßigt, seine Herr-schaft auf die Rajputana auszuweiten: er nahm die Festung von Chitor 1568 ein. Und auch diesmal – wie schon 1535 und davor im Jahre 1303, als die schöne Padmini ihren Opfergang antrat – wurde Jauhar, der schauerliche Ritus, der die Frauen der Rajputen dem Feuertod überant-wortete, zelebriert. 1535 waren es der Überlieferung nach 13 000 Rajpu-tinnen, die auf diese Weise in den Tod getrieben wurden. Für 1568 wer-den allein neun Königinnen und fünf Prinzessinnen genannt, die neben unzähligen anderen Frauen und Mädchen den Feuertod erlitten. Und dies allein »zu ihrer großen Ehre und zur Schande ihrer männlichen Ver-wandten«, wie es ein Kommentator im Indien der heutigen Zeit ausdrückt. Man kann ihm wohl nur beipflichten, denn – ähnlich wie bei Sati, dem Opfertod der Witwen – auch Jauhar bedeutete Mord. Zumindest in den Fällen, wo der Akt der »Selbstaufopferung« nicht freiwillig erfolgte. Das Schlimmste, was den Frauen der Rajputen hätte blühen können – zumal wenn sie von solcher Schönheit waren wie Padmini, deren Anmut freilich gerade bei den Frauen in Rajasthan einen unübersehbaren Widerhall findet –, wäre das Los einer Haremsdame oder Konkubine gewesen; etwas, an das sie durchaus gewöhnt waren. Wenngleich auch ihre Herren nun fremden Glaubens gewesen wären. Aber was das betraf, war man in Indien – im Gegensatz zu den Muslimen – tolerant. Es gab viele Wege zum Heil. Warum nicht auch jenen, den der neue Gott, Allah, vorschrieb?

Padmini blieb dies erspart. Aber es war ein muslimischer Dichter, Malik Muhammad Jaisi, der im 16. Jahrhundert ein episches Werk, *Padmavat*, verfaßte, mit dem er einer schönen, tapferen, unglücklichen Padmavati, die das Abbild für jene Padmini abgab, die zur Legende wurde, ein unsterbliches Denkmal setzte. Möglich, daß es eine Rani namens Padmini gab, die zu der Zeit, da Ala-ud-din Khalji Chitor belagerte, den Akt des Jauhar beging. Vielleicht tat sie es sogar freiwillig. Doch unter denen, die sie in den Tod begleiteten, waren zweifellos andere, die diese Marter nur auf sich nahmen, weil sie die Männer dazu zwangen. Sie zogen es vor, ihre Frauen lieber tot als in den Händen anderer zu wissen. Sicher keine leichte Entscheidung. Selbst wenn man dem Tod eine andere Bedeutung beimaß, als wir das gewöhnt sind. Und dennoch: ein Akt barbarischer Grausamkeit. Und sei es auch nur, daß man den Frauen verwehrte, wie die Männer im Kampf zu sterben, was ihnen den Tod erleichtert hätte. Aber das erlaubte der Ehrenkodex der Rajputen nicht: Als sich eine Konkubine von Udai Singh, des Fürsten von Mewar, zur Zeit, da Akbar gegen Chitor zu Felde zog, erkühnte, selbst einen Angriff gegen den Feind zu führen, weil ihr Herr zu feige war, wurde sie – da sich die Anführer der Rajputen durch ihre heldenhafte Tat gedemütigt fühlten – mit dem Tode bestraft. Doch diesen hätte sie ohnehin erlitten, wie all die anderen, die auf dem Scheiterhaufen starben. Aber sie hätte eben auch den Heldentod im Kampf erleiden können. Wie Durgavati, die freilich keine Konkubine, sondern eine Rani war.

Die Tochter des Goldschmieds

»Es begab sich aber, daß in der Stadt Mudkul ein Goldschmied lebte, der eine Tochter hatte, die Nehal hieß. Sie war von so erlesener Schönheit, daß es schien, als habe die Natur all ihre Kunstfertigkeit darauf verwandt, sie vollkommen zu machen.«

So beginnt ein Ereignis, das wie ein Märchen klingt. Doch es hat sich tatsächlich zugetragen, und anders als im Falle Padminis, wo die Legendenbildung zur Verklärung eines historischen Ereignisses geführt hat, beruht die Geschichte, die sich um das Mädchen von Mudkul rankt, auf wahren Begebenheiten, die nicht nachträglich mit patriotischem Pathos ausgeschmückt wurden. Dennoch gibt es so manche Ähnlichkeit zwischen Padmini und Nehal: In beiden Fällen handelt es sich um eine Inderin, also eine Angehörige der eigentlichen Bewohner Indiens; beide werden wegen ihrer außergewöhnlichen Schönheit gerühmt, und um beider willen ziehen Könige in den Krieg. Doch im Falle Padminis und Chitors ist es ein muslimischer Herrscher, der gegen Hindus zu Felde zieht; bei Nehal hingegen handelt es sich um einen einheimischen Fürsten, der um einer Schönen willen, zu der er in Leidenschaft entbrannt ist, einen Krieg entfacht. Da auch diese Begebenheit im Zusammenhang mit unserem Thema recht aufschlußreich ist, bietet es sich an, auch diesmal etwas ausführlicher darauf einzugehen. Wir wollen uns dabei auf das Zeugnis eines der verläßlichsten Chronisten Indiens stützen, Muhammad Kasim Firishta, der ein umfangreiches Geschichtswerk über den Aufstieg der muslimischen Herrschaft in Indien verfaßte. Darin heißt es, soweit es die Tochter des Goldschmieds von Mudkul betrifft, weiter:

»In Übereinstimmung mit den Gebräuchen in Hindustan beabsichtigten ihre Eltern, sie im Kindesalter mit einem Jüngling, der zu ihrer Kaste gehörte, zu verloben; aber sie bat darum, die Zeremonie zu verschieben, und sie tat dies mit solchem Eifer, daß ihrem Wunsch entsprochen wurde. Einige Zeit verging; da machte ein betagter Brahmane, der sich auf der Rückkehr von einer Pilgerfahrt nach Benares befand, im Hause ihres Vaters Rast; er war von der Schönheit des Mädchens so sehr beeindruckt, daß er es in seine Obhut nahm und beschloß, sie in Musik und Tanz zu unterweisen, worin er ein großer Meister war. Der Brahmane verweilte beinahe achtzehn Monate bei ihrer Familie: dann, als er sah, daß sie die Künste, die er sie gelehrt hatte, bis zur Vollendung beherrschte, nahm er Abschied und versprach, bald wiederzukehren und ihnen einen Antrag zu machen, der seiner Schülerin zur Ehre und ihrer Familie zum Vorteil gereichen würde.«

Der Brahmane hatte erkannt, daß die Tochter des Goldschmieds, die er in den höfischen Künsten der Musik und des Tanzes unterrichtet hatte, zu Höherem bestimmt war. Und so zögerte er nicht, sich an den König von Vijayanagar zu richten, der in der gleichnamigen Stadt, die den Mittelpunkt des Reiches bildete, residierte. Der König, Deva-raya I., war denn auch sogleich von der Schilderung, mit der der Brahmane das Mädchen lobte, angetan und beauftragte ihn, sie herbeizu-schaffen. Nichts Geringeres beabsichtigte der Fürst, als die Schöne zur Frau zu nehmen:

»Der Brahmane, der von Anfang an beabsichtigt hatte, das Mädchen, das er in seine Obhut genommen hatte, in den Rang einer Prinzessin zu versetzen, machte sich auf nach Vijayanagar; und als er dem König vor-gestellt wurde, sprach er von dem Mädchen mit solchem Lob, daß der König beschloß, sie zu besitzen, und er bat den Brahmanen, in seinem Namen um ihre Hand anzuhalten. Die Bitte hatte der Brahmane voraus-gesehen, und folglich erklärte er sich damit einverstanden, dem König bei der Erlangung seines Wunsches behilflich zu sein; worauf der König ihn mit reichen Geschenken für die Eltern ausstattete und seine Bereit-schaft bekundete, ihrer schönen Tochter den Titel einer Rani zu ver-leihen.«

Eine Rani, das war die rechtmäßige Frau eines Königs, also eine Köni-gin. Jemand, dem eine solche Ehre in Aussicht gestellt wurde, schlug diese Möglichkeit nicht leichtfertig aus. Und so ist es um so bemerkens-werter – und zeugt von beachtlicher Willensstärke und Einsicht –, daß Nehal, die Tochter des Goldschmieds, das Anerbieten, das ihr der Brah-mane überbrachte, ablehnte. Firishta berichtet weiter:

»Der Brahmane verlor keine Zeit und beeilte sich auf seiner Reise; und als er im Hause des Goldschmieds anlangte, überbrachte er ihm und seiner Frau den Befehl des Königs, daß sie sich mit ihrer Tochter nach Vijayanagar begeben sollten. Sie waren außer sich vor Freude über dieses unerwartete Glück; und sie riefen nach ihrer Tochter und breiteten vor ihr die reichen Geschenke des Königs aus und beglückwünschten sie, daß sie schon so bald mit einem großen Fürsten vereint sein würde, und sie versuchten, ihr ein goldenes Halsband, das mit Edelsteinen besetzt war, umzulegen, was als Zeichen der Verlobung galt, die nicht hätte rückgängig gemacht werden können, wenn dieser Akt vollzogen worden wäre. Die Tochter, zur Verwunderung ihrer Eltern, weigerte sich, die Halskette anzunehmen; wobei sie bemerkte, daß diejenige, die einmal in den Harem von Vijayanagar eintrat, danach nie wieder die Erlaubnis erhielt, auch nur die nächsten Verwandten zu sehen; und obwohl sie womöglich bereit sein könnten, sie für den Wohlstand am Hofe zu opfern, war sie jedoch ihren Eltern zu sehr verbunden, um sich einer endgültigen Trennung von ihnen zu unterwerfen, auch wenn dies ein Verzicht auf die Pracht im Palast von Vijayanagar bedeutete.«

Wovor das Mädchen sich zu Recht fürchtete, war jene Praxis, die in einem Harem gehandhabt wurde, um die Frau von der Außenwelt, insbesondere fremden Männern, abzuschirmen. Als *Purdah* bezeichnet, das heißt »Vorhang«, womit die Frau – sei es durch ihre Kleidung, sei es in Form eines tatsächlichen Vorhanges – den Blicken anderer entzogen wurde, war diese Form der Absonderung der Frau zwar auch schon in vorislamischer Zeit in Indien bekannt gewesen. Doch mit der Einführung des Islam und seiner strengen Gesetze, die gerade die Frau noch mehr in ihrer Freiheit einschränkten, als es zur Norm im Hinduismus geworden war, fand die Praxis des Purdah auch in Indien größere Verbreitung und blieb nicht mehr – wie zuvor – nur auf vereinzelte Fürstenhöfe beschränkt.

Nehal, die Schöne von Mudkul, auf die es der König von Vijayanagar abgesehen hatte, konnte zwar ihre Eltern, die ihr verziehen, von der Berechtigung ihrer Einwände überzeugen. Doch der König, Devaraya, faßte ihre Absage, die ihm der Brahmane überbrachte, als Beleidigung auf und beschloß, das Mädchen gewaltsam in seinen Besitz zu bringen, was zu schwerwiegenden politischen Verwicklungen führte:

»Als der Brahmane in Vijayanagar anlangte und dem König von dem Scheitern seiner Mission berichtete, wurde der König zornig; und er beschloß, seine Leidenschaft sogar mit Gewalt zu befriedigen, obwohl das Objekt der Begierde, nach dem er trachtete, in einer Gegend wohnte, die zum Herrschaftsgebiet Firoz Shahs gehörte. Mit dieser Absicht und unter dem Vorwand, sein Reich zu inspizieren, verließ er Vijayanagar mit seinem Heer und rückte bis an das Ufer des Tungabhadra vor, wo er – nachdem er fünftausend seiner besten Reiter ausgewählt hatte – diesen entgegen den Warnungen seiner Offiziere den Auftrag erteilte, im Eilmarsch nach Mudkul vorzurücken und das Dorf, in dem der Goldschmied wohnte, zu umzingeln, seine Tochter gefangenzunehmen und mit ihrer ganzen Familie zu entführen, ohne ihnen jedoch ein Leid zuzufügen.«

Auf die Nachricht von dem Einfall feindlicher Truppen hin flüchteten die Bewohner im jenseitigen Teil des Grenzgebietes, unter ihnen auch die Familie des Goldschmieds, so daß der Vorstoß Devarayas ins Leere ging und seine Truppen ihrer Enttäuschung dadurch Luft machten, daß sie die Gegend von Mudkul verwüsteten. Dies wiederum rief den gegnerischen Provinzgouverneur auf den Plan, der Vergeltung übte und den Truppen Devarayas eine empfindliche Niederlage beibrachte. Schlimmer noch, Firoz Shah, der Herrscher des an das Reich von Vijayanagar angrenzenden Bahmani-Reiches, nutzte die Chance, um seinerseits in Vijayanagar einzufallen. Das Bahmani-Reich war einer jener Staaten, die aus dem Herrschaftsgebiet des Sultanats von Delhi ausscherten und Souveränität erlangten. Dabei war Firoz Shah der bedeutendste Herrscher der Bahmani-Dynastie, nach der das gleichnamige Reich, das sich zwischen dem Sultanat von Delhi und Vijayanagar erstreckte, benannt wurde. Er war nicht nur ein erfolgreicher Feldherr, der in widerholten Kriegszügen Vijayanagar bedrängte, sondern auch ein unermüdlicher Bauherr, der in der Hauptstadt seines Reiches, Gulbarga, unter anderem eine Moschee errichtete, die der berühmten Moschee von Córdoba in Spanien nachgebildet war. Nicht zuletzt war Firoz Shah ein Liebhaber der Frauen, worin er seinem Gegner Devaraya nicht nachstand. Firishta, der Chronist, weiß zu berichten:

»Er [Firoz Shah] war den Frauen sehr zugetan, und er bat deshalb die heiligen Männer um Rat, in welcher Weise er seine Leidenschaften befriedigen könnte, ohne die Gesetze zu verletzen, die nur vier Ehefrauen erlaubten. Einige sagten, daß er sich von einer scheiden lassen könnte, um eine andere zu heiraten, und das, sooft er wolle [...].«

Doch diese Lösung, so patent sie schien, überzeugte den Sultan nicht, und so beauftragte er seinen Wesir, der die Regierungsgeschäfte führte, nach einer anderen Möglichkeit zu suchen. Worauf dieser sich erinnerte, daß es zur Zeit des Propheten Mohammed eine Einrichtung gab, die »Mutea« hieß, was eine Ehe von begrenzter Dauer bedeutete. Obwohl dieser Brauch in späterer Zeit abgeschafft wurde, widerspräche er nicht dem Gesetz. Doch diese Ansicht vertraten nur die Anhänger der Schia, einer abweichlerischen Form des Islam, während die Sunniten, die sich zur orthodoxen Richtung des Islam bekannten, diese Auslegung des Gesetzes ablehnten:

»Die Sunniten bestritten die Rechtmäßigkeit dieser Lehre, und es entspann sich folglich ein heftiger Streit zwischen den Gelehrten. All die verschiedenen religiösen Auslegungen wurden nun zu Rate gezogen und mal mit dieser, mal mit jener Auffassung verglichen, bis der König schließlich, überzeugt, daß die Schiiten im Recht waren, in seinen Harem an einem einzigen Tag dreihundert Frauen und Mädchen aufnahm.«

Devaraya, der König von Vijayanagar, welcher der Tochter des Goldschmieds nachstellte, hatte also in Firoz Shah einen würdigen Gegner, der die Gelehrten seines Reiches damit beschäftigte, einen Ausweg aus dem Dilemma, das ihm seine ungezügelten Leidenschaften bereiteten, zu finden. Er schreckte auch nicht davor zurück, als er bei seinem Vorstoß nach Vijayanagar bis vor die Tore der Residenz Devarayas gelangte, diesen im Rahmen eines erzwungenen Friedens um seine Tochter zu bitten, die er zur Frau zu nehmen gedachte. Man kann davon ausgehen, daß es sich dabei nicht um die einzige Tochter Devarayas handelte, obwohl Firishta, der Chronist, den Eindruck erweckt, als gäbe es nur diese. Doch einem Muslim die Tochter eines Hindu zu überlassen, und sei es auch nur als eine unter vielen, mußte der, der sich dazu gezwungen sah, als Schande empfinden. Zumal, wenn er ein König war und die Betreffende eine Prinzessin. Da half auch nicht das Eingeständnis, daß es sich um einen Akt der Staatsräson handelte: Es war und blieb eine Schmach, mit der sich Devaraya jedoch abfinden mußte. Er sah sich darüber hinaus gezwungen, aus Anlaß der Vermählung seiner Tochter mit dem Ungläubigen eine dem Anspruch eines siegreichen Herrschers würdige Hochzeitsfeier auszurichten. Geschenke wurden ausgetauscht, Vorbereitungen getroffen, und schließlich wurde die Braut in das Lager des Sultans geführt, das er vor den Toren Vijayanagars aufgeschlagen hatte. Den Höhepunkt des Festes bildete ein feierlicher Besuch, den Firoz Shah mit seiner Braut seinem Schwiegervater abstattete. Firishta berichtet:

»Ein Zeitpunkt für den Besuch wurde vereinbart, und als es soweit war, machte sich der König [Firoz Shah] mit seiner Braut auf den Weg nach Vijayanagar, während er sein Lager in der Obhut ... [seines Bruders] ließ. Devaraya kam ihm mit großem Gefolge entgegen. Vom Tor der Stadt bis zum Palast, was einer Entfernung von fast sechs Meilen entsprach, war die Straße mit golddurchwirktem Stoff, Samt, Seide und dergleichen in reichem Gepränge ausgelegt. Die beiden Herrscher ritten zu Pferde durch ein Spalier anmutiger Jungen und Mädchen, die über ihren Köpfen goldene Schalen mit Weihrauch und silbernen Blumen schwenkten, die sie in die Menge warfen, wo sie das Volk aufsammelte. Als diese Zeremonie beendet war, brachten die Einwohner der Stadt, sowohl Männer als auch Frauen, Geschenke dar, ein jeder nach seinem Stand. Nachdem man einen Platz im Zentrum der Stadt hinter sich gelassen hatte, huldigten die Verwandten Devarayas, die die Straßen gesäumt hatten, den beiden Königen und schlossen sich dem Zug, indem sie vorausschritten, an. Als sie das Palasttor erreichten, stiegen Firoz Shah und der Radscha ab und bestiegen eine Sänfte, die mit kostbaren Edelsteinen besetzt war, und wurden in die Räume getragen, die für den Empfang der Braut und des Bräutigams vorgesehen waren. Devaraya verabschiedete sich dann und zog sich in seine Gemächer zurück. Nachdem der Sultan drei Tage lang festlich bewirtet worden war, nahm er Abschied, während der König ihn noch einmal mit reichen Geschenken überhäufte und ihn ein Stück des Weges zurück zum Lager begleitete, ehe er in die Stadt zurückkehrte.«

Zwar verübelte es Firoz Shah seinem Gastgeber und Schwiegervater, daß dieser davon absah, ihm einen Gegenbesuch abzustatten – zweifellos, weil Devaraya sich nicht in die Höhle des Löwen begeben wollte –, doch hielt er es im Augenblick nicht für opportun, seinem Mißfallen Ausdruck zu verleihen, und kehrte stattdessen in seine Residenz zurück. Dort erinnerte er sich jenes Mädchens, der Tochter des Goldschmieds, die der Anlaß für all den Streit gewesen war. Und er wäre nicht Firoz Shah gewesen, wenn er nicht sogleich Anweisung erteilt hätte, die besagte junge Dame, die seinem Gegner den Kopf verdreht hatte, vor sein Antlitz zu bringen, damit er sie in Augenschein nehmen konnte. Das geschah ohne Säumnis, auch wenn die Geschichte anders ausging, als man hätte erwarten können:

»Nachdem Firoz Shah in die Hauptstadt seines Reiches zurückgekehrt war, entsandte er eine Abordnung, die die schöne Tochter des Goldschmieds, um derentwillen der Krieg entbrannt war, und ihre Familie an den Hof holen sollte. Sie erwies sich als noch schöner, als man berichtet hatte; und da der König einsah, daß er zu alt war, um sie selbst zu heiraten, gab er sie seinem Sohn Hassan Khan zur Frau und erfreute ihre Eltern mit reichen Geschenken und Landschenkungen in ihrer Heimat. Die junge Dame wurde mittlerweile der Obhut der Tante des Königs übergeben, bis die Vorbereitungen für die Hochzeit abgeschlossen waren und die Eheschließung, die zu großer Freude und prunkvollen Festlichkeiten Anlaß gab, stattfinden konnte.«

Was wie ein Happy-End klingt, ging dennoch nicht glücklich aus: Hassan entpuppte sich als Nichtsnutz, dem der Sinn allein nach Vergnügen und Ausschweifungen stand. Anstatt die Nachfolge seines Vaters anzutreten, ereilte ihn schließlich ein Schicksal, das gerade in muslimischen Herrscherhäusern, die nur zu oft von Rivalitäten heimgesucht wurden, nicht selten war: Er wurde geblendet. Vermutlich hätte Nehal, die schöne Tochter des Goldschmieds, ein besseres Los gezogen, wenn sie dem Antrag Devarayas zugestimmt hätte. Denn ein Muslim, wie ausschweifend auch sein Lebenswandel war, achtete auf das Einhalten des hehren Gesetzes der Purdah noch strenger als ein Hindu, dem dieser Brauch eigentlich fremd war. Aber, wie es heißt, sei Nehal insgeheim von einer Vorahnung erfüllt gewesen, derzufolge es ihr beschieden war, die Frau eines Prinzen, der dem islamischen Glauben angehörte, zu werden. Vielleicht aber ist dies auch nur eine fromme Auslegung des Chronisten Firishta, der schließlich ein Muslim war.

Krishnadeva

So aufschlußreich die Episode um Nehal, die Tochter des Goldschmieds, auch ist, es genügt nicht, es dabei bewenden zu lassen. Denn Vijayanagar, mit dem ihr Schicksal verbunden ist, war mehr als nur ein kleines, von einem liebeskranken Herrscher regiertes Fürstentum. Vijayanagar war das letzte große Bollwerk, das das traditionelle, hinduistische Indien den muslimischen Eroberern entgegenstellte. Denn während die Rajputen, so tapfer sie sich auch gegen die fremden Invasoren zur Wehr setzten, untereinander zerstritten waren, so daß es nie zu einem Zusammenschluß ihrer lokal begrenzten Herrschaftsgebiete kam, gelang es den Königen von Vijayanagar, noch einmal ein mächtiges Reich zu gründen, das beinahe die gesamte südliche Hälfte des Dekhan, des eigentlichen indischen Subkontinents, umfaßte. Und da dieses Reich immerhin zweihundert Jahre Bestand hatte und zu einer Zeit existierte, da bereits erste europäische Reisende in größerer Zahl Indien besuchten, sind wir über die Beschaffenheit Vijayanagars weit besser unterrichtet als über jedes andere Reich, das aus der autochthonen, indischen Tradition hervorging. Das betrifft nicht zuletzt auch die Stellung der Frau in der Gesellschaft, die gerade in Vijayanagar besonders augenfällig war, denn Frauen kam in Vijayanagar nicht nur im Kult eine besondere Bedeutung zu.

Gerade anläßlich festlicher Ereignisse traten Frauen in besonderer Weise in Erscheinung. So berichtet Domingo Paes, ein Portugiese, der das Reich von Vijayanagar zur Zeit seiner höchsten Blüte, zu Beginn des 16. Jahrhunderts, besuchte:

»Man muß wissen, daß es bei diesen Heiden Tage gibt, an denen sie ihre Feste feiern, gerade so wie wir; auch gibt es bei ihnen Tage, an denen sie fasten: sie essen dann den ganzen Tag lang nichts und essen nur zu Mitternacht. Zur Zeit des Hauptfestes begibt sich der König von der neuen Stadt zur Stadt Vijayanagar, denn dies ist die Hauptstadt des Reiches, und es ist üblich, dort alle Feste und Versammlungen abzuhalten. Zu diesen Festlichkeiten werden alle Tänzerinnen des Reiches aufgeboten, damit sie daran teilnehmen.«

Tänzerinnen waren im Reich von Vijayanagar allgegenwärtig. Kein Fest, bei dem sie nicht auftraten. Und natürlich gab es kaum einen Tempel, der nicht über eine angemessene Zahl von Tänzerinnen verfügte. Es waren dies jene Devadasis, von denen wir bereits verschiedentlich gehört haben. Zwar hatte es sie ursprünglich in ganz Indien gegeben, seit der Hinduismus im 7. Jahrhundert seinen Siegeszug gegen den Buddhismus antrat. Doch mit dem Einfall der muslimischen Eroberer, deren puritanische Glaubensvorschriften Vergleichbares nicht kannten, wurde die Praxis des Tempeltanzes – wie auch die der sakralen Prostitution – zurückgedrängt, so daß am Ende die Institution der Devadasis auf Südindien beschränkt blieb, wo die Muslime nicht Fuß zu fassen vermochten und somit die angestammte indische Tradition überdauern konnte. Diesem Umstand ist es zu verdanken, daß der Tempeltanz in Südindien höchste Vervollkommenheit erlangte. Denn daß der geheiligte Brauch der Devadasis in die Prostitution abglitt, stellt nur die Schattenseite dieser Institution dar. Ihren Ruhm verdanken die Devadasis ihrer Kunstfertigkeit im Tanz, der nach festen Regeln erlernt und vorgetragen wird. Als Bharata-Natyam bezeichnet, womit Bharatas, eines legendären Meisters, der angeblich den rituellen Tanz einführte, gedacht wird, erlangte der Tanz der Devadasis zu Recht Berühmtheit und wurde zum Symbol der Inderin als graziöser und kunstfertiger Interpretin der religiösen Tradition ihres Landes.

Da die Portugiesen die ersten waren – sieht man von Marco Polo einmal ab, der immerhin auch Südindien besuchte –, die ausführlicher über

jenen Teil Indiens berichteten, verwundert es nicht, daß es ein portugie-
sisches Wort war, unter dem die Devadasis in Europa bekannt wurden.
So finden wir bei Domingo Paes folgenden Hinweis, bei dem er sich
auf das genannte Fest, das neun Tage währte, bezieht: »Und der König
zieht sich in das Innere seines Palastes zurück [...]; die Kurtisanen und
Bajaderen aber fahren fort, ihren Tanz vor dem Tempel und Götterbild
aufzuführen.« Dies wiederholte sich an jedem Morgen, solange das Fest
dauerte.

»Baylhadeiras« beziehungsweise »Bailadeiras« ist das portugiesische
Wort, das Paes für die Devadasis gebraucht. Es bedeutet eigentlich nur
»Tänzerinnen«, wurde aber schließlich in abgewandelter Form auch in
andere Sprachen übernommen und dabei mit der Bedeutung, die man
heute mit dem Begriff »Bajadere« verbindet, versehen. Allerdings ist damit nicht nur eine Devadasi gemeint, auf die der Ausdruck zurückgeht,
sondern eine indische Tänzerin schlechthin. Auch wenn der Begriff heute
aus der Mode gekommen ist, so stand er doch lange Zeit für die indische
Tänzerin par excellence und erweckte jene Vorstellung, die man traditionell mit der Exotik – wie auch Erotik – des indischen Tanzes verband.

Neben den Tänzerinnen, die allerdings nicht nur im Dienste der Tempel standen, sondern auch zum Hof des Königs gehörten, waren es vor
allem die Kurtisanen, die die Aufmerksamkeit von Besuchern aus fremden Ländern erregten. Sie standen noch genauso hoch im Kurs wie zur
Zeit der klassischen Blüte der Hindukultur. So berichtet Abdur Razzak,
seines Zeichens Botschafter des Königs von Persien, der sich im Jahre
1443 in Vijayanagar, der traditionellen Residenz der Könige von Vijayanagar, aufhielt:

»Hinter der Münze befindet sich eine Art Basar, der sich über eine Länge
von mehr als dreihundert *gaz* [etwa zweihundert Meter] und eine Breite
von über zwanzig *gaz* [ca. fünfzehn Meter] erstreckt. Zu beiden Seiten
sind in einer Reihe Zimmer und Estraden angeordnet, vor denen sich, in
der Art eines Thrones, mehrere Plattformen erheben, die aus sorgfältig
behauenen Steinen bestehen. An den Wänden der Häuser, die die Straße
säumen, befinden sich Darstellungen von Löwen, Panthern, Tigern und
anderen Tieren. All diese Bilder sind so kunstvoll gezeichnet, und die

Darstellung der Bewegungen ist so naturgetreu, daß man denken könnte, es handele sich um lebendige Tiere. Unmittelbar nach dem Mittagsgebet werden vor die Türen, die in die Zimmer führen und mit reichem Schmuck verziert sind, Sessel und Stühle gestellt, auf denen die Kurtisanen Platz nehmen. Eine jede von ihnen ist mit Perlen und kostbaren Edelsteinen geschmückt und trägt ein prächtiges Gewand. Sie sind alle außergewöhnlich jung und von erlesener Schönheit. Jeder von ihnen stehen zwei junge Sklavinnen zur Seite, welche die Aufgabe haben, die Kunden anzulocken und für alles zu sorgen, was zu ihrem Vergnügen beiträgt. Jeder Mann kann diese Zimmer betreten und sich jedes Mädchen aussuchen, das ihm gefällt, und sich mit ihr vergnügen. Was immer er bei sich trägt, gibt er denen zur Verwahrung, die als Dienerinnen in den Häusern der Kurtisanen fungieren, und wenn irgend etwas verlorengeht, sind diese dafür verantwortlich.«

Ob es sich tatsächlich immer um Kurtisanen und nicht nur um bloße Prostituierte handelte, sei dahingestellt, jedenfalls rühmte sich Vijayanagar einer Vielzahl von Schönen, die dem Beruf der käuflichen Liebe nachgingen und dabei offenbar recht gut verdienten. Was nicht verwundert, war Vijayanagar – die Stadt wie auch das Land insgesamt – doch berühmt für seinen Wohlstand, den es vor allem einem regen Handel sowohl mit den Portugiesen als auch den Arabern, die den Portugiesen vorausgegangen waren, verdankte. Paes, der die Stadt Vijayanagar zur Zeit ihrer Blüte kennenlernte, verglich ihre Größe mit der Roms, das er gleichfalls kannte, und sie war so volkreich, daß er sich scheut, die Zahl ihrer Bewohner zu nennen, weil er fürchtet, man würde ihm nicht glauben. Verständlich, daß sich die Kurtisanen ein eigenes Viertel leisten konnten und das Geschäft mit der Liebe augenscheinlich florierte.

Daß es sich dabei nicht nur um billige Prostitution handelte, beweist ein Vorfall, der sich zur Zeit Krishnadeva Rayas, der im Jahre 1509 den Thron von Vijayanagar bestieg, ereignete. Von ihm wird berichtet:

»Als dieser König Krishnadeva jung war und in dieser Stadt Vijayanagar aufwuchs, hatte er eine Affäre mit einer Kurtisane, der er sehr zugetan war; sie hieß Chinna Devi, und da er sie so sehr liebte, versprach er ihr wiederholt, daß er sie – falls er jemals König werden sollte – heiraten würde. Und obwohl er es nur im Spaß sagte, so wurde es doch wahr, wie die Überlieferung zeigt.«

Doch es bedurfte immerhin einer List, um das Versprechen des Prinzen Wahrheit werden zu lassen. Denn so angesehen Kurtisanen gemeinhin auch waren, daß ein König eine von ihnen zur Frau nahm, verstieß dann doch gegen die Etikette. Man mußte daher den Schein zumindest wahren, wenn sich wie im Falle Krishnadevas die Zuneigung oder Leidenschaft als hartnäckiger erwies denn nüchternes staatsmännisches Kalkül. Wie es in dem Bericht zu diesem Vorfall, der wiederum aus der Feder eines Portugiesen, Fernão Nuniz, der gleichfalls Vijayanagar besuchte, stammt, weiter heißt:

»[...] als er [Krishnadeva] den Thron bestieg und all das aufgeben mußte, mit dem er sich in seiner Jugend vergnügt hatte, vergaß er dennoch nicht die Zuneigung, die er für diese Frau [Chinna Devi] empfand, sondern richtete es so ein, daß er regelmäßig heimlich seinen Palast verließ und sich zu ihrem Haus begab. Und eines Nachts entdeckte dies Saluva Timma, der Vertraute des Königs, der die Regierungsgeschäfte führte; er beobachtete, wie er im Haus der Frau verschwand, und tadelte ihn gar sehr und brachte ihn in den Palast zurück. Da erklärte ihm der König, wie sehr er sie liebte und daß er versprochen hatte, diese Frau zu heiraten, und daß er entschlossen war, es unter allen Umständen zu tun; und Saluva Timma, als er sah, wie entschlossen der König war, gab seinem Wunsch nach und erklärte, daß er es in solch einer Weise bewerkstelligen werde, daß Seine Hoheit dadurch keinen Schaden erleiden würde. Und so suchte er für ihn eine sehr schöne Frau, die der Familie Narasimhas entstammte, und nachdem er sie mit ihm vermählt hatte, am Ende der Hochzeitsfeierlichkeiten, brachte er diese Frau und die andere in einem Haus unter, das er mit einem hohen und geräumigen Turm ausgestattet hatte; und diesen wies er der Kurtisane zu.«

Mit der »Familie Narasimhas« ist ein Adelsgeschlecht gemeint, das auf eine frühere Dynastie zurückging. Zweifellos war eine Tochter aus einem solchen Haus angemessener für einen König als eine Kurtisane, wie sehr er ihr auch zugetan sein mochte. Und so erhielt die eigentliche Gemahlin ihren eigenen Palast, der die Funktion eines Harems hatte, wo es auch für eine Kurtisane ein diskreteres Unterkommen gab. Im übrigen begnügte sich Krishnadeva – wie alle Herrscher in Indien, seien sie nun einheimischer, hinduistischer oder fremder, muslimischer Tradition – nicht mit einer legalen Frau (und einer Geliebten). Nuniz, der portugiesische Beobachter, weiß weiter zu berichten:

»Später heiratete der König viele andere Frauen, denn diese Könige sehen es als ihre Ehre an, viele Frauen zu haben; und dieser König Krishnadeva heiratete vier, und dennoch liebte er die eine mehr als alle anderen. Dieser König erbaute eine Stadt zu Ehren dieser Frau, um der Liebe willen, die er für sie empfand, und er nannte sie Nagalapur und umgab sie mit einer Mauer, die zu den bemerkenswertesten Bauwerken gehört, die es in seinem Königreich gibt [...].«

Mit anderen Worten: Die Kurtisane, der der König verfallen war, mochte zwar für die Rolle einer königlichen Gemahlin unziemlich erscheinen, doch sie mit der Gründung einer ganzen Stadt zu ehren, die noch dazu in den Rang der eigentlichen Kapitale erhoben wurde, ließ sich der ihr Ergebene nicht nehmen.

Was nun den Harem des Königs insgesamt betrifft, so berichtet Domingo Paes:

»Jede dieser Frauen verfügt über ein eigenes Haus, samt Dienerinnen und Kammerzofen sowie Frauen, die als Wächterinnen dienen und andere Dienste verrichten; in allen Fällen handelt es sich um Frauen, und keinem Mann ist der Zugang zu ihren Häusern gestattet, außer den Eunuchen, die über sie wachen. Diese Frauen sieht nie ein Mann, außer vielleicht, wenn es sich um einen alten Mann von hohem Rang handelt, dem der König dazu die Erlaubnis erteilt. Wenn sie auszugehen wünschen, so werden sie in Sänften getragen, die vollständig verhängt sind, so daß man die Frauen nicht sehen kann, und all die Eunuchen, die sie begleiten, nicht weniger als dreihundert oder vierhundert an der Zahl, und alle, denen sie begegnen, halten sich in angemessener Entfernung von ihnen.«

Es ist offensichtlich, daß die Herrscher von Vijayanagar, so sehr sie der angestammten indischen Tradition verhaftet waren, dennoch nur zu bereitwillig die Gewohnheit der Muslime übernommen hatten, ihre Frauen von jeglichem Kontakt mit anderen Männern auszuschließen – eine Einschränkung der Freiheit der Frau, zumal es sich um die Gemahlinnen von Königen handelt, die es zuvor in dieser Form nicht gegeben hatte. Es ist dies die wohl einschneidendste Änderung, die sich im Leben der Frau infolge der kulturellen Überlagerung durch den Islam ergab.

Auch das Haremswesen erfuhr durch die Übernahme der Gebräuche der fremden Eroberer eine Änderung. Der Harem, den es zuvor freilich auch schon gegeben hatte, übernahm nun die Funktion einer separaten Institution, welche die Welt der Frauen gänzlich von der der Männer schied. Das betraf nicht nur das, was als »Purdah« bekannt wurde, also die Segregation der Frau. Als *zenana*, das heißt »Quartier der Frauen«, bezeichnet, erlangte der Harem, der nun wesentlich erweitert wurde, eine Art Eigenleben. Das traf zumindest für die Herrscher muslimischer wie indischer Provenienz zu. Als eigenständige Institution, die freilich der Autorität des Herrn unterstand, der Nutznießer dieser Einrichtung war, umfaßte der Harem eines Herrschers eine Vielzahl von Personen, die von der Favoritin des Fürsten beziehungsweise der eigentlichen Königin bis zu Sklaven und Eunuchen reichte, die in dienender und überwachender Funktion tätig waren. Dabei konnte die Zahl derer, die zu einem herrschaftlichen Harem gehörten, unvorstellbare Ausmaße erlangen. Domingo Paes berichtet:

»Uns wurde berichtet, daß jede dieser Königinnen [das heißt Frauen des Königs] eine sehr große Summe Geldes besitzt sowie Schätze und persönliche Schmuckstücke wie Armspangen, Armbänder, Perlen verschiedener Art und Diamanten, und all das in großer Menge; und es heißt auch, daß jede von ihnen über sechzig Dienerinnen verfügt, die über alle Maßen mit Edelsteinen, Rubinen, Diamanten und Perlen aller Art geschmückt sind. Diese bekamen wir später zu Gesicht, und wir standen nur und staunten [...].«

Nicht nur der Reichtum, den selbst die Dienerinnen zur Schau stellten, versetzte die Portugiesen in Erstaunen. Es war auch die große Zahl derer, die dem königlichen Harem zugeordnet waren.

»Alles in allem, so heißt es, gibt es da zwölftausend Frauen; denn man muß wissen, daß darunter Frauen sind, die Schwert und Schild handhaben, und andere, die Ringkämpferinnen sind, und wieder andere, die Trompeten und Flöten blasen und auf anderen Instrumenten spielen, die wir nicht kennen; und ebenso gibt es dort Frauen, die als Sänftenträgerinnen und Wäscherinnen dienen und andere Aufgaben verrichten, die im Harem anfallen; gerade so, wie der König über seinen eigenen Stab von Dienern und Hofbeamten verfügt.«

Die Hauptfrauen des Königs – Paes nennt drei, wobei er sich auf den gleichen Herrscher wie Nuniz, Krishnadeva, bezieht – verfügten alle über die gleiche reiche Ausstattung ihres Haushaltes, den sie jeweils getrennt führten; es kam folglich – wie Paes anmerkt – nicht zu Streit zwischen ihnen, denn keine besaß mehr als die andere. Lediglich die Gunst des Herrschers wird nicht immer jeder in gleicher Weise zuteil geworden sein. Was das betrifft, so führt Paes aus:

»Der König lebt allein im Palast, und wenn er den Wunsch hat, eine seiner Frauen bei sich zu haben, schickt er einen Eunuchen, um sie zu holen. Der Eunuch betritt jedoch nicht ihre Wohnung, sondern wendet sich an die Wächterinnen, welche die Königin davon in Kenntnis setzen, daß der König eine Botschaft geschickt hat, und dann kommt eine ihrer Dienerinnen oder Kammerzofen, um sich nach dem Inhalt der Botschaft zu erkundigen, und dann begibt sich die Königin zum König oder der König zu ihr, und so verbringt er die Zeit, wie er es gerade wünscht, ohne daß die anderen Frauen es merken.«

Es herrschte, wie man sieht, eine geradezu zeremonielle Etikette, selbst wenn der König einer seiner Frauen seine Gunst erwies. Ob er sie freilich damit beglückte, sei dahingestellt. Immerhin handelte es sich, soweit es Krishnadeva betrifft, von dem hier die Rede ist, im einen Fall um eine

Tochter des Königs von Orissa, den Krishnadeva in einem Feldzug besiegt hatte und der – wie bei dergleichen Kriegszügen üblich – in Anerkennung seiner Unterwerfung seine Tochter dem Sieger überlassen mußte. Während im andern Fall ein Vasall Krishnadevas, seines Zeichens König von Seringapatam, gleich mehrere Töchter dem Harem seines Lehnsherren hatte überantworten müssen. Bezieht man noch jene Kurtisane mit ein, die die erklärte Favoritin des Königs war, so wird die Zuneigung der Königinnen, die letztlich nur Geiseln waren, zu ihrem Gemahl und Gebieter nicht allzu groß gewesen sein. Wie wohl auch die Harmonie untereinander, so sehr sich die Königinnen in ihrem Status und in ihrer Ausstattung auch ähneln mochten, eher begrenzt war.

Zu allem Übel herrschte auch in Vijayanagar der Brauch, daß die Frauen des Königs ihm ins Grab folgten. Dabei handelt es sich nicht um ein Begräbnis im eigentlichen Sinne, sondern um die in Indien seit alters her geübte Praxis der Verbrennung. Nuniz konstatiert: »Wenn ein Heerführer stirbt: wie viele Frauen er auch gehabt haben mag, sie verbrennen sich alle selbst, und wenn der König stirbt, dann tun seine Frauen das gleiche.«

Auch die Frauen aus dem Volk folgten dieser Sitte, die sich inzwischen über ganz Indien ausgebreitet hatte, besonders aber in Südindien (und bei den Rajputen) gepflegt wurde, wo der Islam – der diese Praxis nicht kannte – nur geringen Einfluß erlangte.

Allerdings gab es daneben auch noch eine andere Form, wie eine den strengen Geboten des Hinduismus gehorchende Frau ihrem Mann in den Tod folgte. Nuniz fährt in seiner Feststellung fort:

»Dies ist der Brauch überall in dem Land der beiden [Vijayanagar]; außer bei dem Volk der Telugu, wo die Frauen lebendig mit ihren Ehemännern begraben werden, wenn diese sterben. Bei ihnen gehen die Frauen mit großer Freude zu der Grube, in der zwei Sitze aus Erde hergerichtet werden, einer für ihn und einer für sie, und man setzt jeden von ihnen auf seinen Platz und schüttet nach und nach Erde über sie, bis sie ganz bedeckt sind; und so stirbt die Frau mit dem Ehemann.«

Die Telugu, deren Kennzeichen eine der drawidischen Sprachen war, die im Reich von Vijayanagar gesprochen wurden, waren eines der Völker, die in diesem Reich zu einer politischen Einheit zusammengeschmolzen worden waren. Wobei gerade Krishnadeva, der der bedeutendste Herrscher derer war, die über Vijayanagar regierten, die Telugu, in deren Sprache er Gedichte verfaßte, besonders förderte. Daß sie ihre Frauen lebendig begruben, kümmerte ihn vermutlich nicht. Schließlich erwartete die Frauen an seinem Hof ein ähnliches Los: ob verbrannt oder begraben – Hauptsache, die Frauen bezeugten ihre Treue auch über den Tod hinaus. Dafür konnte man schon ein paar Perlen oder Diamanten springen lassen.

Böse Überraschung

Zweihundert Jahre hielt das Reich von Vijayanagar dem Ansturm der muslimischen Eroberer stand. Dann, 1565, erlag es den fremden Eindringlingen, und die Hauptstadt Vijayanagar wurde erobert, geplündert und zerstört. Die Bevölkerung, soweit sie nicht fliehen konnte, wurde massakriert; ausgenommen jene Frauen und Mädchen – darunter insbesondere die Kurtisanen und Tänzerinnen –, die in die Harems der Eroberer wanderten. Fortan mußten sie Ungläubigen zu Gefallen sein; doch als solche betrachteten sie auch ihre neuen Herren, und so werden sie kaum besser als Sklavinnen behandelt worden sein.

Schon Ibn Battuta, der Weltreisende, der im 14. Jahrhundert Indien besuchte und am Hofe des Sultans Mohammed ibn Tughluq in Delhi weilte, legt ein beredtes Zeugnis ab, wenn er anläßlich höfischer Festlichkeiten, als deren Höhepunkt die Zuteilung betörender, doch wehrloser Kriegsbeute galt, schreibt:

»In einer Festwoche werden Musikanten und Tänzer in den Audienzsaal geholt, unter ihnen vor allem die Töchter heidnischer Hindukönige, die in Gefangenschaft geraten sind. Wenn sie gesungen und getanzt haben, verschenkt sie der Sultan an die Emire und die Fremden. Danach kommen noch weitere Heidenmädchen, die nach ihrem Gesang und Tanz vom Herrscher an seine Brüder, Verwandten, Schwäger und Fürstensöhne verschenkt werden. Auch die Emire der Mameluken [Leibwache] erhalten Sklavinnen und Sängerinnen. Am dritten Tag einer solchen

Woche verheiratet der Sultan seine Verwandten und beschenkt sie. Am vierten gibt er Sklaven und am fünften Sklavinnen die Freiheit. Am sechsten verheiratet er Sklaven und Sklavinnen, und am letzten Tag einer Festwoche verteilt er Almosen, und zwar in reichlicher Menge.«

Der Willkür des Sultans waren keine Grenzen gesetzt. Das betraf zwar auch seine eigenen Glaubensbrüder, doch besonders hatten darunter die Einheimischen zu leiden. Sie galten als Heiden und waren besonderer Diskriminierung ausgesetzt. Erst Akbar, der Herrscher aus der Dynastie der Moguln, schaffte hier Abhilfe. Er war zwar auch ein rücksichtsloser Eroberer, wie wir gesehen haben. Doch ähnlich wie Ashoka, der Maurya-Herrscher, mit dem Akbar so manches gemeinsam hatte, zeichnete er sich in seiner Regierungspolitik als ein bemerkenswert aufgeklärter, liberaler Herrscher aus. Nicht zu Unrecht hat ihm deshalb die Nachwelt den Ruhm, einer der Großen der Weltgeschichte gewesen zu sein, zuerkannt.

Doch bis Akbar im Jahre 1556 an die Macht gelangte und bis auch er seine Herrschaft gefestigt hatte – darüber gingen noch einmal Jahrzehnte ins Land –, war die einheimische indische Bevölkerung ständigen Kriegen und Repressalien ausgesetzt. Darunter zu leiden hatten besonders die Frauen, denn sie galten nicht nur als bevorzugte Kriegsbeute, sondern die Auswirkungen von Eroberung und Fremdherrschaft gereichten auch wiederum gerade ihnen zum Nachteil. Und dies auf vielerlei Weise. Da waren zum einen die unmittelbaren Folgen der Kriege, die dazu führten, daß Frauen – wenn sie den ehemaligen Herrschergeschlechtern angehörten – den heroischen Akt des Jauhar begingen, um dadurch Entwürdigungen und dem Verlust der Ehre ihres Geschlechts zu entgehen. Zahllos sind die Beispiele, wo Königinnen und Prinzessinnen – aber auch ihre Dienerinnen oder sogar die gesamte weibliche Anhängerschaft eines Fürsten und seiner Getreuen – freiwillig in den Tod gingen, um nicht in die Hände der fremden Eroberer zu fallen. Wer dem dennoch nicht entkam – oder sich dem grausamen Akt des Jauhar entzog –, lud Schande auf sich und sein Geschlecht, seine Familie. Selbst wenn es einer Frau gelang, die Freiheit zurückzugewinnen und dem fremden Glauben, zu dessen Übernahme sie womöglich gezwungen worden war, abzuschwören, blieb sie eine Ausgestoßene; weder ihre Familie noch ihre eigentliche Glaubensgemeinschaft nahm sie wieder auf. Ihr blieb nur, sich freiwillig auf die Seite der neuen Herren zu schlagen. Oder den Weg all derer zu gehen, die seit eh und je Not und Verachtung in die Prostitution zwang.

Aber auch noch auf andere Weise wirkten sich Gewalt und Krieg, die im Gefolge des Einfalls der Muslime Indien heimsuchten, nachteilig für die Frau aus: Um sie vor Übergriffen der fremden Eroberer zu schützen, die weniger an verheirateten Frauen interessiert waren, als vielmehr an Mädchen in jungfräulichem Alter – die Jungfräulichkeit stand bei den Muslimen in nicht weniger hohem Kurs als bei den Hindus –, wurde das Heiratsalter noch weiter herabgesetzt. In Extremfällen konnte es geschehen, daß Kinder gewissermaßen schon vor der Geburt verlobt wurden. Was freilich hinfällig wurde, wenn die Neugeborenen – soweit es ihr Geschlecht betraf – nicht den Erwartungen entsprachen. In jedem Falle hatte das Mädchen – und ihr Zukünftiger, sofern er gleichfalls noch in jungen Jahren war – keinerlei Möglichkeit, über die Wahl des Ehepartners zu entscheiden. Das war Sache der Eltern, wobei oft eher die Höhe der Mitgift den Ausschlag gab als die Klärung der Frage, ob die beiden Heiratskandidaten auch wirklich zusammenpaßten. Willkür herrschte auch hier nicht selten, und nach dem Glück des Brautpaars wurde nicht gefragt.

Das war auch bei den Muslimen kaum anders, wo gleichfalls der Brauch vorherrschte, daß die Eltern über die Heirat ihrer Kinder bestimmten. Freilich lag hier das Heiratsalter höher, dennoch gab es gewöhnlich kein Mitspracherecht, und die Überraschung war oft groß, wie aus folgender Schilderung eines flämischen Kaufmanns, Francisco Pelsaert, deutlich wird, der in den Jahren 1620 bis 1627 im Auftrag der holländischen Ostindien-Kompanie in Indien weilte und sich in Agra, dem Sitz der Mogulherrscher, aufhielt. Hier war das Leben durch den Islam geprägt, und Muslime waren es denn auch, über deren Heiratsgebräuche Pelsaert – im Rahmen einer Schilderung seiner Beobachtungen – berichtet:

»Wenn eine Heirat arrangiert wird, so hat der Bräutigam keinen Anteil an der Wahl, die Braut noch viel weniger, denn die Wahl treffen die Eltern oder, wenn sie nicht mehr am Leben sind, Bekannte oder Verwandte. Wenn ein Jüngling das Alter von 15 bis 18 Jahren erreicht hat, suchen seine Freunde nach der Tochter eines Mannes, der zum engeren Bekanntenkreis gehört [...]. Wenn sich keine passende Kandidatin findet, so nimmt man die Hilfe von weiblichen Heiratsvermittlern in Anspruch, die sich in derlei Dingen auskennen; die Eltern wenden sich an diese und fragen sie, ob sie nicht eine junge Dame aus wohlhabender Familie für ihren Sohn kennen. Die Heiratsvermittlerinnen verstehen etwas von ihrem Geschäft und schlagen gewöhnlich mehrere Kandidatinnen vor. Wenn die Vorschläge sorgfältig geprüft worden sind, was Geburt und sonstige Umstände betrifft, wählen die Eltern diejenige aus, die ihnen am geeignetsten erscheint.«

Sodann unternimmt die Mutter des Jünglings beziehungsweise jemand aus seiner Verwandtschaft oder Bekanntschaft in seinem Beisein einen Besuch bei der Familie der jungen Dame, auf welche die Wahl gefallen ist, und hält um ihre Hand an. Wenn die Partei des Mädchens zustimmt und die Einzelheiten der Verbindung ausgehandelt sind, läßt der Jüngling seiner Zukünftigen einen Ring überbringen; worauf sie sich mit einem Geschenk, etwa einem Taschentuch, das ihre Verbundenheit signalisiert, revanchiert. Allerdings haben sich die beiden Heiratskandidaten bislang noch nicht persönlich kennengelernt, und Pelsaert, der aus der Sicht des Jünglings schreibt, merkt dazu nicht ohne Spott an, daß »es dem unglücklichen Bräutigam nicht erlaubt ist [...] herauszufinden, ob seine zukünftige Braut weiß oder schwarz, geradegewachsen oder bucklig, hübsch oder häßlich ist«. Was das betrifft, so müsse er sich auf das Urteil seiner Mutter oder der anderen verlassen, die die Sache eingefädelt haben.

Die beiden derart einander Versprochenen gelten nun als verlobt, und es folgt eine Zeit von zwei, drei Wochen, in der die Vorbereitungen für die Hochzeit getroffen werden. Dabei geht es im Haus der Braut wie auch des Bräutigams schon recht fröhlich zu, mit Gesang und Musik, bei »Tag und Nacht«, derart, »daß die ganze Nachbarschaft in Lärm versinkt«.

Schließlich nähert sich das eigentliche Fest, und der Bräutigam stattet mit seinen Eltern und all seinen Verwandten und Freunden der Familie der Braut einen Besuch ab, bei dem wiederum Geschenke überreicht werden. Diese haben den Zweck, einen Beitrag für die Ausrichtung des

Festes zu leisten, die der Familie der Braut obliegt. So bestehen diese Gaben in erster Linie aus Geld sowie Leckereien wie Konfekt und Obst, feierlich auf großen verzierten Tabletts dargeboten. Bedeutsam ist, daß bei dieser Gelegenheit auch die traditionelle Morgengabe überreicht wird, die zumeist aus Schmuck besteht und der Braut überantwortet wird, die sich dadurch nicht nur geehrt fühlt, sondern auch in den Besitz einer Garantie gelangt, die ihr im Falle einer Scheidung eine gewisse materielle Sicherheit verschafft. Anders als bei der einheimischen, indischen Bevölkerung, die der hinduistischen Tradition angehörte, war und ist es bei den Muslimen nicht üblich, eine Mitgift, die ja von der Familie der Frau zu entrichten ist, zu zahlen. Auch wenn die Exzesse, die mit diesem Brauch einhergehen, erst in neuerer Zeit in Indien zu beobachten sind, so stellt doch die Tatsache, daß im einen Fall die Familie der Braut und im andern die Familie des Bräutigams einen Beitrag für die Ehe leisten muß, eine unterschiedliche Bewertung sowohl der Frau als auch der Ehe dar. Und zwar insofern, als das Prestige der Frau beziehungsweise des Mannes am Wert der jeweiligen Gabe bemessen wird, andererseits aber auch die Morgengabe eine stabilisierende Wirkung für die Ehe hat, denn der Mann beziehungsweise seine Familie hat immerhin in die Ehe »investiert«; folglich ist er nicht gewillt, diese Investition leichtfertig abzuschreiben, auch wenn die Scheidung erlaubt und – im Gegensatz zu den Indern hinduistischer Tradition – leicht zu bewerkstelligen ist. Anders bei den eigentlichen Indern: Hier ist die Ehe ein heiliges Sakrament, was sie nach islamischem Glauben nicht ist; folglich kann sie gewöhnlich auch nicht aufgelöst werden, so daß die Frau eigentlich einer Morgengabe nicht bedarf; daß sie beziehungsweise ihre Familie eine Mitgift entrichten muß, stärkt freilich nicht ihre Position. Im Gegenteil, wie wir noch sehen werden, wertet die Mitgift den *Mann* auf und erniedrigt die Frau. Folglich kann er sie auch wie das Letzte vom Letzten behandeln, wenn ihm danach ist. Dennoch ist auch die Ehe unter Muslimen kein Zuckerschlecken für die Frau: Der Mann kann sie verstoßen, wann immer es ihm beliebt, und wenn er sich mit einer Frau nicht begnügt, sondern mehrere heiratet – der Koran gesteht ihm vier legitime Frauen zu –, dann muß sich die, welche die Gunst ihres Mannes nun mit einer oder mehreren Rivalinnen teilen muß, damit abfinden.

Doch damit greifen wir vor. In unserem Fall hat die Braut vielleicht noch Illusionen und womöglich sogar der Bräutigam. Die Morgengabe ist also überreicht, und als nächstes folgt eine zeremonielle Handlung, die mit dem Begriff *menhdi* verbunden ist. Darunter versteht man das Auftragen einer rötlich-braunen Paste, die aus Henna gewonnen wird. Damit werden bei festlichen Anlässen, insbesondere aber zur Hochzeit, wenn sich Braut und auch Bräutigam damit schmücken, dekorative Muster auf Handflächen und Fußsohlen aufgetragen. Derart gerüstet, kann nun das große Ereignis, die Vermählung in festlichem Rahmen, stattfinden. Pelsaert berichtet darüber:

»Der nächste Tag ist der Hochzeitstag. Der Bräutigam trägt ein rotes Gewand und ist derart mit Blumengirlanden geschmückt, daß man sein Gesicht nicht sehen kann, und wenn es Abend wird, versammeln sich alle Freunde und geladenen Gäste und begleiten den Bräutigam zum Haus der Braut, wobei sich ein großes Schauspiel entfaltet, das aus Feuerwerk und Musik, die von Trommlern, Trompetern und Sängern dargeboten wird, besteht und überall großen Eindruck erweckt. Der Bräutigam reitet zu Pferde, gefolgt von seinen Freunden, die allesamt eine stattliche Kavalkade bilden; die Frauen folgen in Sänften und Wagen, die mit kostbaren Stoffen verhängt sind.«

Derartige Prozessionen, bei denen der Bräutigam, prächtig ausgestattet wie ein Märchenprinz, auf einem Pferd reitet, kann man auch heute noch allenthalben in Indien beobachten, einschließlich ohrenbetäubenden Lärms von Trompeten und Trommeln. Dabei beschränken sich derartige Hochzeitszüge nicht auf den muslimischen Teil der Bevölkerung, sondern dieser Brauch ist inzwischen auch von den Indern hinduistischer Tradition übernommen worden. Überhaupt macht sich der kulturelle Einfluß, der auf den Einfall der Muslime zurückgeht, überall in Indien bemerkbar. Das reicht vom Schleier der Frau, auch wenn er heute als Bestandteil des Sari gilt, bis zur sogenannten indo-sarazenischen Architektur, die eine Verbindung einheimischer, indischer und muslimischer Baustile darstellt und besonders in der Palastarchitektur, wie sie die Herrschersitze der Maharadschas kennzeichnete, zum Ausdruck kommt.

Wenn der Bräutigam in feierlicher Prozession das Haus der Familie seiner Braut erreicht hat, beginnt das Fest, indem Männer und Frauen, streng getrennt, sozusagen jeweils ihre eigene Feier abhalten. Tänzerinnen und Musikanten treten auf, Speisen und Getränke werden gereicht; nur die Braut und der Bräutigam beteiligen sich nicht an dem fröhlichen Treiben, bis endlich der große Augenblick naht, der zunächst darin besteht, daß der feierliche Akt der Trauung vollzogen wird. Allerdings handelt es sich dabei, soweit es sich um eine muslimische Hochzeit handelt, nicht um eine religiöse Zeremonie, sondern lediglich um einen Austausch von Unterschriften im Beisein eines Kadi, das heißt Richters, oder auch Geistlichen. Die Anwesenheit der Braut ist dabei nicht erforderlich, sie wurde – und wird – oft durch einen männlichen Stellvertreter, der als ihr Vormund fungiert, vertreten. Pelsaert schreibt: »[...] und dann vollzieht [der Kadi] die Eheschließung, ohne daß die Braut anwesend ist.«

Nunmehr Mann und Frau, laut Richterspruch vereint, nähert sich schließlich der Augenblick der Wahrheit:

»Wenn dies vorüber ist, wird das Festmahl aufgetragen, und man begibt sich zum Essen, worauf wiederum Musik, Tanz und Gesang folgt, was die ganze Nacht durch bis zum Morgen dauert. Dann werden die Habe der Braut, das heißt, was immer sie mit in die Ehe bringt, zur Ansicht ausgebreitet, ehe man sie zusammenpackt und fortschafft. Der Bräutigam folgt mit dem gleichen Gepränge wie am Abend bei seiner Ankunft, abgesehen von den Lichtern und dem Feuerwerk; dann seine Braut, die in einer Sänfte getragen wird, und dann folgen die Frauen der Familien und Freunde der Braut und des Bräutigams. In dieser Weise führt er die Braut heim. Im Haus seiner Familie ist alles vorbereitet; er tritt ein, und man führt ihm seine Frau vor, die er nun zum ersten Mal sieht, und er kann sich glücklich schätzen, wenn es sich herausstellt, daß sie hübsch ist und seinem Geschmack entspricht.«

Dies trifft natürlich auch für die Frau zu, die genauso enttäuscht sein konnte – für sie ein noch größeres Unglück als für ihren Mann, der sich schließlich noch ein, zwei, drei weitere Frauen hinzunehmen

konnte. Sofern er sie nicht einfach verstieß: Dann hatte er sogar viermal die Möglichkeit, das große Los zu ziehen. Und bei jeder weiteren,
die er abschob, hatte er noch einmal ein Freilos. Die Frau konnte – und
kann – sich mit dergleichen nicht trösten: Für sie bedeutete und bedeutet die Eheschließung nicht selten einen Blindflug ins Unglück.
Und das bezog sich nicht nur auf die Erscheinung und das Wesen ihres
Ehemannes, wo sie einer bösen Überraschung gewärtig sein mußte
(auch wenn es durchaus anders sein konnte). Auch dem, was sogleich
nach der ersten Begegnung geschah, sah sie wohl eher mit Bangen entgegen:

»Die Ehe muß sogleich vollzogen werden, während die Frauen, die sich
nicht allzu weit entfernen, Platz nehmen und singen; andernfalls würde
es für den Bräutigam eine große Schande bedeuten, und die Frauen
würden ihm das Spinnrad schicken. Wenn die Ehe vollzogen ist, betreten die Mutter und eine alte Frau das Schlafgemach und, nachdem sie
sich vergewissert haben, stoßen sie einen Triumphschrei aus und singen: ›Mubarak!‹, ›Welch ein Glück!‹, als ob ein großer Sieg errungen worden wäre.«

Ein solcher konnte auch dadurch vereitelt werden, daß es nicht der Bräutigam war, der versagte, sondern die Braut, die beim Vollzug der Ehe
nicht mehr mit dem aufwarten konnte, was von ihr am meisten erwartet
wurde: der Jungfräulichkeit. Besaß sie diese nicht mehr, war nicht nur
der ganze Aufwand – vom Feuerwerk bis zum Festschmaus – umsonst,
sie mußte auch damit rechnen, in Schimpf und Schande davongejagt zu
werden. Schlimmer noch, um diese Schande wiedergutzumachen, fühlte
sich auch ihre eigene Familie bemüßigt, sie mit dem zu bestrafen, was
ihrem Vergehen einzig angemessen schien: Man brachte sie um! Eine
Tragik, der so manches Mädchen zum Opfer fiel, denn nichts schätzen
Muslime so hoch wie ihre Ehre. Und die hat – so paradox es klingt – vor
allem die Frau zu gewährleisten.

Goldener Käfig

»Ihre Paläste sind in ihrem Innern gekennzeichnet durch ausschweifende Sinnlichkeit, eine übermütige und sorglose festliche Stimmung, oberflächlichen Prunk, aufgeblasenen Stolz und zeremonielle Zurschaustellung, während die Gefolgsleute der Mächtigen mit allem Recht als ein Ausbund von Schlechtigkeit, Gier und Ausbeutung bezeichnet werden können, denn – wie ihre Herren – sind sie auf Beute aus, solange die Sonne scheint.«

Pelsaert, der flämische Kaufmann, war nicht nur ein genauer, sondern auch ein kritischer Beobachter, und was er über die herrschende Schicht, die sich um den Hof der Moguln scharte, zu sagen hatte, war durchaus nicht schmeichelhaft. Während das Volk darbte und in bitterster Armut lebte, ergingen sich die Herren in verschwenderischem Luxus, ohne auch nur im geringsten denen, über die sie geboten, Beachtung zu schenken. Reiche und Arme hatte es auch vor dem Einfall der Muslime in Indien gegeben, aber die soziale Kluft, die zwischen dem Volk und den Herrschern bestand, hatte sich durch die Überfremdung, die im Namen des Islam erfolgte, noch verschärft: hier die Einheimischen, verachtet und entrechtet, dort eine fremde Elite, die nur auf ihren eigenen Vorteil bedacht war. Es gelang den Moguln zwar, die angestammten Herrscher, namentlich die stolzen Rajputenclans, auf ihre Seite zu ziehen, und Akbar, ein bemerkenswert aufgeklärter Herrscher, war um einen Ausgleich zwischen der einheimischen, indischen Bevölkerung und der fremden, muslimischen Elite bemüht. Doch selbst seine liberale Haltung und reformorientierte Politik vermochten am Grundübel, das aus dem Gegensatz zweier unterschiedlicher Religionsgemeinschaften bestand, nicht viel zu ändern. Eine allumfassende Solidarität und gegenseitige Achtung kamen nie zustande, auch wenn man sich mit der Zeit arrangierte. Solange die Moguln herrschten – und das waren immerhin dreihundert Jahre –, waren die eigentlichen Inder nur Bürger zweiter Klasse. Kein Wunder, daß der Antagonismus, der zwischen den beiden Bevölkerungsgruppen herrschte, schließlich wieder offen zutage trat und das politische Klima auf dem indischen Subkontinent bis auf den heutigen Tag vergiftet.

Pelsaert befand sich zu einer Zeit in Indien, als mit Jahangir ein Herrscher auf dem Thron der Moguln saß, der nur noch wenig mit seinem Vorgänger Akbar gemein hatte. Jahangir war eine Marionette in der Hand seiner Lieblingsfrau Nur Jahan, die nicht nur ehrgeizig, sondern auch eine Meisterin der Intrige war. Während sie das Zepter in der Hand hielt, war der Hof zu sehr mit sich selbst beschäftigt, als daß er die Reformen, die Akbar auf den Weg gebracht hatte, hätte wirksam durchsetzen können. Die Folge war jener beklagenswerte Zustand im Lande, von dem Pelsaert berichtet. Um auf seine Bemerkung zurückzukommen, mit der er sich auf das ausschweifende Leben und die verschwenderische Pracht bezieht, die das Kennzeichen der herrschenden Schicht waren: Er übt nicht nur Kritik an den Zuständen bei Hofe, sondern auch an der Lebensführung der Adligen, wobei er ein besonderes Augenmerk auf jene Institution richtet, die ein kennzeichnendes Merkmal eines jeden muslimischen Haushalts war, der gesellschaftliche Anerkennung genoß: den Harem. Über diesen berichtet Pelsaert:

»In der Regel haben sie [die Adligen] drei oder vier Frauen, die Töchter angesehener Männer sind, doch die älteste Frau verfügt über das größte Ansehen. Sie leben zusammen in einem abgeschlossenen Teil des Hauses, der mit hohen Mauern umgeben ist und *mahal* genannt wird und Teiche und Gärten enthält. Jede Frau verfügt über eigene Räume, die von den andern getrennt sind, und hat ihre Sklaven, deren Zahl sich auf zehn oder zwanzig oder hundert belaufen mag, je nachdem, wie wohlhabend sie ist. Jeder Frau steht ein regelmäßiges monatliches Einkommen für ihre Aufwendungen zur Verfügung. Mit Juwelen und Kleidern stattet sie ihr Ehemann aus, entsprechend seiner Zuneigung. Ihr Essen wird in einer gemeinsamen Küche zubereitet, doch jede Frau nimmt in ihren eigenen Räumen ihre Mahlzeiten ein; denn insgeheim hassen sie einander, auch wenn sie es selten oder nie zu erkennen geben, weil sie die Gunst ihres Ehemannes nicht aufs Spiel setzen wollen, den sie fürchten, ehren und anbeten, als sei er mehr Gott als Mensch.«

Pelsaert bezieht sich hier eher auf die wirklich Wohlhabenden unter den Adligen, etwa die Würdenträger, die im Dienst des Königs stehen, denn nur solche konnten sich den aufwendigen Luxus leisten, von dem er hier berichtet. So ist auch die Bezeichnung »mahal«, die er erwähnt, eigentlich als »Palast« zu deuten, ein Ausdruck, der sich besonders auf den Teil eines herrschaftlichen Hauses bezieht, der den Frauen vorbehalten ist, seiner Funktion nach also einen Harem beziehungsweise die Zenana darstellt.

Daß zwischen den Frauen, die gemeinsam in einem Harem lebten, nicht immer Eintracht herrschte, da sie um die Gunst ihres Herrn und Meisters, der ihr Ehemann war, buhlen mußten, verwundert nicht. Und nicht nur waren sie Rivalinnen untereinander, ihre Eifersucht erstreckte sich auch auf die, welche ihre Dienerinnen und Sklavinnen waren, die dem Hausherrn gleichfalls zu Gefallen sein mußten, wenn ihm der Sinn danach stand. Pelsaert schreibt dazu:

»Der Ehemann sitzt wie ein goldener Hahn zwischen den vergoldeten Hennen, bis es Mitternacht wird oder die Begierde oder der übermäßige Alkoholgenuß ihn ins Bett treibt. Und dann, wenn er an einem der hübschen Sklavenmädchen Gefallen findet, läßt er sie rufen und vergnügt sich mit ihr, während die Betreffende unter seinen Frauen es nicht wagt, irgendein Zeichen des Mißfallens erkennen zu lassen, sondern so tut, als gehe es sie nichts an, wiewohl sie sich später an dem Sklavenmädchen rächen wird.«

Das Los einer Haremsdame, wie groß der Luxus auch war, der sie umgab, war nicht beneidenswert. Ständig bewacht von Eunuchen, die sie zwar auf ihre Seite zu ziehen suchte, obwohl ihr das durchaus nicht immer gelang und zudem von zweifelhaftem Wert war, es sei denn, der Eunuch ermöglichte es anderen, die das Wagnis eines heimlichen Liebesabenteuers auf sich nahmen, die Gunst derer, über die er eigentlich wachen sollte, zu genießen, war die Haremsdame praktisch eine Gefangene. »Diese unglücklichen Frauen«, faßt Pelsaert seine Beobachtungen, soweit es das Leben im Harem betraf, zusammen, »tragen wahrlich die teuersten Kleider, essen die erlesensten Speisen und erfreuen sich aller irdischen Vergnügungen außer einer, und um derentwillen grämen sie sich und sagen, daß sie bereitwillig alles dahingeben würden, um selbst so arm wie ein Bettler zu sein.« Und der Beobachter aus dem fernen Europa fügt abschließend hinzu: »Die Frauen unseres Landes sollten aus diesem Bericht erkennen können, welches Glück ihnen bei ihrer Geburt zuteil wurde und wie groß ihre Freiheit ist, wenn man es mit der Lage von Frauen wie ihnen in anderen Ländern vergleicht.« Dem ist nichts hinzuzufügen.

Ein unverdientes Opfer

»Firoz Shah erbaute eine Stadt an den Ufern des Bhima, die er Firozabad nannte. Die Straßen wurden geradlinig ausgelegt und waren breit wie Alleen. Nahe dem Flusse errichtete er eine Festung aus Stein, die in mehrere prächtige Innenhöfe unterteilt war, ein jeder vom andern getrennt, aber alle reichlich mit Wasser versorgt, das durch einen gut ausgebauten Kanal vom Fluß herangeführt wurde. Einen jeden dieser Höfe wies er einer seiner Favoritinnen zu; und um Unruhe und Streit zwischen seinen Frauen zu vermeiden, entwarf er Regeln für seinen Harem, die zu seinen Lebzeiten streng befolgt wurden.«

Prächtiger noch als die Harems der Adligen waren die Zenanas der Herrscher. Manche trieben es so weit, daß sie ihren Frauen beziehungsweise Konkubinen ganze Paläste errichteten. Firoz Shah war da keine Ausnahme. In einem stellte er jedoch eine Besonderheit dar, denn er begnügte sich nicht nur mit dem, was die Frauenwelt in seinem eigenen Reich zu bieten hatte: Firoz Shah liebte seinen Harem buntgemischt; bis nach Rußland und noch weiter schwärmten Händler aus, um seine anspruchsvollen Erwartungen zu befriedigen. Der Chronist Firishta, der über Vorkommnisse in der Gegend, zu der auch das Herrschaftsgebiet Firoz Shahs gehörte, besonders gut informiert war, berichtet weiter:

»Im Harem erlaubte ... [Firoz Shah] seinen Frauen jeweils nicht mehr als drei Dienerinnen, die stets dem gleichen Volk angehörten und die gleiche Sprache sprachen wie ihre Herrin. Kaufleute wurden ständig damit beauftragt, Frauen aller Völker zu erwerben, unter denen er seine Wahl traf, um die Lücken, die durch Tod oder aus anderen Gründen in den Reihen seiner Konkubinen und ihrer Dienerinnen entstanden waren, aufzufüllen. In seinem Harem gab es Araberinnen, Tscherkessinnen, Georgierinnen, Türkinnen, Russinnen, Europäerinnen, Chinesinnen, Afghaninnen, Rajputinnen, Frauen aus Bengalen, Gujarat und Südindien, Marathinnen und andere; und er konnte sich mit jeder von ihnen in ihrer Sprache unterhalten.«

Das war immerhin etwas, auch wenn die Unterhaltung kaum über das hinausgegangen sein dürfte, was zu dem, was man gemeinhin mit einer Konkubine anstellte, erforderlich war. Immerhin, der Chronist bescheinigt Firoz Shah eine gewisse Belesenheit, denn er führt weiter an: »Er las in der Thora und der Bibel und respektierte die Vorschriften aller Religionen; doch am meisten schätzte er den Teil im mohammedanischen Glauben, der das Verbergen der Frauen vor den Augen Fremder vorschreibt [...].« Das wiederum wird den Damen seines Harems weniger gefallen haben, auch wenn der Chronist beteuert: »Er teilte seine Aufmerksamkeit so gleichmäßig zwischen ihnen auf, daß jede von ihnen sich für die Favoritin des Königs hielt.« Das war die Kunst, die jeder Haremsbesitzer beherrschen mußte. Jedenfalls wurde es von ihm erwartet, denn der Koran, die heilige Schrift der Muslime, schreibt ausdrücklich vor, daß ein Mann jeder seiner Frauen die gleiche Gunst zuteil werden lassen muß. Ansonsten solle er davon absehen, sich mit mehreren Frauen zu umgeben. Der Koran räumt des weiteren ein, daß es eigentlich in der Praxis unmöglich sei, mehr als einer Frau in dem, was ihr gebührt, gerecht zu werden. Deshalb solle man sich besser auch nur mit einer begnügen.

Doch diese Einschränkungen beziehen sich nur auf die tatsächlichen *ehelichen* Beziehungen eines Muslimen, der ja grundsätzlich mehrere Frauen heiraten kann. Konkubinen – wie auch Sklavinnen, denen ihr Herr sexuelle Dienste abverlangt – sind von dieser Regel ausgenommen: Ihnen räumt der Islam keine Rechte auf sexuelle Befriedigung oder gar eine auf Liebe begründete Zuneigung ein. Insofern war Firoz Shah, der – wie berichtet – sich den Kopf darüber zerbrach, wie er seine unersättlichen Begierden mit den Geboten seines Glaubens in Einklang bringen konnte, eigentlich auf der sicheren Seite, denn das bunte Völkergemisch, das sich in seinem Harem tummelte, bestand zweifellos in erster Linie aus Konkubinen. Deren Zahl vermutlich jede Vorstellung übersteigt, auch wenn sie nicht an das herangereicht haben dürfte, was die Moguln für angemessen hielten. Die muslimischen Herrscher, deren ausschweifendes Liebesleben sprichwörtlich wurde, sahen es als Zeichen ihres Prestiges an, über eine unbegrenzte Zahl von Frauen zu verfügen, die sie in ihre Harems pferchten. Je größer ein herrschaftlicher Harem, desto angesehener sein Besitzer.

Das war auch im Falle Baz Bahadurs so, eines Fürsten, der zur Zeit des Mogulherrschers Akbar über die an dessen Herrschaftsgebiet angrenzende Provinz Malwa gebot und der vor allem deshalb Berühmtheit erlangte, weil er über eine erlesene Schar von Frauen verfügte, die seinen Harem zum Inbegriff paradiesischer Wonnen auf Erden werden ließ. Verständlich, daß der Glückliche, der zudem der Musik besonders zugetan war, während er als Herrscher – oder gar Feldherr – eher eine Fehlbesetzung war, neidische Blicke auf sich zog. Vor allem auch deshalb, weil Baz Bahadur so unklug war, eine seiner Haremsdamen in Versen und Gesängen so sehr zu rühmen, daß sie wahrlich einer Huri, einer jener Schönen, wie sie den Gläubigen im Paradies, dem Paradies Allahs, erwarten, glich. Ihr Name war Rupmati. Auch sie war eine begnadete Dichterin, allerdings – anders als Baz Bahadur – nicht muslimischen Glaubens, sondern eine jener Kurtisanen, wie sie seit jeher in Indien berühmt und geschätzt gewesen waren. Baz Bahadur hatte ihr seine Gunst geschenkt, und sie hatte ihm so sehr den Kopf verdreht, daß er darüber alles andere vergaß. Dies wurde seiner Heißgeliebten schließlich zum Verhängnis, denn Akbar, der zwar selbst kein Kostverächter war, was die Verlockungen des Harems anbelangte, dennoch aber immer auch die Festigung seiner Macht im Auge hatte, nutzte die Gelegenheit und schickte ein Heer nach Malwa, das die reife Frucht, als welche die von ihrem Herrscher vernachlässigte Nachbarprovinz erschien, pflücken sollte. Und wie zu erwarten, erwies sich Baz Bahadur auf dem Schlachtfeld auch nicht als annähernd so erfolgreich wie in den Armen seiner Geliebten. Abul Fasl, der Hofchronist Akbars, berichtet:

»Es dauerte nur kurze Zeit, bis der Wind des Sieges aus dem Schoß des Schicksals wehte und die Knospe der Eroberung auf dem Rosenstrauch der Hoffnung erblühte. Dank des Schahinschahs Glück und der außergewöhnlichen Fähigkeiten des glorreichen Herrschers [Akbar] wurde ein ruhmvoller Sieg errungen, wie er nur dem Triumph großer Erfolge eigen ist. Baz Bahadur, von Wein besudelt und entehrt, ergriff eilig die Flucht [...]. All sein Hab und Gut, sein Harem und die Sängerinnen und Tänzerinnen, die die Quelle seines Vergnügens und die Zierde seines Lebens waren, fielen den Siegern in die Hände. Der Elende hatte, als er sich dem siegreichen Heer stellen mußte, gemäß der Sitte in Indien vertrauenswürdige Männer damit beauftragt, über seine Frauen und Konkubinen zu wachen, und er hatte ihnen aufgetragen, daß – sollte sie die verbürgte Nachricht seiner Niederlage erreichen – alle Frauen dem Schwert überantwortet werden sollten, um zu verhindern, daß sie Fremden in die Hände fielen. Als sich die vernichtende Niederlage Baz Bahadurs im Spiegel des Schicksals zeigte, handelten jene vom Teufel Geborenen gemäß der Anordnung und löschten – wie mit einem Streich – einige jener wie aus dem Märchen entstiegenen Wesen aus dem Buch des Lebens. Mit dem Messer des Unrechts trennten sie aus dem Verzeichnis der Welt die Lebenslinien jener Unschuldigen.«

Abul Fasl bedient sich der blumigen Sprache, wie sie besonders denen, die der Religion des Propheten anhängen, eigen ist. Er ist zudem ein unkritischer Beobachter, der sich in scheinbar endlosen Lobhudeleien gegenüber seinem Herrn und Meister, Akbar, ergeht. Dennoch, soweit es Baz Bahadur betrifft, der sich feige absetzte, während er seinen Harem unbekümmert jenen Schlächtern überließ, die nicht zögerten, seinen Befehl auszuführen, zeichnet Abul Fasl ein durchaus zutreffendes Bild. Das zeigt sich besonders auch im folgenden, wo er auf jene Rupmati zu sprechen kommt, der Baz Bahadur all seine Gesänge gewidmet hatte:

»Einige [der Frauen] wurden verwundet und bewahrten noch einen Hauch des Lebens, und für viele war der Zeitpunkt des Todes noch nicht gekommen, als das siegreiche Heer, das im Eilmarsch vorgerückt war, erschien. Die Schurken hatten keine Zeit, Hand an diese unschuldigen Frauen zu legen. Die Herausragendste unter ihnen war Rupmati, in der ganzen Welt berühmt für ihre Schönheit und ihren Liebreiz. Baz Bahadur war ihr eng verbunden und pflegte sein Herz in Gedichten auszuschütten, die in der indischen Sprache verfaßt waren und seine Liebe beschworen. Ein Ungeheuer, das zu ihrer Bewachung abgestellt war, schwang das Schwert des Bösen und fügte ihr mehrere Wunden zu. Doch gerade in diesem Augenblick traf das Heer der Vorsehung ein, und man brachte die Liebliche, die halb dahingeschlachtet war, in Sicherheit.«

Was nicht bedeutete, daß Rupmati nun alles überstanden hatte. Auch wenn sie nun selbst handelte, wie Abul Fasl weiter berichtet:

»Als Baz Bahadur geflohen war, rückte Adham Khan [der Anführer des feindlichen Heeres] im Eilmarsch und voller Erwartung auf Sarangpur [den Ort, wo sich Baz Bahadur aufgehalten hatte] vor, um sich der Schätze, die vergraben worden waren, und des Harems mit seinen Sängerinnen und Tänzerinnen, deren Schönheit und Gesang in der ganzen Welt berühmt waren und deren berückende Reize man auf Straßen und Plätzen besang, zu bemächtigen. Er nahm Besitz von allem, was Baz Bahadur gehört hatte, darunter auch seinen Konkubinen und Tänzerinnen, und ließ nach Rupmati suchen. Als sie davon erfuhr, erglühte ihr Blut in unverbrüchlicher Treue, und aus Liebe zu Baz Bahadur trank sie tapfer den Becher tödlichen Gifts und trug so ihre Ehre bis in den hintersten Winkel der Vergänglichkeit!«

Ob es freilich noch immer Liebe oder Treue gewesen war, was Rupmati für Baz Bahadur, der sie so leichtfertig abgeschrieben hatte, empfand, sei dahingestellt. Sie war eine Inderin, und so kannte sie das Gesetz, das vorschrieb, dem in den Tod zu folgen, dem sie im Leben verbunden gewesen war. Womöglich ging Rupmati davon aus, daß Baz Bahadur auf dem Schlachtfeld gefallen war; auf jeden Fall zog sie es vor – auch wenn sie den geheiligten Akt, der da »Sati« hieß, nicht vollführte –, freiwillig aus dem Leben zu scheiden, anstatt die Schmach auf sich zu nehmen, einem anderen als dem, welchem sie sich zugehörig gefühlt hatte, zu Willen zu sein. Vielleicht war es ein unverdientes Opfer, das sie Baz Bahadur darbrachte. Sicher aber trug es mit dazu bei, daß die Geschichte, die sich um Rupmati rankt, zu einer Romanze verklärt wurde und – ähnlich wie im

Falle Padminis, der schönen Rajputin – in den Kreis jener Legenden einging, die sich in das Bewußtsein der Inder unauslöschlich eingeprägt haben.

Tod in der Wüste

Die Institution des Harems – wie auch die der Polygamie beziehungsweise Polygynie – war in Indien keine Erscheinung, die erst mit dem Einfall der Muslime erkennbar wurde. Es gab, wie wir gesehen haben, das eine wie das andere bereits vorher. Was sich jedoch als Folge der muslimischen Überlagerung änderte, ist eine Ausweitung des Haremswesens wie auch der Polygamie in Indien. Beides ging Hand in Hand, denn – anders als in der hinduistischen Tradition, in der die *Monogamie* als Ideal galt – sah der Islam ausdrücklich eine *polygame* Form der Ehe vor, auch wenn der Koran dies nicht vorschreibt. Nicht umsonst wird gerade im Koran auf die Schwierigkeit hingewiesen, eine polygame, das heißt polygyne Ehe zu führen, die allen in einer solchen Gemeinschaft lebenden Frauen gleichermaßen gerecht wird. Andererseits deckte sich Mohammed, der immerhin der Stifter des muslimischen Glaubens ist, mit einem recht umfänglichen Harem ein, so daß es für einen strenggläubigen Muslim nur legitim ist, ihm nachzueifern. Dagegen war Rama, der Held des nach ihm benannten indischen Epos, gewissermaßen ein Verfechter der Einehe, denn er begnügte sich mit Sita, um derentwillen er selbst einen Krieg gegen Dämonen entfesselte. Obwohl die Auffassung von der Ehe in beiden Traditionen – der hinduistischen wie der islamischen – durch das patriarchale Prinzip, das heißt die Vorherrschaft des Mannes, gekennzeichnet war, gab es doch einen wesentlichen Unterschied in der Beurteilung der Ehe, die auch eine unterschiedliche Betrachtungsweise in Bezug auf die Frau offenbarte: Nicht nur gilt im hinduistischen Indien das Ideal der Einehe, der Frau erwuchs dadurch auch eine größere Sicherheit und ein gesteigertes Ansehen, während die Muslimin das durch die Religion sanktionierte Recht des Mannes akzeptieren mußte, mit mehreren Frauen eine polygyne Ehe einzugehen, woraus eine entsprechende Herabsetzung jeder einzelnen von ihnen resultierte. Es muß also, soweit es Indien betrifft, klar konstatiert werden, daß die muslimische Vormachtstellung eine weitere *Verschlechterung* der Situation der Frau bewirkte. Das bezieht sich auch auf jene Frauen, die – wie die meisten Inderinnen – gar nicht zum Islam konvertierten. Der Anteil der Inder, die im Laufe der Zeit zum Islam übertraten beziehungsweise auf die muslimischen Eroberer zurückgingen, betrug nie mehr als 25 Prozent der Gesamtbevölkerung. Doch da diese Minderheit lange Zeit – zumal während der Herrschaft der Moguln – in Indien den Ton angab, war ihr Einfluß auf die indische Bevölkerung insgesamt weit größer, als man erwarten könnte. Und das betraf nicht zuletzt die Rolle der Frau, deren Status – durch das Vorbild, das die muslimischen Herren abgaben – weiter gemindert wurde. Die Folge war, daß die Frau auch in dem der hinduistischen Tradition verhafteten Teil der Bevölkerung Beschränkungen ausgesetzt war, die ihr Leben noch weiter einengten. So erfuhr das Haremswesen bei den hinduistischen Herrschern eine Ausweitung; Purdah, die Absonderung der Frau, erlangte auch bei hinduistischen Indern Anerkennung, und selbst der Schleier, das äußere Zeichen der den Musliminnen auferlegten Zurückhaltung, fand Eingang in die Kleiderordnung der Inder. Freilich nicht in der Form, wie diese Negierung der Persönlichkeit von Musliminnen verlangt wurde: Auch Inderinnen waren gezähmt und unterwürfig, doch sie tolerierten nicht, daß man von ihnen verlangte, das Gesicht zu verschleiern. Und noch viel weniger waren sie bereit hinzunehmen, daß man sie in schwarze, verhüllende Gewänder steckte. Die sogenannte *burqa*, die lediglich für die Augen einen vergitterten Sehschlitz vorsah, hätte die Inderin – wie auch der Inder – als Beleidigung empfunden. Und folglich trennte sich die Inderin auch nie von ihrem Sari, der ihrer grazilen Anmut unvergleichlichen Reiz verleiht.

Trotz Angleichung beziehungsweise Annäherung gab – und gibt – es in Indien zwei klar voneinander getrennte Traditionen, die nebeneinander bestehen, wobei die angestammte, hinduistische Tradition besonders in Südindien und in der Rajputana ausgeprägt ist, denn hier zeigte der islamische Einfluß vergleichsweise nur wenig Wirkung, da sowohl der Süden als auch der Westen Indiens Hochburgen des Hinduismus geblieben sind.

Was die Situation der Frau anbelangt, so war es insbesondere Rajasthan, die Heimat der Rajputen, wo sie ein Refugium relativer Freiheit fand. Hier wurde der Willen der Frau nie wirklich gebrochen, obwohl sie auch hier – und gerade hier – so manches Opfer bringen mußte. Über die makabre Praxis des Jauhar, die für die Rajputen charakteristisch war, haben wir bereits berichtet. Doch gerade im Kampf gegen die muslimischen Eroberer zeichneten sich immer wieder auch Rajputinnen aus. So wird verständlich, daß sie es auch nicht so einfach hinnahmen, wenn man sie ohne ihr Einverständnis verheiratete. Das berühmteste Beispiel ist Karamdevi, die Tochter eines in der Rajputana alteingesessenen Geschlechts, der Mohil, die in der Gegend von Nagaur, auf halbem Wege zwischen Bikaner und Jodhpur, siedelten. Der Sitz des Mohil-Fürsten war ein Ort namens Aurint, und hier war es, wo sich im Jahre 1406 ein denkwürdiges Ereignis zutrug. In einem Bericht, der auf lokale Überlieferungen zurückgeht, heißt es:

»Raningdeo war der Herr von Pugal, einem Lehen von Jaisalmer; sein Erbe, mit Namen Sadhu, war der Schrecken der Wüste, denn seine Raubzüge führten ihn bis zum Tal des Indus und im Osten bis Nagor [Nagaur]. Als er eines Tages von einem Raubüberfall – einen Zug von Kamelen und Pferden, die er erbeutet hatte, im Schlepptau – zurückkehrte, kam er durch Aurint, wo Manik Rao, das Oberhaupt der Mohil, deren Herrschaft sich über 1440 Dörfer erstreckte, seinen Sitz hatte. Von den Mohil eingeladen, ihre Gastfreundschaft in Anspruch zu nehmen, zog der Erbe von Pugal die Blicke der Tochter des alten Fürsten auf sich.«

Mit anderen Worten, Karamdevi, die Tochter des Fürsten, verliebte sich in den verwegenen Wüstensohn aus dem entlegenen Jaisalmer. Nun wäre dies weiter kein Unglück gewesen, wenn es da nicht den Umstand gegeben hätte, daß Karamdevi bereits einem anderen versprochen war: dem Erben des Fürsten von Mandor, der zum mächtigen Clan der Rathor, die in Jodhpur ihren Sitz hatten, gehörte. Doch Karamdevi sah dies nicht als Hinderungsgrund an, sich anders zu entscheiden: »Obwohl sie mit dem Erben der Rathor von Mandor verlobt war, ließ sie ihren

Wunsch erkennen, auf den Thron zu verzichten, um die Braut des Fürsten von Pugal zu werden; und trotz der Gefahren, die er heraufbeschwor, und gegen den Rat des Mohil-Fürsten wagte es Sadhu als tapferer Rajput nicht, den Antrag zurückzuweisen, und er versprach, ›die Kokosnuß anzunehmen‹, wenn man sie, wie es die Sitte vorschrieb, nach Pugal schickte.«

Bemerkenswert an diesem Vorgang ist weniger, daß der Sohn des Fürsten von Pugal sich bereit erklärt, »die Kokosnuß anzunehmen«, womit ein traditioneller Brauch, der auf ein Heiratsgesuch anspielt, gemeint ist; was besondere Hervorhebung verdient und den Geist der Unabhängigkeit der Frauen in der Rajputana bezeugt, ist die klare Aussage, daß *Karamdevi* diejenige war, die nicht nur ihren Willen kundtat, sondern letztlich auch die Entscheidung fällte.

Der Form wurde entsprochen und die Kokosnuß – als Symbol der Heiratsabsicht – übersandt, und so stand der Hochzeit Karamdevis mit dem Erben von Pugal nichts mehr im Wege. Sie wurde denn auch in gebührender Weise in Aurint gefeiert, wobei es vor allem an einem nicht fehlen durfte: der Mitgift. Das minderte zwar den Wert einer Frau, war aber immerhin ein Gradmesser ihres sozialen Standes. Im Falle Karamdevis heißt es dazu: »Es war eine prächtige Mitgift: Edelsteine von hohem Wert, Gefäße aus Gold und Silber, ein goldener Stier und ein Zug von dreizehn *dewadharis*, das heißt jungen Mädchen von Weisheit und Scharfsinn.«

Dewadharis, wörtlich »die, die eine Lampe halten«, waren Dienerinnen, die gewöhnlich die Braut – wenn sie von entsprechendem Stand war – in ihr neues Heim begleiteten. Sie bildeten einen Teil der Mitgift, und der Bräutigam bediente sich ihrer häufig als Konkubinen. Zweifellos würde auch Sadhu am Ende dieser Versuchung nicht widerstanden haben (und Karamdevi hätte sich damit abfinden müssen, da es eben Tradition war). Doch dazu kam es nicht:

»Arankanwal, der gedemütigte Erbe von Mandor, beschloß, Vergeltung zu üben, und mit viertausend Rathor stellte er sich Sadhu in den Weg, den dieser auf seiner Rückreise nahm, wobei er von dem Fürsten Mehraj unterstützt wurde, dessen Sohn Sadhu erschlagen hatte. Obwohl man ihn inständig bat, viertausend Mohil seiner Eskorte hinzuzufügen, hielt Sadhu seine tapfere Schar von siebenhundert Bhatti [Angehörige eines Stammes in der Gegend von Jaisalmer] für ausreichend, seine Braut in seine Wüstenheimat zu geleiten, und war lediglich bereit, fünfzig anzunehmen, die Meghraj, der Bruder der Braut, anführte.«

Es war ein weiter Weg von Aurint nach Jaisalmer, und es war nicht schwer für den gekränkten Arankanwal, seinen Gegner auf der Karawanenstraße ausfindig zu machen. Es kam zum Kampf, der schließlich in einem Zusammentreffen der beiden Rivalen gipfelte:

»Da wählte ... [Sadhu] seinen Rivalen Arankanwal aus, der gleichfalls begierig darauf war, den Kampf zu beenden und seine Schande im Blut des Gegners zu ertränken. Sie trafen aufeinander: einige Sekunden vergingen, während sie ein paar Förmlichkeiten austauschten; dann setzten sie zu ihrem ersten Schlag an, wobei Sadhu den enttäuschten Rathor am Genick traf. Der Schlag wurde mit der Schnelligkeit eines Blitzes erwidert, und die Tochter des Mohil-Fürsten sah, wie der Stahl auf den Kopf ihres Geliebten herniedersauste. Beide fielen zu Boden: doch Sadhus Seele war entflohen; der Rathor war nur bewußtlos.«

Damit war der Kampf beendet und das Schicksal Karamdevis besiegelt:

»Mit dem Sturz der beiden Anführer hörte der Kampf auf; und der holde Grund für den Streit, Karamdevi, zugleich Jungfrau, Weib und Witwe, bereitete sich darauf vor, ihrem Angetrauten zu folgen. Sie ließ sich ein Schwert bringen, und mit einem Arm trennte sie den anderen ab, in dem Wunsch, daß man ihn dem Vater ihres Herrn bringen möge: ›Sagt ihm: Solcher Art war seine Tochter!‹ Dann befahl sie, den anderen abzuschlagen und ihn, mit ihrem Hochzeitsschmuck angetan, dem Barden der Mohil zu übergeben. Darauf wurde der Scheiterhaufen auf dem Schlachtfeld hergerichtet; und, indem sie ihren Herrn umarmte, überließ sie sich den verzehrenden Flammen.«

Sati

»Die Frauen in Delhi sind hübsch und die Heiden [Hindus] unter ihnen sehr keusch, so daß – wenn nicht die Mohammedanerinnen durch ihre Wollust alle anderen entehren würden – die Keuschheit der Inderinnen allen Frauen des Orients als Beispiel dienen könnte.« Dieses Urteil fällte ein Franzose namens Thévenot, der im 17. Jahrhundert das Reich der Moguln bereiste. Seine Feststellung ist bemerkenswert, denn nach allem, was wir gehört haben: Sollte man da nicht eher das Gegenteil dessen erwarten, was er konstatiert? Die Inderin keusch, und die Mohammedanerin wollüstig? Waren nicht die Inder ein Volk, für das Sexualität und Erotik im Mittelpunkt des Lebens stand? Khajuraho, Konarak, Bhubaneshwar – steinerne Abbilder der Lehren des *Kamasutra*. Tänzerinnen und Tempelprostituierte, Lingam und Yoni, männliches und weibliches Geschlecht, zu Symbolen verklärt und göttlich verehrt. Tantra, Shakti – die Exaltation körperlicher Liebe als Mittel, Erlösung und Heil zu erlangen. Bedeutete nicht all dies Leidenschaft und Sinnlichkeit, die sich in jeder Lebensäußerung des Inders spiegelte? Während andererseits der Islam eine geradezu puritanisch anmutende Lebensweise vorschrieb, die jegliche Geschlechtlichkeit aus dem öffentlichen und zumal religiösen Leben verdammte. Die Muslimin trug einen Schleier oder war gar gänzlich verhüllt und hatte sich im übrigen an die strengen Vorschriften, die ihr der Brauch des Purdah auferlegte, zu halten. Wie konnte sie da, durch ein angeblich ausschweifendes Leben, den Ruf der Frauen in Indien ruinieren, während die Inderin geradezu als das Idealbild einer (auch einem Christen Anerkennung abverlangenden) keuschen Frau dargestellt wurde?

So paradox, wie es scheint, ist dieser Widerspruch freilich nicht. Denn die Muslimin war gezwungen, in einem Harem, einer polygamen beziehungsweise polygynen Gemeinschaft zu leben, deren sie in extremem Maße benachteiligende Auswirkungen wir bereits kennengelernt haben: der Mann Hahn im Korbe, die Haremsdame eine Henne unter vielen. Sie war unbefriedigt, wurde vernachlässigt – und suchte sich die Erfüllung ihrer Wünsche anderweitig. Dies wurde als Übertretung des Schicklichen angesehen, während die Inderin zwar in einer monogamen

Ehe auch nicht das große Los gezogen hatte, denn ihrem als Gott verehrten Herrn und Meister gegenüber war sie nur Dienerin, aber immerhin kam sie, was ihre sexuellen Bedürfnisse anbelangte, meist auf ihre
Kosten. Es gab für sie keinen Anreiz, aus einer als Beeinträchtigung weiblicher Eigenschaften empfundenen ehelichen Gemeinschaft auszubrechen. Die Muslimin – wenn sie in polygamer Ehe lebte, was zwar nicht
die Regel, aber eben auch keine Seltenheit war – erlag nur zu oft der
Verlockung, sich auf andere Weise das zu verschaffen, was ihr in der Ehe
versagt blieb. Sie ging dabei ein beträchtliches Risiko ein, denn Muslimen wurde ein hohes Maß an Eifersucht nachgesagt, das zweifellos nicht
ganz ungerechtfertigt war. Ein gefoppter Ehemann – wie auch alle anderen Männer, die über die Unbescholtenheit einer Frau oder eines
Mädchens wachten – schreckte auch vor grausamen Vergeltungen nicht
zurück, wenn er das, was er als Verletzung seiner persönlichen Ehre betrachtete, ahndete: »Aber wenn sie [die muslimischen Frauen] das Bett
ihrer Ehemänner entehren oder – wenn sie nicht verheiratet sind – der
Ausschweifung und Wollust geziehen werden, obwohl sie das Gegenteil behaupten, weil sie die schlimmsten Strafen befürchten, so sind
ihre eigenen Brüder die ersten, die die Hand gegen sie erheben und sie
töten; und man lobt sie auch noch, wenn sie dies tun, anstatt sie zur Re-
chenschaft zu ziehen.« So das Zeugnis eines anderen Indienreisenden,
des Engländers Edward Terry, der sich gleichfalls im 17. Jahrhundert im
Reich der Moguln aufhielt. Und Ibn Battuta, der dreihundert Jahre früher
Indien bereiste, berichtet von einem Brauch, der auch später noch unver-
ändert ausgeübt wurde: »An der gleichen Stelle war bereits zwei Jahre zuvor die Mutter des Hingerichteten, eine Tochter des Sultans Ala-ed-Din,
als geständige Ehebrecherin gesteinigt worden.« Ibn Battuta bezieht sich
auf einen Bruder des damaligen Sultans ibn Tughluq, dem dieser Verrat
vorwarf, worauf der Beschuldigte »mitten auf dem Markt« von Delhi hingerichtet wurde. Seine Mutter, die Tochter jenes Ala-ud-din, der (angeblich) der schönen Padmini wegen die Festung von Chitor bestürmt hatte,
stammte also aus einer vornehmen Familie, auch wenn die Dynastie, der
sie angehörte, inzwischen durch eine andere abgelöst worden war. Und
dennoch entging auch sie nicht der üblichen Strafe für ein Ehrenvergehen,
das man der Frau anlastete: der Steinigung. Obwohl beziehungs-

weise weil sie zu einem Leben in einem Harem, der in der Oberschicht eine Selbstverständlichkeit war, verdammt gewesen war.

Dieser Praxis, die noch heute in traditionellen islamischen Gesellschaften wie etwa Afghanistan oder dem Iran vorkommt, war die Inderin, die der hinduistischen Tradition angehörte, nicht ausgesetzt. Ihr Los wurde erst dann zum Alptraum, wenn ihr Mann starb, denn eine Witwe durfte, wie wir gehört haben, nicht wieder heiraten – im Gegensatz zur Muslimin, der nach dem Tode ihres Mannes eine Wiederverheiratung nicht verwehrt war. Auch Sati, der Treuebeweis, den eine strenggläubige, traditionsbewußte Inderin ihrem Mann erbrachte, wurde von der Muslimin nicht erwartet. Hier wirkte sich der Islam mäßigend aus, was nicht verschwiegen werden soll. Muslime kannten diesen grausamen Brauch, der sich in Indien immer weiter ausgebreitet hatte, nicht, und die muslimische Obrigkeit versuchte sogar, die Praxis von Sati, die sie verurteilte, zu unterbinden. Allerdings nur halbherzig, wie das folgende Beispiel zeigt. Es stammt aus der Feder jenes Flamen Pelsaert, der zur Zeit des Mogulherrschers Jahangir in Agra, dem traditionellen Sitz der Moguln, weilte:

»Wenn ein Rajpute stirbt, lassen sich seine Frauen (oder vielmehr läßt sich seine Frau, denn sie heiraten nur eine, wenn es sich wirklich um Liebe handelt) bei lebendigem Leibe verbrennen, wie es auch Brauch bei den Bania [Kaufleuten] und Kshatriya [Kriegerkaste] ist, und in Agra ereignet sich dies zwei- oder dreimal in der Woche. Es ist kein sehr angenehmer Anblick, aber ich wohnte ihm aus Neugier bei, als eine Frau, die in der Nähe unseres Hauses wohnte, gegenüber ihren Bekannten unmittelbar nach dem Tod ihres Mannes erklärte, daß sie eine sati sein würde, das heißt, daß sie ihn dahin begleiten würde, wohin er gegangen sei, wobei sie die Ankündigung ohne großes Wehklagen machte, so als hätte der Kummer ihr Herz verschlossen.«

Pelsaert vermerkt zu Recht die auffallende Gelassenheit, mit der die Inderin scheinbar den schweren Gang einer Sati, das heißt einer Frau, die »treuergeben« und zur »Hingabe bereit« ist, auf sich nimmt. Die Frage ist nie eindeutig geklärt worden, inwieweit Sati ein freiwilliger Akt

Baumnymphe (Yakshi) mit Gürtelschmuck und durchscheinendem Gewand
an der steinernen Umzäunung eines buddhistischen Reliquienschreins
im nordindischen Mathura (2. Jh. n. Chr.)

Himmlische Tänzerin (Apsara) an der Aussenwand
der Felsenfestung von Sigiriya, Sri Lanka (5. Jh. n. Chr.)

Szene aus der Krishna-Legende: Radha beim Bad
(Rajputenstil des Berglandes, Garhwal um 1800)

Mutmaßliches Porträt Nur Jahans,
der Gemahlin Jahangirs
(Rajasthan, um 1750)

Zum Sinnbild unsterblicher Liebe verklärt: das Taj Mahal in Agra (17. Jh.)

Favoritin am Hof von Jaipur
(Rajasthan, um 1790)

*Kurtisane mit **vina**, dem traditionellen lautenartigen Musikinstrument Indiens (Lucknow, Mitte des 19. Jh.)*

Pfeilerschmuck im Minakshi-Tempel von Madurai, Südindien,
dem Heiligtum einer vorhinduistischen weiblichen Gottheit,
die als eine der Gemahlinnen Shivas verehrt wird (17. Jh.)

war. Doch selbst wenn er aus eigenem Willen der Frau erfolgte, war es die erdrückende Last der Tradition, die ihr keine andere Wahl ließ. Letztlich war es wohl doch eher Zwang, das Bewußtsein, eine heilige Pflicht zu erfüllen, die die Inderin zu Sati zwang. Dieses Gefühl der Verpflichtung mochten selbst warnende Stimmen oft nicht ins Wanken zu bringen, wie der hier geschilderte Fall zeigt:

»[...] wenn eine Frau sich dazu [Sati] entschlossen hat, vermögen weder ihre Freunde noch sonst irgend jemand auf der Welt sie umzustimmen, so sehr sie es auch versuchen mögen, und wenn sie auf ihrem Beschluß besteht, muß man sie in Frieden lassen. Und so geht sie und nimmt ein Bad, wie sie es jeden Tag tut, legt ihre schönsten Kleider, ihre Juwelen und ihren wertvollsten Schmuck an, gerade so, als würde sie sich für ihren Hochzeitstag schmücken. Die Frau, die ich erwähnt habe, begab sich dann, von Musik und Gesang begleitet, zum obersten Regierungsbeamten der Stadt, um seine Erlaubnis zu erhalten. Der Beamte führte viele vernünftige Argumente an, um deutlich zu machen, daß das, was sie vorhatte, eine Sünde sei und bloß eine Eingebung des Teufels, um sich ihres freiwilligen Todes zu versichern; und da sie eine anmutige junge Frau von etwa 18 Jahren war, redete er eindringlich auf sie ein, um sie von ihrem Vorhaben abzubringen, und er bot ihr sogar 500 Rupien jährlich, solange sie leben würde.«

Doch alles Zureden half nichts: Die junge Witwe war von ihrem Entschluß nicht abzubringen, und da eine Anordnung des Herrschers ausdrücklich vorsah, die Zustimmung nicht zu verwehren, falls ein solcher Wunsch geäußert wurde, nahm das Schicksal seinen Lauf:

»Darauf eilte sie mit leichten Schritten, so, als fürchte sie, zu spät zu kommen, zu dem Ort etwas außerhalb der Stadt, wo sich eine kleine Hütte befand, aus Holz erbaut, strohgedeckt und mit Blumen geschmückt. Dort entledigte sie sich allen Schmuckes und verteilte ihn unter ihren Freunden, auch ihre Kleider legte sie ab, die sie gleichfalls verschenkte; nur ihre Unterwäsche behielt sie an. Dann nahm sie eine Handvoll Reis und verteilte ihn an alle Umstehenden; als sie dies getan hatte, umarmte sie ihre Verwandten und Bekannten und verabschiedete sich von ihnen, nahm ihr Kind, das erst ein Jahr alt war, küßte es und gab es in die Obhut ihrer nächsten Freunde; dann lief sie zu der Hütte, in der ihr toter Ehemann lag, und küßte und umarmte ihn inniglich. Dann wurde das Feuer entzündet, und die Freunde häuften Holz vor die Tür; alle riefen sie: Ram! Ram! (so nennen sie ihren Gott), und sie riefen so lange, bis sie annahmen, daß sie tot war. Als das Feuer erloschen war, nahm jeder ein wenig Asche von den Knochen, die sie für heilig halten, um sie aufzubewahren.«

Ram, dahinter verbirgt sich Rama, jener Heroe aus dem nach ihm benannten Heldenepos, um dessentwillen Sita die Feuerprobe auf sich nahm. Im schaurigen Akt des Sati fand ihre als Gattenliebe verklärte Opferbereitschaft ihren Niederschlag.

Mandelaugen und Freudenspender

Das Bild der Frau in Indien zur Zeit der muslimischen Vorherrschaft wäre unvollständig, wenn wir nicht noch einen Blick auf diejenigen werfen würden, die einen besonderen Status einnahmen. Gemeint sind Frauen, die zur Herrscherfamilie gehörten, womit – läßt man die frühen muslimischen Herrscher und die in ihrer Macht geschwächten einheimischen Fürsten einmal außer acht – die Mogulherrscher gemeint sind, die das Gesicht Indiens nachhaltiger als ihre muslimischen Vorläufer prägten. Wesentlichen Anteil daran hatten nicht zuletzt auch Frauen aus der Familie der Moguln sowie – wenn auch in geringerem Maße – jene, die zum Haushalt, das heißt dem Harem, der Mogulherrscher gehörten.

Wie alle Herrscher Indiens waren auch die Moguln darauf bedacht, sich einen stattlichen Harem zuzulegen. Sie taten dies jedoch nicht nur aus Freude an der Sache, indem sie dem Propheten nacheiferten, der immerhin mit ermunterndem Beispiel vorangegangen war. Es war auch politisches Kalkül, das die Mogulherrscher dazu bewog, sich einen Harem zu leisten, der an Pracht und Größe seinesgleichen suchte. Da war zum einen die Notwendigkeit, sich von den einheimischen – indischen beziehungsweise hinduistischen wie muslimischen – Fürsten, die oft erheblichen Aufwand mit ihren Harems trieben, nicht ausstechen zu lassen. Um mit diesen mithalten zu können, mußte man schon gewaltige Anstrengungen unternehmen, wird doch beispielsweise von Ghiyas-ud-din, einem muslimischen Herrscher in Malwa, der am Vorabend der Eroberung Indiens durch die Moguln regierte, folgendes berichtet:

»Er [...] richtete in seinem Harem all die verschiedenen Ämter ein, wie sie gemeinhin bei der Regierungsausübung üblich sind, und die Zahl der Frauen, die seinen Palast bevölkerten, belief sich auf fünfzehntausend. Darunter waren Lehrerinnen, Musikantinnen, Tänzerinnen, Näherinnen, Frauen, die Gebete vorlasen, und andere mehr der verschiedensten Berufe und Tätigkeiten. Fünfhundert auserwählte junge Türkinnen, die Männerkleidung trugen, alle in gleicher Uniform und mit Bogen und Köcher bewaffnet, standen zu seiner Rechten und wurden Türkische Wache genannt. Zu seiner Linken pflegten fünfhundert Abessinierinnen, gleichfalls in Uniform, doch mit Feuerwaffen ausgerüstet, Aufstellung zu nehmen.«

Anzumerken ist, daß die Leibgarde des Fürsten besonders im Hinblick auf ihre Attraktivität ausgewählt wurde, so daß Ghiyas-ud-din, der sich früh zugunsten seines Sohnes von seinen Regierungsgeschäften zurückzog, um sich ganz dem Vergnügen zu widmen, gelegentlich auch auf seine Amazonen zurückgreifen konnte, wenn es ihn in seinen sexuellen Bedürfnissen nach Abwechslung gelüstete.

Um also hinter einem Provinzpotentaten wie Ghiyas-ud-din oder all den anderen nicht zurückzustehen, die es mit dem Glanz ihrer Harems, in dem sie sich sonnten, ähnlich hielten, mußten sich die Mogulherrscher, die schließlich die höchste Autorität symbolisierten, schon einiges einfallen lassen.

Es kam jedoch noch etwas anderes hinzu, das dazu beitrug, daß die Harems der Moguln schließlich alle anderen in den Schatten stellten. Es war dies eine geschickte Heiratspolitik, die zu einer Bereicherung der Harems durch einheimische Prinzessinnen führte. Das hatte zur Folge, daß die Moguln nicht nur ihre Macht festigten, sondern auch indischen Traditionen offizielle Geltung verschafften, die durch die einheimischen

Prinzessinnen – und ihr gewöhnlich umfängliches Gefolge – an den Hof gelangten. So wird von Akbar berichtet, der im Zuge seiner Eroberungspolitik den Brauch einführte, gezielt in indische Fürstenhäuser einzuheiraten: »Die Töchter der großen Radschas von Hindustan, von denen es mehrere in seinem Harem gab, übten einen solchen Einfluß auf ihn aus, daß er davon absah, Rindfleisch, Knoblauch oder Zwiebeln zu essen und mit Männern, die Bärte trugen, und ihresgleichen Umgang zu pflegen.«

Wie man sich denken kann, waren die indischen Prinzessinnen, die auf diese Weise in die Harems der Moguln gelangten, von diesem politischen Kalkül, dem man sie opferte, nicht immer angetan. Von einem Fall wird berichtet – es handelt sich allerdings dabei um eine Tochter aus dem Fürstenhaus von Bijapur, das der muslimischen Tradition angehörte –, wo besagte Prinzessin, die mit einem Sohn Akbars vermählt werden sollte, auf der Reise zu ihrer Hochzeit die Gelegenheit eines Unwetters nutzte, um zu fliehen. Ohne Erfolg: Sie wurde aufgespürt und sozusagen zwangsweise mit dem Mogulprinzen vermählt. Und dies, obgleich sie immerhin Muslimin war. Was mögen erst die stolzen Rajputinnen empfunden haben, mit deren Vätern die Moguln bevorzugt Heiratsallianzen eingingen? Dabei ging zunächst die Initiative eher von den indischen Fürsten aus. Bezeichnend ist, wie es zur Heirat zwischen Akbar und Harkha kam, einer Prinzessin aus dem Fürstengeschlecht von Amber in Rajasthan, mit dem die Moguln ihre erste Allianz in der Rajputana eingingen. In den Quellen heißt es dazu:

»Der Radscha [Bihari Mal] hatte den vernünftigen Einfall und das Glück, ihn in die Tat umzusetzen, sich vom Stand der Landbesitzer in einen angesehenen Würdenträger bei Hofe zu verwandeln. Um dies zu erreichen, dachte er an eine besondere Art von Bündnis, und zwar beabsichtigte er, mit Hilfe derer, die Zugang zum Herrscher hatten, seine älteste Tochter, auf deren Stirn das Licht der Keuschheit und eines wachen Geistes schien, unter denen, die dem König aufwarteten, vorzustellen.«

Akbar war nicht abgeneigt – eine Dame mehr in seinem Harem, die würde er auch noch verkraften, zumal er erst am Anfang seiner Regierung stand –, und so stimmte er dem kaum verhüllten Anerbieten des Radscha zu. Worauf dieser nichts Eiligeres zu tun hatte, als seine Tochter Harkha herbeizuholen und sie dem Mogul, den er sich dadurch verpflichtete, sozusagen ins Bett zu legen: »Radscha Bihari Mal traf die notwendigen Vorbereitungen für die Hochzeit und brachte seine vom Glück beschienene Tochter zu diesem Ort [Sambhar, in der Nähe von Amber, wo Akbar ein Feldlager aufgeschlagen hatte] und fügte sie so in die Schar der Damen des Harems ein.«

Ob Harkha, die Rajputentochter, es wirklich als Glücksfall empfand, dem Harem des Mogulherrschers einverleibt zu werden, sei dahingestellt. Immerhin: es war der Einfall ihres Vaters gewesen. Jahangir, der Akbar auf den Thron folgte, reklamierte es als sein Recht, nun seinerseits indische Prinzessinnen gewissermaßen als Tribut zu fordern. In seinem Tagebuch vermerkte er: »Ich verlangte von Jagat Singh, dem ältesten Sohn des Radscha Man Singh, mir seine Tochter zur Frau zu geben.« Es handelte sich um das gleiche Herrscherhaus von Amber, das inzwischen sichtlich an Bedeutung verloren hatte.

So bedeutsam – in politischer Hinsicht – die Heiratsallianzen der Mogulherrscher auch waren, die Töchter der einheimischen Fürsten, die auf diese Weise in die Harems der Moguln gelangten, erhielten nicht den Status einer Hauptfrau. Ein solcher war Musliminnen aus dem Umkreis des Herrschers vorbehalten, wobei – entsprechend der Zugeständnisse, die der Koran machte – jeweils mehrere Gemahlinnen, die angesehenen Familien der Eroberer entstammten, die Position von Hauptfrauen einnahmen. Keine von ihnen erlangte allerdings das Prestige und den Einfluß, die der Mutter eines Herrschers – wie auch seinen Schwestern – zugebilligt wurden. Die Familienbande wurden nicht nur anerkannt, sie dienten auch als Garant, daß die Rivalitäten, die gewöhnlich einen Harem – und den eines Herrschers im besonderen – kennzeichneten, nicht außer Kontrolle gerieten. Nur seinen engsten Verwandten – und dies auch nur, soweit es Frauen waren – konnte ein Herrscher trauen. Alle anderen konnten ihm gefährlich werden; und dies geschah denn auch nicht selten.

In der Hierarchie des Harems nahmen die *indischen* Frauen also eine untergeordnete Stellung ein: Sie fungierten als Nebenfrauen.

Ihrer geringeren Bedeutung beziehungsweise ihrem niedrigerem Status entsprechend war ihre Zahl gewöhnlich größer als die der Hauptfrauen, obwohl auch sie mit dem Herrscher eine rechtmäßige Ehe eingegangen waren. Auf diese Weise war Akbar angeblich mit insgesamt sieben Frauen verheiratet; sein Sohn Jahangir brachte es immerhin auf zwanzig.

Es herrschte also kein Mangel an Möglichkeiten, einen Erben zu zeugen. Wobei zudem kein Unterschied bestand zwischen dem Kind einer Hauptfrau oder Nebenfrau: In beiden Fällen hatte ein männlicher Nachkomme Anrecht auf die Thronfolge. Dennoch tat sich Akbar anfangs schwer, für einen Nachfolger zu sorgen. Zwar wurden ihm wiederholt Söhne geboren, doch sie starben alle im Säuglingsalter. Also suchte Akbar den Rat weiser Männer, die im Rufe großer Heiligkeit standen, und einer von ihnen, der in einem kleinen Ort namens Sikri, in der Nähe von Agra, der Residenz des Herrschers, lebte, prophezeite ihm, daß ihm nicht nur in Kürze der ersehnte Thronfolger geboren werden würde, sondern darüber hinaus auch noch zwei weitere Söhne von ihm das Licht der Welt erblicken würden. Vor allem aber, so sagte der Heilige, Selim Chishti, voraus, würden sie überleben. Und in der Tat: Am 30. August 1569 wurde der nach dem Heiligen benannte Selim geboren, der spätere Jahangir. Die Mutter war jene Rajputenprinzessin aus Amber, die den Anfang in der Reihe der Haremsdamen machte, denen es oblag, die Heiratsallianzen ihrer Väter zu zementieren.

Als auch noch zwei weitere Söhne geboren wurden, die am Leben blieben, war Akbar von der Erfüllung der Prophezeiung so sehr beeindruckt, daß er beschloß, an dem Ort, wo der Heilige, Selim Chishti, siedelte, eine neue Stadt, die zum Sitz der Regierung werden sollte, zu errichten. Sie wurde – nach dem Namen jenes Ortes – »Fatehpur Sikri« genannt.

Unter den Prachtbauten, die Akbar in Fatehpur Sikri errichten ließ, ist besonders auch einer zu erwähnen, der unter dem Namen »Palast Jodh Bais« bekannt geworden ist. Er ist im Stil traditioneller Rajputenbauten gehalten, mit Nischen in den Wänden für die Installierung von Götterbildern und pavillonartigen Dachaufbauten, die der Erholung am Abend nach der Hitze des Tages dienten. Benannt ist der Palast nach einer Rajputenprinzessin, die aus Jodhpur stammte und den Thronfolger, Selim, 1585 heiratete. Auch sie schenkte ihrem Gemahl einen Sohn, Prinz Khurram, der seinerseits als Shah Jahan den Thron bestieg. Jodh Bai erlebte diesen Triumph jedoch nicht mehr, denn Haremsintrigen trieben ihren Sohn in die Rebellion, und dem Kummer, den ihr dies bereitete, und den Anfeindungen, denen sie sich ausgesetzt sah, entzog sich sich durch Selbstmord. Sie griff dabei zu Opium, einem Mittel, das gerade in ihrer Heimat Rajasthan seit alters in Gebrauch war: Die Rajputen pflegten sich, bevor sie in eine Schlacht zogen, mit Opium zu stärken. Todesmutig warfen sie sich in den Kampf; stiller freilich ging Jodh Bai in den Tod.

Wie tragisch das Schicksal der einheimischen Prinzessinnen, die dem Heer der Frauen in den Harems der Mogulherrscher zugesellt wurden, auch gewesen sein mag, eines gilt es jedoch in der Tat als Triumph festzuhalten: Die Vermählung der Inderinnen mit den Moguln sicherte nicht nur Allianzen, die Dynastie der Moguln erlangte auch den Charakter eines indischen Herrscherhauses; stammten doch die Moguln in der Nachfolge Akbars auch von Indern, *Rajputen*, ab.

Um die stattliche Zahl von fünftausend Frauen im königlichen Harem zu erreichen, die beispielsweise für die Herrschaft Akbars überliefert ist, bedurfte es noch weiterer Insassen des Harems außer den Haupt- und Nebenfrauen. Da waren zunächst die Konkubinen, unter denen es meist eine gab, die die Favoritin des Herrschers war. Ihre Zahl war unbegrenzt, und da sie allein nach dem Grad ihrer Schönheit ausgewählt wurden – was sich im Namen, den man ihnen gab, widerspiegelte –, verwundert es nicht, daß die Moguln ihnen besonders zugetan waren. Man nannte sie »Mandeläugige« oder »Zartgestaltige«, aber auch »Freudespenderin« oder »Entspannungschenkende«. Shah Jahan, der ein großer Baumeister war, widmete einer seiner Konkubinen sogar eine berühmte Moschee, die er in Delhi, wohin er den Sitz der Regierung verlegte, errichten ließ.

Als nächste in der Hierarchie des königlichen Harems folgten die sogenannten *Kanchanis*. Das waren jene Tänzerinnen und Musikantinnen, die wir als charakteristisch auch für die Höfe der einheimischen Herrscher kennengelernt haben. Auch ihre Zahl spiegelte die Bedeutung des königlichen Harems wider, und natürlich erregten auch sie – insbesondere die Tänzerinnen – die Aufmerksamkeit des Herrschers, der so manche unter ihnen zur Konkubine erhob.

Da all diese Frauen und Mädchen – ihre Zahl ging im jeweiligen Harem in die Hunderte – letztlich nur dem Vergnügen des Herrschers dienten, deshalb aber von anderen Aufgaben befreit waren, bedurfte es zur Erledigung der anfallenden Arbeiten im Harem sowie seiner ordnungsgemäßen Führung und Überwachung eines ganzen Heeres von Bediensteten und Beamten, die wiederum – außer den Eunuchen – Frauen waren. Viele von ihnen, zumal diejenigen, die mit niedrigeren Tätigkeiten betraut wurden, waren Sklavinnen. Auch auf sie fiel gelegentlich das Auge des Herrschers mit Wohlgefallen, was bedeutete, daß auch sie ihm zu Willen sein mußten.

Aus all dem wird deutlich, daß die Harems, deren sich die Mogulherrscher rühmten, es an Pracht und Größe durchaus mit denen der einheimischen Herrscher aufnehmen konnten und diese schließlich bei weitem übertrafen, so daß sich die Frage erhebt, ob sie bei all diesen Verlockungen und Versuchungen, denen sie in ihrem Harem ausgesetzt waren, überhaupt noch Zeit fanden, sich ihren Regierungsgeschäften zu widmen? Was Akbar betrifft, der die Tradition des herrschaftlichen Harems bei den Moguln einführte, so verstand er es, seinem Harem nur so viel Zeit zu widmen, wie es ihm seine anderen Aufgaben, die er für wichtiger erachtete, erlaubten. Doch schon sein Nachfolger, Jahangir, der freilich keine Eroberungszüge mehr zu unternehmen brauchte, verfiel dem Bann des Harems, so daß er die Regierungsgeschäfte vernachlässigte. Was die späteren Herrscher der Moguln betrifft, so waren sie oft nur noch Marionetten im Spiel der Kräfte, die der Harem hervorbrachte. Am Ende wurde er einem stolzen Geschlecht zum Verhängnis: Er war übermächtig geworden, wie andererseits die Herrscher immer mehr in Dekadenz und Ausschweifung verfielen. Der Harem besiegte sie, nicht fremde Eroberer. Diese nutzten nur die Gunst der Stunde.

Licht der Welt

»Ich will diesen Brief beenden«, schrieb der französische Arzt François Bernier an einen Bekannten in der Heimat, »mit einer Beschreibung der beiden herrlichen Mausoleen, die der Hauptgrund dafür sind, daß Agra Delhi an Pracht überragt. Das eine wurde von Jahangir zu Ehren seines Vaters Akbar erbaut; und Shah Jahan errichtete das andere zur Erinnerung an seine Frau Taj Mahal, jene außergewöhnliche und gefeierte Schönheit, in die ihr Mann so sehr verliebt war, daß es heißt, er sei ihr zu ihren Lebzeiten immer treu gewesen, und als sie starb, habe ihn das so sehr berührt, daß er ihr beinahe ins Grab gefolgt wäre.«

Sie hieß eigentlich Arjumand Banu Begum und war die Nichte Nur Jahans, jener Frau, die wie keine andere in den Harems der Moguln zu Macht und Ansehen gelangte. Wenn auch die beiden bekanntesten Frauen aus dem Herrscherhaus der Moguln verwandt waren, so hatten sie doch nur wenig gemein. Arjumand Banu bezauberte durch ihre Sanftheit und Anmut; ihre Tante, deren Schönheit gleichfalls gerühmt wurde, begnügte sich nicht mit der traditionellen Rolle der Frau. Arjumand Banu gebar vierzehn Kinder, womit sie vollauf beschäftigt war (vielleicht wäre es ihr lieber gewesen, wenn ihr königlicher Gemahl es mit der Treue nicht ganz so ernst gemeint hätte). Nur Jahan begnügte sich mit einer Tochter, was ihr genügend Gelegenheit gab, sich anderweitig zu betätigen. Was sie dann auch ausgiebig tat.

Die Familie, der Nur Jahan und Arjumand Banu entstammten, war persischer Herkunft. Nichts Ungewöhnliches am Hofe der Moguln, denn mochten diese ihren Ursprung auch auf die Mongolen zurückführen, die verwegene Krieger waren, aber nicht gerade in dem Ruf standen, bedeutende Kulturschöpfer zu sein: Was dem Hof der Moguln seinen eigentlichen Glanz verlieh, das war seine enge Bindung zu Persien, das immerhin dem zweiten Mogulherrscher, Humayun, Zuflucht gewährt hatte, als seine Macht in Indien, die noch nicht genügend gefestigt war, ins Wanken geriet. Seitdem herrschte am Hof der Moguln ein Lebensstil, der stark durch persische Einflüsse geprägt war. Dazu gehörte auch so mancher, der sich – obwohl er Perser war – aufmachte, um am alsbald legendären Hof der Moguln sein Glück zu suchen. Unter denen, die diese

Chance nutzten, war auch der Vater Nur Jahans gewesen, die ihrerseits eigentlich Mehr-un-nisa, was »Sonne unter den Frauen« bedeutet, geheißen hatte, ehe ihr Jahangir, als er sie zur Frau nahm, den Namen Nur Jahan verlieh, was »Licht der Welt« bedeutet. 1577 geboren, wurde Mehr-un-nisa im Alter von siebzehn Jahren mit einem persischen Adligen verheiratet, der gleichfalls nach Indien gekommen war, um hier sein Glück zu machen. Es war ihm jedoch – anders als seinem Schwiegervater und dessen Sohn, die beide bei Hof zu Macht und Einfluß gelangten – nicht hold, und als er sich 1607 in eine Revolte verstrickte, die gegen den König gerichtet war, bedeutete das für ihn ein gewaltsames Ende.

Mehr-un-nisa, nunmehr Witwe, trat in die Dienste der Mutter Jahangirs und erregte so das Aufsehen des Herrschers, der zwar reichlich anderweitig versorgt war, doch an der noch immer schönen Perserin Gefallen fand. Er mußte vier Jahre um sie werben, und als sie schließlich einwilligte, tat sie dies nur, indem sie sich ausbedang, nicht bloß eine weitere unter seinen unzähligen Frauen im Harem zu sein. Was er ihr versprach und – anders, als man hätte erwarten können – auch einhielt, bis er schließlich so weit ging, daß er unumwunden erklärte: »Alles, was ich noch will, ist ein Glas Wein und ein Stück Fleisch. Zum Regieren habe ich Nur Mahal.« Nur Mahal, »Licht des Palastes«: ein anderer Name für Nur Jahan.

Nur Jahan, die tatsächlich an Stelle ihres Gemahls die Regierungsgeschäfte führte, erwies sich als dieser Aufgabe durchaus gewachsen. Sie war resolut und nutzte das Ansehen ihrer eigenen Familie. Sie betätigte sich außerdem als Förderin der Künste und praktizierte selbst Dichtung und Malerei. Letztere erlangte am Hof der Moguln eine hohe Blüte, wobei wiederum der persische Einfluß unverkennbar ist. Gänzlich anders als die indische Tradition, die – was sowohl die Malerei als auch die Plastik betrifft – durch die exotische Umwelt einer üppig sprießenden Natur geprägt ist, was nicht zuletzt auch zu einer Betonung des Erotischen beitrug, zeichnet sich die Malerei bei den Moguln, die insbesondere auf persische Impulse zurückging, durch eine verhaltene, gefühlvolle Darstellungsweise aus. Natur und Mensch, selbst in gewaltsamen Ausbrüchen und Leidenschaften, werden sublimiert, zu zarter Poesie, die das Auge ebenso erfreut wie das Gefühl. Denn Liebe – wenn auch einem gestrengeren Kanon unterworfen – ist auch hier ein bevorzugtes Sujet: Porträts vornehmer Damen, Haremsszenen, eine Frau bei der Toilette, ja selbst beim Bade. Doch weniger aufreizend und schon gar nicht von jener überschäumenden Sinnlichkeit, wie es der Kanon des eigentlichen Indiens vorschreibt.

Nur Jahan, auch wenn sie sich selbst in den Künsten versuchte, erlangte freilich größere Bedeutung als Mäzenin. Sie wurde darin tatkräftig von ihrem Mann unterstützt, der zwar dem Wein und ihr ergeben, darüber hinaus aber auch ein begeisterter Kunstliebhaber war.

Dazu gehörte auch die Gestaltung von Gärten, eine künstlerische Ausdrucksform, in der sich die Moguln besonders auszeichneten. Zwei der berühmtesten werden Nur Jahan zugeschrieben; sie befinden sich in Kaschmir, jenem paradiesischen Refugium in den Bergen des Himalaya, das die Moguln zu einem bevorzugten Ausflugsort erkoren. Bernier, der das Glück hatte, in Begleitung eines späteren Moguln Kaschmir zu besuchen, besichtigte beide Gärten. Über den größeren der beiden, der Achabal genannt wird, schreibt er:

»Der Garten ist von großer Schönheit, mit geradlinigen Wegen ausgelegt und voller Obstbäume – Apfel, Birne, Pflaume, Aprikose und Kirsche. Es gibt zahlreiche Springbrunnen der unterschiedlichsten Art und außerdem Fischteiche und einen prächtigen Wasserfall, der in Form und Farbe einem großen Laken ähnelt, dreißig oder vierzig Schritte lang, und den zauberhaftesten Eindruck erweckt, den man sich nur denken kann; besonders nachts, wenn unzählige Lampen, die an einer besonderen Wand unterhalb der Kaskade angebracht sind, angezündet werden.«

Auch der andere Garten, »Vernag« genannt, konnte mit einer Besonderheit aufwarten:

»Von Achabal begab ich mich zu einem anderen königlichen Garten, der in ähnlicher Weise verschönt ist. Einer seiner Teiche enthält Fische, die so zahm sind, daß sie sich nähern, wenn man sie ruft oder wenn Brotkrumen ins Wasser geworfen werden. Die größten weisen Goldringe auf, mit Aufschriften versehen, die man durch die Kiemen gesteckt hat; es heißt, die gefeierte Nur Mahal, die Frau Jahangirs, des Großvaters Aurangzebs, habe sie angebracht.«

Aurangzeb, den Bernier nach Kaschmir begleitete, war der letzte unter den bedeutenden Herrschern der Moguln; er verspielte jedoch das Erbe, das ihm seine freigeistigen und kunstliebenden Vorfahren hinterlassen hatten.

Taj Mahal

Neben ihren künstlerischen Ambitionen, die sich auch im Entwurf eines prunkvollen Grabmals für ihren Vater Itimad-ud-daulah äußerten, war es vor allem das politische Wirken Nur Jahans, das sie aus der Reihe der weiblichen Mitglieder des Herrscherhauses der Moguln heraushob. Allerdings ist die Bedeutung ihres politischen Wirkens nicht unumstritten. Man warf ihr vor, den Einfluß, den sie über ihren königlichen Gemahl erlangte, mißbraucht und politische Wirren, die schließlich in einem Bürgerkrieg gipfelten, provoziert zu haben

Zweifellos war Nur Jahan nicht nur ehrgeizig, sondern auch energisch und tatkräftig: Eigenschaften, die von einer Haremsdame – und mochte sie auch die Favoritin des Königs sein – nicht erwartet wurden. Rivalinnen, die ihr im Harem hätten gefährlich werden können, ließ sie kurzerhand entfernen, indem sie für ihre Verheiratung sorgte oder sie auf andere Weise dem Umkreis des Königs entzog. Ihrem Vater, ihrer Mutter und ihrem Bruder verhalf sie zu hohen und höchsten Ämtern; ihre Nichte, Arjumand Banu, wurde mit Prinz Khurram, dem Lieblingssohn Jahangirs, vermählt, und schließlich erreichte es Nur Jahan auch, als der Prinz sich mit seinem Vater überwarf, ihre Tochter Ladli, die ihrer ersten Ehe mit dem persischen Adligen entstammte, mit dem jüngsten Sohn des Kaisers – die Machtfülle der Moguln entsprach eher der eines Kaisers als eines bloßen Königs – zu verheiraten. Damit hatte sie – so ihr Kalkül – die Weichen gestellt, für den Fall, daß der kränkelnde Jahangir das Zeitliche segnen sollte. Über ihre Tochter und deren Gemahl, Shahriyar, der die Nachfolge antreten würde, ergäbe sich auch für sie die Möglichkeit, weiter an den Schaltstellen der Macht zu bleiben.

Doch Nur Jahan hatte den Bogen überspannt: Man neidete ihr ihren Einfluß und ihre Machtfülle, und es kam zum Kampf, der mit Waffengewalt ausgetragen wurde. Die Partei der Königin unterlag – Jahangir geriet sogar in Gefangenschaft –, und obwohl es Nur Jahan gelang, den Kaiser zu befreien, hatte sich das Glück gewendet: Der Kaiser starb, und der Versuch, Shahriyar auf den Thron zu hieven, mißlang. Prinz Khurram, nunmehr Shah Jahan, ging aus dem Kampf um die Nachfolge als Sieger hervor; Nur Jahan erkannte, daß sie mit ihren Zielen gescheitert war und zog sich aus dem politischen Geschäft zurück, um sich fortan der Dichtkunst zu widmen. Sie starb 1645, im Alter von 68 Jahren.

Ihre Nichte, Arjumand Banu, war zu diesem Zeitpunkt schon vierzehn Jahre lang tot. Sie war nur 39 Jahre alt geworden. Und doch sollte sie ihre Tante an Ruhm übertreffen. Freilich nur, weil die Umstände ihres Todes und mehr noch das, wozu er Anlaß gab, Arjumand Banu alias Mumtaz Mahal ins Überirdische verklärte. Wenigstens verhalf ihr die Legende, die sich um sie rankt, zu Unsterblichkeit.

Es begann damit, daß sich Prinz Khurram auf einem Basar, der am Hofe der Moguln in Agra veranstaltet wurde und zu dem sie geladen war, auf den ersten Blick in sie verliebte. Eine Zuneigung, die von ihr, die sie zu diesem Zeitpunkt in der Blüte ihrer Jugend stand, erwidert wurde. Ihre Tante, Nur Jahan, die die Begegnung eingefädelt hatte, überwand den Widerstand Jahangirs, der eine Heirat seines Sohnes (und vorgesehenen Thronfolgers) unter politischen Gesichtspunkten betrachtete, und bahnte so den Weg für eine Eheschließung zwischen dem Prinzen und ihrer Nichte. Es war – nach allem, was man weiß – eine glückliche Verbindung, obwohl Arjumand nicht die einzige Frau ihres geliebten Gemahls, der 1628 den Thron bestieg, war. Sie mußte sich die Gunst des Prinzen, der erst in ihren letzten Lebensjahren die Würde des Herrschers erlange, mit zwei weiteren Frauen teilen, von den übrigen, Nebenfrauen wie Konkubinen, die den kaiserlichen Harem bevölkerten, einmal ganz zu schweigen.

Doch Arjumand Banu, der ihr kaiserlicher Schwiegervater anläßlich ihrer Heirat mit seinem Sohn den Titel »Mumtaz Mahal«, das heißt »Erhabene des Palastes«, verliehen hatte, war – ähnlich wie ihre Tante – die uneingeschränkte Favoritin ihres Gemahls, was nicht zuletzt dadurch zum Ausdruck kam, daß er sie so sehr mit seiner Gunst bedachte, daß Mumtaz Mahal praktisch fortwährend in anderen Umständen war. Dies und die Tatsache, daß sie den Prinzen und späteren Kaiser, der sich ständig auf Kriegszügen befand, stets begleitete – bei allen Beschwerlichkeiten, die dies bedeutete –, erklärt, daß die Gesundheit Mumtaz Mahals schließlich derart untergraben war, daß sie die Geburt ihres vierzehnten Kindes nicht überstand.

Der Kaiser, der sich wieder einmal auf einem Feldzug befand, empfand den Tod seiner Lieblingsfrau als schweren Schicksalsschlag. Es heißt, daß er über Nacht zu einem Greis wurde, und seine Trauer war so groß, daß er den Entschluß faßte, der Toten ein Denkmal zu errichten, das alle anderen, mit denen man Verstorbene ehrte, an Prunk und Pracht überragen würde. Und wahrlich, er ließ seinen Entschluß Wirklichkeit werden: Das Taj Mahal, das der Gemahlin Shah Jahans (wie schließlich auch ihm selbst) als letzte Ruhestätte diente, ist das bedeutendste Grabmal, das jemals errichtet wurde. Nicht einmal die Pyramiden, die bekanntlich auch Grabdenkmäler sind, reichen an die majestätische Größe und Schönheit des Taj Mahal heran. Schon Bernier, der das Taj Mahal kurz nach seiner Fertigstellung besichtige, vermerkt:

»Es ist möglich, daß ich mir den indischen Geschmack zu eigen gemacht habe; aber ich glaube ganz entschieden, daß dieses Denkmal es sehr viel mehr verdient, unter den Wundern der Welt genannt zu werden als die Pyramiden in Ägypten, jene unförmigen Gebilde, die – nachdem ich sie zweimal gesehen hatte – mir keinerlei Befriedigung verschafften und die außen nichts weiter als Anhäufungen großer Steine sind, die in der Art einer Treppe übereinandergetürmt sind, während es im Innern nur wenig gibt, was der Geschicklichkeit oder Erfindungsgabe des Menschen zum Ruhme gereicht.«

Vielleicht ein zu harsches Urteil, doch eines ist gewiß: Das Taj Mahal ist mehr als ein bloßes Bauwerk. Es ist ein Gedicht in Stein, überirdisch in seinem Glanz und unübertroffen in seiner architektonischen und künstlerischen Gestaltung. Die Quintessenz vom Islam inspirierter Baukunst auf indischem Boden, wo sie in exotischem Gewand zu höchster Blüte reifte. Und all dies zum Gedenken an eine Frau.

Dritter Teil
UNTER DEM ZEPTER DER QUEEN

Jahanara

»Am nächsten Tag fuhren wir zum Grab Nizam-ud-dins, wo Jahanara liegt, die reizende Prinzessin, deren bescheidene Grabinschrift im Zeitalter, das den Ruhm des Taj sah, von ihr selbst verfaßt wurde: ›Laßt nichts außer Grünem über mir sein. Gras ist das Beste, um die arme, bescheidene, vergängliche Jahanara, Schülerin der heiligen Männer Christi und Tochter des Kaisers Shah Jahan, zu bedecken.‹«

Man schrieb das Jahr 1922, als der Verfasser dieser Zeilen, ein Offizier der britischen Armee in Indien namens Yeats-Brown, in Begleitung zweier Amerikaner, denen er die Sehenswürdigkeiten des Landes zeigen sollte, den Schrein Nizam-ud-din Aulias, eines muslimischen Heiligen, der zur Zeit der Khalji lebte, in Delhi besuchte. Der Schrein des Heiligen, der ein Sufi, das heißt ein Anhänger einer mystizistischen Glaubensrichtung des Islam, gewesen war, verdiente zwar auch Aufmerksamkeit, doch was die drei Besucher eigentlich interessierte, das war das Grab der Mogulprinzessin. Diese hatte sich zwar – im Gegensatz zum Mausoleum ihrer Mutter, der besagten Mumtaz Mahal – mit einer bescheidenen Begräbnisstätte zufriedengegeben. Doch das war nur die halbe Wahrheit, soweit es die Bedeutung ihrer Person anbelangt. Yeats-Brown schreibt weiter: »In ihre Geschichte ist – durch eine seltsame Fügung des Schicksals – unsere eigene imperiale Geschichte verwoben. Wäre sie nicht gewesen, hätte das britische Indien einen anderen Anfang genommen.«

So zumindest will es die Legende, und diese lautet:

»Die Geschichte beginnt damit, daß eine Dienerin Jahanaras eine Öllampe im Palast Shah Jahans umwarf. Jahanara versuchte, sie zu retten, und dabei zog sie sich selbst Verbrennungen im Gesicht und an den Händen zu. Shah Jahan war außer sich vor Sorge, als er von dem Unglück erfuhr: Der Ästhet wie auch der Vater in ihm verlangte nach dem besten Arzt in seinem Reich, um die liebreizendste der Prinzessinnen zu behandeln.«

Jahanara Begum, wie die älteste Tochter Shah Jahans ehrfurchtsvoll genannt wurde, war nach dem Tode ihrer Mutter an deren Stelle getreten, das heißt, sie war die engste Vertraute Shah Jahans geworden, und da sie nicht verheiratet war, blieb es nicht aus, daß Gerüchte aufkamen, denen zufolge sie dem Kaiser, ihrem Vater, auch in einer Weise verbunden war, die zu eben diesen Gerüchten Anlaß gab. Ein Beweis für eine tatsächliche Grundlage dieser Gerüchte ist niemals erbracht worden, aber es ist unzweifelhaft, daß es nach dem Tod Mumtaz Mahals eine sehr enge Bindung zwischen Shah Jahan und seiner ältesten Tochter gegeben hat, und somit wird verständlich, daß der Kaiser in großer Sorge war, als Jahanara das besagte Unglück zustieß. Yeats-Brown berichtet weiter;

»So geschah es, daß Gabriel Boughton, der Arzt der englischen Faktorei in Surat, in Agra erschien. Obwohl er durch den Brauch der Purdah behindert wurde – man erlaubte ihm lediglich, den Puls der Patientin, die hinter einem Vorhang verborgen war, zu fühlen –, heilte er nicht nur Jahanara, sondern rettete auch ihre Schönheit, die so makellos wie zuvor war. Als Belohnung lehnte er jedes Geschenk für sich ab; stattdessen bat er um einen Freibrief, der es der Ostindienkompanie erlaubte, in Bengalen Handel zu treiben.«

Gabriel Boughton war in der Tat ein Arzt, der im Dienste der englischen Ostindienkompanie stand, und ihm ist es auch tatsächlich zuzuschreiben, daß die Engländer die offizielle Erlaubnis erhielten, in der Provinz Bengalen Handel zu treiben. Doch die Umstände, die zur Erlangung dieses Zugeständnisses führten, entsprechen nicht der Legende, wie sie sich durch mannigfache Verwechslungen ergab: Boughton, ursprünglich Arzt auf einem der Schiffe der Kompanie, wechselte an den Hof des Provinzgouverneurs von Bengalen über, wo es ihm gelang – vermutlich, indem er seine medizinischen Künste unter Beweis stellte –, die begehrte Zusage zu erlangen, daß die Kompanie in Bengalen, der reichsten Provinz des Mogulreiches, Handel treiben durfte.

Jahanara – und das Mißgeschick, das sie ereilte – hatte mit dieser Entwicklung nach allem, was wir wissen, nichts zu tun. Sie wurde mit einer Medizin, die ein Sklave zubereitete, geheilt. Dennoch kommt ihr im Zusammenhang mit dem Beginn der englischen Intervention in Indien eine gewisse Bedeutung zu, denn da sie die besondere Gunst des Kaisers, ihres Vaters, genoß, war sie unermeßlich reich (und verfügte über einen nicht geringen politischen Einfluß); die Quellen ihrer Einkünfte, die ihr der Kaiser übertragen hatte, erstreckten sich unter anderem auch auf das besagte Surat, einen Hafen an der nördlichen Westküste Indiens, der ein bedeutender Umschlagplatz für den Überseehandel war. Hier hatten sich die Europäer festgesetzt, indem sie Niederlassungen, sogenannte Faktoreien, gründeten: zunächst die Portugiesen, dann die Engländer und schließlich sogar die Holländer. Die Oberhoheit aber besaßen die Moguln, und Jahanara wurde zur bevorzugten Nutznießerin. Sie hatte also ein Interesse daran, daß der Handel florierte, und entsprechend begünstigte sie die fremden Kaufleute, die aus Europa kamen. Diese unterhielten allerdings untereinander alles andere als freundschaftliche Bande. Das wurde schon beim ersten Versuch deutlich, den die Engländer unternahmen, um am lukrativen Handel der Portugiesen in Indien teilzuhaben.

Eine junge Witwe

Die Portugiesen waren die ersten, die als europäische Handelsmacht in Indien vorstellig wurden. 1498 hatte Vasco da Gama den Seeweg nach Indien erkundet, indem er Afrika umsegelte. Damit war für den indischen Subkontinent, auch wenn die Folgen zunächst noch nicht abzusehen waren, ein neues Zeitalter angebrochen. Denn obgleich es noch dreihundert Jahre dauerte, bis die Europäer sich zu neuen Herren Indiens aufschwangen, so war doch der Grundstein für ihre Herrschaft mit der Etablierung der Portugiesen, die sich an der Westküste Indiens festsetzten, gelegt. Goa, das als Zentrum ihrer Aktivitäten in Indien diente, wurde 1510 gegründet – und blieb, länger als alle anderen europäischen Besitzungen in Indien, bis 1961 in portugiesischer Hand.

Neben den Portugiesen, die ihre Präsenz in Indien auf lokal begrenzte Stützpunkte beschränkten, die als Handelszentren dienten, waren bald auch andere Europäer aktiv, die am Handel mit Indien teilhaben wollten. Besaß Indien doch seit der Reise des Venezianers Marco Polo den Ruf, eine Art Märchenland zu sein, dessen Reichtum – vor allem an Edelsteinen – unermeßlich schien, so daß nicht nur die Portugiesen den Seeweg dorthin erkundeten, sondern auch der Genueser Kolumbus, der freilich in spanischen Diensten stand und auf einer westlichen Route Indien zu erreichen suchte. Wobei ihm sozusagen der den Europäern bis dahin unbekannte amerikanische Kontinent in die Quere kam. Und diesem Umstand ist es zu verdanken, daß die Indianer, die Ureinwohner der Neuen Welt, auf ihren irrtümlichen Namen getauft wurden.

Abgesehen von den Holländern, die zwar auch auf dem indischen Subkontinent Fuß zu fassen suchten, doch ihre Aktivitäten mehr auf Ceylon (und Indonesien) konzentrierten, waren es die Engländer und Franzosen, die dem Beispiel der Portugiesen folgten und sich um die Etablierung von Handelsbeziehungen mit Indien bemühten. Dabei waren sowohl die Engländer als auch die Franzosen erfolgreicher als die portugiesischen Pioniere, denn sie beschränkten sich nicht auf bloße Handelsposten wie die Portugiesen, sondern versuchten auch, politischen Einfluß zu gewinnen und schließlich nach der Herrschaft über Indien zu streben. Worin freilich nur die Engländer Erfolg hatten, die ihre französischen Rivalen – in einem erbitterten Ringen – ausstachen. Doch bis dies geschah – um die Mitte des 18. Jahrhunderts – waren auch die Engländer kaum mehr als bloße Kaufleute in Indien, die zudem ganz klein angefangen hatten.

»Es geschah auch«, berichtet William Hawkins, »daß eine Anzahl Bewaffneter mir und meinen Leuten in den Straßen auflauerte, und dies in einer Weise, daß ich mich gezwungen sah, zum Gouverneur zu gehen, um mich zu beschweren, daß ich daran gehindert wurde, meinen Geschäften nachzugehen, weil die Portugiesen mit Waffen in die Stadt kamen, um mich zu ermorden [...].«

Die Rede ist von Surat und die Zeit, um die es sich handelt, das Jahr 1608. Hundert Jahre waren vergangen, seit die Portugiesen in Indien Fuß gefaßt hatten. Der Engländer Hawkins und seine Begleiter waren hingegen die ersten ihres Volkes, die einen ernsthaften Versuch unternahmen, es den Portugiesen nachzutun. Allerdings waren die Engländer – anders als die Portugiesen – lediglich daran interessiert, Handel zu treiben; den katholischen Portugiesen ging es – neben wirtschaftlichen Interessen – auch um das Seelenheil der Inder, die sie zum Christentum zu bekehren suchten. Mit nachhaltiger Wirkung gelang ihnen dies nur in Goa.

Über ihrem Bekehrungseifer vergaßen die Portugiesen dennoch nie ihre wirtschaftlichen Ziele, die auf eine Monopolstellung im Handel zwischen Indien und Europa ausgerichtet waren, und so unternahmen sie alles, um den Engländern, die sie als Konkurrenten ansahen, Steine in den Weg zu legen.

Hawkins war Abgesandter einer englischen Handelsgesellschaft, der East India Company, die im Jahre 1600 zum Zwecke des Handels mit Ostindien – im Gegensatz zu »Westindien«, womit Amerika gemeint war – gegründet worden war. Die Mission Hawkins' war die erste, welche die Company nach Indien entsandte. Hawkins sollte eine offizielle Genehmigung erwirken, im Hoheitsgebiet der Moguln Handel zu treiben, indem er beim Mogulherrscher in Agra vorstellig wurde. Es ging dabei vor allem um Gewürze, die in Europa begehrt waren.

Nachdem Hawkins mit seinen Begleitern in Surat indischen Boden betreten hatte, gelang es ihm schließlich – trotz der Bedrohung durch die Portugiesen –, wohlbehalten Agra zu erreichen, wo der Herrscher der Moguln residierte. Es handelte sich dabei um Jahangir, der gerade die Nachfolge seines Vaters Akbar angetreten hatte. Obwohl Jahangir zu dieser Zeit noch rüstig und tatkräftig war und noch nicht unter dem Einfluß Nur Jahans stand, war er doch auch schon in seinen jüngeren Jahren den angenehmeren Seiten des Lebens zugetan. Dazu gehörte insbesondere der Genuß von Alkohol, dem auch Hawkins nicht abgeneigt war. Der Mogul und sein fremder Besucher ergingen sich daher alsbald in fröhlichen Zechgelagen, was das Ansinnen Hawkins' zweifellos begünstigt hätte, wären da nicht die Portugiesen gewesen. Diese waren ebenfalls in Agra zugegen und boykottierten die Verhandlungen, die Hawkins mit dem Kaiser führte, so daß die Mission von Hawkins scheiterte.

Doch gänzlich mit leeren Händen nahm der Engländer nicht Abschied. Denn Jahangir, der ihm trotz allem sehr zugetan war, bewog Hawkins, der sich immerhin zweieinhalb Jahre in Agra aufhielt, sich eine Frau zu nehmen. Der Kaiser empfand wohl Mitleid mit seinem Zechkumpan, denn während er über einen großen Harem verfügte, war sein englischer Besucher ohne jeglichen weiblichen Anhang. Wie konnte er das nur aushalten? Der Kaiser drängte seinen Gast, sich das Leben doch angenehmer zu machen. Sogar an die besonderen Empfindlichkeiten des Engländers, der zwar in seinem Glauben nicht so fanatisch wie die Portugiesen war, doch ihn nicht leugnen konnte, hatte der Kaiser gedacht. Hawkins, der einen Bericht über seine Erlebnisse in Indien verfaßte, bemerkt: »Der König riet mir sehr eindringlich, ein weißes Mädchen aus seinem Palast zu nehmen; er würde sie mit allem Notwendigen ausstatten, darunter auch Sklaven, und er würde mir versprechen, daß sie zum Christentum übertreten werde, und auf diese Wiese würde sie für meine Speisen und meine Getränke sorgen [...].«

So verlockend dieses Angebot war, Hawkins lehnte ab. Eine »Maurin«, wie er schreibt, könne er nicht akzeptieren, selbst wenn sie das Christentum annehme. Allerdings, wenn sich eine wirkliche Christin finden ließe, dann wäre das etwas anderes. Das brachte den Kaiser, der ja auch in seinem Harem über unbegrenzte Möglichkeiten verfügte, nicht in Verlegenheit. Hawkins berichtet weiter: »Als ich ihm die Sache erklärt hatte, hielt ich es für wenig wahrscheinlich, daß die Tochter eines Christen gefunden werden könnte. Da entsann sich der König eines gewissen Mubarak Shah, der eine Tochter hatte und armenischer Christ war und dem Volk der ältesten Christen angehörte; er hatte im Heer Akbars, des Vaters dieses Königs, gedient und war zu großen Ehren gelangt.«

Zwar war Mubarak Shah inzwischen gestorben und der Reichtum, den er angehäuft hatte, war dahingeschmolzen, weil sich gierige Verwandte des Erbes bemächtigt hatten, das eigentlich dem Mädchen zustand, welches nur noch über wenige Juwelen verfügte. Doch der wackere Hawkins ließ sich dadurch nicht abschrecken, zumal ihn Jahangir mit einem einträglichen Amt betraut hatte. Und so heißt es weiter: »Da ich sah, daß sie einer so noblen Familie entstammte, und ich dem König mein Wort gegeben hatte, konnte ich meinem Glück nicht widerstehen. So nahm ich sie, und mangels eines Priesters heiratete ich sie vor christlichen Zeugen.«

Die Prozedur wurde später noch einmal von einem Geistlichen wiederholt. »Von da an«, schreibt Hawkins, »lebte ich in Zufriedenheit und ohne Sorge, denn sie war damit einverstanden, dahin zu gehen, wohin ich ging, und zu leben, wie ich lebte.«

Für die junge Armenierin, die sich derart fügsam zeigte, bedeutete die Heirat mit dem Engländer, daß sie sich darauf einstellen mußte, über kurz oder lang ihre Familie und ihre indische Heimat verlassen zu müssen, was schließlich auch geschah; doch als sie nach langer Fahrt endlich englischen Boden betrat, tat sie dies ohne ihren Mann: Hawkins hatte die Strapazen der beschwerlichen Reise nicht überlebt, die sie zunächst zu den indonesischen Inseln führte, wo die East India Company einstweilen noch ihre Hauptaktivitäten im Asienhandel entfaltete.

Dennoch hatte die junge Witwe, die aus dem fernen Indien kam und in gewisser Weise an jene andere Exotin namens Pocahontas erinnert, die gleichfalls in Begleitung eines Engländers ihre indianische Heimat verließ, um in England den Pocken zu erliegen, Glück im Unglück. Einer der Kapitäne der Ostindienkompanie hielt um die Hand der Witwe an, und so heiratete sie zum zweiten Mal. Die Company, die sich dadurch einige Vorteile für ihre Unternehmungen in Indien erhoffte, stattete sie mit einer ansehnlichen Mitgift aus.

Doch welche Erwartungen die Ostindische Kompanie auch in die neuerliche Ehe der jungen Inderin gesetzt hatte, sie erfüllten sich nicht. Zwar kehrte sie mit ihrem Mann nach Indien zurück, aber ihre Verwandten waren nicht in der Lage, die erhoffte Unterstützung zu leisten. Ihr Mann trennte sich daher schließlich von ihr und kehrte nach England zurück, während sie sich am Ende gezwungen sah, ihrerseits die Kompanie um Hilfe zu bitten. Zu diesem Zeitpunkt freilich bedurfte man ihrer Fürsprache nicht mehr.

Reiche Ernte

»Da das Land in dieser Gegend vom Heidentum durchtränkt ist, wird auch der Brauch, Frauen mit ihren verstorbenen Ehemännern zu verbrennen, hier geübt. Vor dem Krieg mit den Moguln begab sich einmal Mr. Charnock mit einer Abteilung Soldaten, die ihm als Schutz zugeteilt war, zu dem Ort, wo eine junge Witwe dieses tragische Schicksal erleiden sollte, um dem Schauspiel beizuwohnen. Doch er war von der Schönheit der Witwe so sehr angetan, daß er seine Soldaten losschickte, um sie mit Gewalt aus den Händen ihrer Scharfrichter zu befreien; worauf er sie in sein Haus brachte. Sie lebten, in Liebe vereint, viele Jahre zusammen und hatten mehrere Kinder; schließlich starb sie, nachdem sie sich in Kalkutta niedergelassen hatten. Doch anstatt sie zum Christentum zu bekehren, machte sie ihn zu einem Anhänger des Heidentums, und das einzig Bemerkenswerte, was christlich an ihm war, bestand darin, daß er ihr ein ordentliches Begräbnis zuteil werden ließ. Und er errichtete ein Grabmal ihr zu Ehren, wo er – solange er lebte – an ihrem Todestag ihrer gedachte, indem er einen Hahn auf ihrem Grab opferte, so wie es bei den Heiden Sitte ist [...].«

Dieses zeitgenössische Zeugnis aus der Feder eines englischen Kapitäns namens Alexander Hamilton, der in der Zeit zwischen 1688 und 1723 die Küsten Indiens befuhr, läßt erkennen, daß sich das Verhalten der Engländer gegenüber den Einheimischen inzwischen gewandelt hatte, zumindest, was den Umgang mit dem weiblichen Geschlecht betraf. Man war nun nicht mehr so anspruchsvoll wie Hawkins, für den es eine Christin sein mußte. Sein Landsmann Charnock, der ein halbes Jahrhundert nach Hawkins nach Indien gekommen war, wo er – im Dienste der Ostindienkompanie – in Bengalen den Posten eines Faktoreivorstehers übernahm, war da weniger wählerisch. Im Gegenteil, er hatte sich so sehr an die Sitten des Landes gewöhnt, daß er nicht nur eine Einheimische zur Frau nahm, sondern sich auch ihren Glaubensvorstellungen anpaßte. Letzteres war allerdings eher eine Besonderheit seiner Person, vielleicht auch ein Zeichen der Zuneigung, die er für seine Frau empfand. Denn Umgang mit einer Inderin zu pflegen, sie unter Umständen gar zu heiraten war eine Sache, den christlichen Glauben gegen die gemeinhin als Heidentum verunglimpften Vorstellungen der Hindus oder Muslime einzutauschen, eine andere. Dazu waren nur die wenigsten bereit.

Bengalen, jene Gegend Indiens, die durch das Delta des Ganges gekennzeichnet ist, war die letzte Station, wo die East India Company in Indien Fuß faßte. Sie sollte sich dennoch als das bedeutendste Sprungbrett erweisen, von dem aus die Engländer die Unterwerfung des Landes vorantrieben.

Zunächst hatten sie – wie es bereits anklang – den Versuch unternommen, sich an der Westküste Indiens niederzulassen, was ihnen schließlich auch – trotz des Fehlschlages der Mission von Hawkins – gelungen war, indem sie die portugiesische Konkurrenz durch ihre Übermacht, die sie auf dem Seeweg durch das Arabische Meer erlangten, zurückdrängten. Zudem wurde ihnen das unerwartete Glück zuteil, in den Besitz von Bombay zu gelangen, das freilich zunächst nicht mehr als eine Ansammlung kleiner Fischerdörfer war – ähnlich wie Kalkutta, an dessen Beginn gleichfalls eine Handvoll unscheinbarer Dörfer stand. Erst die Engländer schufen jene Metropolen, die nicht nur zu Eckpfeilern ihrer Macht in Indien wurden, sondern auch heute noch als Wahrzeichen des Landes gelten.

Die Umstände, die dazu führten, daß die Engländer sich Bombays bemächtigten, waren einigermaßen kurios. In dieser Gegend hatten sich ursprünglich die Portugiesen festgesetzt; sie verzichteten jedoch darauf, als das Haus Bragança, das die Könige in Portugal stellte, nach einer passenden Mitgift für eine Tochter des Hauses, Katharina, suchte, die mit dem englischen König Karl II. vermählt werden sollte. Dieser hatte noch nie von Bombay gehört und so nichts Eiligeres zu tun, als den obskuren Besitz, in den er eher unfreiwillig gelangt war, an die East India Company zu verpachten. Die Company mußte dafür einen jährlichen Obolus in Höhe von genau zehn englischen Pfund entrichten. Es war der wohl erfolgreichste Handel, den die East India Company je tätigte.

Bombay trat 1674 an die Stelle Surats. Zu diesem Zeitpunkt hatten sich die Engländer auch schon an der Ostküste Indiens festgesetzt: 1639 in der Gegend von Madras, wo ihnen von einem Fürsten, der die Tradition von Vijayanagar fortführte, ein Küstenort überlassen wurde, der sich gleichfalls zu einer städtischen Metropole entwickelte. Und dann 1651 in der Gegend des heutigen Kalkutta, in Bengalen, wo jener Arzt, Gabriel Boughton, der angeblich die Mogulprinzessin Jahanara heilte, die offizielle Genehmigung erwirkt hatte, dass seine Landsleute in dieser Gegend Handel treiben durften.

Von Hugli, wie der erste Stützpunkt der Engländer in Bengalen hieß, weitete die Ostindienkompanie ihre Aktivitäten, die in dieser Gegend vor allem aus dem Erwerb von Salpeter und Seide bestanden, auf andere Orte aus, so daß sich die Geschäfte auch hier gut anließen. Doch es gab einen Rückschlag: jenen Krieg gegen die Moguln, der in dem Bericht über einen der Agenten der Kompanie in Bengalen, Job Charnock, erwähnt wird. Dieser wurde 1685, nachdem er zuvor zwei andere Niederlassungen der Kompanie geleitet hatte, zum Vorsteher der Faktorei in Hugli ernannt. Im folgenden Jahr brach der Krieg gegen die Moguln aus, dessen Gründe vielfältiger Art waren. Sie hingen zum einen mit einem zunehmendem Zerfall der traditionellen Ordnung, wie sie die Herrschaft der Moguln gewährleistet hatte, zusammen. Zum andern – und daraus resultierend – verlegte sich die Company auf eine aggressive Politik, um ihre Interessen in Indien zu schützen.

Der Krieg, der zum Verlust Surats und der Vertreibung der Engländer aus Bengalen führte, endete für diese dennoch glimpflich: Sie durften weiter Handel treiben und erhielten sogar 1690 den Ort Sutanati in Bengalen, der an die Stelle Huglis trat und eines jener Dörfer darstellte, aus denen schließlich Kalkutta entstand.

Es war das Verdienst Job Charnocks, der sich für Sutanati entschied, daß der Grundstein für das spätere Kalkutta gelegt wurde. Der Begründer der Stadt, die das Zentrum der britischen Herrschaft in Indien wurde, wird als schillernde Persönlichkeit überliefert. Das überrascht nicht, denn wer sich zu dieser Zeit und in dieser Gegend durchsetzen wollte, der mußte schon ein gehöriges Maß an Tatkraft und Rücksichtslosigkeit mitbringen. Sonst war er den Herausforderungen, die die Wirren und Widrigkeiten der Zeit darstellten, nicht gewachsen.

Charnock hatte das Glück, in seiner indischen Frau – auch wenn er sie nicht nach den gesellschaftlichen Regeln heiratete, die auch damals schon unter den Engländern in Indien tonangebend waren – eine Gefährtin gefunden zu haben, die es ihm erleichterte, mit den lokalen Gegebenheiten zurechtzukommen. Ihr Name ist nicht überliefert, immerhin aber weiß man, wie die drei Töchter, die aus dieser Verbindung hervorgingen, hießen: Mary, Elizabeth und Catherine. Wie wohl ihre Mutter, die 1692 starb, im Kreis der Engländer keine Anerkennung gefunden haben dürfte – nicht zuletzt, weil ihr Mann als Exzentriker galt –, so fanden doch ihre Töchter durchaus Eingang in die Gesellschaft: Sie heirateten alle angesehene Mitglieder der englischen Gemeinde in Bengalen. Frauen waren damals unter den Engländern noch eine Rarität. Es sei denn, man hielt es wie Charnock und tat sich mit einer Einheimischen zusammen.

Die Nachkommen aus diesen Verbindungen, jene, die man später Anglo-Inder nannte, waren vielleicht anfangs noch nicht mit einem Stigma behaftet. Zumindest, wenn sie weiblichen Geschlechts waren, denn die Anglo-Inderinnen zeichneten sich oft durch große Anmut aus (was den Töchtern Charnocks sicher auch zugute gekommen war, als es galt, eine gute Partie auszuhandeln). Später wurden Anglo-Inder eher gemieden, und zwar sowohl von den Engländern als auch von den Indern. Ein Schicksal, das Mischlinge gewöhnlich teilen, zumal in traditionellen Gesellschaften.

Der jüngsten Tochter Charnocks war es verwehrt, in gleicher Weise wie ihre Mutter zu dieser Entwicklung beizutragen: Sie starb im Alter von 21 Jahren bei der Geburt ihres ersten Kindes. Der Tod war in Indien, vor allem in Bengalen, wo ein mörderisches Klima herrschte, ein ständiger Begleiter.

Lal Kumari

Kalkutta gedieh und wuchs – neben Bombay und Madras – zu einem bedeutenden Zentrum des englischen Handels in Indien heran. Doch es gab noch einmal einen entscheidenden Rückschlag: Streitigkeiten mit der Lokalregierung in Bengalen, die den wachsenden wirtschaftlichen Einfluß der Engländer als Bedrohung ansah, führten erneut zu einer kriegerischen Auseinandersetzung. In deren Verlauf Kalkutta fiel und die

Engländer vertrieben wurden. Doch auch diesmal kehrten sie zurück; mit einer schlagkräftigen Armee, die sie aus ihrer Niederlassung in Madras heranführten.

Kalkutta wurde zurückerobert, doch damit gaben sich die Engländer nicht zufrieden: Es kam – am 23. Juni 1757 – zu einer Entscheidungsschlacht, in der die Engländer nicht nur siegten, sondern auch den Grundstein für die Übernahme der *politischen* Macht in Bengalen legten. Die Niederlage des Provinzgouverneurs führte zur Schwächung seines Amtes, dessen Inhaber fortan nicht mehr nach dem Willen der Mogulherrscher in Delhi, sondern allein dem der Engländer bestimmt wurde.

Die Reaktion ließ nicht lange auf sich warten: Es kam zu einer Allianz zwischen Mir Kasim, dem die Engländer 1760 das Amt des Provinzgouverneurs übertragen hatten, der sich jedoch ihrem Einfluß zu entziehen suchte, Shuja-ud-daulah, einem weiteren Gouverneur, der über die Nachbarprovinz Oudh herrschte und bei dem Mir Kasim Zuflucht suchte, und dem Mogulherrscher Shah Alam, dem eigentlichen Souverän. Gemeinsam trat man den Engländern 1764 in einer neuerlichen Schlacht entgegen, die jedoch wiederum für die Engländer siegreich ausging und deren Position weiter stärkte: Jetzt war auch der Mogulherrscher, den sie in seinem Amt beließen, nur noch eine Marionette, denn auch er regierte nun von ihren Gnaden, wie auch der Herrscher von Oudh, der zwar nominell den Moguln unterstand, aber de facto von Delhi unabhängig war. Mir Kasim entzog sich den Engländern durch neuerliche Flucht und starb schließlich vergessen in Delhi.

Die Engländer waren nun praktisch die Herren von Bengalen, der reichsten Provinz des einstigen Mogulreiches. Besiegelt wurde dies dadurch, daß der Mogulherrscher ihnen die sogenannte *Diwani*, das Recht der Steuereintreibung, übertrug, wofür sie allerdings einen jährlichen Tribut entrichten mußten. Den jedoch stellten die Engländer bereits 1770 ein, auch wenn es noch bis 1835 dauerte, dass sie das Bild des Herrschers von Delhi, das sie auf ihren Münzen verwendet hatten, durch ein Abbild ihres eigenen Königs ersetzten. Zu diesem Zeitpunkt freilich waren die Moguln, die einst über ein Imperium geherrscht hatten, auf das Niveau eines Fürsten herabgesunken, dessen Macht über die Grenzen seines Palastes kaum noch hinausreichte. Dies war nicht allein den Engländern anzulasten, sie hatten lediglich die Gunst der Stunde genutzt. Was den Niedergang der Mogulherrschaft eigentlich bewirkte, war ein moralischer Verfall der Monarchie, der in dem Augenblick einsetzte, als Aurangzeb, der letzte der bedeutenden Herrscher der Moguln, im Jahre 1707 starb. Zu diesem Zeitpunkt war die Mogulherrschaft bereits geschwächt, denn Aurangzeb, der zwar die Zügel fest in der Hand hielt, war dennoch – anders als Akbar, der ein liberaler, auf einen Ausgleich zwischen den verschiedenen Bevölkerungsgruppen bedachter Herrscher gewesen war – letztlich nur ein bigotter Glaubenseiferer. Durch seine Politik, die ganz im Zeichen des Islam stand, brüskierte er die Mehrheit des Volkes, das der hinduistischen Tradition treu geblieben war, und schürte dadurch Widerstand, der sich schließlich in offener Rebellion entlud. Wären die Nachfolger Aurangzebs tatkräftige Herrscher gewesen, hätten sie die Krise, die Aurangzeb heraufbeschworen hatte, bewältigen können. Doch der Zerfall des Herrscherhauses, den Aurangzeb infolge seines unbeugsamen Glaubenseifers noch hatte in Schach halten können, wurde nach seinem Tod nur zu offensichtlich, und so ist es nicht übertrieben, wenn ein Beobachter schreibt:

»Der achte Mogulkaiser regierte elf Monate. In dieser kurzen Zeit machte er aus dem Hof ein Bordell und aus der Monarchie einen schlechten Witz. Betört durch die wunderschöne Tänzerin Lal Kumari überantwortete der junge Herrscher all seine Regierungsgewalt dem Premierminister Sulfikar Khan. So brachte er eine Entwicklung ins Rollen, durch die den Wesiren eine immer größere Machtfülle zukommen sollte. Als nächstes erhob ... [der Kaiser] auf Bitten seiner Mätresse deren Verwandte in hohe Regierungspositionen. Ihre Musikantenfreunde erhielten gleichfalls hohe Posten, und ihnen zunutze wurden die prachtvollsten Herrscherhäuser Delhis konfisziert. Selbstverständlich wurden sie alle in den Adelsstand erhoben und mit hochtrabenden Titeln ausgezeichnet. Die Unzufriedenen am Hofe formulierten den Vorgang so: ›Jetzt haust die Eule im Horst des Adlers und die Krähe im Nest der Nachtigall.‹ Der Kaiser und seine Gespielin verbrachten ihre Tage auf höchst makabre Weise: Sie warfen zum Beispiel Steine vom Dach des Palastes auf die Vorübergehenden oder ließen Boote auf dem Jumna versenken, auf daß

Lal Kumari sich ihren Herzenswunsch, Frauen und Kinder ertrinken zu sehen, erfüllen konnte.«

Die Rede ist von Jahandar Shah, einem Enkel Aurangzebs, dessen kurze Herrschaft bereits einen Tiefpunkt in der Machausübung der Moguln darstellt. Nepotismus, Korruption und Intrigen gaben fortan den Ton am Hofe der Moguln in Delhi an; und es half auch nicht, daß die Herrscher für gewöhnlich im Umfeld eines dekadenten Harems aufwuchsen, der nicht einmal mehr in seinem Glanz königlich war.

Kein Wunder, daß nicht nur die Engländer, sondern auch andere, die nach Macht und Einfluß strebten, jegliche Achtung vor dem einst glorreichen Herrscherhaus der Moguln verloren und nur zu bereit waren, das politische Vakuum durch eigene Anstrengungen, die auf die Erlangung von Souveränität hinausliefen, auszufüllen. Die Folge war, daß das Reich der Moguln auseinanderbrach: Provinzen im Norden, Süden und Osten machten sich selbständig, und während der Hof in Delhi zu einer Karikatur verkam, entstanden neue Zentren der Macht, die den höfischen Glanz, den die Moguln begründet hatten, wieder auferstehen ließen. Nirgends geschah dies auffälliger als in Oudh.

Himmel auf Erden

»Nicht Rom, nicht Athen, nicht Konstantinopel; keine Stadt, die ich je gesehen habe, erscheint mir so eindrucksvoll und schön wie diese.« So urteilte 1858 William Russell, Korrespondent der Londoner »Times«, und was er meinte, war Lucknow, der Sitz der Könige von Oudh. »König« nannten sich die Herrscher von Oudh seit 1819, als Lord Hastings, seines Zeichens Generalgouverneur der englischen Besitzungen in Indien, den damaligen Statthalter der Moguln in Oudh gewissermaßen auf den Thron eines eigenständigen Reiches hob. Freilich unter britischer Aufsicht, die an die Stelle der Oberhoheit der Moguln in Delhi trat. Sogar die Krönung erfolgte zu den Klängen von »God Save the King«, der englischen Nationalhymne, die die Hofmusiker auf Wunsch der Herrscher eifrig eingeübt hatten, in dem Versuch, den Lebensstil der neuen Herren nachzuahmen.

Die Zeremonie, die dennoch mit dem Pomp orientalischer Potentaten zelebriert wurde, entbehrte nicht einer gewissen Ironie. Denn eigentlich war Oudh das Geburtsland Ramas, des von den Hindus verehrten Heroen des *Ramayana*, und hinter dem Namen »Oudh« verbirgt sich nichts anderes als Ayodhya, wo Rama angeblich das Licht der Welt erblickte beziehungsweise menschliche Gestalt annahm. Doch das war in grauer Vorzeit gewesen, sofern die Legende einen wahren Kern enthält. Im 12. Jahrhundert hatten sich die Muslime in Oudh etabliert, nachdem sie in Delhi das Zentrum ihrer Macht in Indien errichtet hatten. Auch die Moguln, die den Sultanen von Delhi in der Herrschaft über Indien folgten, übten die Hoheit über Oudh aus, bis im Jahre 1720 ein persischer Abenteurer, der am Hofe der Moguln zu Amt und Würden gelangt war und die Statthalterschaft über Oudh erlangte, dies zum Anlaß nahm, eine eigenständige Herrschaft zu errichten, die nur noch nominell den Moguln unterstand. Repressalien brauchte der Perser nicht zu fürchten, denn der Thron in Delhi versank in Chaos und Anarchie. Eine größere Bedrohung stellten da schon die Neuankömmlinge in Bengalen dar, auch wenn die einstweilen noch mit der Sicherung ihrer eigenen Macht beschäftigt waren. Spätestens nach dem Krieg gegen die Dreierallianz war dies so weit erfolgt, daß sich die neuen Herren, die aus dem fernen England kamen, nicht nur in Bengalen als Souverän fühlten, sondern auch den Herrscher von Oudh, der sich in die Auseinandersetzung um die Vormacht in Bengalen hatte hineinziehen lassen, in Abhängigkeit brachten. Den Herrschern von Oudh kam das teuer zu stehen, und dies im wahrsten Sinne des Wortes. Denn die Engländer richteten es so ein, daß sie ein militärisches Kontingent in Oudh stationierten, wofür sie eine finanzielle Gegenleistung forderten. Das war nicht nur forsch, sondern auch unverschämt, denn einmal dienten die englischen Soldaten in Oudh dazu, die Botmäßigkeit der Herrscher in Lucknow zu sichern, zum andern waren die finanziellen Forderungen, die die Engländer, das heißt die Ostindienkompanie, die immer noch der Sachverwalter der englischen Interessen in Indien war, stellte, so hoch, daß sie Oudh praktisch an den Rand des Ruins führten. Selbst das Herrscherhaus in Lucknow war davon betroffen, obwohl es über geradezu märchenhafte Reichtümer verfügte.

Der Glanz Lucknows, der sprichwörtlich war – man nannte die Stadt *Achtarnagar*, »Himmlische Stadt« –, äußerte sich in einer Vielzahl prunkvoller Bauten, Paläste, Moscheen und Gärten, welche die Herrscher von Oudh in einem wahren Rausch architektonischer und künstlerischer Entfaltung errichtet hatten. Der Ruhm Delhis war verblaßt: An seine Stelle trat Lucknow, wo die muslimische Kultur in Indien ihre letzte Blüte erreichte. Baumeister und Künstler, Dichter und Sänger, ja, selbst Tänzerinnen und Kurtisanen siedelten in großer Zahl von Delhi nach Lucknow über. Die Stadt war weniger ein Abbild des Himmels als ein Wirklichkeit gewordenes Traumgebilde, das den Märchen von »Tausendundeiner Nacht« entsprungen zu sein schien. Und dies bedeutete nicht nur verschwenderische Pracht, sondern auch stets gegenwärtige Gewalt und Grausamkeit – eine Mischung, die den besonderen, immer auch makabren Reiz des Orients ausmachte.

Berühmt war Lucknow – sieht man von dem märchenhaften Gepränge am Hofe des Königs einmal ab – vor allem wegen der Kunstfertigkeit seiner Dichter und der Allgegenwart seiner Kurtisanen, die hier gleichfalls noch einmal zu großem Ruhm gelangten. Ein deutscher Reisender, Leopold von Orlich, der Lucknow im Jahre 1843 besuchte, berichtet in einem Schreiben an einen anderen großen Reisenden, Alexander von Humboldt:

»Sehr unterhaltend war unser Ritt durch die alten Bazare, eine lange, schmale und schmuzige Strasse, in welcher aber die grosse Handelswelt Lacknau's mit allen ihren Eigenthümlichkeiten dicht zusammengedrängt ist. In den unteren Räumen der dreistöckigen Gebäude befinden sich die Bazare, in den beiden anderen Stockwerken liegen Verandas, zierlich aus Holz geschnitzt, gleich Balkonen vor den Wohngemächern. Sobald die Sonne sich senkt, sieht man in ihnen die Bewohner in den mannigfaltigsten Gruppen und Anzügen das Treiben auf der Strasse beobachten, und da hier die meisten Tänzerinnen wohnen, welche unverschleiert ihre Reize zeigen, so hatte ich hinreichend Gelegenheit, die Schönen Lacknau's kennen zu lernen. Alle waren in blossem Kopfe, ihr schönes schwarzes Haar fiel in Flechten herab oder war mit Geschmeide durchflochten, die grossen Nasenringe hingen bis über die Mundwinkel herab, und die Ohrringe berührten spielend den Nacken. Nur wenige unter ihnen waren hübsch zu nennen, aber aus den mit Antimonium geschwärzten Augenlidern blickte ein feuriges durchdringendes Auge, und um die blosse Brust war ein farbiger Shawl so gracieus und leicht geworfen, als sollten die edlen und üppigen Formen des Oberkörpers ihre Reize zur Schau tragen. An Bemerkungen über uns fehlte es nicht, unter Lachen und Scherzen wurden bald laut, bald kichernd Worte gewechselt, auf welche einzugehen nicht rathsam ist, weil diese Schönen sehr zudringlicher Natur sind.«

Ob Tänzerin, Kurtisane oder einfache Liebesdienerin, die Grenzen waren – wie wohl schon immer – auch hier fließend. Manche – natürlich besonders jene, die sich durch ihren Tanz und Gesang oder durch besondere Schönheit auszeichneten – schafften es, den Status einer Kurtisane zu erlangen, die zu Wohlstand und Ansehen gelangte. Andere – wohl die meisten – gingen eher einem elenden Gewerbe nach, das nur den Anschein einer märchenhaften Sinneswelt erweckte. Und dann gab es jene, die die Aufmerksamkeit der Herrscher beziehungsweise ihrer Lakaien erweckten, die nichts Eiligeres zu tun hatten, als sie ihrem Herrn und Meister vorzustellen, der sie dafür oft fürstlich belohnte und auf diese Weise seinen Harem aufstockte. Darüber war selbst ein Wesir, der traditionsgemäß die Staatsgeschäfte führte, nicht erhaben, wie das folgende Beispiel zeigt:

»Als der Nabob Hakim Mehndi seinen Stern sinken sah, adoptierte er eine Tänzerin als seine Tochter, denn der König bewunderte sie, und verleitete Seine Majestät, sie zu heiraten. Ihr Name ist Gosseina; sie ist nicht hübsch, aber besitzt große Macht über ihren königlichen Liebhaber. Vor vierzehn Monaten noch tanzte dieses Mädchen in der Residenz für 25 Rupien die Nacht; und eine Frau aus so niedriger Kaste: nicht einmal ein Stallknecht hätte sie geheiratet! Der König nennt den Hakim nun seinen Schwiegervater und sagt: ›Ich habe deine Tochter geheiratet, aber du hast nicht ihre Mutter geheiratet. Ich bestehe darauf, daß du ihre Mutter heiratest!‹ Der Hakim versucht, sich zu entschuldigen, und erklärt, er sei zu alt; aber der König ärgert ihn oft, indem er ihn fragt, wann die Hochzeit stattfindet.«

Der König war Nasir-ud-din Haidar, der in den Jahren 1827 bis 1837 den Thron von Oudh innehatte. Sein Wesir hatte zwar seine Stellung gerettet, aber er war nun fortwährend den Mahnungen seines Herren ausgesetzt, der über die Kastenzugehörigkeit seiner neuesten Gespielin – die freilich nicht seine einzige war – geflissentlich hinwegsah, während der Wesir (der immerhin – wie die Bezeichnung »Hakim« beweist – ein gelehrter Mann war) sich schwerlich mit der Mutter einer Tänzerin hätte abfinden können. Denn es gab tatsächlich eine besondere Kaste, die Tänzerinnen stellte.

Fanny Parks, eine Engländerin, die in den Jahren 1822 bis 1846 Indien bereiste, spricht von Tänzerinnen als »Nach girls«, womit sie einen Begriff verwendet, der eine besondere Bedeutung hatte. Denn »Nach«, eigentlich »Nautch«, bezog sich auf einen Tanzstil, der eine Verbindung hinduistischer und muslimischer Tradition darstellte. Er war in Nordindien verbreitet und fand auch Anerkennung unter den Europäern, die sich gern durch die Darbietung eines Nautch unterhalten ließen. Dies geschah selbst bei offiziellen Anlässen, wie der Hinweis, daß besagte Tänzerin Gosseina in der »Residenz« auftrat, beweist, denn die Residenz, das war gewissermaßen die Botschaft der Engländer, die zu dieser Zeit freilich noch eher die Funktion einer Kontrollinstanz hatte.

Die Nautch-Tänzerin – so sehr der König in sie vernarrt war – war dennoch nicht zu beneiden. Denn die Gunst, die ein Herrscher – zumal wenn er ein orientalischer Potentat war – einer Frau schenkte, war flüchtig. Und was mit einem Ausbruch von Leidenschaft begann, endete nur zu oft in einem tödlichen Fanal. Orlich, der deutsche Reisende, der auch Einblick in den königlichen Palast hatte, weiß zu berichten: »In den unteren Räumen entdeckten wir zufällig ein mit schwarzem Tuch ausgeschlagenes Gemach, worauf Todtengerippe gemalt waren und in welchem Folterinstrumente aller Art aufbewahrt wurden. Wir hörten später, dass Heider die widerspenstigen Frauen darin einzusperren pflegte und zwei seiner Schönen hier hat verschmachten lassen.«

»Heider«, das war jener Nasir-ud-din Haidar, der sich von seinem Wesir mit der Nautch-Tänzerin verkuppeln ließ.

Mit Tatkraft und Tapferkeit

Der König von Oudh – der zu diesem Zeitpunkt Wajid Ali Shah hieß – wurde 1856 abgesetzt. Die Engländer warfen ihm Mißwirtschaft vor, was zwar nicht übertrieben war, denn die Könige von Oudh waren für ihre Prunksucht und ihren ausschweifenden Lebenswandel bekannt. Doch entbehrt der Vorwurf, den die Engländer erhoben, nicht der Ironie, um nicht zu sagen der Heuchelei. Denn indem sie die Herrscher von Oudh – wie übrigens auch die Machthaber in anderen Fürstenstaaten – zu Marionetten degradierten, leisteten sie einer Entwicklung Vorschub, die zu jener karikaturhaften Entartung des Herrschaftsstils der einheimischen Fürsten führte, wie sie nur zu häufig von den Engländern dazu benutzt wurde, die Fürsten ihres Amtes gänzlich zu entheben. Einer der eklatantesten Fälle dieser Art war Oudh.

Oudh wurde annektiert, das heißt der direkten Kontrolle der East India Company unterstellt, und der entmachtete Herrscher nach Kalkutta verbracht, wo die Engländer das Zentrum ihrer Herrschaft in Indien errichtet hatten, und dort unter Hausarrest gestellt. Damit wäre der Fall erfahrungsgemäß erledigt gewesen, wenn nicht just in dem Augenblick, da sich der Wechsel an der Macht in Lucknow vollzog, ein drohendes Unheil über Indien hereingebrochen wäre, das auch Oudh in seinen Strudel riß. Denn die Engländer hatten mit ihrer Politik der forschen Anmaßung von Hoheits- und Handelsrechten nicht nur die einheimischen Herrscher, sondern auch das Gros der Inder, das einfache Volk, das unter den Eingriffen der Fremden nicht minder zu leiden hatte, gegen sich aufgebracht. Die Folge war ein allgemeiner Unmut, der schließlich in offene Rebellion umschlug. Es war ein blutiger Kampf, der sich entspann. Ein Alptraum für die Engländer, der sie fast aus Indien vertrieben hätte. Aber am Ende obsiegte ihre Strategie, während die Aufständischen sich zwar tapfer schlugen, aber einer Führerpersönlichkeit entbehrten, die sie einen und zum Sieg hätte führen können. Wer sich in diesem Kampf auf seiten der Inder hervortat, waren – so paradox es klingt – eher Frauen als Männer. Das traf nicht zuletzt auch für die Rebellion in Oudh zu. Russell, der Korrespondent der »Times«, der über die »Meuterei«, wie die Engländer die Erhebung der Inder in Anspielung auf meuternde indische Rekruten nannten, berichtete und besonders auch die Kampfhandlungen in Oudh verfolgte, notierte in seinem Tagebuch:

»Diese Begum offenbart große Energie und Fähigkeiten. Sie hat ganz Oudh dazu gebracht, sich für ihren Sohn einzusetzen, und die Anführer der Aufständischen haben geschworen, ihm treu ergeben zu sein. Wird die Regierung diese Männer als Rebellen oder als ehrenhafte Feinde behandeln? Die Begum hat uns unerbittlich den Krieg erklärt. Es scheint, wenn man sich das energische Wesen dieser Ranis und Begums vor Augen hält, daß sie in ihren Zenanas und Harems ein beträchtliches Maß an ausgesprochener Willenskraft entwickeln und auf jeden Fall die Fähigkeit des Intrigenspiels erlernen. Ihr Wettstreit um die Gunst der Männer verleiht ihnen Scharfsinn und Tatkraft.«

Eine treffende Beobachtung, die wir immer wieder in der Geschichte Indiens bestätigt finden: Während die Männer – soweit es sich um Fürsten oder sonstige Würdenträger handelte – nur zu oft den Verlockungen des Harems erlagen, waren es die Frauen, die – da sie um die Gunst der Männer buhlen mußten – die Fähigkeit erlangten, sich zu bewähren und jene Energie und Tatkraft zu entwickeln, die sie über andere – nicht zuletzt auch die Männer – triumphieren ließen. Vereinfachend könnte man sagen, daß die Männer, indem sie sich den Ausschweifungen des Haremslebens hingaben, verweichlichten, während die Frauen Eigenschaften entwickelten, die sie den Männern am Ende überlegen machten. Ein solches Produkt der Haremsintrigen war auch Hazrat Mahal. Von ihr ist in der Notiz des Times-Korrespondenten die Rede.

Hazrat Mahal war eine jener Tänzerinnen gewesen, wie sie den Herrschern gelegentlich vorgeführt wurden, weil sie durch ihre Schönheit und die Kunstfertigkeit, mit der sie ihre Tänze aufführten, die Aufmerksamkeit der Hofbeamten erregt hatten. Zunächst war sie eine einfache Konkubine gewesen. Eine unter vielen: Wajid Ali Shah erfreute sich der Gunst von immerhin sechzig Frauen; die praktisch alle Konkubinen waren, denn das ewige Dilemma eines Muslim, nur vier Frauen wirklich ehelichen zu können, schränkte auch seine Heiratswünsche ein. Immerhin, Hazrat Mahal schaffte es, zu einer der anerkannten Gemahlinnen des Königs aufzusteigen, indem sie ihrem Herrn einen Sohn schenkte oder es zumindest so einrichtete, daß dieser das Kind, das sie gebar, als seines anerkannte, obwohl das Gerücht kursierte, Hazrat Mahal habe einen Liebhaber, welcher der eigentliche Vater des Kindes sei. Den König zu überlisten, das heißt, ihm ein Kind unterzuschieben (und dadurch den eigenen Status aufzuwerten), erforderte kein sonderliches Geschick, denn Wajid Ali Shah wurde die stattliche Zahl von 72 Kindern nachgesagt – eher eine bescheidene Ausbeute angesichts der sechzig Frauen, über die er verfügte. Kurzum, der König war nicht immer auf dem Laufenden was den Nachwuchs in seinem Harem betraf. Hazrat schaffte es, ihn zu becircen, rückte zu einer seiner legitimen Frauen auf und war die einzige, die schließlich das Zepter in die Hand nahm, um den Ruhm der Dynastie von Oudh, so zweifelhaft er auch war, zu wahren. Während Wajid Ali sozusagen ins Exil, nach Kalkutta, ging, schwang sich Hazrat Mahal im Namen ihres Sohnes zur Anführerin der Aufständischen in Oudh auf. Als Frau hatte sie keine Chance, selbst den Thron zu besteigen; sie mußte sich mit der Rolle einer Regentin begnügen, während ihr Sohn – gerade einmal zehn Jahre alt – zum neuen König ausgerufen wurde.

Das war im August 1857. Zu dieser Zeit war der Krieg, der zwischen den Engländern und den Aufständischen ausgetragen wurde, voll entbrannt. Er dauerte immerhin fast zwei Jahre und endete mit einer Proklamation Ihrer Majestät, Königin Viktoria von England, die am 1. November 1858 verkündet wurde. Viktoria erklärte sich zum Souverän über Indien, die East India Company wurde abgeschafft und Indien der direkten Kontrolle der englischen Regierung unterstellt. Fortan waren es nicht mehr Kaufleute, die in Indien das Sagen hatten, sondern staatliche Beamte, die unter einem Vizekönig ihr Amt ausübten. Schließlich nahm Viktoria 1877 den Titel einer »Kaiserin von Indien« an. Damit hatte der Britische Radscha, wie man die neue fürstliche Gewalt der Engländer in Indien nannte, die Nachfolge der Moguln angetreten, deren Herrschaft mit der Niederschlagung des Aufstandes endgültig zu Ende war. Der letzte aus dem Geschlecht der Moguln, Bahadur Shah II., den die Aufständischen auf ihren Schild gehoben hatten, wurde in die Verbannung nach Burma geschickt.

Die Rebellen in Oudh, die sich unter der Regentschaft von Hazrat Mahal in Lucknow verschanzt hatten, hielten den Engländern bis März 1858 stand. Dann brach auch hier der Widerstand zusammen. Hazrat Mahal zog sich mit ihren Getreuen über die Grenze nach Nepal zurück und lehnte das Angebot der Engländer ab, ihr Asyl und Straffreiheit zu gewähren und sie zudem mit einer angemessenen Unterhaltszahlung auszustatten. Sie zog es vor, die neuen Herren nicht anzuerkennen und sich ihnen nicht zu beugen, wie es so mancher andere Fürst tat, der sich dadurch einen Vorteil zu verschaffen hoffte. Hazrat Mahal blieb in Nepal und starb hier im Jahre 1874. Die »Times« in London schrieb über sie, als der Krieg zu Ende war: »Wie all die Frauen, die während des Aufstandes in Erscheinung traten, hat sie mehr Verstand und Mut bewiesen wie all ihre Feldherren zusammen.« Kein geringes Lob, wenn man bedenkt, welcher Herkunft Hazrat Mahal war.

Hundert Frauen

»Rundjit Sing, den man nicht mit Unrecht den Porus unserer Tage genannt hat, war ein kleiner, unansehnlicher, missgestalteter Mann, und auf dem linken Auge in Folge der Pocken erblindet. Bei aller Pracht, die an seinem Hofe herrschte, zeigte er selbst sich in Kleidung einfach und wenig geschmückt; aber er liebte Glanz, Reichthum und vornehmes Wesen in der Umgebung seiner Person. In der Schlacht sah man ihn stets an der Spitze seiner Truppen, der Erste im Kampfe, mit seinen Reiterschaaren setzte er im Angesicht seines Feindes zweimal durch den Indus und erkämpfte so den Sieg.«

Die Charakterisierung »Rundjit Sings« beziehungsweise Ranjit Singhs, wie wir sie dem deutschen Indienreisenden von Orlich verdanken, ist durchaus zutreffend, denn der »Löwe des Panjab«, wie man Ranjit Singh auch nannte, flößte selbst den Engländern Ehrfurcht ein. Auch wenn er sich mit ihnen verbündet hatte, worauf der Vergleich mit Poros, einem indischen Herrscher der Antike, der mit Alexander, dem Makedonenkönig, ein Bündnis einging, hinweist.

Ranjit Singh war einer jener Fürsten, die das Erbe der Moguln angetreten hatten. Allerdings gründete sich seine Macht auf den Religions-
stifter Guru Nanak, der im 15. Jahrhundert die Grundlagen des Sikhismus
gelegt hatte, einer Religion, die eine Mittlerrolle zwischen dem Hinduismus, aus dem sie hervorgegangen war, und dem Islam, an den sie sich an-
näherte, einnahm. Das Ziel war, den Antagonismus, der zwischen den beiden beherrschenden Religionen in Indien bestand, zu überbrücken. Das
gelang allerdings nicht, so daß der Sikhismus einen eigenen Weg ging.
Um sich gegen die Moguln zu behaupten, nahmen die Anhänger der neuen
Religion, die Sikhs, militante Züge an, was dazu führte, daß sie schließlich
zu den tapfersten Kriegern wurden, die es in neuerer Zeit in Indien gegeben hat. Noch heute bilden sie das Rückgrat der indischen Armee.

Die Sikhs bekennen sich zum Monotheismus, das heißt, sie leh-
nen den Polytheismus, wie er für den Hinduismus charakteristisch ist,
ab. Desgleichen setzten sie sich über das Kastenwesen und die Lehre von
den Wiedergeburten hinweg. Selbst die Stellung der Frau wurde von den
Sikhs anders gesehen als im übrigen Indien. Orlich vermerkt dazu:

»Die Frauen der Vornehmen leben streng abgeschlossen; aber die Wenigen,
welche von Europäern gesehen worden sind, waren von ausserordentlicher
Schönheit. Sie trugen sehr hohe, konisch zulaufende Mützen, reich in Gold
gestickt und mit Edelsteinen und Perlen besetzt, Beinkleider, ein kurzes,
vorn offenes Oberkleid und einen Shawl, der leicht um Brust und Schultern
geworfen war. Moralität und Keuschheit wird von ihnen nicht beobachtet,
auch nicht verlangt, ja, es ist nicht ungewöhnlich, dass mehrere Brüder
eine Frau besitzen; wenn der Eine sich auf Reisen begiebt, nimmt ein Anderer die Stelle des Ehegatten ein. Es ist sehr oft der Fall vorgekommen,
dass Soldaten die Generale Ventura und Allard um Urlaub gebeten haben,
mit der Bemerkung, die Frauen ihrer Brüder befänden sich allein, weshalb
sie verpflichtet wären, denselben Gesellschaft zu leisten.«

Ranjit Singh, der – aus ursprünglich eigenständigen, kleinen Fürsten-
tümern – ein festgefügtes, geeintes Reich schuf, stützte sich beim Aufbau
und Drill seiner Armee auf europäische Berater, die in seine Dienste traten. Die europäischen Militärberater wurden fürstlich belohnt und paß-

ten sich auch den landesüblichen Gepflogenheiten an, indem sie sich mit einem umfänglichen Harem versorgten.

Auch wenn bei den Sikhs zur Abwechslung einmal die *Frauen* in den Genuß kamen – sofern sie es als solchen betrachteten –, die Männer zu wechseln, so waren sie doch letztlich auch hier in ihrer Bewegungsfreiheit eingeschränkt. Vor allem aber drohte auch ihnen jenes Schicksal, das nur zu oft Frauen in Indien ereilte, wenn sie sich allzu bereitwillig der überkommenen Tradition unterwarfen. Das wurde besonders deutlich, als Ranjit Singh 1839 starb; wobei die Ironie darin liegt, daß es gerade sein ausschweifendes Leben war, was Ranjit Singh zum Verhängnis wurde. Die Frauen in den Harems der Fürsten waren nicht nur die Gespielinnen ihrer Herren, sie beschleunigten dadurch auch deren Ableben; was zur Folge hatte, daß auch ihr Leben verwirkt war. Von Orlich weiß zu berichten:

»Der Sitte der Siks gemäss, wurde der Leichnam des Maharajah schon anderen Tages vor den Toren des Schlosses Hasury-Bagh in Gegenwart aller Grossen und der versammelten Truppen verbrannt. Mit ihm gaben sich noch vier seiner hinterlassenen Wittwen und sieben Sclavinnen den Flammentod. Ein Augenzeuge erzählte mir, dass nichts auf ihn einen so tiefen und ewig unvergesslichen Eindruck gemacht habe, als der Moment, wo diese weiblichen Gestalten in feierlicher Prozession bei Musik und Kanonendonner aus dem Schlossthore heraustraten. Beinahe alle Einwohner Lahore's [der Residenz Ranjit Singhs] waren Augenzeugen dieses Traueraktes. Der Leichnam befand sich sitzend zwischen hoch aufgehäuften Holzschichten; sobald die Flammen in voller Gluth wütheten, bereiteten sich die Unglücklichen zum Tode. Zwei der Frauen, erst 16 Jahre alt, von hinreissender Schönheit, schienen selig, ihre Reize zum erstenmale der Menge öffentlich zeigen zu können. Sie nahmen ihre kostbaren Juwelen ab, schenkten sie den Angehörigen und Freunden, liessen sich einen Spiegel geben und gingen langsamen Schrittes in die Feuergluth; bald in den Spiegel sehend, bald die Versammlung anblickend und dabei besorglich fragend, ob eine Veränderung in ihren Gesichtszügen wahrzunehmen sey. Im Augenblick waren sie von den Flammen erfasst und durch Hitze und Rauch erstickt.«

Es ist immer wieder die Frage gestellt worden – und kaum etwas beeindruckte einen europäischen Beobachter mehr als das tragische Schauspiel, das unter dem Namen »Sati« bekannt wurde –, wie es möglich war, daß Frauen offenbar freiwillig diesen schrecklichen Opfertod auf sich nahmen. Die Frage ist – wie gesagt – nie zufriedenstellend beantwortet worden, doch ist eines gewiß: Es gingen nicht alle, die die Marter des Sati auf sich nahmen, *freiwillig* in den Opfertod. Von Orlich berichtet weiter: »Weniger freudig und willig zeigten sich die anderen Frauen; es war ihnen der Schauer anzusehen, der sie beim Anblicke des furchtbaren Elementes ergriff; indessen sie wussten, dass ein Entkommen nicht möglich sey, und ergaben sich freiwillig in das harte Schicksal.«

Unter den »Sklavinnen«, die Ranjit Singh in den Tod folgten, war eine, die wegen ihrer Schönheit besonders gerühmt wurde. Emily Eden, eine Engländerin, die in Begleitung ihres Bruders, Lord Auckland, der zum Generalgouverneur ernannt worden war, nach Indien kam und während einer Erkundungsreise auch den Panjab besuchte, wo man wiederholt mit Ranjit Singh zusammentraf, erwähnt eine Episode, die den besonderen Reiz dieser Sklavin deutlich macht. Sie schreibt, wobei sie sich auf einen Empfang, *Durbar* genannt, bezieht, den Ranjit Singh seinen englischen Besuchern gab:

»Bei diesen Durbars treten immer Tänzerinnen auf, und eine, die W. [ein Neffe Emily Edens, William Osborne] bereits kennengelernt hatte und die ›der Lotos‹ genannt wird und sehr schön ist, sah so reizend aus, daß W. [...] um die Erlaubnis bat, ihr einen kleinen Strauß Blumen, die aus Perlen bestanden, überreichen zu dürfen; jedem von ihnen war ein solcher Strauß überreicht worden. ... [es wurde ihm bedeutet], daß es den Maharadscha amüsieren würde, und das tat es auch [...].«

Die Nautch-Tänzerin, die als »Lotos« bekannt war, stammte aus Kaschmir, jener Gegend im Himalaya, wo die Mogulherrscher ihre prachtvollen Gärten angelegt hatten. Ranjit Singh hatte – im Zuge der Konsolidierung seines Reiches – Kaschmir unterworfen, und der »Lotos« gehörte zu den Tributzahlungen, die an den Hof in Lahore zu entrichten waren. Dort hatte die Tänzerin die Aufmerksamkeit des Herrschers erregt, was diesen jedoch nicht davon abhielt, sie – nachdem er sie in seinen Harem aufgenommen hatte – vorübergehend auch General Ventura, einem Italiener, der die besondere Gunst des Herrschers genoß, zu überlassen, der sie in seinen Harem steckte, ehe er sie schließlich an seinen Herrn zurückgab. Was die zur Konkubine degradierte Tänzerin davon hielt, danach fragte niemand. Immerhin, Ranjit Singh schätzte sie offenbar sehr, denn sie rückte schließlich in den Stand einer jener Amazonen auf, mit denen sich die indischen Fürsten zuweilen schmückten. Osborne, der Neffe Emily Edens, bemerkte dazu: »Ursprünglich gab es etwa 150 von diesen anmutigen Kriegerinnen, die unter den schönsten Mädchen aus Kaschmir, Persien und dem Panjab ausgewählt wurden. Sie waren prächtig gekleidet, mit Pfeil und Bogen bewaffnet und pflegten häufig zu Pferde, nach Art der Kavallerie, zum Vergnügen des Maharadschas vor diesem zu erscheinen.«

Der Tod Ranjit Singhs bedeutete das Ende dieses Schauspiels. Zumindest gehörte »der Lotos« zu jenen, die dazu auserwählt wurden, dem Herrscher in den Tod zu folgen. Sie war eine der sieben Sklavinnen, die eher unfreiwillig den Opfertod, den man von ihnen erwartete, auf sich nahmen. Dazu heißt es, diesmal aus der Feder eines Augezeugen:

»Der Trauerzug, gefolgt von vielen Tausend Zuschauern, setzte sich nun in Bewegung; alle gingen zu Fuß, denn ihr Wohnsitz in der Festung war nicht weit entfernt von dem Ort, wo die Zeremonie stattfinden sollte. Nur die vier Ranis wurden, in offenen Sänften, hinter dem Verstorbenen her getragen; ihnen folgten die sieben Sklavinnen, barfuß; einige von ihnen schienen nicht älter als vierzehn oder fünfzehn Jahre zu sein. Auch die Ranis waren barfuß; sie trugen einfache Seidengewänder und keinen Schmuck, und es schien, als ob sie dem schrecklichen Schicksal, das sie erwartete, auch wenn sie es freiwillig auf sich nahmen, gleichgültig entgegensahen. Unsere Herzen schlugen vielleicht heftiger angesichts dieses schaurigen Zuges als jene der armen Opfer selbst.«

Der Scheiterhaufen bildete ein Quadrat und bestand aus trockenen Holzscheiten, mit Aloe bestreut, die bis zu einer Höhe von zwei Metern aufgeschichtet waren. Man mußte eine Leiter benutzen, um seine Höhe zu erreichen. Es wurden Gebete gesprochen, dann verfrachtete man den

Leichnam auf den Scheiterhaufen, und es war der Augenblick gekommen, da die Opfer ihren letzten Gang antraten:

»Dann stiegen die Ranis die verhängnisvolle Leiter hinauf, eine nach der anderen, gemäß ihrem Rang; die Sklavinnen folgten, und der Beamte, der die Zeremonie leitete, zeigte sich sehr eilfertig, ihnen behilflich zu sein. Die Ranis nahmen am Kopfende des königlichen Leichnams Platz und die Sklavinnen zu seinen Füßen. Dort kauerten sie sich nieder und verharrten so in stiller Erwartung des schicksalsvollen Augenblicks; bis eine feste, dicke Matte aus Riedwerk herbeigeschafft wurde, die man über dem Ganzen ausbreitete. Dann goß man Öl über die Matte, der Beamte und die anderen Helfer zogen sich zurück, und der Scheiterhaufen wurde an den vier Ecken angezündet.«

Emily Eden schrieb an ihre Schwester: »Jene armen lieben Ranis, die wir besucht haben und die uns so anmutig und so fröhlich erschienen, haben sich tatsächlich selbst verbrannt [...].« Und sie fügte hinzu: »[...] sie waren so heitere, junge Geschöpfe, und sie starben mit dem eigensinnigsten Mut.«

Die wahre Tragik ahnte Emily Eden nicht, denn sie erreichte die Nachricht vom Tode Ranjit Singhs – und dem schrecklichen Opfertod seiner Frauen und Sklavinnen – erst, als Lord Auckland mit seinem herrschaftlichen Gefolge den Panjab längst wieder verlassen hatte. Selbst sie, die Gelegenheit hatte, Indien und die Inder aus nächster Nähe kennenzulernen, erfaßte nicht das ganze Ausmaß des Elends und der Erniedrigung, das sich hinter der Fassade prunkvoller Feste und der geheimnisvollen Welt des Harems verbarg. Hätte sie es gewußt, wäre sie schwerlich zu der Überzeugung gelangt, daß »das ›System der hundert Frauen‹ besser ist als die Regel, die nur eine Frau vorsieht; sie sind anhänglicher und treuer«. Das Viktorianische Zeitalter dämmerte herauf, und da galt auch in England die Frau nur wenig. Ganz gleich, ob der Mann sich mit einer Frau begnügte oder nebenbei auch noch eine Geliebte hatte beziehungsweise ins Bordell ging, was einem Ranjit Singh immerhin erspart blieb. Sein Harem *war* ein Bordell, wenn auch nur für ihn reserviert. Von Ausnahmen wie der »Lotosblüte« einmal abgesehen.

Messalina

Nun waren Frauen, wie wir gesehen haben, nicht nur Opfer. Wenn sie Glück hatten – und das bedeutete zumeist, sofern es sich um eine Haremsdame handelte, wenn sie einem Sohn das Leben schenkten –, dann eröffnete sich auch für sie der Weg zu Ruhm und Macht. Und wenn sie diesen Weg beschritten, dann erwiesen sie sich als kaum weniger skrupellos als ihre Herren und Meister, bei denen sie in die Schule gegangen waren. Es war purer Überlebensinstinkt, der sie trieb. Denn wer seine Chance nicht nutzte, der beziehungsweise die verlor sie an eine andere, die sie besser – und rücksichtsloser – zu gebrauchen wußte. Das war die Lehre, die man – wenn man sich nicht mit einer Schattenexistenz begnügte – aus dem Haremsdasein zog. Eine, die dies bis zur Meisterschaft trieb und deshalb als »indische Messalina« bekannt wurde, war Jindan. Auch sie war eine Frau Ranjit Singhs – die fünfte, wie es heißt. Als Mutter seines jüngsten Sohnes, Dalip Singh, war sie dem Tod auf dem Scheiterhaufen entgangen und nutzte die Gelegenheit, da der Sohn noch minderjährig war, selbst die Zügel in die Hand zu nehmen, was zu folgenschweren Ereignissen führte.

Jindan beziehungsweise Jind Kaur, wie sie eigentlich hieß, stammte wie so viele Frauen, die im Harem eines Herrschers Karriere machten, aus bescheidenen Verhältnissen; ihr Vater war einfacher Soldat gewesen, wenn auch bei den berittenen Truppen, die Ranjit Singh unterhalten hatte. Man sagte ihr nach, eine hinreißende Schönheit zu sein, was zweifellos der Grund dafür war, daß sie in den Harem Ranjit Singhs gelangte. Wo sie ihm, am 4. September 1838, einen Sohn gebar; jenen Dalip Singh, der der jüngste Sprößling des bereits siechen Herrschers war. Aber nicht nur deshalb sind Zweifel angebracht, ob Dalip Singh tatsächlich der Sohn Ranjit Singhs war, denn immerhin gab es da wiederum einen Liebhaber, Lal Singh, auch wenn der erst später in Erscheinung trat. Wie auch immer: Dalip Singh wurde im Harem des Herrschers geboren und war damit automatisch ein Anwärter auf den Thron. Freilich nicht der einzige, denn es gab noch andere Söhne, deren tatsächliche Verwandtschaft mit Ranjit Singh zwar nicht minder zweifelhaft war, die deshalb aber nicht weniger Anspruch auf die Nachfolge anmeldeten als Jindan im Namen ihres Sohnes. Der war freilich erst neun Monate alt, als Ranjit Singh starb, so daß die Chancen entsprechend gering waren. Es sei denn, Jindan nahm zu dem üblichen Mittel Zuflucht und etablierte sich selbst als Regentin, was ohnehin stets verlockend war; zumal, wenn – wie hier – Ehrgeiz im Spiel war.

Zunächst war es Sher Singh, einer der Rivalen unter den Söhnen Ranjit Singhs, der das Rennen machte. Er trat die Nachfolge seines Vaters an und hielt sich vier Jahre an der Macht. Dann wurden er und sein legitimer Sohn, Pratap Singh, ermordet; die Mörder gingen kein Risiko ein, war es doch Dalip Singh, der nun auf den Thron gesetzt werden sollte. Das hatte auch jetzt nur symbolischen Charakter, denn mit fünf Jahren war Dalip Singh lediglich ein Werkzeug seiner Mutter und der Clique, die sich um sie scharte. Seine Mutter eignete sich die Macht an und wurde formell zur Regentin erklärt.

Doch es gab noch ein weiteres Hindernis: Hira Singh Dogra, einer der Parteigänger Jindans, der ihr beziehungsweise ihrem Sohn den Weg geebnet hatte, scherte aus, und so wurde auch er kurzerhand, im Dezember 1844, beseitigt.

Der nächste, der sterben mußte, war Peshawra Singh, der letzte noch lebende Sohn Ranjit Singhs, sieht man von Dalip Singh einmal ab; für sein Ableben sorgte Jawahir Singh, der Bruder Jindans, dem sie die Regierungsgeschäfte überlassen hatte. Doch dieser Mord war einer zuviel, und so war es nun Jawahir Singh, für den die Stunde geschlagen hatte: Er wurde von der Armee aus dem Wege geräumt, die ein nicht zu unterschätzender Machtfaktor war. Doch damit gaben sich die Militärs zufrieden; und so rückte Lal Singh, der Günstling Jindans, nach und übernahm seinerseits die Regierungsgeschäfte. Das war im November 1845.

Damit hatte Jindan eigentlich alles erreicht, was sie sich hätte wünschen können. Doch sie überspannte den Bogen, indem sie sich mit den Engländern anlegte. Dies geschah allerdings eher unfreiwillig, denn das Militär war nicht wirklich verläßlich; es hatte ihre sukzessive Machtergreifung nur widerwillig akzeptiert. Um einem möglichen Coup zuvorzukommen, verfielen Jindan und ihr Liebhaber auf den Gedanken, die Interessen des Militärs nach außen zu lenken. Das heißt, Jindan verleitete das Militär, sich mit den Briten anzulegen, die dem Expansionsstreben

Ranjit Singhs Einhalt geboten hatten. Die Folge war der erste der sogenannten Sikh-Kriege, der zwar nur zwei Monate dauerte, aber auf beiden
Seiten ein furchtbares Blutbad anrichtete. In vier Schlachten besiegten
die Briten die Sikhs, doch es war der verlustreichste Feldzug, den sie bisher in Indien unternommen hatten.

Jindan gelang es trotz der Niederlage, von den Engländern das Zugeständnis zu erhalten, weiterhin die Regentschaft ausüben zu dürfen. Die
Engländer hatten erkannt, daß sie trotz ihres Sieges nicht in der Lage
sein würden, ihre Herrschaft auf den Panjab auszudehnen. Sie begnügten
sich statt dessen mit der Einsetzung eines Residenten und der Stationie-
rung von Truppen. Doch auch das führte zu Konflikten. Die Rani, wie
Jindan sich noch immer nennen durfte, intrigierte gegen die Vormachtstellung der Briten, so daß diese sich schließlich veranlaßt sahen, sie abzusetzen und in die Verbannung zu schicken. Man verbrachte sie nach
Benares, wo sie jedoch weiterhin mit Anhängern im Panjab in Kontakt
blieb und auf diese Weise Unruhe stiftete, was schließlich zu einer lokalen Erhebung führte. Diese weitete sich in einen regelrechten Krieg aus,
den zweiten Versuch der Sikhs, ihre Souveränität zu behaupten.

Auch dieser Krieg, der wiederum mit äußerster Härte geführt wurde,
ging für die Sikhs verloren. Doch diesmal begnügten sich die Engländer
nicht mit einer bloßen Aufsichtsfunktion: Der Panjab wurde annektiert,
Dalip Singh, der auf dem Thron verblieben war, abgesetzt, zum Christentum bekehrt und schließlich nach England geschickt, wo sich keine Ge-
ringere als Königin Viktoria – gerade so, als wäre es ihr Patenkind – seiner annahm. Dies versöhnte die Mutter des abgesetzten Herrschers
jedoch nicht. Sie war inzwischen zu einer erbitterten Feindin der Engländer geworden.

Jindan gelang die Flucht nach Nepal, wo ihr der dortige Herrscher
Unterschlupf gewährte. Sie ließ jedoch nicht ab von ihrem Traum, den
Thron für ihren Sohn wiederzugewinnen, und war deshalb bemüht, auch
weiterhin Unruhe im Panjab zu stiften. Ihre Chance schien gekommen,
als im Jahre 1857 der große Aufstand in Indien ausbrach, doch ihre Hoffnungen erfüllten sich nicht: Die Sikhs standen treu zu ihren neuen Herren, deren Neuerungen im Panjab sie zu schätzen gelernt hatten. Ohne
die Unterstützung der Sikhs, deren herausragende Kampfeskraft sie in

den beiden Kriegen gegen die Engländer bewiesen hatten, wäre es den Engländern schwerlich gelungen, den Aufstand zu unterdrücken. Hätten die Sikhs nicht zu ihnen gestanden, wäre es sehr wohl möglich gewesen, daß die Engländer Indien verloren hätten. Insofern hätte Rani Jindan ihnen gefährlicher als jeder andere werden können. Doch ihre Zeit war abgelaufen; im Panjab war unter der Ägide der Engländer ein neues Zeitalter angebrochen.

Als der Aufstand niedergeschlagen und Ruhe in Indien eingekehrt war, erlaubte man Jindan, ihren Sohn, der sie besucht hatte, bei seiner Rückehr nach England zu begleiten. Dort starb sie 1863. Dalip Singh heiratete im gleichen Jahr die Tochter eines deutschen Kaufmanns und einer Abessinierin, wobei angemerkt sei, daß die Abessinierinnen in dem Ruf großer Schönheit standen, so daß auch die Tochter der Anmut einer Inderin kaum nachgestanden haben dürfte. Die Maharani, wie auch sie genannt wurde, starb 1887; nachdem sie dem enterbten, einstigen Herrscher des Panjab sechs Kinder, drei Söhne und drei Töchter, geboren hatte.

Munteres Treiben

Unter den Neuerungen, die die Briten im Panjab einführten, waren nicht zuletzt auch Verordnungen, die die Situation der Frau betrafen. So wurde Sati untersagt; ein Verbot, das übrigens auch schon vorher im Panjab bestanden hatte, denn die Sachverwalter des Glaubens der Sikhs, die Gurus, hatten diesen Brauch, der dem Hinduismus entstammte, abgelehnt. Doch, wie wir gehört haben, hielt man sich nicht daran; der Herrscher ging sozusagen mit schlechtem Beispiel voran.

Die Briten schritten ferner im Panjab gegen den Brauch des Mädchenmordes ein, der auch hier verbreitet war. Hierbei handelte es sich um die selektive Auswahl von Kindern: Söhne waren willkommen, Töchter, für die man eine Mitgift aufbringen und auf deren Keuschheit man achten mußte, wurden als Last empfunden; man zog es deshalb vor, sie nach der Geburt zu töten.

Schließlich wandten sich die Engländer auch gegen die Sklaverei, von der insbesondere auch Frauen und Mädchen betroffen waren, denn über ihre Funktion als Arbeitskräfte hinaus wurden sie auch sexuell ausgebeutet.

Gegen all diese Mißstände machten die Engländer Front; und anders als die Gurus, die sich mit Protesten begnügten, machten die Engländer mit den Reformen, die sie propagierten, Ernst. Das war durchaus nicht selbstverständlich, denn die Engländer waren Kaufleute, die an Profiten interessiert waren. Alles andere berührte sie nicht; mehr noch, sich in das Brauchtum des Landes, das sie letztlich nur duldete, einzumischen, konnte ihren Geschäften nur schaden. Oder?

Lange hatten sich die Briten an den Vorsatz gehalten: Hauptsache, die Kasse stimmt, alles andere geht uns nichts an! Darin unterschieden sie sich von den Portugiesen, die zwar auch Handel treiben wollten, darüber aber nie ihr christliches Sendungsbewußtsein, das ihnen ihr katholischer Glaube auferlegte, vergaßen. So gingen sie in ihren Besitzungen bereits im 16. Jahrhundert gegen Sati vor, und wer sich ihrem Bekehrungseifer nicht entzog, der kam auch in den Genuß – soweit es sich um das weibliche Geschlecht handelte –, eine Aufwertung seines Ansehens und seiner Würde zu erfahren. Schließlich war die Mutter Gottes eine Heilige, die immer auch einen Gegenpol zur sündigen Eva darstellte. Eine derartige Beschützerin besaß die Inderin traditionsgemäß nicht, ganz gleich ob sie sich zum Hinduismus oder zum Islam bekannte. Im Hinduismus gab es zwar eine Vielzahl von Göttinnen, doch sie waren alle zweiter Ordnung. Gegen das patriarchale Dreigestirn Brahma, Vishnu und Shiva kamen sie nicht an. Und was den Islam betraf – und betrifft; wobei die Gegenwartsform natürlich auch für das hehre Dreigestirn des Hinduismus zutrifft –, so erübrigt es sich, auf dessen ausgeprägten Patriarchalismus hinzuweisen.

Anders als die Portugiesen ließen die Briten, die Anglikaner, also eigentlich Protestanten waren, die Religion zunächst außen vor. Sie fuhren nicht schlecht damit: Die Dividenden stiegen, wenn auch nicht in dem Maße, wie man es sich hätte wünschen können (dazu waren die Kriege zu kostspielig, die man zur Sicherung der Handelsgeschäfte führen mußte). Und der Einflußbereich der Company dehnte sich immer weiter aus, sogar bis China, das für den englischen Indienhandel von nicht geringer Bedeutung war. Für eine Einmischung in die gesellschaftlichen

Belange der Inder war man viel zu beschäftigt, und es fehlte der Anreiz. Ja, die Engländer, die sich damit nicht zu Unrecht den Spitznamen »Nabobs« – in Anlehnung an die Bezeichnung der einheimischen muslimischen Herrscher, die zunächst den Ton angaben – verdienten, gefielen sich anfangs sogar in der Rolle eines Nachahmers indischer Sitten, indem sie sich den Gewohnheiten des Landes anpaßten. Wozu auch und nicht selten ein Harem einheimischer Frauen gehörte, den man sich zulegte. Oder der Brauch, den man gleichfalls von den Indern übernahm, sich an sogenannten »Nautches« zu erfreuen, Vorführungen jener Tänzerinnen, die die besondere Form »Nautch« genannter Tänze pflegten.

Das fröhliche Treiben der Engländer in Indien erregte schließlich das Mißfallen puritanischer Kreise in England, und sehr zum Verdruß der »Nabobs« in Indien wurden schließlich Missionare nach Indien entsandt, die dem sündhaften Gebaren – sowohl der Einheimischen als auch der eigenen Leute – ein Ende bereiten sollten. Das nahm zuweilen groteske Formen an: So kam das Gerücht auf, daß ein Bischof, dem die Überwachung christlicher Tugenden in Kalkutta, dem Sitz der englischen Kolonialverwaltung in Indien, oblag, eben diese gröblich vernachlässigt habe, indem er einer Einladung des Generalgouverneurs, einer Nautch-Darbietung in seiner Residenz beizuwohnen, Folge leistete. Der derart in Mißkredit geratene Tugendwächter hatte alle Mühe, die Vorwürfe zu entkräften, wobei ihm der Generalgouverneur Schützenhilfe leistete: Nicht er, der Bischof, habe die Vorstellung besucht, sondern die Damen, die ihm den Haushalt führten. Im übrigen, so versicherte der Generalgouverneur, dessen Tugendhaftigkeit schließlich auch bekräftigt werden mußte, habe es sich nur um eine (einheimische) Sängerin und nicht um eine Tänzerin gehandelt, wobei »die bloße Bewegung ihrer Füße, während sie sang«, ja wohl nicht die Bezeichnung »Tanz« verdiene – was einer eher diplomatischen Auslegung gleichkam, die beweist, daß der Generalgouverneur nicht zu Unrecht seinen hohen Posten bekleidete.

Wie auch immer der artige Bischof – Middleton war sein Name – seinen Haushalt führte, es läßt sich nicht leugnen: Christliche Moral hielt auch in den Besitzungen der Engländer in Indien Einzug, wobei sich dies nicht nur auf das Verhalten der Engländer bezieht, das sich merklich veränderte, sondern auch und vor allem auf die Gebräuche der Inder, die einem radikalen Wandel unterworfen wurden.

Um ermessen zu können, welcher Art dieser Wandel war, den die Engländer in Indien herbeiführten, ist es notwendig, sich noch einmal vor Augen zu halten, wie die Situation war, *bevor* dieser Wandel einsetzte. Wobei wir uns wiederum auf die Situation der Frau beschränken.

Das Erbe des Hinduismus war dem Ansehen und der Rolle der Frau nicht förderlich gewesen. Der Islam brachte keine Wende zum Besseren, auch wenn er in einigen Bereichen toleranter war als der Hinduismus. Aber die Muslime ließen sich ebenso vom Hinduismus beeinflussen, wie die hinduistische Tradition durch den Islam geprägt wurde. Und beides ging zu Lasten der Frau. So griff der Brauch, Ehen bereits im Kindesalter zu schließen, auch auf Teile der muslimischen Bevölkerung über. Während andererseits Purdah, die Absonderung der Frau, die den Kern der Geschlechterbeziehung im Islam ausmachte, auch Eingang in den Verhaltenskodex der Hindus fand. Auch die Polygynie, der Brauch, mit mehreren Frauen eine Ehe einzugehen, breitete sich infolge der Überlagerung Indiens durch den Islam aus, so daß alle, die es sich leisten konnten, einen Harem unterhielten.

Mißstände, die aus der hinduistischen Tradition resultierten, wurden hingegen nicht abgeschafft: Weder Sati noch die Tempelprostitution verschwanden. Die muslimischen Herrscher mochten das eine wie das andere verurteilt haben, doch es waren nur halbherzige Maßnahmen, die sie ergriffen und die folglich keine praktischen Auswirkungen hatten. Sati wie auch die Tempelprostitution waren am Ende der Mogulherrschaft ebenso weit verbreitet wie zu ihrem Beginn. Desgleichen die Prostitution, die zwar in Indien – ebenso wie das Kurtisanentum – eine lange Tradition hatte, doch durch die ständigen Wirren, die die Herrschaft der Muslime in Indien mit sich brachte, und die moralische Dekadenz, die damit einherging, noch verstärkt wurde. Schließlich wurde auch nichts unternommen, dem weiblichen Bevölkerungsteil – ganz gleich, ob es sich um Muslime oder Hindus handelte – Zugang zu Bildung und damit die Chance zu gesellschaftlicher und wirtschaftlicher Gleichstellung mit den Männern zu verschaffen. Die strenge Einhaltung des Purdah wirkte dem entgegen, und es war vor allem dies, was die Stellung der Frau in Indien insgesamt entscheidend schwächte: Sie hatte zu dem Zeitpunkt, da die Herrschaft der Moguln auslief und die Engländer sich anschickten, an ihre Stelle zu treten, ihren Tiefpunkt erreicht. Es sollte den Engländern vorbehalten bleiben – und darin liegt ein unbestreitbares Verdienst, das sie sich in Indien erwarben –, hier Abhilfe zu schaffen.

Beherztes Handeln

»Nichts kann die gewohnheitsmäßige Verachtung übertreffen, die die Hindus ihren Frauen entgegenbringen.« So das Urteil von James Mills, einem Engländer, der zwar Indien nicht aus eigenem Erleben kannte, aber eine ausführliche Geschichte über Indien verfaßte, die sich auf ein sorgfältiges Studium schriftlicher Quellen stützte. Mills machte seine Feststellung 1818, als sein voluminöses Werk erschien. Drei Jahre später erklärte ein Missionar, der Baptist William Ward, vor einer weiblichen Zuhörerschaft in Liverpool, daß die Situation der Frau in Indien der von Tieren gleiche, die man »für das Tragen von Lasten oder zum Schlachten« halte. 1828 schließlich gab die Aufsichtsbehörde in London, die über die Aktivitäten der Ostindienkompanie wachte, William Bentinck, der in diesem Jahr das Amt des Generalgouverneurs, also der obersten Instanz der Engländer in Indien, übernahm, folgende Weisung mit auf den Weg: »Wir haben eine große moralische Pflicht in Indien zu erfüllen.«

Dies waren ganz neue Töne, denn bislang – immerhin fast zweihundert Jahre lang – hatte man geflissentlich geschwiegen. Sicher, es hatte hier und da einen kritischen Hinweis gegeben, den ein Reisender gab oder auch einer der Angestellten der Company in Indien. Doch man hatte es vorgezogen, sie nicht nur Kenntnis zu nehmen. Indien war ein Außenposten von einstweilen geringer Bedeutung, um den sich in erster Linie Kaufleute kümmerten. Und die waren bemüht, so wenig Aufsehen wie möglich zu erregen, vor allem in Indien, wo man auf das Wohlwollen der einheimischen Fürsten und die Friedfertigkeit des Volkes angewiesen war. Neue Ideen, wie sie im Zuge der Aufklärung in Europa aufkamen, würden in Indien nur für Unruhe sorgen, und das war ein Risiko, das man – um der störungsfreien Abwicklung der Geschäfte willen – nicht eingehen wollte. Doch die Stimmen derer, die im Namen aufklärerischen Gedankengutes und liberaler Reformen Kritik übten und eine Änderung der bisherigen Politik der Nichteinmischung forderten, wurden immer lauter, bis man sie schließlich nicht mehr überhören konnte und Maßnahmen ergriff, die Abhilfe versprachen.

Selbstverständlich war diese Einsicht nicht, immerhin ging es hier nicht um das Los der eigenen Leute; Inder waren nicht einmal Europäer. Was kümmerte es England, wie die Menschen in Indien lebten? Hatten die Moguln etwa danach gefragt, wie man das Leben in England verbessern könnte? Nun, der Vergleich hinkt: Die Moguln hatten sich nie in der Lage befunden, in der sich die Engländer befanden, denn – anders als die Moguln, die sich nicht um England kümmerten – standen die Engländer in direktem Kontakt mit der indischen Bevölkerung. Und nicht nur das: Die Engländer waren auch – mehr unfreiwillig als mit Absicht – in die Rolle gedrängt worden, die Funktion eines Souveräns zu übernehmen, woraus sich eine Verpflichtung gegenüber denen ergab, über die man eine De-facto-Herrschaft ausübte.

Hinzu kam, daß das Christentum eine Religion war, die denen, die sich zum Christentum bekannten, die moralische Pflicht auferlegte, zum Heil anderer zu wirken. Das schloß zwar auch die bewußte Missionierung ein, beschränkte sich aber keineswegs auf dieses, letztlich eigennützige Ziel. Altruismus spielte durchaus auch eine Rolle und sollte gerade in dem Zusammenhang, um den es uns hier geht, nicht verkannt werden.

Und so schritten denn die Engländer, nachdem sie lange gezögert hatten, zur Tat. Zunächst widmeten sie sich der Sklaverei. Sie war in Indien – seit alters – weit verbreitet. Allerdings sollte nicht übersehen werden, daß die Sklaverei im Indien der vorislamischen Zeit eine eher milde Form der Verfügungsgewalt über Unfreie darstellte. Wesentlich verschärft wurde sie durch den Einfall der Muslime, deren Gesellschaftsordnung sehr viel mehr auf die Botmäßigkeit Unfreier ausgerichtet war, als das bislang in Indien der Fall gewesen war. Auch führten die fortwährenden Kriege, mit denen die Muslime das Land überzogen, zu einem erheblichen Anwachsen des Bevölkerungsteils, der ein Sklavendasein fristete. Dazu gehörten insbesondere auch Frauen und Mädchen, die wegen der sexuellen Dienste, zu denen sie gezwungen wurden, begehrt waren.

1789 erließen die Engländer ein erstes Gesetz, das den Handel mit Sklaven einschränkte. Doch bis sie die Sklaverei gänzlich abschafften, verging noch ein halbes Jahrhundert; und selbst als sie 1843 die gesetzliche Anerkennung der Sklaverei untersagten, bedeutete dies noch nicht das Ende dieser Geißel. Erst als die englische Krone die Verantwortung für Indien übernahm, trat an die Stelle einer eher zögerlichen Gesetzgebung ein konkretes Verbot.

Ähnlich war die Entwicklung bei dem Versuch, die verbreitete Praxis der Mädchenmorde abzuschaffen. Erste gesetzgeberische Initiativen datieren aus dem Jahr 1795; doch noch 1870 fühlte sich die englische Kolonialregierung bemüßigt, ein neuerliches Gesetz zu erlassen, um diesen Schandfleck, der die Reputation der Engländer beeinträchtigte, zu beseitigen. Gänzlicher Erfolg war ihnen auch jetzt nicht beschieden, denn der Brauch des selektiven Kindermordes hat sich in Indien bis auf den heutigen Tag erhalten, auch wenn er nur noch in entlegenen Gebieten vorkommt.

Die härteste Nuß, die es zu knacken galt, war Sati. Hier hatten sich schon die Moguln die Zähne ausgebissen, denn ein Gesetz, das Aurangzeb erlassen hatte, um dieser infamen Praxis ein Ende zu setzen, war weitgehend folgenlos geblieben. Inzwischen hatte sich Sati wieder fest etabliert, wenngleich dieser Brauch auch vornehmlich auf die höheren Kasten beschränkt war. Diese aber, für die Sati ein Ausdruck religiösen Dogmas und gesellschaftlichen Ansehens war, klammerten sich mit besonderer Hartnäckigkeit an diese Praxis, die oft mit großem zeremoniellen Aufwand, der einem spektakulären Schauspiel glich, betrieben wurde. Dabei kannten die Exzesse, die sich im Rahmen einer Sati-Zeremonie ereigneten, keine Grenzen: So wurden, als der Radscha von Jodhpur 1780 starb, 64 Frauen, die seinen Harem bevölkert hatten, mit ihm verbrannt; und von einem Prinzen der Sikhs wird berichtet, daß sein Ableben zehn Frauen, die er geehelicht hatte, und 300 Konkubinen mit in den Tod auf dem Scheiterhaufen riß.

Aber nicht nur Fürsten, Rajputen und Sikhs, bestanden auf dem Vorrecht, bei ihrem Tode durch eine möglichst spektakuläre Zeremonie, wie sie der geheiligte Brauch des Sati vorsah, geehrt zu werden. Auch Gemeine, vor allem Brahmanen, pflegten diesen Brauch: 1818 wurden allein in Bengalen 839 Fälle von Sati registriert.

Die Briten waren, so sehr sie die Praxis von Sati ablehnten, in ihrem Vorgehen gegen diesen Brauch besonders vorsichtig. Er galt allgemein als integraler Bestandteil der religiösen Traditionen der Inder, und man fürchtete, diese zu verletzen, wenn man gegen Sati einschritt. Bereits 1803 wurden von offizieller Seite erste Überlegungen darüber angestellt, wie man Sati unterbinden könnte. Zwei Fragen standen im Raum: Welche religiöse Bedeutung hatte Sati? Inwieweit erfolgte der Opfergang einer Frau, die den vermeintlich heiligen Akt des Sati beging, *freiwillig*? Was letzteres betraf, so war ein Bericht aus dem Jahre 1818, den polizeiliche Ermittlungen in Bengalen ergaben, aufschlußreich:

»Es gibt sehr viele Gründe für die Annahme, daß ein Ereignis wie ein Sati, das freiwillig begangen wird, selten vorkommt; wenige Witwen würden daran denken, sich selbst zu opfern, wenn sie nicht durch Gewalt oder Überredung dazu gezwungen würden, wobei es nur wenig vom einen wie vom andern bedarf, um die physischen und geistigen Kräfte der Mehrheit der Hindu-Frauen zu bezwingen. Eine Witwe, die mit einem natürlichen, instinktiven Schrecken beim ersten Anzeichen, daß sie den Scheiterhaufen ihres Mannes teilen muß, zurückschrecken würde, wird am Ende allmählich dazu gebracht werden, ihre widerwillige Zustimmung zu geben, denn da sie ohnehin durch den Tod ihres Mannes verstört ist und es niemand gibt, der ihr rät oder beisteht, ist sie kaum in der Lage, der umstehenden Menge habgieriger Priester und eigennütziger Verwandter zu widerstehen.«

Anzumerken ist, daß Sati für die, die nicht darunter zu leiden hatten, immer auch ein Geschäft war, insofern diejenige, die Sati beging, nicht nur all ihren Schmuck verschenkte, sondern natürlich auch nicht das Erbe ihres Mannes antrat, das stattdessen an seine Verwandten fiel. Und auch die Priester, die Brahmanen, hielten natürlich die Hand auf. Die heiligen Gesänge und Gebete, die sie anstimmten, wollten schließlich belohnt werden.

Kurzum, das Argument der Freiwilligkeit war in den meisten Fällen nur vorgeschoben; hinter ihm verbargen sich handfeste egoistische Interessen. Das trifft zumindest in den Fällen zu, wo es sich nicht um eine Sati-Zeremonie handelte, die zu Ehren eines Fürsten begangen wurde. Ein solcher glaubte es seinem Stand schuldig zu sein, möglichst viele Frauen mit in den Tod zu reißen.

Wie aber stand es mit der »Heiligkeit« von Sati? Hier ist Ram Mohan Roy, ein unermüdlicher Vorkämpfer für die Modernisierung Indiens zu erwähnen. Inspiriert durch das aufklärerische, liberale Gedankengut, das die Engländer nach Indien trugen, trat er für eine geistige und moralische Erneuerung ein, wobei er sich insbesondere auch des beklagenswerten Loses der Frau annahm. Nach sorgfältigem Studium der heiligen Schriften gelangte er zu der Einsicht, daß Sati in den religiösen Überlieferungen *keine* Bestätigung fand, vielmehr eine Entartung einer in die Irre geleiteten Tradition darstellte.

Mit dieser mutigen Aussage, die ihm die erbitterte Feindschaft orthodoxer Hindus einbrachte, gab Roy den Engländern ein Mittel an die Hand, das all ihr bisheriges Zögern beiseite fegte. Bentinck, der sich die Weisung seiner Oberen in London zu Herzen nahm, erklärte am 4. Dezember 1829 Sati für gesetzeswidrig. Das traf zunächst zwar nur für Bengalen zu, wurde aber bald darauf auch in den anderen Besitzungen der Engländer in Indien zur Norm, womit freilich Sati noch nicht beseitigt war, denn in den Fürstenstaaten – wie etwa im Panjab – bestand die Praxis weiter, bis die Engländer auch hier die Oberhand gewannen.

Lakhshmi Bai

»Ungefähr einen Monat, nachdem die Order zur Annexion der kleinen Provinz Jhansi ergangen war [...], und ehe eine Abteilung der 13. Eingeborenen-Infanterie das Land besetzt hatte, erhielt ich einen Brief in persischer Sprache, der auf goldverziertem Papier geschrieben war und von der Rani stammte, die mich um einen Besuch bat. Der Brief wurde mir von zwei ranghohen Indern überbracht. Der eine war für die Finanzen des verstorbenen Radschas zuständig gewesen. Der andere war der Generalbevollmächtigte der Rani.«

Die Rani, von der hier die Rede ist, nannte sich Lakhshmi Bai. Sie war die Frau des verstorbenen Radschas, Gangadhar Rao, gewesen, der im November 1853 verschieden war. Kurz darauf, im März des folgenden Jahres, war das Fürstentum von Jhansi, über das der Verstorbene geherrscht hatte, von den Engländern annektiert worden. Der Grund, der von den Engländern als Vorwand benutzt wurde: Der Radscha war ohne Erben gestorben. Doch Gangadhar Rao hatte nicht versäumt, vor seinem Tod, einen Erben, den er an Sohnes Statt adoptiert hatte, zu benennen, um die Nachfolge zu sichern, was einem anerkannten Brauch der Hindufürsten entsprach. Der Radscha hatte des weiteren Lakhshmi Bai zur Regentin bestimmt, denn der Adoptierte, Damodar Rao, war noch ein Kind. Trotz dieser Verfügungen, die im Beisein offizieller Vertreter der englischen Kolonialmacht erfolgt waren, die den Status Jhansis als eigenständiges Fürstentum 1817 ausdrücklich anerkannt hatte, wurde dem Wunsch des Verstorbenen nicht entsprochen: Jhansi wurde der Hoheit der East India Company unterstellt, die noch immer die Regierungsgewalt in Indien ausübte.

Das Schreiben der Rani war ein Hilferuf. Gerichtet war es an John Lang, einen Engländer, der als Jurist tätig war und zu der Zeit, da er das Schreiben erhielt, in Agra weilte, der einstigen Metropole der Moguln, die zwei Tagesreisen von Jhansi, dem Herrschersitz, nach dem das Fürstentum benannt worden war, entfernt lag. Lang war der Rani durch einen Beamten der Kolonialverwaltung, der zu den nicht wenigen gehörte, die – obwohl sie Engländer waren – die Annexion Jhansis verurteilten, empfohlen worden.

Lang folgte dem Ersuchen der Rani und machte sich auf den Weg nach Jhansi. Dabei wurde er von den beiden Abgesandten der Rani begleitet, die es zudem nicht versäumt hatte, für eine möglichst bequeme Anreise zu sorgen, indem sie ein Gefährt zur Verfügung stellte, das die Annehmlichkeiten einer Sänfte mit der Schnelligkeit einer Kutsche verband. Auch für das leibliche Wohl war gesorgt: Ein Diener, der mit in dem Gefährt reiste, war bemüht, gekühlte Getränke – nicht nur Wasser, sondern auch Wein und Bier – bereitzuhalten.

Auch in Jhansi behandelte man Lang mit großer Zuvorkommenheit: Er wurde in einem prunkvollen Zelt in einem Hain außerhalb der Stadt untergebracht und mit erlesenen Speisen verköstigt. Nur eines machte ihm beziehungsweise seinen Gastgebern Kopfzerbrechen: Würde er, ein Engländer, es akzeptieren können, ohne Schuhe vor der Rani zu erscheinen? Denn das sah das fürstliche Protokoll vor. Über diese Frage wurde ausgiebig verhandelt, und man einigte sich schließlich darauf, daß Lang sich seiner Schuhe entledigen, dafür aber seinen Hut aufbehalten sollte. Letzteres würde man freilich auch als Zeichen der Ehrerbietung ansehen, wie man Lang bedeutete, so daß er sich eigentlich in doppelter Weise erniedrigte. Doch er machte gute Miene zu einem eher harmlosen Spiel.

Als ein günstiger Zeitpunkt für das Zusammentreffen mit der Rani festgesetzt worden war, nachdem man entsprechenden Rat von sternkundigen Brahmanen eingeholt hatte, kam schließlich der Augenblick, wo sich Lang einem wahrhaft fürstlichen Aufgebot gegenübersah, das ihn in den Palast der Rani geleiten sollte:

»Die Stunde kam, und ... [ein] weißer Elefant (ein Albino, einer der sehr wenigen in ganz Indien), der auf seinem gewaltigen Rücken eine silberne Howdah trug, die mit rotem Samt geschmückt war, wurde zum Zelt gebracht. Ich bestieg die Leiter, deren Stufen gleichfalls mit rotem Samt verkleidet waren, und nahm Platz. Der Mahout oder Elefantentreiber war in der prächtigsten Weise gekleidet. Hohe Würdenträger, die auf weißen Arabern ritten, bildeten zu beiden Seiten eine Eskorte, während Reiter der Kavallerie Jhansis die Straße zum Palast säumten und eine Art Allee bildeten. Der Palast befand sich etwa eine halbe Meile von meinem Lagerplatz entfernt.«

Man kann den Palast noch heute besichtigen – ein eher bescheidenes Anwesen, das an die majestätische Größe der Festung, die Jhansi überragt, nicht heranreicht. Dennoch ließ es die Rani auch in ihrem Palast nicht an Prunk und Zeremoniell fehlen. Nachdem man den Besucher in den Innenhof des Palastes geleitet hatte, wo er von der luftigen Höhe seines Elefanten herabstieg, geleitete man ihn durch eine Zimmerflucht – eine

Folge von sechs, sieben Räumen, die mit Teppichen ausgelegt und mit Spiegeln und Bildern von Hindugottheiten geschmückt waren –, bis Lang schließlich einen Raum betrat, der gleichfalls in prunkvoller Weise mit Teppichen versehen war und in der Mitte einen Sessel europäischer Machart aufwies, um den herum Blumengirlanden ausgebreitet waren. Am hinteren Ende des Raumes befand sich ein Vorhang, hinter dem Stimmen zu hören waren. Lang verwendet den Ausdruck »Purdah« – und genau darum handelte es sich. Die Rani blieb zunächst im Verborgenen und schickte statt dessen Damodar Rao, den jungen Radscha, vor, um den englischen Besucher, der auf dem Sessel Platz genommen hatte, zu begrüßen. Dabei gab sie sich jedoch zu erkennen, indem sie sogleich ihre Klage erhob: Dies sei der rechtmäßige Maharadscha, den der Generalgouverneur gerade um sein Amt gebracht habe. Und sie fuhr fort, immer noch hinter dem Vorhang verborgen, ihre Anschuldigungen, die sie gegen die Engländer erhob, vorzutragen. Wobei ein Chor weiblicher Stimmen, der immer wieder in den Redeschwall der Rani einfiel, ihre Klagen bekräftigte. Lang fühlte sich an eine griechische Tragödie erinnert.

Aber er war neugierig zu erfahren, wer sich denn nun hinter dem Vorhang verbarg:

»Ich hatte von dem Vakil [einem der beiden Abgesandten] erfahren, daß die Rani eine sehr schöne Frau sei, von etwa 26 oder 27 Jahren, und ich war in der Tat erpicht darauf, einen Blick von ihr zu erhaschen; und ob es nun Zufall war oder die Rani es absichtlich geschehen ließ, ich weiß es nicht, meine Neugier wurde befriedigt. Der Vorhang wurde von dem kleinen Jungen zur Seite gezogen, und ich hatte Gelegenheit, die Dame genau zu betrachten.«

Der Anblick, der sich Lang bot, enttäuschte ihn nicht. Was ihm besonders auffiel, das war der Ausdruck ihres Gesichts, das Intelligenz verriet. Und dann die Augen: »Die Augen waren besonders ausdrucksvoll und die Nase fein gezeichnet.« Sie trug keinen Schmuck, was außergewöhnlich war, lediglich ein Paar goldene Ohrringe. Auch in ihrer Kleidung war die Rani eher bescheiden, was freilich ihrer Figur keinen Abbruch tat: »Sie war in einfaches, weißes Musselin gekleidet, jedoch von so hauchdünnem Gewebe und in solcher Weise und so eng um ihren Körper geschlungen, daß man die Umrisse ihrer Figur deutlich erkennen konnte – und sie hatte eine bemerkenswert ansehnliche Figur.«

Die Rani und ihr Besucher tauschten zunächst Höflichkeiten aus, ehe man sich dem eigentlichen Zweck des Besuches zuwandte: der Frage, welche Möglichkeit es gab, die Annexion von Jhansi rückgängig zu machen. Lang wies darauf hin, daß der Generalgouverneur, die höchste Instanz der Briten in Indien, den in Kalkutta gefaßten Beschluß nicht zurücknehmen würde. Er riet der Rani, sich direkt an die Krone in England zu wenden, die immerhin – über die Regierung in London – eine Aufsichtsfunktion über die Ostindienkompanie ausübte.

Die Rani beschloß, diesen Rat zu befolgen, und während ihr Besucher – fürstlich belohnt für seine Mühen – seine Rückreise antrat, schöpfte sie neue Hoffnung. Doch was immer sie unternahm, auch London kam der Rani nicht entgegen; am Ende mußte sie einsehen, daß alle Bemühungen vergebens waren. Vermutlich hätte sie sich schließlich damit abgefunden, zumal die Engländer ihr eine Apanage zuerkannt hatten. Doch es traten Ereignisse ein, die allem eine dramatische Wende gaben.

Vor den Toren von Gwalior

In einem Bericht, der aus amtlichen zeitgenössischen Quellen stammt, heißt es:

»Plötzlich rebellierten 50 oder 60 Sepoys und bemächtigten sich des Magazins und der Regierungskasse und begannen, ihre Musketen in Richtung auf Hauptmann Skenes Bungalow abzufeuern. Als Hauptmann Skene sich dessen bewußt wurde, begab er sich mit seiner Frau und seinen Kindern und in Begleitung Hauptmann Gordons in die Stadt und traf Vorbereitungen, sie zu verteidigen, und wandte sich dann der Festung zu. Kurz darauf begaben sich auch andere Engländer in die Festung, die sie mit einer kleinen Streitmacht verteidigten, und die Rani entsandte eine kleine Abteilung ihrer eigenen Wache zu ihrer Unterstützung in die Festung.«

Das Ereignis, von dem hier berichtet wird, trug sich am 5. Juni 1857 zu. Seit dem Besuch Langs in Jhansi waren drei Jahre vergangen. In Jhansi war es bislang ruhig geblieben, aber es waren seit geraumer Zeit in weiten Teilen Indiens Gerüchte im Umlauf, die den Engländern hätten zu denken geben müssen. Doch sie achteten nicht darauf – bis es zur Explosion kam: Die Sepoys, die einheimischen Truppen, die im Dienste der Engländer standen, erhoben sich, und was anfangs nur eine einfache Meuterei zu sein schien, weitete sich schließlich zu einem regelrechten Aufstand aus, der die Engländer in Indien an den Rand des Abgrunds brachte.

Die Gründe für diesen Aufstand waren vielfältiger Art. Hazrat Mahal, die Regentin von Oudh, die in ähnlicher Weise wie die Rani von Jhansi einen Groll gegen die Engländer hegte und einer ihrer erbittertsten Gegner wurde, formulierte es in einer Erwiderung auf die Ausrufung Königin Viktorias zur Herrscherin von Indien in aller Deutlichkeit. »Der Grund für den Aufstand ist die Religion«, erklärte sie und traf damit den Kern der Sache, »und um ihretwillen sind Millionen getötet worden«.

Was sie meinte, waren jene Reformen, die die Engländer gegen den Widerstand orthodoxer Kreise eingeführt hatten. Dazu gehörte nicht nur die Abschaffung von Sati und der nicht minder infamen Praxis des Mädchenmordes; auch eine Verfügung, die die Wiederverheiratung von Witwen vorsah, hatten die Engländer 1856 erlassen. Dies war erneut ein Affront gewesen, den die Traditionalisten als einen Angriff auf ihre geheiligten Überlieferungen ansahen. Zu dieser Einmischung in die traditionelle Gesellschaftsordnung der Hindus waren jene politischen Eingriffe gekommen, die zur Annexion bislang eigenständiger Fürstentümer geführt hatten. All das hatte weite Kreise in Indien verbittert, und es hatte sich ein tiefempfundener Haß aufgestaut, der sich schließlich in jenem Aufstand entlud, den die Engländer »Mutiny« nannten. Dabei ist anzumerken, daß gerade die Situation der Frau, für deren Verbesserung die Engländer so entschieden eintraten, eine nicht unbedeutende Rolle bei diesen Unruhen spielte. Insofern ist es in gewisser Weise eine Ironie, daß es besonders Frauen waren, die sich – wie Hazrat Mahal oder die Rani von Jhansi, aber auch Jindan, die die Sikhs gegen die Briten aufzubringen versuchte – in diesem Aufstand hervortaten. Aber für Frauen ihrer Art waren die traditionellen Rollen ohnehin keine Norm, an die sie sich hielten. Ihnen ging es nicht um gesellschaftliche, sondern um *politische* Ziele. Das wird ganz besonders in Jhansi deutlich, wo die Rani sich allerdings nur widerwillig in die Rebellion mit hineinziehen ließ, obwohl sie allen Grund hatte, den Engländern gram zu sein und ihnen schließlich auch in unerbittlicher Feindschaft gegenübertrat.

Dennoch: Der Vorwurf der Engländer, sie habe die Erhebung der Sepoys in Jhansi (und das, was sich im Laufe dieser Erhebung in Jhansi zutrug) angestiftet, trifft eben nicht zu. Wie es in dem Bericht, den wir oben zitierten, ausdrücklich heißt, war die Rani sogar bemüht, den bedrohten Engländern zu Hilfe zu kommen. Auch wenn sie dadurch das Unheil, das sich ankündigte, nicht aufhalten konnte:

»Am 8. Juni planten die Meuterer einen Angriff auf die Festung und zwangen 150 Soldaten der Rani, sich ihnen anzuschließen, und gemeinsam führten sie den Angriff bis 3 Uhr nachmittags fort. Während dieser ganzen Zeit verteidigten die Engländer, obwohl sie nur wenige waren, mit ihrer gewohnten Tapferkeit die Festung, und es gelang ihnen, viele der Meuterer mit ihren Kanonen zu töten oder zu verwunden. Doch dann wurde Hauptmann Gordon von einer Musketenkugel tödlich getroffen. Hauptmann Skene beschloß darauf, mit seiner Frau und den Kindern und den anderen Engländern die Festung aufzugeben und eine Flucht zu wagen, doch die grausamen Meuterer vereitelten ihren Plan. Nachdem sie sie alle in einer Weise ermordet hatten, daß der Allmächtige sie gewiß dafür bestrafen wird, nahmen sie Plünderungen in der Stadt vor und begingen weitere Ausschreitungen. Die Rani hatte alle Mühe, ihr Leben zu retten, aber auch sie wurde beraubt.«

Wiederum kommt deutlich zum Ausdruck, daß die Rani *nicht* an dem Massaker, das die Meuterer an den Engländern verübten und dem 66 Männer, Frauen und Kinder zum Opfer fielen, beteiligt war. Doch die Engländer, die überall mit ähnlichen Vorfällen konfrontiert waren und in Panik gerieten, reagierten, indem sie die Rani für das Massaker verantwortlich machten, und ließen ihr somit keine andere Wahl, als Vorkehrungen zu ihrer Verteidigung zu treffen. Sie stellte eine Streitmacht auf, befestigte die Stadt und nahm Verbindung mit Tatya Tope auf, den sie aus der

Zeit ihrer Kindheit kannte und der sich dem Aufstand angeschlossen hatte.

Lakhshmi Bai, in Benares geboren, war in Bithur, einem kleineren Ort am Ganges, aufgewachsen. Hier hatte ihr Vater, ein gelehrter Brahmane, im Dienst eines Herrschers der Marathen gestanden, den die Engländer abgesetzt und an diesen Ort verbannt hatten. Die Marathen, die die Nachfolge der Moguln in der Herrschaft Zentralindiens angetreten hatten, waren die letzten bedeutenden Widersacher der Engländer gewesen, ehe diese zu Beginn des 19. Jahrhunderts ihre eigentliche Souveränität über Indien erlangten. Tatya Tope, der ein Marathe war und gleichfalls am Hof des einstigen Herrschers in Bithur gelebt hatte, war entschlossen, die Chance der allgemeinen Erhebung gegen die Engländer zu nutzen und die Herrschaft der Marathen wiederzuerrichten.

Jhansi hatte unter der Vormacht der Marathen gestanden und war erst nach deren Niederlage unter den Einfluß der Briten geraten. Es bestand also eine traditionelle Bindung zwischen Bithur und dem Hof in Jhansi, die zur Heirat Lakhshmi Bais mit dem Radscha von Jhansi geführt hatte. Die Rani, deren ursprünglicher Name Manikarnika (nach einer Bezeichnung des Ganges) gewesen war, hatte – als sie 1842 im Alter von zehn Jahren heiratete – den Namen »Lakhshmi Bai« angenommen, der sich auf die Glücksgöttin Lakhshmi bezog.

Es wird berichtet, daß die Rani – obwohl sie durchaus nicht dem üblichen Bild der Inderin, das durch Unterwürfigkeit und Demut geprägt war, entsprach – sehr fromm war. Sie führte, nachdem sie auf sich gestellt war, ein einfaches, doch tatkräftiges Leben, das festen Regeln unterworfen war. In dem Bericht eines Augenzeugen heißt es:

»Bai Sahib [die Rani] stand morgens früh auf, und nach den üblichen rituellen Waschungen verbrachte sie ihre Zeit bis sieben oder acht Uhr mit sportlichen Übungen, Reiten und dergleichen. Danach schlief sie etwa eine Stunde und nahm dann ihr Bad, woran sie besonders Gefallen fand. Sie wandte sich dann, nachdem sei einen weißen Sari angelegt hatte, der Meditation und religiöser Andacht zu, wobei sie von Musik, die Hofbeamte vortrugen, und heiligen Gesängen, die Priester intonierten, begleitet wurde. Dann nahm sie ihr Mittagsmahl ein und warf anschließend einen

Blick auf die zeremoniellen Geschenke, die man ihr darreichte. Sie wählte sich davon einiges aus, was ihr gefiel, und ließ den Rest unter ihrem Gefolge verteilen. Um 3 Uhr hielt sie Hof. Sie saß auf einem erhöhten Sitz hinter einem Vorhang und begutachtete die Belange, die die Verwaltung, Rechtsprechung und das Steuerwesen betrafen. Sie besuchte den Tempel der Göttin Mahalakhshmi mit ihrem adoptierten Sohn jeden Dienstag und Freitag.«

Die Regentschaft der Rani war zweifellos nicht von jener Mißwirtschaft und jenen Ausschweifungen gekennzeichnet, wie sie für viele andere Fürstenstaaten in Indien typisch waren. Und es ergibt sich aus den Quellen eindeutig der Hinweis, daß das Volk von Jhansi die Übernahme der Herrschaft durch die Engländer ablehnte. Nicht nur die Rani, auch das Volk war verbittert, als die Souveränität des Fürstentums mißachtet wurde, und es bedurfte nur eines Winkes seitens der Rani, daß verhaltener Groll in offene Feindschaft gegen die Engländer umschlug. Doch dies geschah erst, als die Engländer den Fehler und das Unrecht begingen, die Rani für etwas verantwortlich zu machen, das sie nicht begangen hatte: jenen Mord an den englischen Offizieren und Verwaltungsbeamten und ihren Familien, die in Jhansi stationiert gewesen waren.

Die Rani griff erst die Ziele der Aufständischen auf, als sie keine andere Wahl mehr hatte, denn hätte sie nicht zu den Waffen gegriffen, hätte ihr der Galgen gewinkt. Nicht, daß sie sich vor dem Tod fürchtete, aber die Schmach, die mit einer Verurteilung durch die Engländer verbunden war, wollte sie nicht auf sich nehmen. Und so geschah es, daß sie eher unfreiwillig die Ziele der Aufständischen auf ihre Fahnen schrieb. »Gegen die Engländer zu kämpfen«, erklärte sie, »ist nun mein Dharma geworden«. Und damit meinte sie, daß es ihre heilige Pflicht sei, in den Krieg zu ziehen. Wobei sie natürlich den Vorteil erkannte, der sich ihr bot, wenn sie sich mit den Aufständischen verbündete. Was sie nicht ahnen konnte, war der Umstand, daß sie damit in einen Strudel gerissen wurde, den sie nicht mehr beherrschen konnte.

Denn die Engländer, die die Gefahr erkannten, die sich da mitten im Herzen ihres Herrschaftsgebietes zusammenbraute, schickten ihren besten Mann ins Feld: Sir Hugh Rose, der nicht nur ein erfolgreicher Feldherr, sondern auch ein geschickter Diplomat war. Er machte sich von Bombay aus auf den Weg, und sein erstes Ziel war Jhansi, das er am 20. März 1858 erreichte.

Zwei Tage später begann die Schlacht um Jhansi, wobei die Engländer sich zunächst auf eine Belagerung verlegten, während sie der Streitmacht Tatya Topes, den die Rani um Hilfe gebeten hatte, eine vernichtende Niederlage beibrachten. Die militärische Ausgangslage hatte sich damit für die Rani, die nunmehr einem siegreichen Feind gegenüberstand, erheblich verschlechtert. Dennoch leistete sie mit ihrem Heer, das sie in der von einer Mauer umgebenen Stadt zusammengezogen hatte, erbitterten Widerstand, als der eigentliche Angriff auf Jhansi am 3. April begann. Doch es gelang ihr nicht, die Angreifer, die mit ihren Kanonen eine Bresche in die Mauer schlugen, aufzuhalten, und noch am gleichen Tag stürmten die Engländer die Stadt. Der Palast wurde erobert, und die Rani mußte sich in die Festung am Rande der Stadt zurückziehen.

Die Kämpfe setzten sich am nächsten Tag fort und arteten in ein fürchterliches Gemetzel aus, das Lakhshmi Bai zu der Überzeugung brachte, daß nur ihr Tod von eigener Hand dem Morden ein Ende bereiten könnte. Doch man hielt sie von diesem Vorhaben ab und drängte sie, sich abzusetzen, um sich zu der zersprengten Streitmacht Tatya Topes zu gesellen, die im Namen des Peshwa, des Anführers der Marathen, kämpfte. Die Rani befolgte diesen Rat und verließ die Festung von Jhansi und damit die Stadt, die ihre Residenz gewesen war, im Schutze der Dunkelheit, in der Nacht vom 4. auf den 5. April. Sie sollte Jhansi nie wiedersehen.

Die Rani schöpfte neuen Kampfesmut und faßte den Plan, Gwalior zu besetzen. Gwalior war der Sitz der Sindhia-Dynastie, die – im Zuge des Niedergangs der Marathen und ähnlich wie das Herrschergeschlecht von Jhansi – ihre Selbständigkeit erlangt hatte. Doch die Sindhias, bei denen es keine Krise in der Nachfolge gegeben hatte und deren Herrschaft deshalb von den Engländern weiter anerkannt wurde, ergriffen deren Partei, als es zu dem großen Aufstand kam. Was den Aufständischen ein Dorn im Auge war, zumal Gwalior – mit einer gewaltigen Festung in beherrschender Lage – von entscheidender strategischer Bedeutung war.

Der Plan, auf den die Rani verfallen war und der in seiner Kühnheit ihrem Entschluß, den Engländern die Stirn zu bieten, nicht nachstand, gelang: Die Soldaten des Sindhia-Fürsten schlossen sich den Aufständischen an, und während der Fürst Schutz bei den Engländern in Agra suchte, wurde die Festung von den Aufständischen besetzt. Damit tat sich für die Engländer und insbesondere Rose, der mit der Niederschlagung des Aufstandes in Zentralindien betraut war, eine noch größere Herausforderung auf, als es Jhansi gewesen war. Und so entschloß er sich, unverzüglich gegen Gwalior zu marschieren. Dies brachte ihm den Vorteil, die Aufständischen zum Kampf zu fordern, bevor sie genügend Zeit gehabt hatten, ihre neugewonnene Position zu festigen und Vorkehrungen für das weitere Vorgehen zu treffen. Die Folge war, daß die Aufständischen in Gwalior unvorbereitet in den Kampf gingen und ihren Vorteil, den sie durch die Einnahme der Festung gewonnen hatten, nicht nutzen konnten.

Die Kampfhandlungen, die sich nun entspannen, dauerten fünf Tage: Es war noch einmal ein erbittertes Ringen, bei dem die Rani, die in der vordersten Reihe kämpfte, erneut zu erkennen gab, daß sie nicht nur außergewöhnlichen Mut besaß, sondern auch über bemerkenswerte militärische Fähigkeiten verfügte. Doch die Engländer waren den Aufständischen taktisch überlegen: Sie zingelten sie ein, und während Tatya Tope, der im Verein mit der Rani die Kampfhandlungen auf seiten der Aufständischen befehligte, wiederum entkommen konnte, ereilte die Rani in Gwalior ihr Schicksal. Die genaueren Umstände, die zu ihrem Tode führten, sind umstritten. Alle Kommentatoren – darunter auch Augenzeugen des dramatischen Geschehens, das sich im Verlaufe des Kampfes um Gwalior vom 16. bis 20. Juni 1858 abspielte – sind sich jedoch darin einig, daß die Rani von Jhansi im Kampf fiel und einen heldenmütigen Tod fand. Am glaubwürdigsten erscheint die Version, die von dem englischen Residenten, Macpherson, stammt, der dem Fürsten von Gwalior beigeordnet gewesen war und bezüglich des Todes der Rani nähere Erkundigungen einzog. Er berichtete:

»In der Nähe der Geschützstellung von Phul Bagh, möchte ich erwähnen, fiel die Rani von Jhansi. Sie ruhte sich aus, berichtet ihre Dienerin, und trank Scherbett, während 400 ... [Berittene der Aufständischen] in der Nähe waren, als Alarm geschlagen wurde und sich die Nachricht verbreitete, daß sich die Husaren näherten. Vierzig oder fünfzig von ihnen preschten heran, und die Rebellen flohen, außer etwa fünfzehn, die zurückblieben. Das Pferd der Rani scheute, als es einen Kanal überspringen sollte, und in diesem Augenblick wurde sie von einer Kugel in der Seite getroffen und dann von einem Säbelhieb auf den Kopf, doch sie ritt davon. Bald darauf stürzte sie tot zu Boden und wurde in einem Garten in der Nähe verbrannt.«

Es war Juni, die Zeit der größten Hitze, und so ist es verständlich, daß sich die Rani vom Getümmel der Schlacht absetzte, um in einem Hain, womit Phul Bagh gemeint ist, eine kurze Rast einzulegen. Daß sie dabei von den Husaren der englischen Kavallerie überrascht wurde, die die Aufständischen in die Flucht schlugen, und ihr das Mißgeschick widerfuhr, daß ihr Pferd scheute, war eine unglückliche Fügung des Schicksals. Wobei anzumerken ist, daß die heranpreschenden Husaren sie vermutlich verschont hätten, wenn die Rani nicht in Männerkleidung und mit kurzgeschnittenem Haar in den Kampf gezogen wäre. Daß sie von ihren Gefolgsleuten sogleich verbrannt wurde, wird ihrem Wunsch entsprochen haben, daß ihr Leichnam den Engländern nicht in die Hände fallen sollte, da diese ihn womöglich im Triumph zur Schau gestellt hätten.

Doch selbst Sir Hugh Rose, ihr erbittertster Gegner, zollte ihr ein besonderes Lob, als er nach dem Ende der Kampfhandlungen schrieb: »Die Rani von Jhansi, die indische Jeanne d'Arc, wurde bei diesem Angriff [der Husaren] getötet; gekleidet war sie in eine rote Jacke, rote Hosen und einen weißen Turban, und sie trug das berühmte Perlenhalsband der Sindhias, das sie in der Schatzkammer von Gwalior gefunden hatte, und schwere goldene Fußkettchen.«

Es wird berichtet, daß Lakhshmi Bai, bevor sie starb, all ihren Schmuck an ihre Gefolgsleute verteilte. Gerade so, wie es auch beim geheiligten Brauch des Sati üblich war. Nur daß sie sich für den heldenhaften Tod im Kampf statt den Opfergang auf dem Scheiterhaufen entschieden hatte.

Ein zweifelhaftes Los

Nicht nur die Engländer sahen in der Rani von Jhansi eine Art Jeanne d'Arc – ein Vergleich, der in der Tat nicht ganz unzutreffend ist, denn die Jungfrau von Orléans, wie wir die Nationalheilige Frankreichs nennen, kämpfte ebenfalls für die Freiheit ihres Landes gegen die Engländer –, auch in Indien erlangte die Rani von Jhansi einen Ruhm, der an den Stolz, mit dem die Franzosen Jeanne d'Arcs gedenken, erinnert. Dies ist um so bemerkenswerter, als es nicht gerade der Tradition Indiens entspricht, daß Frauen in der Öffentlichkeit auftreten, geschweige denn, daß sie sich auf dem Schlachtfeld auszeichnen und ihre männlichen Kollegen in den Schatten stellen. Aber das hatte die Rani von Jhansi mit Jeanne d'Arc gemein.

Die Engländer, so sehr sie am Ende die Tapferkeit der Rani anerkannten, nahmen dennoch deren berechtigtes, ursprüngliches Anliegen nicht zum Anlaß, begangenes Unrecht wiedergutzumachen: Damodar Rao, der adoptierte, doch abgelehnte Thronfolger, führte noch Ende des 19. Jahrhunderts Klage gegen die britische Regierung, weil sie ihm nur einen Hungerlohn als Apanage zuerkannt hatte (und im übrigen die 700 000 Rupien, welch die Rani ihm als Erbe hinterlassen hatte, eingesteckt hatte).

Der Aufstand der Jahre 1857/58, der den Engländern in Indien schwer zu schaffen gemacht hatte, wurde niedergeschlagen, an die Stelle der East India Company trat die britische Regierung, und fortan schmückte sich Großbritannien mit einem kolonialen Besitz, der als Juwel der englischen Krone galt. Als solches hatte das britische Kolonialreich in Indien fast hundert Jahre Bestand.

In dieser Zeit gab es einen radikalen Wandel in den Beziehungen zwischen Engländern und Indern. Nicht nur, daß die einen nun Herrscher und die anderen Untertanen waren: die Inder waren auch Untergebene, auf allen Ebenen, von der Verwaltung bis zum Handel. Mehr noch: Eine Kluft hatte sich zwischen Engländern und Indern aufgetan, die es zuvor nicht gegeben hatte. Eine soziale Distanz war entstanden, die sich noch ständig vergrößerte. Bis am Ende jener Dünkel das Auftreten der Engländer in Indien kennzeichnete, wie er zu einem Symbol der Überheblichkeit des Weißen Mannes im Umgang mit sogenannten farbigen Völkern wurde.

Bei dieser Entwicklung konnte es nicht ausbleiben, daß auch das Verhalten der Engländer gegenüber der Inderin neu definiert wurde. Auch hier – und hier im besonderen – ist eine deutliche Herabsetzung der Frau zu verzeichnen. Während Hawkins, der Pionier der Engländer in Indien, nichts dabei fand, sich mit einer Einheimischen zu vermählen (auch wenn er darauf bestand, daß sie Christin war), so gab man sich am Ende mit einer Inderin nur noch ab, wenn sie Prostituierte war. Was zwar auch mit einem Stigma behaftet war, doch als notwendiges Übel angesehen wurde, um einem Notstand bei der Truppe, die inzwischen vermehrt aus Engländern bestand, abzuhelfen.

Die Degradierung der Inderin geschah nicht ganz freiwillig, auch wenn die Bitterkeit, die der große Aufstand hervorgerufen hatte, die Engländer mißtrauisch und abweisend gemacht hatte. Ursprünglich wußten sie durchaus die Vorzüge der Inderin zu schätzen. Da war zum einen die nicht zu übersehende Schönheit der Inderin, die selbst von ihren Geschlechtsgenossinnen in England, die Bekanntschaft mit Indien gemacht hatten, gerühmt wurde. So schrieb Fanny Parks, die ihrerseits die Erkundung Indiens viel aufregender fand als die Ehe mit einem biederen Angestellten der Company, anläßlich eines Besuches bei einem Engländer, der in der Nähe von Agra eine Plantage besaß und mit einer Prinzessin aus dem Hause der Moguln verheiratet war:

»Sie [die Prinzessin: Mulka Humani Begum] setzte sich auf ein reichverziertes Kissen, und – indem sie ihren Schleier zur Seite schob und teilweise ihr Gesicht freigab – unterhielt sie sich mit uns. Wie schön sie aussah! Wie unbeschreiblich schön! Ihr lebhafter Gesichtsausdruck veränderte sich ständig, und ihre dunklen Augen leuchteten auf, wenn sie ein freudiger Gedanke erregte. Die Mattigkeit des Morgens war verflogen; im Schein der Lampen war sie ein anderes Wesen; und es überraschte mich nicht, als ich mich der wundersamen Erzählungen erinnerte, mit denen die Männer die Schönheit der Frauen des Ostens rühmen. Mulkas Gang ist voller Anmut, und ihr Wuchs ist so gerade wie ein Pfeil. Wie selten, wie überaus selten versteht sich in

Europa eine Frau auf einen anmutigen Gang! Eingeschnürt in ein Korsett, ist ihr Körper so steif wie ein Hummer in seinem Panzer; diese schlangengleiche, wellenförmige Bewegung – die Poesie der Bewegung – ist verlorengegangen, zerstört durch die Steifheit der Taille und Hüfte, die die freie Bewegung der Glieder verhindert. Eine Dame in europäischer Kleidung erinnert mich an eine deutsche Gliederpuppe; eine Asiatin, in ihrem fließenden Gewand, gleicht den Statuen der Antike.«

Neidlos bescheinigt Fanny Parks der Inderin Anmut und Grazie, und ihr Lob ist um so gewichtiger, als sie sich nicht scheut, Vergleiche mit Europa anzustellen. Kein Wunder, daß selbst die Engländer männlichen Geschlechts anfangs nur zu bereitwillig dem Charme der Inderinnen erlagen. Wobei es nicht nur deren Schönheit sowie ihr exotischer Reiz war, was die Engländer begeisterte, sondern auch ihr Wesen, das sie gleichfalls sehr wesentlich von Europäerinnen unterschied. Wie Abbé Dubois, ein französischer Missionar, der ähnlich wie Fanny Parks lange in Indien weilte und sich sehr ausführlich mit den Gebräuchen der Inder befaßte, schreibt; wobei er einen Vergleich nicht scheut:

»Diese strengen Grundsätze der Etikette werden der Inderin von klein auf eingeflößt, und da ihr Überschreiten in einigen Kasten mit äußerster Härte bestraft wird, sind Indiskretionen weit weniger häufig zu beobachten, als man annehmen sollte, wenn man bedenkt, wie früh sich die ausschweifenden Gewohnheiten bei den indischen Männern einstellen. Was immer man dagegen sagen kann: die Inderinnen sind von Natur aus keusch. Einige Beispiele unziemlichen Verhaltens, einige Fehltritte, die der menschlichen Schwäche zuzuschreiben sind, anzuführen, ist kein Beweis für ihren Mangel an Keuschheit insgesamt; wie es ebenso kein Beweis ist, auf das schändliche Treiben jener armen Geschöpfe, Prostituierte durch Geburt und Beruf, hinzuweisen, die den Heeren folgen und als Konkubinen mit Europäern leben. Ich würde sogar so weit gehen zu sagen, daß die Inderinnen tugendsamer sind als die Frauen vieler anderer Länder, die zivilisierter sind.«

Dubois, dessen Aufenthalt in Indien – in den Jahren 1792 bis 1823 – sich auf den Süden des Subkontinents beschränkte, bezieht sich in seinen Ausführungen auf den hinduistischen Teil der Bevölkerung, der in Südindien mit dem Islam kaum in Berührung kam. Doch wenngleich auch die Muslimin in dem Ruf stand, weniger auf ihre Moral bedacht zu sein als ihre hinduistische Schwester (weil das Leben im Harem sie angeblich pervertierte), so zeichnete auch sie sich – zumal wenn man sie der Europäerin gegenüberstellte – durch ein eher zurückhaltendes, devotes Wesen aus. Das konnte für Männer durchaus seine Reize haben, wenn man es – wie die Engländer – gewohnt war, Umgang mit weniger fügsamen Frauen zu pflegen. Wie es ein Angestellter der Company, der in den dreißiger Jahren des 19. Jahrhunderts in Indien Dienst tat, formulierte: »[...] so voller Fröhlichkeit und Scherzhaftigkeit, so sehr darauf bedacht zu gefallen und zu erfreuen [sind die Inderinnen], daß jemand, der sich an ihre Gesellschaft gewöhnt hat, vor dem Gedanken zurückschreckt, es mit den Launen und Grillen einer Engländerin aufnehmen zu müssen.«

Nicht nur, daß sich die Inderin durch ihre besondere Schönheit und ihr einnehmendes Wesen auszeichnete; es ergab sich für die Engländer in Indien anfangs auch so manche Gelegenheit, ihrer ansichtig zu werden und ihre Vorzüge schätzen zu lernen. Was durchaus keine Selbstverständlichkeit war, denn die gesellschaftliche Kluft, die sich später auftat, hatte vor allem auch die Wirkung, daß ein Engländer mit einer Einheimischen praktisch nicht mehr in Berührung kam.

Anfangs war es vor allem jenes Schauspiel, das da »Nautch« genannt wurde, bei dem die Engländer sich der besonderen Reize der Inderin bewußt wurden. Diese Tanzvorführungen waren zwar einheimischer Tradition, doch Inder, die mit den Engländern Umgang pflegten, fanden sehr schnell heraus, daß auch die Engländer an dieser Tradition Gefallen fanden. Das folgende Beispiel, das aus der Feder einer jener englischen Reisenden stammt, die sich durch die Beschwerlichkeiten und Gefahren des Reisens in Indien nicht abschrecken ließen, ist durchaus nicht untypisch: »Wenn ein Schwarzer einem Europäer eine rechte Ehre anthun will, so tractirt er ihn auf ein Notsch; aber ihre Lieblingstänzerinnen kommen bey solchen Gelegenheiten dennoch nicht zum Vorschein; denn sie sind eben so eifersüchtig über ihre Kebsen als über ihre Frauen.«

Der Bericht, aus dem wir hier zitieren, stammt aus dem Jahre 1767, also aus einer Zeit, da die Engländer sich gerade erst anschickten, Herren über Indien zu werden. Das wurde auch von den Deutschen mit Interesse verfolgt, so daß der hier genannte Bericht auch in deutscher Übersetzung erschien. Darin heißt es weiter:

»Es wird mir schwer, [...] einen rechten Begriff von diesem Schauspiele zu machen, das für die Mohren und für viele Europäer so anziehend ist.

Man erleuchtet einen großen Saal; an einem Ende desselben sitzen die vornehmen Gäste als Zuschauer, am andern befinden sich die Tänzerinnen mit Zubehör. Eins von den Mädchen, die tanzen sollen, tritt hervor, denn selten tanzen mehr als eine zugleich. Der Tanz besteht hauptsächlich in einer beständigen Bewegung des Schleyers bald über den Kopf und wieder herunter; Portebras [figürliche Darstellung] mit einer Hand und dann mit der andern; die Füße bewegen sie gleichfalls, aber nur in einem kleinen ellenweiten Kreise, aus dem sie gar nicht kommen. Was aber so viel an ihnen bewundert wird, das sind die schmachtenden Blicke, das buhlerische Lächeln und die nicht so ganz ehrbaren Stellungen; und diejenige, welche sich darin am meisten hervorthut, heißt die beste Tänzerin.«

Eine Tänzerin, die es verstand, besondere Aufmerksamkeit zu erwecken, fand gewöhnlich schnell einen Gönner, so daß es ihr unter Umständen gelang, in die höchsten Kreise aufzusteigen. Davon wird immer wieder berichtet, so auch in der hier angeführten Quelle, wo es an anderer Stelle heißt: »Jedermann, der das Geld dafür missen kann, hat wenigstens eine Truppe Tänzerinnen, welche ein Theil seiner Zanannah [Zenana] ausmachen. Wenn es der Zufall will, daß sie in Gunst kommen, so haben sie großen Einfluß. Die Mütter von zween der letzten Nabobs von Muradabad [Murshidabad, Sitz der einheimischen Herrscher in Bengalen] waren ursprünglich solche Tanzmädchen gewesen.«

Das war die eine Seite, die andere war weniger verlockend: »Die gemeinen Leute miethen Tanzmädchen, um bei ihren Pamaschen zu tanzen. Es giebt Leute, welche Truppen davon halten und damit ihren Handel treiben. Jedermann kann eins von diesen Mädchen kaufen, denn man kauft und verkauft sie, mit eben so wenig Umständen, als Vieh.«

Eine ungewisse Zukunft, der eine Nautch-Tänzerin gewärtig sein mußte. Wenn sie Glück hatte, zog sie das große Los, wenn nicht, endete sie nur zu oft in Elend und Not.

Zur Feier des Tages

Das muntere Treiben der Engländer in Indien währte bis zum Ende des 18. Jahrhunderts. Dann setzte ein Wandel ein. Zunächst wurde 1813 Missionaren das Zugeständnis gemacht, in Indien ihrer Tätigkeit frei nachzugehen. Das war vorher nicht der Fall gewesen und bedeutete, daß – so paradox es klingt – mehr Engländer als Inder zum Christentum, will sagen zu christlicher Moral, bekehrt wurden – mit dem Ergebnis, daß alle Vergnügungen, denen sich die Engländer bisher in Indien freimütig hingegeben hatten, drastisch eingeschränkt wurden. Dazu gehörte in erster Linie der Umgang mit einheimischen Frauen, seien es nun Tänzerinnen, Konkubinen oder Prostituierte. Ihren Verlockungen zu erliegen, wurde nun als Verletzung sittlichen Anstandes verurteilt. Im übrigen ließ es sich nicht mehr mit dem Anspruch, die neuen Herren Indiens zu sein, vereinbaren, wenn man diejenigen, über die man gebot, nicht auf Distanz hielt. Und dazu gehörten natürlich in erster Linie die Frauen, denn es lag in der Natur der Sache, daß man ihnen andernfalls besonders nahe kam. »Bibi«, was ursprünglich eine eher ehrerbietige Bezeichnung für eine Inderin gewesen war, wurde nun zu einem Schimpfwort mit der Bedeutung »Mätresse« oder »Konkubine«. Sich mit derlei einzulassen, galt fortan nicht mehr als schicklich.

Nun wären die frommen Sprüche der Missionare und die Richtlinien einer neuen Politik vermutlich von nur geringer Wirkung gewesen, wenn es da nicht den Umstand gegeben hätte, daß mit dem Ausbau der Verkehrswege und der Festigung der englischen Herrschaft in Indien eine neue Spezies auf dem Subkontinent auftauchte: die *Memsahib*. Dabei handelte es sich um eben jenes Wesen, das sich mit Korsett und Krinoline schmückte und in der Art, sich zu geben, genauso steif und ungelenk wirkte wie sein Gang, auf den oben verwiesen wurde. Diese eher reizlose Kreatur – die freilich nicht allein schuld an ihrem Dilemma war – nahm es auf sich, den Engländer in Indien, der sich nur ungern von seinen lockeren Sitten trennte, zu zähmen. Im Laufe der Zeit schwoll der Zustrom von Memsahibs zu einer wahren Springflut an, die alljährlich über Indien hereinbrach. Als »Fishing Fleet« bezeichnet, was man in etwa als »Fangflotte« übersetzten könnte, gingen Engländerinnen in Indien in Scharen auf Männerjagd, denn ein Kolonialbeamter oder -offizier galt als gute Partie. Nicht alle waren bei der Jagd erfolgreich – man nannte sie »returned empties«, was nicht gerade schmeichelhaft war, denn es bedeutet soviel wie »leer ausgegangen«. Aber in Indien herrschte ein rauher Ton.

Dem konzentrierten Angriff, dem der Engländer in Indien durch den Einsatz von Kirche, Herrschaftsideologie und Memsahib ausgesetzt war, konnte er auf die Dauer nicht standhalten. Geplagt von moralischen Appellen und eifersüchtiger Wachsamkeit zog er es am Ende vor, allen Verlockungen zu entsagen und sittsam zu werden. Ein Opfer, das geradezu heroisch erscheint und einen kaum geringeren Sieg bedeutete als die Niederschlagung des großen Aufstandes. Auch wenn er seinen Preis hatte und nicht unbedingt einen Triumph darstellt.

Woher der neue Wind wehte – und er unterschied sich sehr wesentlich von dem Tenor, der in den Berichten von Fanny Parks und Emily Eden anklingt –, macht die Bemerkung einer Mrs. Fenton deutlich, die sich bemüßigt fühlte, in einem Tagebucheintrag aus dem Jahre 1826 eine Tänzerin als »abscheuliches Exemplar einer hindustanischen Schönheit« zu bezeichnen, die »schreckliche Verrenkungen ihrer Arme und Hände, des Kopfes und der Augen machte«. Und sie fügte hinzu: »Dies war ihre Art, Poesie in Bewegung auszudrücken. Ich konnte noch nicht einmal darüber lachen.«

Die ärgste Feindin der Inderin war die Memsahib. Sie fürchtete die Inderin als Rivalin und unternahm alles, sie zu verunglimpfen und in den Augen ihres Mannes unwürdig erscheinen zu lassen. Unter dem Zwang viktorianischer Prüderie wurde die allgegenwärtige Sinnlichkeit Indiens verteufelt, und während des Taj Mahal zu einem Symbol romantischer Liebe verklärt wurde, geriet die Entdeckung der mit erotischen Bildwerken geschmückten Tempel von Khajuraho geradezu zu einem Sündenfall. »Ich fand [...]«, berichtet Captain Burt, ein Offizier der Kompanie, der 1838 Khajuraho erforschte, »sieben Hindutempel, die – was das handwerkliche Können anbelangt – Schnitzwerk von großer Schönheit und Kunstfertigkeit aufweisen; doch hatte der Bildhauer zuweilen den Gegenstand seiner Arbeit ein wenig wärmer erscheinen lassen, als es eigentlich nötig gewesen wäre [...].« Womit sich der brave Burt als ein Meister des Understatement erweist, auch wenn es weiter heißt: »[...] in der Tat erwiesen sich einige der Bildhauer hier als über alle Maßen unzüchtig und widerwärtig, was in Tempeln zu finden, die erklärtermaßen zu einem guten Zweck und aus religiösem Anlaß erbaut wurden, mich anfangs sehr überrascht hat.« Entrüstung war es, nicht Verzückung, was die ersten Entdecker angesichts des freizügigen Fassadenschmuckes der Tempel von Khajuraho empfanden.

Doch wenngleich auch in Indien an allen Fronten – selbst Inder waren davon betroffen – die Prüderie Einzug hielt, so gab es doch zwei Bereiche, die von dieser Entwicklung ausgenommen waren: die indische Armee, womit die Streitkräfte der Engländer gemeint sind, und die Höfe der Maharadschas, die den Engländern nicht direkt unterstanden. Während im ersteren Fall die Kolonialregierung ihren Truppen in Indien gewisse Zugeständnisse machte, auch wenn die Engländer selbst dagegen immer wieder Kritik übten, so lag es beim letzteren in der Natur der Sache, wenn man den indischen Fürsten, um sie bei Laune zu halten, in ihrem Bestreben, sich ein Höchstmaß von Vergnügungen zu verschaffen, freien Lauf ließ. Das eine wie das andere diente der Sicherung der britischen Herrschaft in Indien, wobei die Armee nicht minder bei Laune gehalten werden mußte wie die Maharadschas, denn von ihr hing letztlich die Sicherheit der Engländer in Indien ab.

Zu unterscheiden ist das Offizierskorps vom gemeinen Soldaten. Höhere Offiziere, die ein entsprechendes Einkommen hatten, waren verheiratet – mit Engländerinnen, versteht sich. Jüngere Offiziere, die es sich leisten konnten, hielten es zuweilen wie in alten Zeiten, das heißt, sie amüsierten sich auf herkömmliche Weise:

»Ich begann nun, regelmäßig mit einheimischen Frauen geschlechtlichen Kontakt zu pflegen. Gewöhnlich verlangen sie, wenn es sich um die große Masse handelt, zwei Rupien. Für fünf kann man die schönsten mohammedanischen Mädchen bekommen und jede Frau höherer Kaste, die den Beruf einer Kurtisane ausübt. Die ›Fünfer‹ sind eine ganz andere Art von Frauen als ihre erbärmliche Schwesternschaft in Europa; sie trinken nicht, sie sind peinlich sauber, was sie persönlich betrifft, sie sind prächtig gekleidet, sie tragen in verschwenderischer Weise die erlesensten Juwelen, sie sind gebildet, sie singen mit angenehmer Stimme, und sie schmücken ihr Haar gewöhnlich mit Büscheln wohlriechender Blumen. Sie beherrschen bis zur Vollkommenheit alle Künste der Liebe, können jeden Wunsch befriedigen, und was ihr Antlitz und ihre Figur anbelangt, so können sich nirgendwo sonst auf der Welt Frauen mit ihnen messen.«

Captain Sellon, von dem dieses Zitat stammt, sprach aus reicher Erfahrung und konnte sich folglich ein Urteil erlauben. Wie er im weiteren erläutert: »Es ist unmöglich, die Freuden zu beschreiben, die ich in den Armen dieser Sirenen erlebt habe. Ich habe Engländerinnen, Französinnen, Deutsche und Polinnen aller Gesellschaftsklassen seitdem gehabt, doch niemals, niemals hielten sie einem Vergleich mit jenen geilen, leckeren Huris [Himmelsnymphen] des Fernen Ostens stand.«

Anzumerken ist, daß Sellon, der in den Jahren 1818 bis 1844 in Indien Dienst tat, als ein Connaisseur indischer Erotik gilt, der unter anderem eine bemerkenswerte Abhandlung über sexuelle Gebräuche und ihren religiösen Hintergrund in Indien schrieb. Worin ihm übrigens ein Landsmann, Richard Burton, der sich an eine Übersetzung des *Kamasutra* wagte, nacheiferte. Die englische Übersetzung des *Kamasutra*, die 1883 erschien, eröffnete Europa – und insbesondere natürlich England – einen völlig neuen Zugang zur indischen Kultur und Geschichte, in der Erotik und Sexualität traditionsgemäß einen gänzlich anderen Stellenwert hatten, als man das in Europa gewöhnt war.

Sellon, der – mehr noch als Burton – als ein Pionier sexualkundlicher Forschung in Indien gelten kann, bezieht sich in dem oben angeführten Zitat, das aus einer Autobiographie stammt, auf Cannanore, einen Ort an der Malabarküste, wo er Dienst tat. Ein anderer Soldat, Frank Richards, kam zu Beginn des vergangenen Jahrhunderts nach Indien, und wiewohl er – anders als Sellon – kein Don Juan und auch kein Wegbereiter einschlägiger Studien war, so scheut auch er sich nicht, freizügig über seine erotischen Erfahrungen in Indien zu berichten. Richards war einfacher Soldat, und als solchem blieb ihm gemeinhin nur die Möglichkeit, sich mit gewöhnlichen Frauen aus dem Volke zu vergnügen. Wobei es sich um einfache Prostituierte handelte. Denen Richards denn auch in vielfältiger Weise begegnete.

Eine erste bemerkenswerte Begegnung ereignete sich in der Nähe von Jhansi, wo die anglo-indische Armee ein Lager unterhielt, in dem Truppen, die verlegt wurden, Zwischenstation machten. Richards berichtet:

»Wir blieben in diesem Ruhelager zwei Tage. Früh am Nachmittag des ersten Tages gingen einige von uns zu einem Bach hinunter, um uns die Füße zu waschen. Dieser Bach verlief in einem Tal ungefähr eine halbe Meile vom Lager entfernt. Wir waren gerade am Bach angelangt, da näherte sich uns ein Einheimischer mit einem halben Dutzend Mädchen, die in einer Reihe hinter ihm gingen: sie schienen alle zwischen vierzehn und zwanzig Jahre alt zu sein. Er sagte, daß die Mädchen alle sauber seien und aus einem Bordell im Basarviertel stammten, das nur von weißen Sahibs besucht wurde. Wenn wir mit einer von ihnen gehen wollten, so brauchten wir nur zu wählen, und es würde uns nur sechs Annas kosten. Ich selbst wollte es nicht riskieren, aber einige von uns nahmen die Chance wahr. Die Nachricht, was da vor sich ging, verbreitete sich bis zum Lager, und im Nu kreuzten Männer in großer Zahl auf. Der Einheimische nahm das Geld, während die Mädchen die Arbeit verrichteten. Der Bach kam sehr gelegen; er gab den Mädchen die Möglichkeit, sich zu waschen, und sie störten sich nicht im geringsten daran, wer zuschaute, während sie dies taten. Bei Sonnenuntergang hatte der Einheimische ein ziemliches Stück Geld in seinem Lendenschurz verstaut.«

Sechs Annas, das war noch nicht einmal eine halbe Rupie, die eigentliche Währungseinheit in Indien. Kein Wunder, daß das Geschäft lief. Richards war gewarnt worden: Man müsse sich vorsehen, Geschlechtskrankheiten seien weit verbreitet. Wobei anzumerken ist, daß die gefährlichste der damaligen Geschlechtskrankheiten, die Syphilis, erst von den Europäern nach Indien eingeschleppt worden war – eine Geißel, die inzwischen durch Aids übertrumpft worden ist, wobei auch diese Seuche außerhalb Indiens ihren Ursprung hat.

Eine andere Begegnung delikater Art, die Richards für erwähnens-wert hielt, trug sich 1903 in Delhi zu, als Lord Curzon, der damalige Vizekönig, einen sogenannten Durbar dort abhielt. Zu Ehren der Krö-nung König Edwards VII., der zugleich Kaiser von Indien war. Ein Dur-bar war ein majestätisches Schauspiel, das die Engländer von den In-dern übernommen hatten: Der Vizekönig hielt hof, und alle, auch die indischen Fürsten, huldigten ihm beziehungsweise einem Abgesandten des Königs.

Dieses grandiose Ereignis gab Anlaß zu einer Begebenheit besonde-rer Art. Wie sich Richards erinnert:

»Ein Vorfall, der mir von diesem Durbar in Erinnerung geblieben ist, betraf eine prachtvoll gebaute anglo-indische Prostituierte von fünfzig Jahren, die dieses Datum wählte, um ihr bevorstehendes Ausscheiden aus dem Geschäft zu verkünden. Sie war 36 Jahre lang Prostituierte gewesen, die meiste Zeit in dem Bordell, das für die englischen Truppen reserviert war, und das Leben hatte es gut mit ihr gemeint. Sie hatte genügend Geld gespart, um nun ihren eigenen Wünschen nachzugehen. Um diesen freu-digen Tag zu feiern und auch aus Treue der Krone gegenüber, entschied sie sich, zum allerletzten Mal in jener Nacht in Erscheinung zu treten und allen Soldaten, die ihr Angebot nutzen wollten, freien Zugang zu ihrem Körper in der Zeit von sechs bis 11 Uhr abends zu gewähren. Bevorzugt wurden alte Kunden. Sie heftete eine entsprechende Bekanntmachung an die Tür ihres Zimmers, und wenn ich hier berichten würde, wie viele Männer sich anstellten und Einlaß erhielten und zufrieden fortgingen, in dieser kurzen Zeit, würde mir niemand glauben.«

Seine Majestät, der König, so ihm denn diese selbstlose Geste einer treuen Untertanin im fernen Indien zu Ohren gekommen sein sollte, wird ent-zückt gewesen sein, denn »Dirty Bertie«, wie Edward – in Anspielung auf seinen zweiten Vornamen Albert – vom Volksmund respektlos genannt worden war, als er noch Prinz of Wales und Thronfolger gewesen war, war selbst kein Kostverächter. So notorisch waren seine Eskapaden gewesen, daß nichts passender erschien als eben »dirty«; was man noch am vor-sichtigsten mit »frivol« übersetzen könnte.

Immerhin, auch die Soldaten in Indien gingen nicht leer aus. Es gab in der Tat regelrechte Regimentsbordelle, sogenannte *Lal bazars*, die ausschließlich englischen Truppen vorbehalten waren. Über jenes, das für die Engländer in Agra, dem einstigen Sitz der Moguln und der Stätte des Taj Mahal, reserviert war, berichtet Richards:

»In diesem Bordell, das von den Soldaten Rag [Radaubude] genannt wurde, arbeiteten zwischen dreißig und vierzig einheimische Mädchen, deren Alter von zwölf bis dreißig Jahre reichte. Diese Zahl wurde als ausreichend angesehen für die fünfzehnhundert weißen Soldaten, die in Agra stationiert waren. Jedes Mädchen bewohnte eine eigene Hütte, die aus Mörtel und Lehm mit gestampfter Erde bestand. Als einzige Einrichtung diente eines der üblichen aus Seilen geflochtenen Betten, ohne Bettzeug, ein großes irdenes Gefäß, das Wasser enthielt, und eine kleine Schüssel, wie man sie zum Händewaschen benutzt. Unsere Regimentspolizei wechselte sich ab, die kleine Straße, in der sich der Rag befand, zu kontrollieren. Einheimische, die diese Straße benutzten, durften nicht stehenbleiben und mit den Mädchen reden; wenn es einer von ihnen dennoch tat, pflegte der Polizist ihn mit einem Stock derart zu verprügeln, daß er noch lange Zeit daran dachte. Der Rag war geöffnet von zwölf Uhr mittags bis zwölf Uhr abends, und während der ganzen Zeit pflegten die Mädchen, die nicht beschäftigt waren, vor ihren Hütten zu stehen und aus voller Kehle ihre Dienste anzubieten und ihre Kunstfertigkeit in ihrem Beruf zu preisen.«

Indem man den Einheimischen den Zugang zum Lal bazar untersagte, wollte man verhindern, daß sich die Prostituierten mit Geschlechtskrankheiten ansteckten. Sie wurden regelmäßig ärztlich untersucht und gehörten nicht zuletzt deshalb zu den Privilegierten ihres Standes. Dennoch werden selbst in einem Bordell für »Sahibs« nur die wenigsten freiwillig tätig gewesen sein, obwohl sie auf eigene Rechnung arbeiteten. Woher sie stammten, darum kümmerte sich die Militärverwaltung nicht, und sie hatte offensichtlich auch nichts dagegen einzuwenden, daß selbst Kinder – Mädchen im Alter von zwölf Jahren – ihren Körper verkauften. Was sie alle trieb, egal, wie alt sie waren, war zumeist bitterste Armut. Nicht selten drängte die eigene Familie ein Mädchen in die Prostitution, in der Erwartung, daß das Mädchen mit dem, was es verdiente, ihre Familie durchfütterte. Andere wurden auch an den Meistbietenden verkauft. Sklavenverbot hin, Sklavenverbot her. Indien war ein Labyrinth, und so wohlmeinend englische Gesetze auch waren, es war unmöglich, sie überall durchzusetzen. Von der Not, die oft zu Kompromissen zwang, einmal abgesehen.

Mangos und andere Früchte

Wer ganz gewiß *nicht* am Hungertuche nagte, sondern nur allzuoft den Hunger anderer, des eigenen Volkes, verschuldete, das waren die indischen Fürsten. Sie waren die eigentlichen Nutznießer des großen Aufstandes, denn sie hatten sich gemeinhin *nicht* daran beteiligt, sondern hatten den Engländern Bündnistreue bewiesen, wofür diese sie, als der Aufstand niedergeschlagen war, mit dem Versprechen belohnten, sich fortan nicht mehr in ihre Angelegenheiten einzumischen. Daran hielten sich die Engländer auch weitgehend, mit dem Ergebnis, daß sich die indischen Fürsten – wiewohl sie keine volle Souveränität genossen – in ihrer Herrschaft sicher fühlen konnten, denn die Verträge mit den Engländern, die das Verhältnis zwischen Fürst und britischem Oberherrn regelten, sahen ausdrücklich gegenseitigen Beistand vor. Was für die Fürsten deshalb bedeutsam war, weil sie nun nicht nur keine Angriffe mehr von außen zu fürchten hatten, sondern auch vor Aufständen im eigenen Land geschützt waren. Dies leistete einem Mißbrauch ihrer Macht Vorschub, da sie ein Aufbegehren des Volkes nicht mehr zu fürchten brauchten.

Nicht alle Fürsten mißbrauchten die Freiheit, die ihnen die Engländer eingeräumt hatten. Es gab auch eine Reihe aufgeklärter Herrscher unter ihnen, die sich von den Modernisierungsmaßnahmen, die die Engländer in den ihnen direkt unterstehenden Gebieten Indiens einführten, inspirieren ließen. Doch selbst ein Fürst wie etwa Sir Pratap Singh, der Maharadscha von Baroda, der zu den progressiven indischen Fürsten zählte und nicht zuletzt deshalb von den Engländern mit einem Adelstitel ausgezeichnet wurde, scheute sich nicht, ein fortschrittliches Gesetz, das die Bigamie verbot, aufzuheben, weil er eine zweite Frau heiraten wollte. Und wenn sich sogar ein derart angesehener Fürst einen solchen Beweis autokratischen Herrschaftsstils leistete – und dies 1944, zu einer Zeit, als auch in Indien eine neue Ära heraufdämmerte –, wie mußte es da erst um jene Fürstentümer bestellt sein, die – unter dem Schutz der Briten – in mittelalterlichem Stillstand verharrten.

Ein besonders augenfälliges Beispiel ist Patiala, eines jener Fürstentümer im Panjab, die im Zuge des Aufstiegs der Sikhs entstanden. Hier herrschte bis Ende der dreißiger Jahre des vergangenen Jahrhunderts Seine Hoheit, Sir Bhupinder Singh – auch er von den Engländern ausgezeichnet. Doch anders als in Baroda, wo eine Gesetzesänderung auf den Weg gebracht werden mußte, damit der Herrscher sich eine zweite Frau nehmen konnte, ging es in Patiala entschieden orientalischer zu. Wie sich Jarmani Dass, der das Amt des höchsten Ministers unter Bhupinder Singh ausübte, erinnert:

»Auf dem Gelände des Palastes wuchsen überall prächtige Blumen und Tannen, Rosen, Jasmin, Tulpen, Chrysanthemen und anderes mehr. Essenzen aus Lucknow, der Stadt des Luxus, und aus Frankreich und indische parfümierte Räucherstäbchen wurden in den Gemächern der Frauen verbrannt, was eine berauschende Wirkung auf jeden Besucher hatte.

Es war ein einzigartiger Anblick, der einem wahrlich wie ein Wunder erschien, wenn man dieser dreihundert schönen Frauen ansichtig wurde, die exquisit gekleidet und mit Juwelen und Blumen geschmückt waren und den Duft von Parfüms neuester französischer Creation verströmten. Der Maharadscha pflegte mit einer Witze zu reißen, einer anderen in die Backe zu kneifen. Es herrschten Fröhlichkeit und Gelächter. Nirgendwo sonst auf der Welt gab es eine solch sorgenlose Atmosphäre der Ausgelassenheit, der Frivolität und Überschwenglichkeit wie im Moti-Bagh-Palast des Maharadschas.«

Den Frauen fehlte es an nichts:

»Friseursalons und Salons für Maniküre und Pediküre wurden auf dem Gelände des Palastes eingerichtet und standen unter der Leitung von Experten. Berühmte Juweliere und Seidenhändler, sowohl Inder als auch

Ausländer, unterhielten im Palast Läden mit erlesenem Schmuck und Kleidern aus feinem Brokat und Saris aus Benares oder Frankreich. Die Frauen durften auswählen, was immer ihnen gefiel und sie benötigten. Die Preise, die diese Händler verlangten, waren maßlos überzogen, und sie bereicherten sich auf Kosten des Maharadschas, der niemals den Preis in Frage stellte, den sie für ihre Waren erhoben.«

Ein besonderes Vergnügen, das Bhupinder Singh den dreihundert Frauen erlaubte, die seinen Harem bevölkerten, bestand aus einem Swimmingpool. Er befand sich in der Nähe des »Leela Bhavan«, des sogenannten »Palastes der Freude«, der ein weiteres Luxusdomizil des Maharadschas war, denn kein indischer Fürst, der etwas auf sich hielt, begnügte sich mit nur einem Palast. Über diesen Swimmingpool berichtet der ehemalige Minister des Maharadschas:

»Außerhalb dieses Palastes befindet sich ein Swimmingpool, groß genug, daß darin etwa 150 Männer und Frauen baden können. Maharadscha Bhupinder Singh pflegte prächtige Feste zu feiern, die dafür bekannt waren, daß sie die prachtvollsten und ausschweifendsten ihrer Art waren. Zu diesen Festen pflegte der Maharadscha seine Lieblingsfrauen einzuladen, damit sie mit ihm und zwei oder drei seiner Getreuen und einigen bevorzugten Mitgliedern seiner Familie schwimmen konnten.«

Es handelte sich natürlich nicht nur um einen bloßen Swimmingpool, auch wenn 150 Leute darin Platz fanden:

»Während der Sommermonate war es üblich, den Swimmingpool mit Wasser aus dem nahen Kanal und öffentlichen Staubecken zu füllen, doch da das Wasser im Sommer heiß war, wurden riesige Eisblöcke ins Wasser geworfen, die das Wasser auf eine angenehme Temperatur abkühlten. Wenn diese Eisblöcke auf dem Wasser schwammen, streckte sich das ganze Gefolge, Männer und Frauen, darauf aus und ließ sich auf dem Wasser treiben, während sie in der Hand mit Whisky gefüllte Gläser hielten. Da die Frauen erlesenes Parfüm benutzten, war der Duft, der über dem Wasser lag, sehr verführerisch.«

Nun gestattete der Maharadscha seinen dreihundert Frauen derlei Vergnügen nicht umsonst. Sie mußten sich vielmehr seinen besonderen Wünschen beugen, und dazu gehörte auch, daß er sozusagen Maß nahm, dort, wo es ihm besonders angezeigt schien:

»Medizinische Forschung und ärztliche Behandlung sorgten dafür, daß die Frauen wie ein Inbild von Gesundheit und Schönheit erschienen. Einige, die große, unförmige oder hervorstehende Brüste hatten, mußten sich Operationen unterziehen, um die Größe ihrer Brüste zu verkleinern und ihnen ein gleichmäßiges Aussehen zu geben. Brüste wurden manchmal nach Mustern geformt, die der Maharadscha entworfen hatte. Manchmal wünschte er, daß die Brüste eine ovale Form bekamen, manchmal eine Form wie Alfonso, die berühmte Mangoart, und andere Male wie ein Pfirsich. Die französischen Ärzte waren in dieser Kunst wohlbewandert, und die Brüste wurden genau nach dem Bild geformt, wie es der Maharadscha entworfen hatte.«

Die Ärzte, die Bhupinder Singh an seinen Hof holte, hatten alle Hände voll zu tun. Das reichte bis zu den delikatesten Eingriffen:

»Gewöhnlich war der Maharadscha zugegen, wenn die Lieblingsfrauen seines Harems operiert wurden, und es bereitete ihm Vergnügen, bei den Operationen zuzusehen. Die Frauen waren scheu in Gegenwart indischer Ärzte, doch europäischen Ärzten gegenüber waren sie ungehemmt und zögerten nicht, sich von ihnen täglich untersuchen zu lassen. Sie lagen nackt vor ihnen in langen Reihen, und die Ärzte verabreichten Injektionen oder wandten andere Medizin an, um ihre Gesundheit zu verbessern. Wenn ein junges, jungfräuliches Mädchen den Maharadscha in seinem Bett aufsuchte und dieser nicht in der Lage war, den Geschlechtsakt mit ihr zu vollziehen, waren die Ärzte durchaus bereit, einen kleinen Eingriff vorzunehmen, um den Geschlechtsakt zu erleichtern.«

Natürlich verschmähte auch der Maharadscha selbst nicht den Rat der Ärzte, um seine Potenz zu steigern, die bei dreihundert Frauen (und so mancher ausgelassenen Festlichkeit, worauf wir noch zu sprechen kommen werden) besonderen Anforderungen ausgesetzt war. Doch wollen wir uns einstweilen vom Maharadscha von Patiala verabschieden, um uns wieder dem zuzuwenden, was uns zu ihm geführt hat: die Verschwendungssucht (und ausschweifende Lebensweise) eines Großteils der indischen Fürsten, die unter dem Schild der Briten nichts zu fürchten hatten, ja, selbst von ihnen hofiert wurden. Denn obwohl die Engländer selbst ein eher biederes, puritanisches Leben führten, für den Glanz und die Pracht, mit dem sich die indischen Fürsten umgaben, waren auch sie empfänglich. Und nichts faszinierte sie so, besonders die Engländerinnen, wie die von Geheimnissen und Gerüchten umwehte Zenana, der Harem der indischen Fürsten.

Vierzig Elefanten

»Als wir das äußere Tor des Stadtpalastes erreichten, mußte ich in eine Sänfte umsteigen, und man trug mich durch ein Labyrinth von Korridoren und Höfen. Dann setzte man mich ab, und ich mußte, als eine neue Braut, eine Gebetszeremonie vollführen, um dadurch meinen Einzug in das Heim meines Mannes zu markieren. Danach wurde ein Durbar für die Frauen abgehalten, bei dem die Frauen der Zenana und der vornehmen Familien der Reihe nach an mir vorbeidefilierten und dabei meinen Schleier auseinanderzogen, um das Gesicht der Braut zu sehen und, wie es Brauch bei den Rajputen ist, Geschenke in meinen Schoß zu legen, nachdem sie einen ersten Blick auf mich geworfen hatten. Die Frauen der hohen Würdenträger schenkten mir zumeist Schmuck, doch von den Frauen der jüngeren Beamten erhielt ich nur den *nazar* – ein symbolisches Geschenk, gewöhnlich eine Münze.«

Es war nicht leicht für eine junge Braut, selbst wenn sie eine Prinzessin war, in ihr neues Domizil überzuwechseln. Nicht nur, daß sie ihre gewohnte Umgebung, vor allem aber den Schutz ihrer Familie aufgeben mußte; was den Wechsel nicht leichter machte, war vor allem die Art, wie die Braut von der Familie ihres Mannes aufgenommen wurde. Man empfing sie zumeist mit Mißtrauen und Verachtung, häufig auch offener Feindschaft. Das war auf der Ebene des einfachen Volkes nicht anders als bei herrschaftlichen Familien, wobei im letzteren Fall nicht selten die Intrigen und Rivalitäten einer polygamen Ehe hinzukamen.

Gayatri Devi hatte Glück: Sie hatte aus Liebe geheiratet, und die Frauen in der Zenana ihres Mannes begegneten ihr mit Verständnis und Freundschaft. Das war eher eine Seltenheit, auch noch zu dem Zeitpunkt, da die Hochzeit Gayatri Devis mit dem Maharadscha von Jaipur stattfand: im April 1940.

Zu diesem Zeitpunkt war Gayatri zwanzig Jahre alt. Geboren worden war sie im Mai 1919 in London, denn ihre Eltern befanden sich zu der Zeit auf einer Europareise, was inzwischen nichts Ungewöhnliches war, denn auch die Eltern Gayatris gehörten zu den herrschaftlichen Familien Indiens, die Gefallen an derartigen Reisen gefunden hatten: Gayatris Vater war Maharadscha von Cooch Behar gewesen, einem kleineren Fürstentum am Fuße des Himalaya im östlichen Indien; Gayatris Mutter entstammte dem Herrscherhaus von Baroda am anderen Ende Indiens. Beide Elternteile waren eine fortschrittliche, liberale Herrschaftstradition gewöhnt, und so verwundert es nicht, daß Gayatri in einer Atmosphäre aufwuchs, die ihr nur noch wenig der traditionellen gesellschaftlichen und zeremoniellen Zwänge auferlegte. Was unter anderem dazu führte, daß sie ihren Ehepartner nach eigenem Wunsch wählte. Daß er bereits mit zwei anderen Frauen verheiratet war, nahm sie in kauf.

Die Hochzeit fand am Hof der Braut, das heißt in Cooch Behar, statt. Der Aufwand war auch in diesem Fall beträchtlich. Das fing schon mit der Aussteuer an:

»Ma [Gayatris Mutter] hatte, wie üblich, Vorsorge getroffen und bereits einen großen Teil meiner Aussteuer in Europa gekauft, da sie wußte, daß wir so bald nicht dorthin zurückkehren würden. Sie hatte Bettlaken und Handtücher in Florenz und der Tschechoslowakei, Schuhe und dazu passende Taschen bei Ferragamo in Florenz, Nachthemden aus Seidenmusselin aus Paris und eine Unmenge anderer Dinge bestellt. Wie es gleichfalls typisch für Ma war, war die Aussteuer zurückgelassen worden, und weder sie noch irgend jemand sonst konnte sich erinnern, wo. Schließlich fand man sie im Hotel ›Ritz‹ in Paris und schickte die Sachen per Schiff, so daß sie ungefähr eine Woche vor meiner Hochzeit eintrafen.«

Auch die Geschenke waren fürstlich: »Als sich der Tag meiner Hochzeit näherte, erhielt ich die ersten prächtigen Geschenke. Mein Lieblingsgeschenk war ein schöner schwarzer Bentley, den ich vom Nabob von Bhopal erhielt. Als ich ihn zum ersten Mal sah, wie man ihn durch die Stadt fuhr, nahm ich an, er sei für den persönlichen Gebrauch des Nabobs während seines Aufenthaltes in Cooch Behar vorgesehen. Als er ihn mir förmlich zum Geschenk machte, fragte er mich zögernd, ob er mir wirklich gefiele oder ob ich nicht vielleicht ein Schmuckstück vorziehen würde. Ich versicherte ihm, daß es da aber auch nicht den geringsten Zweifel gab.« Womit die Prinzessin ihre Vorliebe für schnittige Sportwagen bekundete.

Die eigentliche Hochzeitszeremonie, wiewohl sie den Höhepunkt der Feierlichkeiten darstellte, war – wie üblich – eine langwierige Prozedur, die von den Beteiligten viel Geduld erforderte. Spektakulärer war das Schauspiel, das der prunkvolle Einzug des Bräutigams bot:

»Plötzlich erklang das Donnern der Kanonen, und die Musikkapelle begann zu spielen, um Jai [den Bräutigam] willkommen zu heißen. Dies bedeutete, daß der Zug des Bräutigams am Tor des Palastes angelangt war, und im Nu jagten all meine Kameradinnen davon, um seine Ankunft zu sehen. Ich kannte die Proben und konnte mir die Pracht, die daß Schauspiel draußen bot, vorstellen. An der Spitze würden ›Boten‹ den langen Fahrweg entlangschreiten, als nächstes eine Gruppe Tänzerinnen, dann eine Prozession von vierzig Elefanten und zahlreichen Pferden, dahinter die Musikkapellen und schließlich Jai selbst, gefolgt von seinen Gästen, den Vornehmen Jaipurs und dem Rest seines Gefolges.«

Jaipur, das war einer der Fürstenstaaten in der Rajputana, gleichfalls am anderen Ende Indiens. Aber Gayatri hatte es so gewollt: Sie hatte sich in den Fürsten, der eine jugendliche, attraktive Erscheinung war, verliebt, und da sie selbst eine jener Schönheiten war, wie man sie in Indien immer wieder rühmte, war auch der Maharadscha – trotz seiner beiden anderen Frauen – ihr in besonderer Weise zugetan. Er war ein Sproß jenes Herrscherhauses, dem die Rajputenprinzessin entstammte, die dem Mogulherrscher Akbar seinen heißersehnten ersten Sohn gebar, den späteren Kaiser Jahangir.

Es war also eine ruhmreiche Fürstenfamilie, in die Gayatri Devi einheiratete. Und anders als in Cooch Behar wurden am Hof von Jaipur die überlieferten Traditionen noch sehr streng eingehalten, was vor allem die Sitte des Purdah betraf, die auch noch zu der Zeit, da Gayatri den Maharadscha von Jaipur heiratete, das Leben der Frauen an den Fürstenhöfen bestimmte. Zumindest derer, die nur wenige Konzessionen an die moderne Zeit gemacht hatten.

So bedurfte es denn für die junge Braut, die der Maharadscha von Jaipur heimführte, einige Zeit, bis sie sich an ihre neue Umgebung, die sie in ihrer gewohnten Freiheit einschränkte, gewöhnt hatte. Über die Zenana, den fürstlichen Harem von Jaipur, schreibt Gayatri Devi:

»Die Räumlichkeiten der Zenana waren in eine Reihe in sich abgeschlossener Wohnungen unterteilt. Meine, die in blauen und grünen Farbtönen geschmückt war, ähnelte den anderen, mit einem kleinen, viereckigen Hof und einer eigenen Empfangshalle, die mit Lampen aus blauem Glas ausgestattet war, sowie inneren Räumen, die sich daran anschlossen. Ich lernte die Zenana später sehr viel genauer kennen, da wir uns bei allen zeremoniellen Anlässen dorthin begaben und manchmal sogar zwei Wochen dort blieben. Im Jahr meiner Heirat lebten immer noch etwa vierhundert Frauen in der Zenana. Darunter waren verwitwete Verwandte und ihre Töchter sowie die jeweilige Dienerschaft; die Witwe des vormaligen Maharadschas mit ihrem Gefolge von Hofdamen, Zofen, Köchinnen und anderen Dienerinnen; vergleichbares Gefolge für jede von Jais drei Frauen; und all die Gefolgschaft der anderen Frauen des verstorbenen Maharadschas, die nicht einfach fortgeschickt werden konnte, weil ihre Herrinnen gestorben waren, und deshalb in der Verantwortung der Herrscherfamilie blieben. Ihnen allen übergeordnet war die einzige noch lebende Frau des verstorbenen Maharadschas. Sie wurde von uns allen Maji Sahiba oder ›geehrte Mutter‹ genannt, und wir verhielten uns ihr gegenüber mit größter Ehrerbietung. Als eine von Jais Frauen konnte ich beinahe nie mein Gesicht in ihrer Gegenwart enthüllen, und ich mußte immer meinen Platz einige Schritte entfernt von ihr zu ihrer Linken einnehmen.«

Es gab mehrere Paläste, über die der Maharadscha von Jaipur verfügte. Die offizielle Residenz war der sogenannte Stadtpalast, in dem auch die Zenana untergebracht war. Gayatri Devi durfte in einem anderen Palast am Rande der Stadt, der von einem parkähnlichen Garten umgeben war, residieren. »Hier«, so heißt es in einem Reiseführer unserer Tage, »wurde Jaipur, Indien, ja die ganze Welt Zeuge des märchenhaften Lebens eines märchenhaften Paares, das von Freunden mit Jai und Ayesha angeredet wurde.«

Sie wurden in der Tat zu einem Traumpaar, das in der ganzen Welt gefeiert wurde: Jai, eigentlich Man Singh II., war der Inbegriff einer jüngeren Generation indischer Fürsten, die sich der Moderne zuwandten, und Ayesha, wie Gayatri Devi nach einer berühmten Romangestalt des englischen Schriftstellers Rider Haggard im Familien- und Bekanntenkreis genannt wurde, war nicht nur berühmt für ihre Schönheit, sondern nahm auch regen Anteil an der Modernisierung Jaipurs.

Und die beiden anderen Frauen? Was empfand Gayatri ihnen gegenüber, die doch eigentlich ihre Rivalinnen hätten sein sollen? Sie schreibt, in ihrer Autobiographie:

»Es ist schwierig, einem westlichen Leser die allgemeine Einstellung vieler hinduistischer Familien zur Frage der Polygamie verständlich zu machen. Im Westen ist man geneigt zu glauben, daß Antagonismus, Feindschaft oder Eifersucht, auf Grund der besonderen Situation, zwischen den Frauen eines Mannes herrschen müsse und daß eine frühere Frau sich notwendigerweise erniedrigt und beiseite geschoben fühlt, wenn der Mann wieder heiratet. In Wahrheit trifft das nicht zu, und auf Grund meiner eigenen Erfahrung weiß ich, daß eine zivilisierte und gesittete Beziehung zwischen den Frauen ein und desselben Mannes gepflegt werden kann und daß sogar eine enge Freundschaft zwischen ihnen entstehen kann, wie es zwischen Jo Didi und mir geschah.«

Jo Didi war die zweite Frau Man Singhs, auch sie war Neuerungen gegenüber aufgeschlossen, während die erste Frau, die zudem älter als der

Maharadscha war, eher traditioneller eingestellt war. Trotz der Beteuerungen Gayatris ging man sich weitgehend aus dem Wege, und wenn sie gegenüber den beiden anderen Frauen tatsächlich weniger Ressentiments empfand, als das – entgegen ihrer Versicherung – häufig der Fall war, dann dürfte das vor allem darauf zurückzuführen sein, daß sie eindeutig die Favoritin des Maharadschas war und sich zudem im Ruhm, den sie an seiner Seite erlangte, sonnte.

Tantra

Während Gayatri Devi in geordneten Verhältnissen und in einer fortschrittlichen Atmosphäre in Cooch Behar aufwuchs, ging es in Patiala, gleichfalls am Fuße des Himalaya, doch am anderen Ende Indiens, entschieden anachronistischer, um nicht zu sagen anarchischer zu:

»Als die Nacht fortschritt und die Versammelten vom Rausch erfaßt wurden, forderte der Hohepriester einige von ihnen auf, sich auszuziehen und im Angesicht der Göttin und vor den Versammelten den Geschlechtsakt zu vollziehen. Eine Jungfrau nach der anderen aus dem Kinderzimmer des Harems, im Alter von 12 bis 16 Jahren, wurde in berauschtem Zustand vor die Göttin geführt. Diese Jungfrauen wurden aus den Bergen und aus anderen Gegenden gebracht und im Kinderzimmer des Palastes großgezogen. Sie wuchsen im Harem auf, und wenn sie geschlechtsreif waren, standen sie ihrem Herrn zur Verfügung und nahmen an religiösen Zeremonien vor dem Abbild der Gottheit teil. Man goß ihnen Wein über Hals und Brüste, bis er den unteren Teil ihres Körpers erreichte, wo der Maharadscha und andere Männer mit ihren Lippen einige Tropfen der Flüssigkeit aufzufangen pflegten, die als sehr heilig und die Seele reinigend galt. Zugleich wurden einige Ochsen vor dem Götterbild geschlachtet. Blut floß in der Halle, wo die Göttin verehrt wurde.«

Zuweilen wurden auch Menschen geopfert. Obwohl dies – das sei immerhin angemerkt – nicht mit Zustimmung des Maharadschas geschah. Dieser, das heißt Bhupinder Singh, Seine Hoheit, der Maharadscha von

Patiala, begnügte sich mit ausschweifenden Orgien, die unter dem Deckmantel der Religion stattfanden. Er verfolgte dabei allerdings auch einen praktischen Zweck. Wie sich sein Minister, Jarmani Dass, erinnert:

»Seine Hoheit besaß einen Harem von etwa dreihundert Frauen, und der Maharadscha wußte sehr wohl, da er ein erfahrener Mann war, daß es nicht leicht war, eine so große Zahl von Frauen in seinem Palast zu halten. Seine Frauen verlangten natürlich nach sexueller Befriedigung. Der Maharadscha war ein Mann eifersüchtiger Wesensart, und die Kultur und der Moralkodex der Hindus schrieben außerdem vor, daß diese Frauen ihrem Herrn in strenger Treue ergeben waren. So verfiel er auf den Gedanken, den alten tantrischen Kult in einen neuen umzuwandeln.«

Der orgiastische Kult, den der Maharadscha einführte, sollte ihm über die Schwierigkeit hinweghelfen, seine dreihundert Frauen bei Laune zu halten. Allerdings erforderte auch dies ein Zugeständnis: Der Maharadscha konnte bei diesen Kulthandlungen nicht überall zur Stelle sein; er mußte es schon zulassen, daß einige seiner Vertrauten sich daran beteiligten und auf diese Weise dazu beitrugen, daß auch wirklich alle Jungfrauen defloriert wurden. Im Namen des Tantrismus fanden also in Patiala geheime Orgien statt, die freilich so geheim nicht blieben, denn sie machten auch an anderen Fürstenhöfen Schule.

Der Tantrismus – wir entsinnen uns – hatte in Indien eine lange Tradition. Seinen sichtbarsten Ausdruck hatte er in Khajuraho gefunden, wo die erotischen Bildwerke, welche die Fassaden der Tempel dieser einstigen Metropole der Chandella schmücken, noch heute Aufsehen erregen. Mit dem Erstarken puritanischer Strömungen im Hinduismus und schließlich infolge der kulturellen Überfremdung Indiens durch den Islam, der die ausgeprägte Sinnlichkeit in der indischen Tradition weiter zurückdrängte, war der Tantrismus in den Hintergrund getreten. Erst als die Herrschaft der Moguln ins Wanken geriet und die hinduistischen Dynastien unter dem Schutz der Briten erneut an Bedeutung gewannen, wandte man sich in Indien wieder vermehrt jener Tradition zu, die die Sinnenfreude in all ihren vielfältigen Ausprägungen feierte. Dazu gehörte – neben dem Tantrismus, der freilich nur im Verborgenen blühte

– insbesondere auch die erotische Malerei, die an die Stelle der einstigen orgiastischen Tempelverzierungen trat. Diese neue Form der Malerei, die auf die Kunst der Miniaturen zur Zeit der Moguln zurückgeht, wurde an den Höfen der neuerlich erstarkten indischen Fürsten gepflegt und unterlag keinerlei Tabus, wie das noch bei den Moguln der Fall gewesen war, die dem Diktat des Islam unterstanden, der eigentlich Abbilder des Menschen wie auch die Darstellung Gottes untersagt. Auf diese Weise entstand eine Vielzahl erotischer Miniaturen, die zwar in ihrer Qualität sehr unterschiedlich sind, sich aber alle an der Sinnlichkeit der indischen Tradition orientieren und – ähnlich wie die Bildwerke der Tempel – häufig auf die klassischen Handbücher zur Sexualität, insbesondere das *Kamasutra*, Bezug nehmen, als deren bildliche Darstellung sie oft erscheinen. Daneben wurde auch die Zeugungskraft des Herrschers, der ja ursprünglich göttliche Bedeutung beigemessen wurde, durch diese Art Bildwerke gerühmt beziehungsweise beschworen.

Obwohl auch an den Fürstenhöfen des Panjab die Miniaturmalerei gepflegt wurde, wenngleich ihr eigentliches Zentrum in der Rajputana lag, zeichnete sich Patiala nicht durch diese Kunstform aus. Bhupinder Singh war zwar immerhin der bedeutendste Herrscher dieses Fürstentums – er vertrat sogar die indischen Fürsten bei einer Zusammenkunft des Völkerbundes 1925 in Genf –, doch er zog gewissermaßen die Praxis der Theorie vor, indem er jenen orgiastischen Kult ins Leben rief, der ihm die Handhabe gab, seinen Harem auf ihm angemessen erscheindende Weise zufriedenzustellen.

Es war dies jene Kulthandlung, die wir eingangs, als Beispiel für die fremdartige Faszination Indiens, erwähnten. Sie fand regelmäßig in einem der Paläste des Maharadschas statt. Gewöhnlich nahmen an dieser Kulthandlung 150 bis 200 Personen teil; davon waren zwei Drittel Frauen, was den sexuellen Charakter offenbart. Geehrt wurde schließlich Shakti, die Gemahlin Shivas, der die eigentliche Schöpfungskraft innewohnte. In ihrem Namen wurden die Jungfrauen defloriert, aber auch diejenigen, die diese Initiation bereits hinter sich hatten, gebührend bedacht, und während so die Göttin zufriedengestellt war, kehrte zugleich auch Frieden in den Harem ein. Bis die nächste Zeremonie fällig war.

Während so mancher Fürst insgeheim orgiastischen Riten frönte, geriet eine andere Tradition Indiens unter Beschuß: die Tempelprostitution. Sie war – wie wir gehört haben – ein Brauch, der im hinduistischen Kult fest verankert war, wobei die Prostitution immer mehr in den Vordergrund trat, während die eigentliche kultische Bedeutung derer, die sie ausübten, der Devadasis, zurückgedrängt wurde. Dubois, der französische Missionar, der in Südindien, wo die Devadasis besonders zahlreich waren, Gelegenheit hatte, sich den einheimischen Bräuchen, insbesondere auch der Religion, in aller Ausführlichkeit zu widmen, berichtet:

»Mit einer Kurtisane oder einer Frau, die nicht verheiratet ist, Umgang zu pflegen, gilt in den Augen der Brahmanen nicht als verwerflich. Diese Männer, die die Verletzung des kleinsten Verbotes als eine abscheuliche Sünde verurteilen, sehen in den verwerflichsten und unzüchtigsten Ausschweifungen kein Unrecht. Es war hauptsächlich für ihren Gebrauch, daß das Amt der Tänzerinnen und Prostituierten, die mit dem Tempeldienst verbunden sind, ursprünglich eingeführt wurde, und man kann von ihnen häufig den folgenden skandallösen Ausspruch hören: *Vesya darisanam punyam papa nasanam!*, was ›Mit einer Prostituierten Geschlechtsverkehr zu haben, ist eine Tugend, die von Sünden befreit‹ bedeutet.«

Es kann nicht geleugnet werden, daß die geheiligte Tradition der Devadasis zu Recht in Mißkredit geriet. Denn was immer ursprünglich zur Einführung dieser Institution führte: Sie wurde oft schamlos mißbraucht, wobei die Brahmanen, die Priester, nicht selten die bevorzugten Nutznießer waren. Nicht nur, indem sie die sexuellen Dienste der Devadasis für sich in Anspruch nahmen, sondern auch, indem sie diese Dienste sozusagen an andere ausliehen, die dafür einen Obolus entrichten mußten, den die Priester einsteckten. Die sich auf diese Weise als Zuhälter betätigten.

Obwohl dies nur zu oft deutlich wurde, gingen die Engländer auch in diesem Fall behutsam zu Werke, ehe sie schließlich ein Gesetz erließen, das die Beschäftigung von Devadasis in Tempeln verbot. Betroffen war davon Südindien, für das das Gesetz, das 1927 verabschiedet wurde, galt.

Zehn Jahre später wurde auch die Praxis, Mädchen dem Tempeldienst zu weihen, untersagt. Damit gab es nun eine Handhabe, gegen die Exzesse der Tempelprostitution vorzugehen, doch bedeutete dies nicht, daß die Tradition der Devadasis damit endgültig verschwand. Selbst in Puri, in Orissa, an der Ostküste Indiens, wurden Mitte der fünfziger Jahre des vergangenen Jahrhunderts noch dreißig Devadasis registriert. Und was Südindien betrifft, die Hochburg der Devadasis, so ist an ihre Stelle der Kult der Yellama getreten. Worum es dabei geht, werden wir noch hören.

Den Wölfen zum Fraß

»Am härtesten entschliesst sich der Indier, seine Mädchen zur Schule zu schicken. Unterm Hinduregimente lernten nur die öffentlichen Dirnen lesen, die zu den Tempeln gehören, damit sie die geforderten Gesänge sich aneignen; noch bei der Volkszählung von 1881 liessen sich die Töchter besserer Kasten als Nahib Dschanta (ungebildet) eintragen, obwohl sie Schulbildung genossen hatten, aus Furcht, in der öffentlichen Meinung diesen übelbeleumundeten Bajaderen gleichgestellt zu werden. Seither bemühte sich die Regierung, Lehrerinnen auszubilden, gestattete Mädchen, welche eine anglo-indische Volksschule besucht hatten, die Zulassung zu den Arztschulen, und hiermit vollzog sich ein Fortschritt, der zu den bemerkenswertesten Erscheinungen des letzten Jahrzehnts gehört. Zu tausenden zählen die Schülerinnen, wo sonst ebenso viele Hundert waren; 220 Mädchen sind in der Ausbildung als weibliche Ärzte begriffen.«

Trotz dieser optimistischen Einschätzung, die aus einer deutschen Quelle stammt und sich auf amtliche Dokumente stützt, sah die Situation für die Frau in Indien auch Ende des 19. Jahrhunderts noch nicht rosig aus. Es hatte zwar in der Tat einige Fortschritte gegeben, zumal im Bildungswesen, doch waren die Nutznießer dieser Neuerungen, die unter der Herrschaft der Engländer in Indien eingeführt wurden, zumeist Männer. Das wird auch in der hier angeführten Quelle deutlich, die auf Forschungen dreier bedeutender deutscher Indienreisender, der Gebrüder Schlagintweit, zurückgeht. Denn dazu heißt es an anderer Stelle:

»Den Gegensatz zu diesen Fortschritten unter den Männern bildet die Stellung der Frauen. Der Indier, sei es Hindu oder Musalman, hält die Aufgabe der Frau erfüllt, wenn sie ihn mit Kindern versieht und sie aufzieht. In Männergesellschaft wird die Frau nicht geduldet, ihre Bildung ist so vernachlässigt, dass die Zählung der des Lesens und Schreibens kundigen Mädchen und Frauen 1881 in Calcutta nicht einmal drei Prozent unter Verheirateten und knapp neun Prozent unter Mädchen feststellte; in den Vorstädten fanden sich unter 101 977 Mädchen und Frauen erst 635 Weiber mit Schulbildung, und weiter im Innern erscheint in den Tabellen [das heißt der Statistik] der zehnte Teil dieser Einträge. Der junge Gatte ist schon sehr fortschrittlich gesinnt, wenn er mit der Frau häusliche Angelegenheiten bespricht, sie beim Lesen der heiligen Schriften anwesend sein lässt, sie überhaupt als seines Gleichen behandelt und nicht stummen Gehorsam fordert; selbst solche Frauen dürfen aber den Mann nicht zärtlich beim Vornamen nennen und nehmen ihr Mahl nach dem ihrer Gebieter, wenn ihnen nicht ausdrücklich in Gegenwart ihres Mannes zu essen gestattet wird. Das Ereignis, dass in Madras 1874 ein reicher Hindu bei dem Korso am Seestrande mit seiner Frau im Wagen sich zeigte, wurde in allen Blättern gefeiert. Hindus von Rang bezeichneten wiederholt die Eisenbahnen für ihre Familien unbenützbar, weil man dabei seine Weiber in der Öffentlichkeit sehen lassen müsse. Einige Hindureisende verfielen auf den Gedanken, die Palkis [Sänften], in welchen die Frauen dicht verschleiert zur Einsteigstation getragen wurden, mit den Insassen auf einen Güterwagen zu stellen.«

Der Kompromiß mit der Moderne, zu dem sich die Inder nur widerwillig herbeiließen, trieb zuweilen seltsame Blüten. Im vorliegenden Falle war dies sogar nicht ganz ungefährlich, denn es heißt in den Ausführungen, die wir hier zitieren, weiter: »In Oberbengalen fing einmal das Linnen, mit welchem solche Palkis zum Schutze gegen die Hitze belegt waren, durch Funken aus der Lokomotive Feuer, ein Kind verbrannte, aber grössere Wehklage erregte, dass die Schönen frei dem Auge der Umstehenden sich zeigen mussten.«

Seit Beginn der Reformen, welche die Engländer in Indien eingeführt hatten, waren hundert Jahre vergangen: Die Ausbeute war bisher eher mager, zumindest, soweit es die Frau betraf. Am eklatantesten war die Mißachtung des Gesetzes gegen den Mädchenmord, das die Engländer 1795 erlassen hatten. Dazu heißt es in der genannten Quelle, die übrigens nicht von den Indienreisenden selbst verfaßt wurde, sondern von einem Bruder, der sie überlebte: »Im Jahre 1840 hatte eine Volkszählung im Distrikte Allahabad in 73 Dörfern festgestellt, dass darin nur drei Mädchen lebten; in der Umgebung von Agra fand man 1843 sogar kein einziges Mädchen unter zwölf Jahren vor, und bei weiteren Zählungen ergab sich, dass im Doab [dem Gebiet zwischen Jumna und Ganges], ja im grössten Teile von Hindustan [Nordindien] fast nirgends mehr als ein Mädchen auf drei Knaben traf.«

Die Situation hatte sich auch im Jahre 1870, als die Engländer das Gesetz zur Unterbindung des Mädchenmordes verschärften, nicht verbessert, wie den Ausführungen eines anderen Deutschen, des Indologen Moritz Winternitz, zu entnehmen ist. Er gehörte zu dem Kreis jener deutschen Wissenschaftler, die sich um den Aufbau einer neuen Disziplin, der Indologie, verdient machten:

»Die Volkszählung im Jahre 1870 ergab die sonderbare Tatsache, dass in einer Stadt innerhalb eines Jahres 300 Kinder – von Wölfen geraubt wurden, und dass alle diese Kinder Mädchen waren. Die englische Regierung ging so weit, dass sie ganze Gemeinden dafür verantwortlich machte, wenn die Zahl der neugeborenen Mädchen unter ein gewisses Minimum sank. Aber alle Regierungsmaßnahmen waren nicht imstande, die Sitte des Mädchenmordes ganz auszurotten. Und wenn der Rajpute, der die Geburt eines Sohnes in seiner Familie mit Musik und Gesang laut verkündete, bei der Geburt einer Tochter auf die Frage der Verwandten antwortete, es sei ›nichts‹ geboren worden, so war das oft wörtlich zu nehmen, indem er dafür sorgte, dass aus dem Mädchen ›nichts‹ wurde.«

Die Gründe, die einer Ausrottung der Unsitte des Mädchenmordes entgegenstanden, waren vielfältiger Art. Bei Schlagintweit findet sich der Hinweis, daß unter der Vorherrschaft der Muslime Mädchenmorde zuweilen auch deshalb vorgenommen wurden, um zu verhindern, daß ein Mädchen schließlich als Tributzahlung in den Harem eines Fürsten oder Würdenträgers gelangte, wo es entehrender Behandlung ausgesetzt sein würde. Bedeutsamer aber war – und ist – der Brauch der Mitgift, der den Vater eines Mädchens zwingt, sozusagen einen standesgemäßen Obolus zu entrichten, wenn er seine Tochter angemessen verheiraten will. Hinzu kommt die Geringschätzung von Frauen und Mädchen schlechthin, die – wie wir gehört haben – in Indien eine lange Tradition hat. Letzteres ist auch der Grund, weshalb auch alle anderen Neuerungen, die die Engländer zum Nutzen der Frau beziehungsweise des weiblichen Geschlechts in Indien einführten, nur schleppend realisiert werden konnten.

Am erfolgreichsten erwies sich zunächst das Vorgehen der Briten gegen Sati, obwohl sie auch da gegen erbitterten Widerstand kämpfen mußten. Schlagintweit vermerkt:

»Das Versprechen seitens der Angehörigen der Witwe, ihrerseits keiner ihrer Frauen seinerzeit die Selbstverbrennung aufzuerlegen, bewirkte scheinbar ein Aussterben der Unsitte im englischen Indien; aber 1860, nach Niederwerfung des Sipahi [Sepoy]-Aufstandes, wurden Satis in Audh [Oudh] so oft abgehalten, dass nur die Verurteilung der Veranstalter als Totschläger Abnahme brachte; noch 1875 wurde bei Lakhnau [Lucknow] eine Sati vollzogen, aber das Gericht verurteilte alle Teilnehmer, dreissig an Zahl, wegen Mordes. Im englischen Reichsgebiet ist seither ein heimlicher Fall von Sati 1889 verzeichnet; in den Vasallenstaaten dagegen ist der Brauch gelegentlich noch zu beobachten.«

Die Vasallenstaaten, das waren die Fürstentümer, in denen die Engländer nur indirekt das Sagen hatten. Hier drückten sie schon mal ein Auge zu.

Auch wenn Sati schließlich praktisch ausgerottet wurde, so war das Gesetz zur Wiederverheiratung von Witwen, das die Engländer 1856 erließen, weit weniger erfolgreich: Laut Zensus gab es in Indien im Jahre 1931, also nach einem dreiviertel Jahrhundert, 1,7 Millionen Witwen im

Alter von unter 25 Jahren. Die Zahl derer, die noch nicht 15 Jahre alt und somit im Kindesalter waren, belief sich auf über 300 000; ein Zehntel davon gehörte der Altersgruppe an, die das fünfte Lebensjahr noch nicht überschritten hatte.

Diese Frauen und Mädchen, die der Tradition gemäß nicht wieder heiraten durften, selbst dann, wenn die Ehe nie vollzogen worden war, waren zu einem Leben in Elend und Verachtung verdammt, und es gebührt den Engländern zur Ehre, daß sie schließlich 1929 auch ein Gesetz erließen, das das Heiratsalter auf 14 Jahre heraufsetzte. Damit wurde der Kinderehe ein Riegel vorgeschoben, und zugleich beseitigte man die extremsten Härten, die aus der traditionellen Regelung der Witwenschaft herrührten – zumindest auf dem Papier, denn auch hier regte sich erbitterter Widerstand.

Zenana Mission

Der Sarda Act, der das Mindestalter für Mädchen (und Jungen) bei einer Heirat festsetzte, stellt einen Meilenstein in der Entwicklung der Stellung der Frau in Indien dar. Denn es war nun ein gesetzlicher Rahmen geschaffen, der es der Frau beziehungsweise dem Mädchen ermöglichte mitzuentscheiden, wen sie heiratete. Im Prinzip bedeutete das, daß der Weg nun frei war für eine Ehe aus Zuneigung. Die freilich noch eine Weile auf sich warten ließ; denn erst in unseren Tagen setzt sich auch in Indien die Vorstellung von einer Liebesheirat durch – zumindest in dem Teil der Bevölkerung, der westlich orientiert ist, also in den Städten lebt und über einen gewissen Wohlstand verfügt, der es ihm erlaubt, auf andere Erwägungen, die bisher sehr wesentlich die Wahl eines Ehepartners bestimmten, zu verzichten.

Über die Bedeutung des Sarda Acts als Handhabe für eine Mitbestimmung der Frau bei der Heirat hinaus hatte dieses Gesetz auch zur Folge, daß Mädchen nun wieder die Möglichkeit gegeben wurde, Bildung zu erlangen, was ihnen verwehrt gewesen war, seit das Heiratsalter kontinuierlich herabgesetzt worden war. Denn in dem Moment, wo das Mädchen der Tradition gemäß im Kindesalter eine Ehe einging beziehungsweise verheiratet wurde, war es ihm nicht möglich – zumal die Frau in zunehmendem Maße vom öffentlichen Leben ausgeschlossen wurde –, in irgendeiner Weise Bildung zu erlangen. Sei es in individueller Unterweisung, sei es im Rahmen eines mehr förmlichen, schulischen Unterrichts. Dies hatte zur Folge, daß die Frau – Ausnahmen bildeten Angehörige der höheren Kreise, insbesondere der Herrscherfamilien – gewöhnlich ihr Leben lang ungebildet blieb. Sie konnte weder lesen noch schreiben, selbst der unmittelbare Zugang zu den heiligen Schriften war ihr verwehrt. Lediglich die Kurtisanen hatten – neben den priviliegierten Frauen – noch Zugang zu Bildung.

Die Heraufsetzung des Heiratsalters war der Schlüssel zur Emanzipation der Frau, denn durch diesen Akt wurde der Frau die Möglichkeit eröffnet, nicht nur Bildung zu erlangen, sondern damit auch ihren Status und ihr Ansehen zu erhöhen. Der Weg zu ihrer Befreiung war beschritten, auch wenn es ein steiniger Weg war, dessen Ziel selbst heute noch nicht erreicht ist.

Die Anfänge der Emanzipation der Frau in Indien reichen freilich bis zu dem Augenblick zurück, da die Engländer sich anschickten, durch reformerische Maßnahmen Übelstände abzuschaffen, die sich nicht mit ihrer Auffassung einer verantwortungsvollen Regierung vereinbaren ließen. Obwohl sie dabei oft behutsam zu Werke gehen mußten, weil sie fürchteten, sonst auf Widerstände zu stoßen, die ihre Herrschaft gefährden könnten, läßt sich den Engländern das Verdienst nicht absprechen, daß sie durch gesetzliche Maßnahmen jenen Freiraum schufen, der die Entfaltung emanzipatorischer Kräfte ermöglichte. Diese waren zunächst – so paradox es klingt – das Werk von Männern, Hindus wie Ram Mohan Roy, die sich im Rahmen allgemeiner reformerischer Ziele insbesondere auch für eine Verbesserung der Lebenssituation der Frau einsetzten. Wobei im Falle Mohan Roys, der der bedeutendste dieser Befürworter von Reformen war, auch persönliche Beweggründe eine Rolle spielten, die zweifellos dazu beitrugen, daß er so entschieden seine Ziele vertrat. Denn er mußte in seiner eigenen Familie den Opfergang einer Witwe mitansehen: Beim Tode des Bruders beging dessen Frau Sati!

Neben Indern selbst, die zu Pionieren der Emanzipation der Frau in Indien wurden, sind vor allem auch Engländerinnen (und Amerikanerinnen) zu erwähnen, die sich eine Besserstellung der Frau in Indien auf ihre Fahnen schrieben. Was nicht minder paradox erscheint wie der Umstand, daß ausgerechnet Männer am Anfang der Emanzipationsbestrebungen in Indien standen. Denn war die Engländerin nicht die Memsahib, der es gerade zu verdanken war, daß die Inderin herabgewürdigt und zurückgewiesen wurde? Der Vorwurf trifft auf viele der Engländerinnen in Indien zu, doch keineswegs auf alle. Denn da waren zum einen jene, die voller Begeisterung und ohne jeden Rassen- oder Standesdünkel das Land am Ganges erkundeten, dessen Wunder sie verzauberten. Und da waren zum anderen Vertreterinnen von Missionsgesellschaften, die sich – angetrieben von christlicher Nächtenliebe – für die Belange der Frauen einsetzten, die stets – ganz gleich, welcher Kaste oder Gesellschaftsschicht sie angehörten – unter der Vorherrschaft des Mannes und der Last diskriminierender Traditionen zu leiden hatten.

Die frühen Missionarinnen taten sich vor allem in zwei Bereichen hervor: Sie unternahmen erste Schritte zu einer schulischen Ausbildung, und sie betätigten sich als Ärztinnen. Dies kam einer Revolution gleich, denn bislang war der Arztberuf in Indien Männersache gewesen, und Männern – wenn sie nicht dem engeren Kreis der Familie angehörten – war traditionsgemäß jeglicher Zugang zu Frauen verwehrt, selbst wenn es sich um Ärzte handelte. Lieber ließ man Frauen sterben, als sie von männlichen Ärzten behandeln zu lassen.

Bezeichnenderweise fügte man bei den weiblichen Ablegern der eigentlich von Männern geführten Missionsgesellschaften den Zusatz »Zenana« hinzu, so daß die Institutionen, im Rahmen derer die Missionarinnen tätig waren, unter einem Namen figurierten, der da »Zenana Bible and Medical Mission« oder auch »Church of England Zenana Missionary Society« lauten konnte. Wobei im ersten Fall – neben der Bibel – auch auf die medizinische Aufgabe, die man sich gestellt hatte, Bezug genommen wurde, während es sich im zweiten Fall um eine Initiative der offiziellen, anglikanischen Kirche handelte.

Paradoxerweise war es gerade nicht die Zenana, diese Hochburg männlichen Chauvinismus und weiblicher Benachteiligung, wo die Arbeit der Missionarinnen von Erfolg gekrönt war. Denn die höheren Gesellschaftsschichten – ganz gleich, ob es sich dabei um Hindus oder

Muslime handelte –, die der Tradition besonders verbunden waren, lehnten es ab, sich mit Vertretern einer Religion abzugeben, die sie nicht anerkannten, so daß lediglich Frauen und Mädchen der ärmeren Schichten von der Initiative der christlichen Kirchen profitierten.

Andererseits waren es gerade die Frauen aus den höheren Kreisen, die zu den eigentlichen Wortführern der Emanzipation der Frau in Indien wurden. Dazu gaben wiederum Engländerinnen den Anstoß, denn inzwischen waren Frauenrechte auch in England ein Thema. Die Suffragetten machten mobil. Und entdeckten dabei auch die Rückständigkeit der Stellung der Frau in Indien. Allerdings schlug hier die Frauenbewegung einen anderen Kurs ein: Sie solidarisierte sich mit dem Freiheitskampf der Inder, denn man glaubte erkannt zu haben, daß die Ursache allen Übels bei den Engländern, den fremden Herren des Landes, lag. So meinte man, Indien erst von ihnen befreien zu müssen, ehe man daran denken konnte, auch die Frau zu befreien. Eine Interpretation, die natürlich den Männern gefiel, denn sie gab ihnen die Handhabe, die Schuld auf andere zu schieben, und enthob sie der Notwendigkeit, sich zu den eigenen Versäumnissen zu bekennen. Was denn auch in Indien den vielversprechenden Anfängen zum Trotz nie wirklich geschehen ist.

Die große Seele

»Niemals hätte ich mir damals vorstellen können, daß ich einmal meinen Vater heftig kritisieren würde, weil er mich als Kind verheiratet hatte. Alles schien an jenem Tag richtig, passend und angenehm. Ich war selbst begierig darauf zu heiraten. Und da alles, was mein Vater tat, mir damals außerhalb jeder Kritik erschien, ist mir die Erinnerung an jenen Tag noch in allen Einzelheiten gegenwärtig. Ich sehe es noch heute vor mir, wie wir auf einer bei Hochzeiten üblichen Estrade saßen, wie wir die Zeremonie des *Saptapadi* [der sieben Schritte um das heilige Feuer] vollführten, wie wir, als Mann und Frau frischvermählt, uns das süße *Kansar* [Weizengebäck] gegenseitig in den Mund schoben und wie wir begannen, miteinander zu leben.«

Sie waren gerade einmal dreizehn Jahre alt, und so bedurfte es einiger Gewöhnung, bis sie gelernt hatten, die Freuden der Ehe zu entdecken:

»Und oh, jene erste Nacht! Zwei unschuldige Kinder, die ohne Bedacht in den Ozean des Lebens geschleudert wurden. Die Frau meines Bruders hatte mich gründlich darauf vorbereitet, wie ich mich in der ersten Nacht verhalten sollte. Ich weiß nicht, wer meine Frau vorbereitet hatte. Ich habe nie danach gefragt, noch habe ich die Absicht, es jetzt zu tun. Der Leser kann versichert sein, daß wir viel zu nervös waren, einander anzusehen. Wir waren ganz gewiß zu scheu. Wie sollte ich mit ihr sprechen, und was sollte ich sagen? Die Vorbereitung würde mich nicht weit bringen. Aber eine Vorbereitung ist nicht wirklich nötig in solchen Dingen. Die Eindrücke des früheren Lebens sind stark genug, um alle Vorbereitung überflüssig zu machen. Wir begannen allmählich, uns kennenzulernen und frei miteinander zu sprechen. Wir waren im selben Alter. Aber ich übernahm sogleich die Autorität eines Ehemannes.«

Wer hier so freimütig über seine Erfahrung als frischgebackener Ehemann berichtet – und diese Offenheit, ein Bekenntnis zur Wahrheit, war ein Merkmal, dem er sich besonders verpflichtet fühlte –, begann seinen Lebensweg wie jeder andere Inder, der in eine traditionelle hinduistische Familie, zumal – wenn sie wie im vorliegenden Fall – einer höheren Kaste angehörte, hineingeboren worden war. Mohandas Karamchand Gandhi erweckte zunächst durchaus nicht den Eindruck, daß er dazu ausersehen war, den Lauf der Geschichte Indiens zu ändern. Und doch war es nicht zuletzt auch die besondere Art der Tradition, der er entstammte, die in ihm ein Erbe hinterließ, wie es für sein späteres Wirken nicht geeigneter hätte sein können. Denn obwohl Gandhi die entscheidenden Impulse, die ihn zu seinem außergewöhnlichen Handeln bewogen, außerhalb Indiens – zunächst in England und dann in Südafrika – empfing, blieb sein hinduistisches Erbe die Grundlage seines Wirkens, auch wenn er die Schwächen dieses Erbes erkannte und entschieden dagegen vorging.

Gandhis Bedeutung liegt natürlich vorrangig in seinem politischen Wirken. Doch dazu gehörte auch die Mobilisierung *gesellschaft-*

licher Kräfte, und dies bedeutete nicht zuletzt auch ein Erwachen jenes Teils der Bevölkerung, der bislang eher beiseite gestanden hatte: der Frau. Zwar hatte es bereits erste Ansätze einer Bewegung zur Befreiung der Frauen aus als erdrückend empfundenen Zwängen gegeben, bevor Gandhi auf der Bühne der Geschichte erschien. Doch – wie wir gehört haben – handelte es sich dabei um eher zaghafte Anfänge der Emanzipation, die wenig wirksam gewesen waren und im Volk kaum Anklang fanden, da die Protagonisten dieser Bestrebungen nicht eigentlich zum Volke gehört hatten.

Gandhi gebührt das Verdienst, eine elitäre Bewegung, die – neben dem Bestreben nach politischer Mündigkeit – auch die Rolle der Frau neu zu definieren suchte, in einen Aufstand des *Volkes* umgewandelt zu haben. Wobei das Besondere dieses Aufstandes, gegen die politische Bevormundung durch die Engländer, darin bestand, daß Gandhi auf dem Prinzip der Gewaltlosigkeit, *Satyagraha,* beharrte. Und eben dies war ein Mittel, das es der Frau im besonderen Maße ermöglichte, sich dem Kampf, den Gandhi entfachte, anzuschließen. Denn es war ja kein Kampf, der mit den traditionellen Waffen des Mannes geführt wurde: Es ging vielmehr um passiven Widerstand und das friedliche Bekunden eines ununterdrückbaren Willens, der auf Freiheit und Selbstbestimmung ausgerichtet war. Dabei ging es nicht nur um die Erlangung der Souveränität, die man den Engländern abzuverlangen suchte, auch wenn dieses Ziel im Vordergrund stand. Gandhi war sich durchaus bewußt, daß die Forderung nach Freiheit auch eine Verpflichtung war, die sich die Inder selbst auferlegen mußten. Und damit war nicht nur die Tradition des Kastensystems gemeint, die Gandhi ablehnte; er hatte besonders auch die Situation der Frau im Auge, die es zu verbessern galt. So ist es ihm zu verdanken, daß auf einem Konvent, den der Indische Nationalkongreß, das offizielle Forum der Unabhängigkeitsbestrebungen, 1931 in Karachi abhielt, das Prinzip der Gleichberechtigung zwischen Mann und Frau in einen Verfassungsentwurf aufgenommen wurde, der als Grundlage eines freien Indien dienen sollte. Wie sich ein amerikanischer Journalist, William Shirer, der die bewegende Phase des indischen Freiheitskampfes miterlebte und auch den Konvent in Karachi aus nächster Nähe verfolgte, erinnert:

»Alles in allem hatte ich den Eindruck, daß dieser Verfassungsentwurf dem Einzelnen mehr Freiheit garantierte als unsere eigene amerikanische Verfassung. Was mir besonders bemerkenswert erschien und – wie Gandhi dem Konvent gegenüber bekundete – ihn mit besonderer Genugtuung erfüllte, das waren die Bestimmungen, die sich auf gleiche Rechte für Frauen bezogen, und zwar nicht nur in der Politik, sondern auch im Beruf und in der Gesellschaft. Dies erschien mir um so bemerkenswerter in einem Land, wo Millionen Frauen (zumeist Muslime) von ihren Männern noch immer der *Purdah* unterworfen wurden und weitere Millionen, unter den Hindus, von ihren Männern als minderwertig angesehen wurden und dazu verdammt waren, sich auf die Küche, die Führung des Haushaltes und die Aufzucht der Kinder zu beschränken. Gandhi verwies mit Stolz auf die Tatsache, daß der Kongreß niemals eine Diskriminierung auf Grund des Geschlechts in seiner Organisation zugelassen habe und daß zwei Frauen, Mrs. Besant (die Engländerin war) und Mrs. Naidu, seine Vorsitzenden gewesen waren. ›In einem zukünftigen freien Staat‹, sagte er, in einer bemerkenswerten Prophezeiung, ›wird es uns freistehen, weibliche Präsidenten zu haben.‹ Und tatsächlich: Indien würde einen weiblichen Premierminister, mit mehr Macht als der Präsident, haben, lange vor Großbritannien, das erst im Mai 1979 eine Premierministerin erhielt.«

Indira Gandhi, die mit dem Mahatma, der »Großen Seele«, wie Gandhi voller Verehrung genannt wurde, nicht verwandt war, erlangte in der Tat bereits 1966 das Amt der Regierungschefin in Indien, was das einstige Mutterland, wo die Suffragetten sich einen Namen gemacht hatten, einigermaßen beschämte. Doch so sehr dies auch den Fortschritt markiert, den Indien auf dem Wege der gesellschaftlichen Gleichstellung der Frau erreicht hat: Es sollte nicht übersehen werden, daß es besondere Umstände waren, die Indira Gandhi an die Macht brachten und die nicht unbedingt ein Ausdruck der politischen Reife und gesellschaftlichen Fairneß waren, und daß darüber hinaus gerade Indira Gandhi – worin sie übrigens Margaret Thatcher, der britischen Premierministerin, ähnelte – sich nicht in besonderer Weise der Belange ihrer Geschlechtsgenossinnen annahm; die nach wie vor in prekären Verhältnissen lebten. Denn wenngleich Mahatma Gandhi auch in aufrichtigem Bemühen für die Befreiung der Frau aus jahrtausendelanger Knechtschaft eintrat, taten dies diejenigen, die ihm auf dem Konvent in Karachi zugestimmt hatten, eher unfreiwillig. Es war ein Lippenbekenntnis, zu dem sie sich aufrafften, und selbst wenn die Bestimmungen, zu denen man sich durchgerungen hatte, dann später auch tatsächlich in die Verfassung eines unabhängigen, neuen Indien aufgenommen wurden, so bedeutete dies doch nicht, daß man sich wirklich daran hielt. Das wäre vielleicht anders geworden, wenn Gandhi, der ein unermüdlicher Streiter für Wahrheit und Gerechtigkeit war, die Erlangung der Unabhängigkeit überlebt hätte. Doch die Prinzipien, die er predigte, wurden schon zu Beginn der Freiheit verraten: Mohandas Karamchand Gandhi, der allein mit den Mitteln des friedlichen Widerstandes die Engländer in die Knie gezwungen hatte, wurde am 30. Januar 1948 das Opfer eines Attentates, das ein fanatischer Brahmane verübte. Erst am 15. August des vorausgegangenen Jahres hatte Indien seine Unabhängigkeit erlangt. Fortan trugen die Inder wieder allein die Verantwortung für das, was in ihrem Lande geschah. Das erste, was sie in Szene setzten, war ein unvorstellbares Chaos.

Vierter Teil
Im Namen der Freiheit

Eine unselige Entwicklung

Das Chaos, das die Unabhängigkeit Indiens einleitete, hatte einen Namen: Communal Violence. Was darunter zu verstehen ist, macht das folgende Beispiel deutlich:

»Die Muslime kamen mit Schwertern, Messern, langen, eisernen Piken, die mit in Kerosin getränkten Tüchern umwickelt waren, um uns zu verbrennen. Wir warfen mit Ziegeln und Steinen nach ihnen, doch es gelang ihnen, unser Haus in Brand zu setzen. Sie bemächtigten sich eines Sikhs und zündeten seinen Bart an. Obwohl sein Bart brannte, so tötete er dennoch einen Moslem, indem er einen großen Ziegel gegen seinen Kopf warf. Dann fiel er tot zu Boden, auf den Lippen den Namen des Sikh-Heiligen Nanak.

Sie zerrten die Männer heraus und töteten sie in den Straßen. Ich rannte zum Dach hinauf. Die Frauen waren dort und beobachteten das Geschehen. Sie wußten, daß man sie gefangennehmen und vergewaltigen würde. Einige von ihnen hatten Babys in den Armen. Sie zündeten ein großes Feuer auf dem Dach an. Sie gaben ihren Babys die Brust und brachen in Tränen aus, vor Verzweiflung über das Schicksal, das sie ereilte. Dann warfen sie die Babys in das Feuer und stürzten sich selbst hinein.«

Guldip Singh, ein Sikh aus dem Panjab, der sich an dieses Ereignis erinnerte, war zu der Zeit, als das Unheil geschah, selbst noch ein Kind. Es gelang ihm, in der hereinbrechenden Dunkelheit zu entkommen und sich auf einem Baum zu flüchten, wo er zwar in Sicherheit war, doch auch weiterhin Zeuge des schrecklichen Geschehens wurde:

»Ein furchtbarer Gestank wehte von dem Haus herüber, der von den brennenden Leichen kam. Meine Mutter und mein Vater waren nicht zu sehen; ich wußte, daß sie getötet worden oder in das Feuer gesprungen waren. Ich sah zwei Mädchen, die fortgetragen wurden. Sie schrien nicht. Sie waren bewußtlos. Als es spät in der Nacht ruhig wurde, kletterte ich vom Baum herab. Ich ging in das Haus. Sie waren alle tot. Alle im Dorf, außer den beiden Mädchen und mir, waren getötet worden.«

Das Dorf, von Sikhs bewohnt, befand sich in der Nähe von Lahore, der Hauptstadt des Panjab. Doch obwohl der Panjab zur Heimat der Sikhs geworden war, bedeutete dies nicht, daß nicht auch Muslime und Hindus hier lebten. Schließlich waren die Sikhs eine Religionsgemeinschaft, die erst im 16. Jahrhundert entstanden war – lange, nachdem die Muslime sich hier festgesetzt hatten, von den Hindus, den eigentlichen Bewohnern Indiens, ganz zu schweigen.

Einen Gegensatz zwischen den Muslimen und den Sikhs hatte es immer gegeben, auch wenn die Sikhs anfangs bemüht gewesen waren, einen Ausgleich mit den Muslimen zu erzielen. Ein schwelendes Ressentiment schlug in offene Feindschaft um, als es im Zuge der Entlassung Indiens in die Unabhängigkeit zu einer Teilung des Panjab kam: Der westliche Teil wurde einem neuen Staat, Pakistan, zugesprochen, der östliche verblieb unter der Hoheit des eigentlichen Indien, das sich nun offiziell »Bharat«, nach einem Heroen aus dem Nationalepos *Mahabharata*, nannte. Pakistan wurde die Heimat der Muslime, Indien, obwohl es sich ausdrücklich zu einem säkularen Prinzip bekannte, blieb weiterhin das Kernland der Hindus. Obwohl sich beide Seiten vertraglich verpflichtet hatten, die Rechte der jeweiligen Minoritäten auf ihrem Staatsgebiet anzuerkennen, kam es im Zuge der Neugestaltung der beiden Nachfolgestaaten des einstigen, von den Engländern beherrschten Indien zu gewaltsamen Auseinandersetzungen, die apokalyptische Ausmaße annahmen. So waren es nicht nur Muslime, die sich gegen die Sikhs und Hindus wandten, sondern auch Sikhs und Hindus, die auf Muslime Jagd machten. Dabei standen vor allem die Sikhs den Muslimen an Grausamkeit nicht nach; sie übertrafen sie sogar noch und wurden zum Inbegriff entfesselter Bestien in Menschengestalt, die vor keiner Gewalttat zurückschreckten. Wie sich Mohammed Yacub, zur Zeit des Unheils gleichfalls noch ein Kind, Jahre später, als er nach den entsetzlichen Geschehnissen befragt wurde, erinnerte:

»Die Sikhs schnitten einigen Frauen die Brüste ab. Die andern begannen vor Furcht umherzurennen. Einige in unserem Dorf töteten ihre eigenen Frauen und Töchter, um zu verhindern, daß sie in die Hände der Sikhs fielen. Die Sikhs durchbohrten zwei meiner kleinen Brüder mit Speeren. Mein Vater konnte den Anblick nicht ertragen. Er lief Amok. Er rannte, sein Schwert schwingend, hierhin und dorthin, wie ein Wahnsinniger. Die Sikhs konnten ihn auf den Feldern nicht fangen. Sie hetzten die Hunde des Dorfes auf ihn. Die Hunde bissen ihn in die Beine, und so konnte mein Vater nicht mehr so schnell laufen. Da fingen ihn die Sikhs. Einige hielten ihn fest. Sie zerrten ihn zu Boden, schnitten ihn in Stücke mit ihren Schwertern, meinen Vater. Sein Kopf, Hände und Beine wurden vom Rumpf getrennt. Dann überließen sie den Hunden den Leichnam.«

Das Dorf, von dem hier die Rede ist, befand sich in der Nähe von Amritsar, der Hochburg der Sikhs. Die Grenze verlief zwischen Amritsar und Lahore: Amritsar gehörte zu Indien, Lahore zu Pakistan, und wer immer nicht der richtigen Religion angehörte, dessen Leben war verwirkt, wenn er in die Hände eines Andersgläubigen fiel. Betroffen davon waren Männer, Frauen und Kinder. Aber es waren wiederum die Frauen, die besonders unter dem Schrecken, den die Teilung Indiens mit sich brachte, zu leiden hatten. Nicht nur, daß man sie – wie die anderen – tötete: Frauen und Mädchen galten auch als eine besondere Trophäe, denn sie waren der Inbegriff dessen, was man die Ehre einer Familie nannte. Sich an ihnen zu vergreifen, sie zu mißhandeln und zu vergewaltigen, war allein schon ein Triumph, den man über den Gegner errang, und zugleich eine Schmach, die man ihm zufügte. Berüchtigt sind die Ausschreitungen, die in Amritsar am Tag der Unabhängigkeit, am 15. August 1947, begangen wurden:

»An jenem Morgen trieben die Sikhs in der Basargegend von Amritsar eine große Zahl muslimischer Mädchen und Frauen zusammen, rissen ihnen die Kleider vom Leibe und zwangen sie dann, in einem Kreis vor der johlenden Menge vorbeizumarschieren. Dann wurden einige der

Hübschesten und Jüngsten fortgeschleppt und wiederholt vergewaltigt. Die andern wurden mit den *kirpans* [Schwertern] niedergemacht, und von dreißig erreichte nur ein halbes Dutzend den heiligen Zufluchtsort des Goldenen Tempels lebend.«

Was nicht bedeutete, daß sie damit gerettet waren, obwohl der Goldene Tempel in Amritsar das höchste Heiligtum der Sikhs darstellte, wo man eigentlich dem Gebet und der Andacht nachging: Im Angesicht des goldverzierten Tempels schnitt man den Opfern die Kehle durch.

Die Zahl derer, die den Massakern und Greueln im Zuge der Teilung Indiens zum Opfer fielen, konnte nie genau ermittelt werden. Man geht davon aus, daß es mindestens eine halbe Million war, die ihre Leben ließ. Hinzu kamen 14 Millionen, die endlose Flüchtlingsströme bildeten: Die einen zogen nach Pakistan, die andern nach Indien. Das Elend, das die Flüchtlinge begleitete, war unvorstellbar: Durst, Hunger, Krankheit und die ständige Gefahr, von marodierenden Banden angegriffen und niedergemacht zu werden.

Frauen und Mädchen, wenn sie mit dem Leben davonkamen, wurden entführt. 100 000 junge Mädchen gerieten auf diese Weise in ein entwürdigendes Sklavendasein, wurden zwangsweise zum jeweils anderen Glauben bekehrt oder auch nur an den Meistbietenden verschachert. Zwar wurde schließlich eine Kommission eingerichtet, die das Schicksal dieser Entführten aufklären sollte, doch die indische Seite zeigte sich nicht sonderlich interessiert, Abhilfe zu schaffen: Die hinduistische Tradition bewirkte, daß man nicht bereit war, Frauen und Mädchen, auch wenn sie zur eigenen Familie gehörten, wiederaufzunehmen, nachdem sie durch Vergewaltigung und Mißhandlung entehrt worden waren. Wie einst Rama der entführten Sita zum Vorwurf machte, daß sie der Dämonenkönig besessen habe, und er sich deshalb von ihr abwandte, so war man auch in einem freien, unabhängigen Indien nicht bereit, alte Zöpfe über Bord zu werfen. Lieber überließ man die Frauen und Mädchen, die unschuldig Opfer einer unseligen Entwicklung geworden waren, ihrem Schicksal, als daß man diskriminierende Traditionen beiseite räumte. Das Ziel, die Unabhängigkeit, war erreicht, und wenn man sie auch ohne die beherzte und tatkräftige Unterstützung der Frauen nicht erlangt hätte, so war das kein

Grund, nun auf einmal alles zu ändern, liebgewonnene Gewohnheiten hinter sich zu lassen und zu neuen Ufern zu schreiten. Wenn das die Frauen erwartet hatten, dann wurden sie eines Besseren belehrt. Das zeigte sich schon sogleich bei der ersten Probe aufs Exempel.

La Jana

»›Welcome in India‹, sagte die Stewardeß mit den Mandelaugen und der olivfarbenen Haut, als die Maschine landete. Dann schritt der Pilot – schwarzer Bart, grüner Turban – durch die Sitzreihen, die Tür des Flugzeugs öffnete sich: ich roch Indien! Ich blieb stehen, ich hob die Nase und schnupperte in den Abend hinaus. Es duftete wie in unseren Kirchen. Doch es ist nicht Weihrauch, der die Luft dieses Landes würzt; es ist der schwelende Geruch von unzähligen Holzkohlefeuern. Wie eine Wolke liegt er über Tal und Feld und Wiesen und dem Flugplatz. Ein Major, in Khaki gekleidet, trat auf mich zu, legte die feine, braune Hand an den Mützenschirm, meldete sich als der Adjutant Seiner Hoheit, des Maharadschas von Jaipur. Ein Wink seiner Linken: ein Haufe barfüßiger Träger scharte sich um mich, griff nach Koffern und Schachteln, nach meiner Kamera, meinem Blitzlichtgerät, sogar nach meiner Handtasche. In einer Staubwolke, aus der gerade noch die hochschwingenden Köpfe der zum Markt trottenden Kamele ragten, fuhren wir nach Jaipur.«

Willkommen in Indien! Man schrieb das Jahr 1955, und nun hatten auch die Deutschen Indien entdeckt. Denn wer hier so fürstlich im Namen des Maharadschas von Jaipur empfangen wurde, war eine Deutsche, noch dazu selbst von fürstlichem Geblüt – Prinzessin Hella von Bayern. Sie reiste im Auftrag einer deutschen Illustrierten, denn wie die Fürsten in Indien lebten (nachdem es im eigenen Land keine wirklichen Fürsten mehr gab), das interessierte auch das gemeine Volk, das es noch immer vorzog, sich in exotischen Traumwelten zu ergehen, anstatt Erinnerungen an die leidvolle Geschichte im eigenen Lande nachzuhängen. Dabei hatte Indien freilich immer eine besondere Rolle in den Vorstellungen der Deutschen gespielt, seit die Romantiker, die von fernen Ländern träumten, sich besonders von den Mythen und Geheimnissen des Landes am Ganges inspirieren ließen. Selbst für Sati hatte man sich – in schwelgerischer Verkennung der eigentlichen Bedeutung dieses Brauches – begeistert, und Caroline von Günderrode verfaßte dazu sogar ein Gedicht, »Die Malabarischen Witwen«. Darin ergeht sie sich – in der Art der Romantiker – in überschwenglicher Beschwörung des Todes, der als die höchste Erfüllung der Liebe empfunden wird:

> Zum Flammentode gehen an Industranden
> Mit dem Gemahl, in Jugendlichkeit,
> Die Frauen, ohne Zagen, ohne Leid,
> Geschmücket festlich, wie in Brautgewanden.

Freilich hatte die Günderrode allen Anlaß, sich mit ihren Schwestern an fernen Indusgestaden zu identifizieren, denn auch ihr war die Erfüllung der Liebe auf Erden verwehrt. Sie nahm sich deshalb – in einem dramatischen Akt, mit dem sie es den vermeintlich glücklichen Todesbräuten nachtat – selbst das Leben und hinterließ »Die Malabarischen Witwen« als Vermächtnis (und Erklärung).

Tragisch endete auch das Leben La Janas; sie starb bereits mit dreißig Jahren und wurde damit nur vier Jahre älter als die Günderrode. La Jana ist heute – ebenso wie die Günderrode – vergessen. Dabei war sie einmal ein berühmter Star; in den dreißiger Jahren. Da trat sie in dem Film »Das indische Grabmal« auf; dem ein zweiter, »Der Tiger von Eschnapur«, folgte. Sie spielte eine indische Tänzerin, in die sich ein Deutscher (und der Maharadscha von Eschnapur, der sein Arbeitgeber ist) verliebt. Der Konflikt, der sich daraus ergibt, führt dazu, daß der Maharadscha ein Grabmal errichten läßt, in dem die Tänzerin (die dem Deutschen den Vorzug gibt) lebendig begraben werden soll. Die Geschichte basiert auf einem Roman von Thea von Harbou, der 1917 erstmals erschien und sich großer Popularität erfreute, so daß er bereits 1922 erstmals, in einer Stummfilmversion, verfilmt wurde. 1937 folgte dann die klassische Verfilmung unter der Regie von Fritz Lang, immerhin einer der Großen der Filmgeschichte (mit dem Thea von Harbou übrigens, da sie selbst auch als Schauspielerin auftrat, eine Zeitlang verheiratet war), und 1958 wurde

»Das indische Grabmal« erneut, wiederum mit Lang als Regisseur und als opulent ausgestattetes Leinwandepos, verfilmt. Die amerikanische Schauspielerin Debra Paget, die diesmal die Rolle der Sitha beziehungsweise Seetha (wohinter sich der beziehungsreiche Name der Heldin aus dem *Ramayana* verbirgt) spielte, konnte sich allerdings nicht mit der exotischen Ausstrahlung und der graziösen Anmut La Janas messen; auch wenn diese mit bürgerlichem Namen Henriette Hiebel hieß. Sie wurde in Deutschland zum Inbegriff der vom magischen Zauber einer Tempeltänzerin umgebenen Inderin.

Bis – die Maharani von Jaipur Deutschland besuchte und die Prinzessin von Bayern über ihren Besuch in Indien berichtete. Denn die Maharani von Jaipur, der der Besuch der Prinzessin von Bayern eigentlich galt, war keine andere als jene Ayesha alias Gayatri Devi, die wir – anläßlich ihrer Heirat mit dem Maharadscha von Jaipur, Man Singh II. – bereits kennengelernt haben. Inzwischen waren fünfzehn Jahre vergangen: Der Zweite Weltkrieg war zu Ende, Indien hatte seine Unabhängigkeit erlangt, und der Maharadscha von Jaipur hatte sich – wie alle seine Standesgenossen – den Zwängen der Zeit gebeugt und auf sein Amt als Souverän verzichtet. Dies bedeutete allerdings nicht, daß er damit seines hoheitsvollen Ansehens und seiner fürstlichen Privilegien verlustig gegangen war. Man Singh war noch immer ein reicher Mann, residierte in einem Palast – und unterhielt einen Harem, die Zenana. Auch wenn Ayesha die Favoritin war und sich inzwischen im Glanz von Ruhm und Glamour sonnte.

Das Geheimnis eines fernöstlichen Harems zu ergründen, war auch für Hella von Bayern eine Herausforderung, und so widmet sie sich denn in ihrem Bericht – den sie übrigens mit der Überschrift »Ayesha – Schönste aus dem Morgenland« betitelt – besonders der Beschreibung eines Besuches in der Zenana des Stadtpalastes von Jaipur:

»Trommeln in der Ferne, monotoner, gepreßter Singsang. Eine feierliche, seltsame Stimmung erfaßte mich. Mit jedem Schritt, den ich tat, wurde das Singen, das Musizieren lauter – bis sich unversehens ein Innenhof öffnete. Die Wände waren hellblau getönt; von einer den Hof umgebenden Balustrade hingen grüne Büschel zum Zeichen der Festfreude.«

Gefeiert wurde der fünfte Geburtstag von Ayeshas Sohn Jagat, ein besonderes Ereignis, das in den Frauengemächern des Palastes stattfand und der Anlaß für den Besuch der Prinzessin von Bayern in der Zenana war:

»Auf dem Grund des Hofes drängte sich in Purpur und Orange die neugierige Dienerschaft: nur Frauen. Ich hatte den Rawla, den Vorhof zum Appartement der Junior-Maharani, betreten. Von dort aus gelangte ich in einen kleinen Saal, dessen Boden mit einem einzigen riesigen Perserteppich bedeckt war. Längs den Wänden, Kopf an Kopf, saßen auf Kissen die Damen der Gesellschaft von Jaipur – ein einziger Rausch in Rot. Unter den Schleiern funkelte es von kostbarem Schmuck. Für mich hatte man ein Polster reserviert; es lag zur Seite eines silbernen Baldachins. Unter diesem Baldachin eine Frauengestalt; völlig verschleiert, nur die beringten Hände waren zu sehen. ›Die Senior-Maharani‹, flüstere mir meine Nachbarin auf Englisch zu.«

Ayesha war – wie man sich entsinnen wird – die dritte Frau Man Singhs; die erste war inzwischen gestorben und somit die zweite zur »Senior-Maharani« aufgerückt. Gayatri Devi mußte sich auf der Skala offiziellen Ansehens mit einer untergeordneten Rolle begnügen. Auch ihr Sohn galt nicht als Thronfolger.

Die Junior-Maharani, die bei der Zeremonie zu Ehren ihres Sohnes assistierte, war kaum zu erkennen unter dem Schmuck, den sie zur Feier des Tages angelegt hatte:

»Mein Blick wurde durch vier Sängerinnen abgelenkt. Sie hatten vor dem Baldachin Aufstellung genommen und begannen, mit gemessenen Handbewegungen ein Huldigungslied vorzutragen, Strophe um Strophe – und kein Ende. Trommeln im Hintergrund akzentuierten den Singsang.

Ich fühlte mich hilflos und verloren ohne meine Freundin und wagte meiner Nachbarin zuzuflüstern. ›Wo ist denn nur Ayesha?‹ Der schwere Duft des orientalischen Parfüms begann mich zu verwirren.

›Dort in der Ecke. Erkennen Sie denn die junge Herrin nicht?‹

Nein, selbst jetzt, da man sie mir gezeigt hatte, mußte ich mich bemühen, in der gebückten Gestalt Ayesha zu erkennen. Im linken Nasenflügel trug sie einen Goldring, ein dicker, blauschwarzer Zopf fiel über ihren Rücken. An ihrem Stirnreif hing ein einziger vielkarätiger Diamant, von den Ohren tropften Saphire; fünf Reihen Perlen schlangen sich um ihren schlanken Hals. An den Handgelenken Rubinreifen, Smaragdreifen, Perlen, Diamanten…«

Der Zauber des Orients, die majestätische Pracht, mit der sich die indischen Fürsten seit undenklichen Zeiten umgeben hatten, war auch im neuen Indien noch ungebrochen – und sollte zuweilen sogar bis in unsere Tage überdauern.

Madam-Sir

Wer der ungebrochenen Fürstenherrlichkeit in Indien einen Dämpfer versetzte, war – ausgerechnet – eine Frau. Keine späte Rache; obwohl auch sie quasi einer fürstlichen Familie entstammte. Denn ihr Vater, Jawaharlal Nehru, war immerhin der Begründer des neuen Indien, sieht man von Gandhi einmal ab, der die Freiheit Indiens erkämpft hatte.

Indira Gandhi, die Tochter Nehrus, trat das Erbe ihres Vaters an. Trotz der Namensgleichheit war ihr Mann, Feroze Gandhi, nicht mit dem Mahatma verwandt. Indira vergaß ihn denn auch bald; allerdings nicht, ohne daß sie ihm zwei Söhne gebar, von denen der eine – Rajiv – wiederum das Erbe seiner Mutter antreten sollte, die sich ihrerseits als nicht minder Achtung gebietende Persönlichkeit erwies als ihr Vater – freilich, ohne daß sie jener Nimbus adelte, der das Lebenswerk Pandit Nehrus krönte.

Indira Gandhi war 1917 geboren worden, und sie wuchs auf im Schatten ihres Vaters, der – wenn auch mit anderen Mitteln als Mahatma Gandhi – ein glühender Verfechter der Unabhängigkeit Indiens war. Im Alter von 12 Jahren trat Indira selbst als Aktivistin in Erscheinung, als sie in Allahabad, dem Ort ihrer Geburt und Kindheit, eine Jugendorganisation gründete, die sich – nach dem im *Ramayana* gefeierten Gott Hanuman – »Affenbrigade« nannte und sich durch geheime Botengänge und Spitzeldienste als Beitrag zum Unabhängigkeitskampf hervortat.

Mit 16 machte Indira die Bekanntschaft eines Deutschen, Frank Oberdorf, der als ihr Lehrer engagiert worden war, um ihr Französischunterricht zu erteilen, und sich prompt in die junge Schülerin verliebte, die halb so alt wie er war. Obwohl Indira, ein stilles, verschlossenes Mädchen, das unter der Zurücksetzung ihrer Mutter litt, die von der stolzen Familie ihres Vaters verachtet wurde, die schwärmerische Zuneigung des Deutschen erwiderte und sich ihm zaghaft öffnete, schreckte sie doch davor zurück, in ihm mehr als einen Vertrauten und Freund zu sehen.

Als ihre Mutter Kamala zwei Jahre später starb, war dies ein Verlust, den Indira, die als einziges Kind aufgewachsen war, nie verwand. Sie blieb Zeit ihres Lebens ein Mensch, der seine Gefühle nie offen zeigte und unter der Einsamkeit, die ihren Weg begleitete, litt. Aber das war der Preis, den das Schicksal von ihr forderte, wenn sie sich der Herausforderung, die es für sie bereithielt, stellen wollte. Und diese Herausforderung erwies sich als unwiderstehlich, denn nicht nur machte sie ihr Vater, Pandit Nehru, zu seiner Vertrauten, als er schließlich die Staatsgeschäfte in einem freien Indien übernahm, was der Funktion einer First Lady gleichkam. Sie wurde auch, als es um die Nachfolge Nehrus ging (dessen direkter Nachfolger, Shastri, war nur kurze Zeit im Amt), quasi in die Rolle der Regierungschefin gedrängt, weil die eigentlichen Politiker, zerstritten und keiner dem anderen das Amt gönnend, es vorzogen, den Posten des Premiers einer Marionette zu überlassen, die man leicht würde manipulieren können. Doch das war eine Fehleinschätzung, wie sich bald herausstellte. Denn Indira Gandhi entpuppte sich als eine Regierungschefin, die während einer Amtszeit, die mit einer kurzen Unterbrechung immerhin anderthalb Jahrzehnte währte, die Männer das Fürchten lehrte. Zumindest jene, die ihr den Posten streitig machen wollten. Sie entwickelte einen Regierungsstil, der einer absoluten Monarchin nicht unähnlich war, weshalb sie die englische Presse, auch wenn man sie andererseits mit Margaret Thatcher, der »Eisernen Lady«, verglich, die eher bürgerliche Empfindungen aufkommen ließ, schließlich »Queen Empress of India«, »Kaiserin von Indien«, taufte. Man spielte damit auf eine dritte erlauchte Persönlichkeit, Königin Viktoria, an, die ja zugleich auch Kaiserin von Indien gewesen war. In Indien selbst nannte man Indira Gandhi »Bharat Mataji«, was soviel wie »Die Mutter Indiens« bedeutete. Und diese Bezeichnung, die eine oft frenetische Verehrung des Volkes dokumentierte, war Indira Gandhi allemal lieber als der Titel einer Kaiserin, den die ausländische Presse ihr verlieh und der allzusehr an den Makel der britischen Herrschaft erinnerte, den Indien hatte erdulden müssen. Zumal Indira es weniger mit den Briten (oder gar den USA) hielt als vielmehr mit den Sowjets, die unter ihrer Ägide zum Großen Bruder Indiens aufstiegen.

Indira Gandhi verfolgte einen sozialistischen Regierungskurs. Kein Kommunismus, aber doch eine Ausweitung staatlicher Macht in Wirtschaft und Gesellschaft. Dies führte immerhin dazu, daß Indien zu einer Großmacht aufstieg, mit einem Industriepotential, das einen respektablen zehnten Platz unter den Staaten der Erde einnahm, und einer Armee, die auf Platz vier rangierte. Indira Gandhi legte den Grundstein für die indische Atombombe und ließ Satelliten in den Weltraum schießen. Und sie machte den Fürsten, deren Privilegien ihr ein Dorn im Auge waren, den Garaus, indem sie – per Verfassungsänderung – deren Privilegien abschaffte, ihre Apanagen, die der Staat ihnen gezahlt hatte, strich und sie somit zu einfachen Sterblichen zurechtstutzte, die keinerlei Anrecht auf Sonderbehandlung mehr besaßen. In den Augen des Volkes war dieser Akt, der im Jahre 1971 vollzogen wurde, ein Triumph, der es von den letzten Relikten feudaler Herrschaft befreite. Die von diesem Akt Betroffenen sahen das freilich anders, darunter auch Gayatri Devi, die einst gefeierte Maharani, die ein politisches Mandat übernommen hatte und sich auf die Seite der Opposition schlug. Die Kongreßpartei, die die Regierung stellte, revanchierte sich, indem sie 1975, als es zu einer Regierungskrise kam, im Verlauf derer sich Indira Gandhi diktatorische Vollmachten zuschanzte, eine Razzia am Sitz des einstigen Maharadschas von Jaipur durchführen ließ, um nach Schätzen zu fahnden, die angeblich nicht offengelegt worden waren. Die Steuerfahnder fanden Gold im Wert von 60 Millionen Dollar, dazu Berge von Juwelen. Alles jedoch ordnungsgemäß deklariert, außer 19 Pfund Sterling, die man in einer Frisierkommode Gayatri Devis aufstöberte und deren Besitz nicht rechtens war. Ein Fauxpas, der die einstige Maharani schwerlich in existentielle Nöte stürzte.

Indira Gandhi führte gern den Slogan »garibi hatao« auf den Lippen. Sie wußte, damit konnte sie das Volk mobilisieren, denn das Schlagwort bedeutet: »Nieder mit der Armut«. Dieses Ziel hat sie nicht erreicht, wie es ihr auch nicht gelang, das Elend derer, denen sie sich als Frau eigentlich in besonderer Weise hätte verbunden fühlen müssen, zu lindern. Es kümmerte sie nur wenig – und offenbart eine Seite ihres Wesens, die um so verwunderlicher ist, als sie doch am Beispiel ihrer Mutter unmittelbar erfahren hatte, wie sehr die Frau in Indien durch Tradition und Vorurteil benachteiligt wurde. Das hatte sich auch nach Erlangung der Unabhängigkeit nicht geändert, obwohl den Frauen nun durch die Verfassung die gleichen Rechte wie den Männer zuerkannt wurden. Indira Gandhi begnügte sich damit; die fast unumschränkte Macht – und das blinde Vertrauen des Volkes –, die sie besaß, hätten sie in die Lage versetzten können, wirkliche Veränderungen herbeizuführen. Doch sie zog es vor, sich dieser Aufgabe nicht zu stellen. Gabriele Venzky, Korrespondentin für deutsche Zeitungen in Indien, die Indira Gandhi von persönlichen Begegnungen her kannte, vermerkt dazu:

»Die Frauen Indiens waren immer Indira Gandhis sicherstes Wahlreservoir. ›Vielleicht, weil sie von mir als Frau etwas ›Besonderes erwarten‹, vermutete sie in unserem letzten Gespräch kurz vor ihrem Tod. Konsequenzen freilich zog sie daraus nicht. Die mächtige Premierministerin, für die es leicht gewesen wäre, etwas für die diskriminierten Frauen Indiens zu tun, verweigerte diesen ihre Hilfe. Sie war also auch nicht besser als die Männer, auf die sie hörte: Madam Sir, neutral oder ein Neutrum? Diese unterlassene Hilfeleistung war wohl das größte Versäumnis ihrer Regierungsjahre.«

Ein Versäumnis, das freilich nicht nur ihr anzulasten ist: Die Frau, die es schafft, das höchste Amt im Staat zu erlangen und dennoch darüber die besondere Verantwortung gegenüber den Angehörigen ihres eigenen Geschlechts, die überall benachteiligt sind, nicht zu vergessen, muß erst noch geboren werden. Das werden auch zwei weitere Beispiele zeigen, von denen wir noch hören werden. Hier gilt es, noch kurz zu erwähnen, wie es zu jenem Tod Indira Gandhis kam, auf den oben Bezug genommen wird und der sich völlig überraschend ereignete. Obwohl man ihn hätte voraussehen können.

Das Ereignis, das Indien wie ein Donnerschlag traf, trug sich am Morgen des 31. Oktober 1984 zu:

»Indira Gandhi hatte den frühen Morgen mit zwei ihrer Enkelkinder verbracht. Nun war es an der Zeit, ihren Bungalow zu verlassen und die etwa hundert Meter durch den Garten zu ihrem Büro zu schlendern, wo der Schauspieler Peter Ustinov wartete, um sie für seine Fernsehdokumentation zu interviewen. Als Mrs. Gandhi und ihre Sicherheitsbeamten sich dem Tor näherten, das den Teil, wo sie wohnte, von dem, wo sie ihre Amtsgeschäfte führte, auf dem vier Hektar großen Gelände trennte, nahm sie die vertraute Gestalt des dreiunddreißigjährigen Beant Singh wahr, seit fast acht Jahren ein verläßliches Mitglied ihrer Leibwache. In der Nähe stand ein junger Polizist; wie seinKollege trug er den Bart und Turban der Sikhs. Der Jüngere hatte seine Maschinenpistole hochgehoben – zum Zeichen des Grußes, wie die andern Wachen meinten. Da zog Beant Singh einen Revolver und feuerte fünf Schüsse auf Mrs. Gandhi ab, während der Polizist die Mündung der Maschinenpistole herunterriß und sie mit Kugeln durchsiebte. Die Premierministerin drehte sich mit einem kleinen, leisen Seufzer und stürzte zu Boden, ihr safranfarbener Sari schon von Blut durchtränkt.«

Es war kein Zufall, daß es gerade Sikhs waren, die ein Attentat auf Indira Gandhi verübten. Zwar galten die Sikhs – infolge ihres martialischen Gebarens, das sie in der Vergangenheit bewiesen hatten – als besonders geeignet für den Dienst im Militär und in den übrigen Sicherheitsorganen. Aber sie waren auch fanatisch auf die Eigenständigkeit ihrer Tradition bedacht und hatten sich nie damit abgefunden, in einem von Hindus dominierten Staat die Rolle einer diskriminierten Minderheit zu spielen. So erhoben sie schließlich die Forderung, sich – wie es einst Pakistan getan hatte – von Indien zu lösen und ein eigenes Staatsgebilde, Kalistan, zu gründen. Die Zentralregierung in Delhi konnte dies natürlich nicht zulassen, denn dann würden auch andere Gebiete der Indischen Union, die sich aus einer Vielzahl heterogener Territorien zusammensetzt, nach Unabhängigkeit streben, was einen Zerfall des indischen Staates bedeuten würde.

Als das Aufbegehren der Sikhs in einen offenen Aufstand umschlug, schreckte man in Delhi selbst vor einem Sakrileg nicht zurück und entschloß sich schließlich, den Goldenen Tempel in Amritsar zu stürmen, der den Aufständischen als Hochburg diente. Da die Sikhs diesen Tempel ebenso verehren wie die Katholiken den Petersdom, konnte nicht ausbleiben, daß die Sikhs auf Rache sannen. Indira Gandhi, die den Sturm auf den Goldenen Tempel zu verantworten hatte, bei dem Hunderte ums Leben kamen, zahlte für ihr hartes Durchgreifen mit dem Leben. Aber der Tod schreckte sie nicht, ebensowenig wie er Lakhshmi Bai, die Rani von Jhansi, geschreckt hatte, die Indira Gandhi in ihrer Kindheit ein Ansporn gewesen war.

Verkorkstes Ego

Seit seiner Unabhängigkeit hat sich Indien in dem Ruf, die »größte Demokratie der Welt« zu sein, gesonnt. Auch wenn dieser Ruf sich bei näherem Hinsehen nur allzuoft als bloßer Schein erwies, was nicht zuletzt auch auf den Regierungsstil Indira Gandhis zutrifft, so stellte es doch einen bemerkenswerten Triumph dar, daß es einer Frau in einem Lande wie Indien gelang, nicht nur den Posten einer Regierungschefin zu erlangen, sondern sich auch in diesem Amt zu halten. Und zwar länger als jeder andere Regierungschef in Indien, mit Ausnahme ihres Vaters; wobei sie immerhin wiederholt überwältigende Wahlsiege für sich verbuchen konnte.

Was Indira Gandhi in Indien gelang, das glückte auch Benazir Bhutto in Pakistan: Sie kann sich rühmen, die erste Frau zu sein, die in einem islamischen Land das Amt einer Ministerpräsidentin ausübte. Allerdings konnte auch sie den günstigen Umstand nutzen, daß ihr Vater zuvor Regierungschef gewesen war, was ihren Bekanntheitsgrad wesentlich erhöhte und ihr den Weg zur Macht ebnete. Allerdings war Zulfikar Ali Bhutto, ihr Vater, eine umstrittene Persönlichkeit gewesen, die sich zur Erlangung ihrer politischen Ziele dubioser Machenschaften bediente. Er wurde gestürzt, des Mordes an einem Oppositionspolitiker angeklagt und schließlich hingerichtet. Benazir Bhutto trat also kein leichtes Erbe an.

Den Weg zur Macht erleichterte ihr die Art, wie das Militärregime, das die Regierung ihres Vaters abgelöst hatte, seinen Geschäften nachging: Sie bestanden im wesentlichen aus einer rigiden Islamisierungspolitik, unter der im besonderen die Frauen zu leiden hatten. Diesen hatte gerade Zulfikar Bhutto, der einen liberalen Regierungskurs verfolgte, entscheidende Rechte eingeräumt. So war es ihm zu verdanken, daß die gesellschaftliche Gleichstellung der Frau in der Verfassung verankert wurde, woraus sich vor allem im Familienrecht einige entscheidende Verbesserungen ergaben. Das Heiratsalter wurde auf 16 Jahre heraufgesetzt, eine Obergrenze für Mitgiftzahlungen festgelegt, den Frauen das Recht zugestanden, sich unter bestimmten Voraussetzungen scheiden zu lassen sowie Erbansprüche geltend zu machen, und schließlich eine Handhabe geschaffen, Einspruch zu erheben, wenn der Ehemann eine weitere Frau (oder gar deren mehrere, wie es die islamische Tradition zuläßt) zu heiraten gedenkt. All diese Verfügungen waren zwar schon im Jahre 1961 erlassen worden, doch erst 1973, als Zulfikar Ali Bhutto sie in die Verfassung aufnahm, erlangten sie ihre volle Gültigkeit.

Das Militärregime unter seinem Nachfolger Zia ul-Haq hatte nichts Eiligeres zu tun, als im Namen eines erstarkenden islamischen Fundamentalismus den Vormarsch der Frauen zurückzudrängen, indem weite Teile der Verfassung außer Kraft gesetzt wurden. Benazir Bhutto hätte also allen Anlaß gehabt, als sie schließlich – nach dem Tode Zia ul-Haqs – an die Macht gelangte, das unglückselige Erbe dieses Tyrannen rückgängig zu machen. Und in der Tat hatte sie auch die Verbesserung der Stellung der Frau in ihr Regierungsprogramm aufgenommen, doch – ähnlich wie im Falle Indira Gandhis – betrachtete sie eine Solidarität mit ihren Geschlechtsgenossinnen nicht als prioritär, wozu freilich auch der Widerstand religiöser Kreise, die sie nicht zurückzudrängen vermochte, sowie die wirtschaftlichen Probleme des Landes kamen, die vorrangige Aufmerksamkeit erforderten. Mit dem Ergebnis, daß Benazir Bhutto das Steuer einer frauenfeindlichen Politik, die von seiten der Fundamentalisten betrieben wurde, nicht herumreißen konnte. Zumal sie schon nach kurzer Zeit ihres Amtes enthoben wurde; wie es auch geschah, als sie einen zweiten Anlauf unternahm, als Regierungschefin Fuß zu fassen. Sie identifizierte sich als Aristokratin nicht wirklich mit dem Volk, und es half auch nicht, daß sie eine Ehe mit Asif Ali Zardari einging, der gleichfalls einer etablierten Familie entstammte und – wie es in diesen Kreisen in Pakistan üblich ist – sich über Recht und Gesetz hinwegsetzte, indem er sich auf dubiose Geschäfte einließ.

So ist denn die Situation der Frau in Pakistan eher hoffnungslos, denn die Fundamentalisten gewinnen immer mehr an Einfluß. Immerhin ist Pakistan – anders als Indien – ein Staat, dessen erklärte Identität sich auf den Islam gründet: Fast 97 Prozent der Bevölkerung sind Muslime. Sie tragen die Last jenes Erbes, das in Indien – wo der Anteil der Muslime an der Gesamtbevölkerung nur noch 14 Prozent beträgt – inzwischen weitgehend zurückgedrängt worden ist. Was nicht bedeutet, daß das den Frauen zum Vorteil gereicht hätte, wie wir noch sehen werden. Aber in Pakistan ist die Herrschaft der Mullahs voll im Gange; wehe, wenn da die Frau aufmuckt! Dann schneidet man ihr die Nase ab; oder steinigt sie. Mit dem Segen der Religionsoberen, die nichts Besseres zu tun haben, als die Botschaft des Islam zu pervertieren und die Frauen als die Quelle allen Übels darzustellen. Mit diesem Schild, das ihnen den Rücken stärkt, können sich die Männer jede Ausschreitung leisten: sei es nun, daß sie eine Frau oder ein Mädchen verstümmeln oder nur vergewaltigen. Im einen Fall brauchen sie lediglich zu beteuern, daß ihre »Ehre« verletzt wurde, wie schäbig diese in Wirklichkeit auch ist, im andern bedarf es nicht weniger als vier Zeugen: sonst ist eine Vergewaltigung keine Vergewaltigung! Und wer dennoch wagt, Anklage zu erheben, kann von Glück sagen, wenn er beziehungsweise sie nicht hinter Gitter kommt – wegen unzüchtigen Verhaltens, das man ihr anlastet. »In der pakistanischen Gesellschaft«, heißt es in einem Bericht der »Washington Post«, »werden Frauen, die man der zina [moralisches Vergehen] bezichtigt oder die eine Scheidung verlangen und nicht bei ihren Eltern leben, häufig dazu verdammt, im Gefängnis zu bleiben oder auf andere Weise in Gewahrsam genommen zu werden, solange ihr Fall anhängig ist. Theoretisch dient diese Maßnahme dem Schutz alleinstehender Frauen, doch in der Praxis bedeutet dies auch, daß die Gesellschaft vor ihnen geschützt werden soll und gewährleistet ist, daß sie unverheiratet bleiben.«

Nicht nur, daß man den Spieß einfach umdreht und die Frau dessen bezichtigt, was eigentlich der Mann verbrochen hat; die Frau landet selbst dann hinter Schloß und Riegel, wenn sie sich scheiden lassen möchte oder es vorzieht, allein zu leben. Doch das ist eher noch eine harmlose Beeinträchtigung der Persönlichkeitsrechte der Frau. Hören wir, was die »Washington Post«, immerhin kein Provinzblatt, sonst noch zu berichten hat:

»Es gibt nur vereinzelte Statistiken [...], doch die unabhängige pakistanische Menschenrechtskommission berichtete, daß in den Jahren 1998 und 1999 mehr als 850 Frauen von ihren Ehemännern, Brüdern, Vätern oder andern Verwandten im Panjab, Pakistans bevölkerungsreichster Provinz, getötet wurden. In vielen jener Fälle, erklärte die Kommission, würde die Frau dessen verdächtigt, was man als unmoralisches Verhalten betrachtete.«

Also: den Wunsch nach Scheidung, einem eigenen Leben, einer Heirat aus Liebe (und nicht auf Drängen oder gar durch Zwang seitens der Eltern) oder auch nur nach einem Besuch bei einer Freundin. Vergehen sind das, Vergehen gegen die Ehre des Mannes, und das muß geahndet werden. Am besten, man nimmt das Gesetz selbst in die Hand und tötet die Unehrenhafte oder verpaßt ihr einen Denkzettel, den sie ihr Leben lang nicht vergißt:

»Perveens Augen sind leere Höhlen blinden Fleisches, ihre Ohrläppchen sind weggeschnitten, und ihre Nase ist ein klaffender, geröteter Knochenstumpf. Vor sechzehn Monaten band ihr ihr Mann, außer sich vor Wut, weil sie angeblich eine Affäre mit einem Schwager hatte, die Hände und Füße zusammen und zerfetzte ihr Gesicht mit einer Rasierklinge und einem Messer. Sie war zu der Zeit im dritten Monat schwanger.«

Es darf füglich bezweifelt werden, daß Zahida Perveen, eine von Unzähligen, die das gleiche oder ein ähnliches Schicksal in Pakistan erleiden, es jemals gewagt hat, sich ihrem Schwager zu nähern. Selbst wenn man berücksichtigt, daß sie wahrscheinlich kein Wort mitzureden hatte, als es darum ging, sie zu verheiraten. Und selbst wenn, selbst wenn sie einen Blick riskiert hatte, so wäre das kein Grund gewesen, sie für ihr Leben zu zeichnen. Nicht, wenn man auch nur eine Spur von Anstand besäße.

Doch Anstand oder Ehre, das heißt in Pakistan (und nicht nur dort!): Frauen und Mädchen zu züchtigen, sie zu verstümmeln oder zu töten. Hauptsache, man hat seinem verkorksten Ego Genugtuung verschafft.

Der siebte Kreis der Hölle

»Sogar den Dichtern, die so beredt seine Vorzüge priesen, ist das ›Goldene Bengalen‹ manchmal wie eine lebendige Hölle erschienen. Jahrhundertelang haben Hunger, Krankheit und Unruhen das Land mit der gleichen Regelmäßigkeit heimgesucht wie der Monsun, der gegen seine Küsten peitscht. Doch nichts in diesem ewigen und bitteren Erbe bereitete die Bengalen auf die Schicksalsschläge vor, die sie in den letzten Monaten heimgesucht haben: ein verheerender Zyklon, die brutalen Massaker, welch die westpakistanische Besatzungsarmee verübte, und schließlich ein grausamer Krieg. Und obwohl sie aus dieser Taufe des Todes als die stolzen Erben eines neuen, unabhängigen Staates hervorgingen, ist das Leiden der Bengalen noch lange nicht vorüber. Denn nun bedroht sie eine weitere Tragödie – das Gespenst eines internen Kollaps, der zu Aufständen, Anarchie und der Zerstörung des gerade geborenen Staates Bangladesh zu führen droht.«

Die Prognose, die das amerikanische Nachrichtenmagazin »Newsweek« im März 1972, kurz nach der Ausrufung eines neuen Staates auf dem indischen Subkontinent, eben jenes Bangladeshs, was »Land der Bengalen« bedeutet, stellte, hat sich nur allzusehr bewahrheitet: Die Geschichte des jüngsten Staates, der aus dem Erbe des einstigen anglo-indischen Kolonialreiches hervorging, ist gekennzeichnet durch Naturkatastrophen, politische Unruhen und ein Elend, das selbst für Verhältnisse, wie man sie auf dem indischen Subkontinent gewohnt ist, unvorstellbar ist. Und wie stets sind es auch hier die Frauen, die unter der Not und dem Chaos besonders zu leiden haben. Das fing schon an bei der Geburt des neuen Staates.

Bangladesh war ursprünglich ein Teil Pakistans, einfach deshalb, weil auch hier – wie im eigentlichen Pakistan – die Mehrheit der Bevölkerung muslimisch war. Das war aber auch das einzige, was den westlichen Teil Pakistans mit dem östlichen verband. Nicht nur daß die beiden Hälften Pakistans 1500 Kilometer voneinander entfernt lagen, also kein zusammenhängendes Staatsgebilde darstellten; auch auf Grund unterschiedlicher Sprache und Kultur bestand eine unüberbrückbare Distanz zwischen dem Osten und dem Westen Pakistans. Was vorherzusehen war, trat schließlich ein: Der Osten trennte sich vom Westen, und die Folge war ein blutiger Bürgerkrieg, der erst zugunsten des neuen Staates entschieden wurde, als Indira Gandhi, die dadurch Pakistan, den Erzfeind, schwächen wollte, Partei für die Aufständischen ergriff und militärisch intervenierte. Das Leiden des Volkes, das diese in Agonie durchstandene Geburt mit sich brachte, stand den Greueln, die die Teilung Indiens im Zuge der Erlangung der Unabhängigkeit überschatteten, kaum nach: zehn Millionen Flüchtlinge, anderthalb Millionen, die ihr Leben ließen, und das übliche Maß an Mißhandlungen, die gegenüber Frauen begangen wurden. Unzählige mußten sich schließlich einer Abtreibung unterziehen, um nicht das Kind eines verhaßten Soldaten aus der Besatzungsarmee, die die Machthaber in Westpakistan entsandt hatten, zur Welt bringen zu müssen. Die Traumata, die sich aus diesen Erlebnissen ergaben, zeichneten die jungen Frauen für ihr weiteres Leben, das auch sonst keine freudigen Überraschungen bereithielt. Denn Bangladesh wurde zum Inbegriff eines Armenhauses, von Überschwemmungen und Wirbelstürmen heimgesucht und immer wieder von neuem in einen Taumel politischer Wirren gerissen. Und als ob dies nicht schon genug wäre, um die Menschen, die diesen Prüfungen ausgesetzt waren, am Schicksal verzweifeln zu lassen, erhob sich auch in Bangladesh – wie der Schild einer Kobra – das Gespenst des islamischen Fundamentalismus und stürzte das Land nur noch tiefer ins Chaos. Wobei wiederum die Frauen ein bevorzugtes Ziel der Glaubenseiferer sind.

Die Situation ist ähnlich wie in Pakistan, dem einstigen westlichen Teil eines geeinten Pakistan: Hier wie dort hat das Militär zivile Regierungen gestürzt und, um sich an der Macht zu halten, die Entstehung fundamentalistischer Bewegungen toleriert, ja sogar gefördert. Doch die Geister, die man rief, wird man nun nicht wieder los: Weder Benazir Bhutto gelang dies, noch ihren Amtskolleginnen in Bangladesh. Denn auch hier schaffte es eine Frau, an die Macht zu gelangen. Ja, es streiten in Bangladesh sogar zwei Frauen um das Amt der Ministerpräsidentin. Die eine, Begum Khaleda Zia, ist die Witwe eines der ehemaligen Militärmachthaber, was ihr – in ähnlicher Weise wie ihrer Rivalin Sheikha Hasina Wajed, der Tochter des Staatsgründers von Bangladesh – den Weg zur Macht ebnete. Zia war Regierungschefin in den Jahren 1991 bis 1996, dann folgte Sheikha Wajed, und inzwischen ist wieder Khaleda Zia am Ruder.

Den Frauen in Bangladesh hat weder die eine noch die andere die nötige Schützenhilfe geliefert, deren sie – angesichts des Erstarkens der Fundamentalisten – so sehr bedurften. So verwundert es nicht, daß Bangladesh in jüngster Zeit mit einer neuen Geißel aufwartete:

»So war es: Nacht, der Mond schien, eine warme Brise wehte durch das friedliche Dorf. Ein Uhr. Eine halbe Stunde zuvor hatte sich die 24-jährige Raba schlafen gelegt. Ein hübsches Mädchen, Studentin der Betriebswirtschaft, am nächsten Tag würde sie heiraten. Sie war an diesem Abend, erzählt ihr Bruder, ›so, so happy‹.

Das Glück und die Hochzeit haben nicht stattgefunden. Weil vor dem Fenster zum Schlafzimmer ein Mann lauerte. Nachbar Moni, ein abgewiesener Verehrer. Um sich dafür zu rächen, dass Raba in einen anderen verliebt war, hatte er ein Fläschchen mit einer Flüssigkeit mitgebracht. Aussehen: harmlos, wie Wasser. Kosten: minimal, ein paar Taka. Wirkung: verheerend, ein Leben lang.

Mit der Taschenlampe in der linken sucht er das Gesicht Rabas, mit der rechten Hand schleudert er die Schwefelsäure. Was übrig bleibt, landet auf ihrem Oberkörper und ihren Beinen. Während die junge Frau mit einem Schrei und einem Schmerz aufwacht, als hätte ein Flammenwerfer ihre Haut in Brand gesteckt, rennt der eiskalte Freier durch die Dunkelheit davon.«

Die diabolische Gesinnung der Männer in einem Land wie Bangladesh (oder Pakistan, aber auch Indien, wie wir noch sehen werden; von andern Ländern des Orients einmal abgesehen) kennt keine Grenzen: Was Raba, der jungen Studentin, passierte, geschieht auch anderen, die es wagen, einen Freier abzuweisen oder die Eifersucht des eigenen Mannes zu erregen. Sofern es nicht Habgier ist, die ihn treibt, indem er versucht, die Mitgift hochzuschrauben. Zweihundert Fälle von Säureattentaten gegen Frauen werden zur Zeit in Bangladesh pro Jahr registriert. Und das ist vermutlich nur die Spitze des Eisbergs. Schlimmer noch: Wer durch ein solches Attentat gezeichnet ist, der erlebt die Hölle auf Erden. Weil er beziehungsweise sie weiß, daß ihr Anblick so erschreckend ist, daß man unwillkürlich an eine Erscheinung aus der Apokalypse denkt:

»Thamina gegenüber steht das Bett von Popy, sie arbeitete als Putzfrau. Popys Kopf macht Angst, ein Schädel aus dem siebten Kreis der Hölle. Auf der linken Seite fehlt ein Drittel, statt Wange und Auge nur noch eine braunvernarbte Schräge, aus der irgendwo ein verstümmelter Fleischzapfen ragt, das ehemalige Ohr. Dazu die bizarr auseinandergetriebenen Lippen, das schwer gefährdete rechte Auge, die verbrannten Schultern, der entstellte Brustkorb. In der nächsten, der fünften Operation lässt sich vielleicht ein Teil der Sehkraft retten. Dramatisch verschärft wird der Anblick durch die Anwesenheit eines bildhübschen Kindes, das die 20-Jährige in den Armen hält: Akhi, ihre Tochter.«

Wohlgemerkt: Wir reden hier über die Gegenwart! Es ist zu bezweifeln, ob jemals in der langen Geschichte Indiens jemandem eine annähernd vergleichbare Bosheit auch nur eingefallen wäre. Und an Bosheiten, unter denen Frauen zu leiden hatten, fehlte es wahrlich nicht. Dies zu konstatieren ist das eigentlich Erschreckende: Ein Staat toleriert ein Klima der Gewalt gegen Frauen, dessen Auswüchse so ungeheuerlich sind, daß es einem die Sprache verschlägt. Vermutlich ist das der Grund, weshalb Staaten, die sich zivilisiert nennen, nicht den Mut aufbringen, dieses Unrecht, das man an Unschuldigen begeht, einmal mit aller Deutlichkeit vor den Foren der Welt anzuprangern. Die Feigheit derer – oder ist es nur Gleichgültigkeit? –, die die Macht und das Ansehen hätten, etwas zu ändern, ist unüberbietbar. Einem Land wie Bangladesh, das von der Hilfe anderer abhängig ist, kann man sehr wohl Vorschriften machen, soweit es eine menschenwürdige Behandlung der Frauen betrifft. Man muß nur den Mund aufmachen. Aber es hat allen offensichtlich die Sprache verschlagen. Mit einer Ausnahme:

»Jeden Tag werden Frauen weiterhin das Opfer von Vergewaltigung, Menschenhandel, Säureattentaten, Mitgiftmorden und anderer Arten von Torturen. Zu Beginn dieses neuen Jahrhunderts werden Frauen in vielen Teilen der Welt noch immer nicht als gleichwertige menschliche Wesen anerkannt. Religion und Männerherrschaft halten sie weiterhin mit alles erdrückender Gewalt gefangen und perpetuieren und rechtfertigen somit eine jahrhundertelange Unterdrückung. In einigen Gesellschaften in Südasien nimmt diese Unterdrückung sogar noch zu.«

Sie weiß, wovon sie spricht: Taslima Nasreen. Denn schließlich stammt sie aus Bangladesh, aus dem sie vertrieben wurde, weil sie es wagte, was alle anderen sich nicht trauten: das himmelschreiende Unrecht, das man an den Frauen ihres Heimatlandes begeht, publik zu machen. Durch Bücher, die sie schrieb und die sie zum Symbol einer Vorkämpferin für die Rechte der Frau in der Welt, insbesondere aber in ihrem eigenen Land werden ließen. Darin nimmt sie kein Blatt vor den Mund: etwa, wenn sie die Frauen auffordert, ihrerseits Männer zu vergewaltigen. Oder indem sie den Vorwurf erhebt, der Koran leiste der Diskriminierung der Frauen Vorschub. Was ihr eine Fatwa einbrachte, einen Aufruf der Fundamentalisten, sie zu ermorden. Sogar ein Kopfgeld haben sie ausgesetzt. Nasreen befindet sich somit in der gleichen Lage, in der sich Salman Rushdie befand, gegen den Khomeini ein Todesurteil verhängte. Doch es besteht ein Unterschied: Rushdie kämpft für die Freiheit des Wortes, Nasreen für die Befreiung der Frau. Sie verfolgt ein konkretes Ziel und hat klar erkannt: Solange eine Gesellschaft den Gesetzen einer Religion unterworfen ist, wird es keine Gleichberechtigung für die Frau geben. Diese Erkenntnis deckt sich in frappierender Weise mit dem Befund, zu dem man bei der Untersuchung der gesellschaftlichen Entwicklung der Frau in Ägypten gelangt; worauf eingangs hingewiesen wurde. Freilich sind hier wie dort die Aussichten auf eine Beschränkung der Religion auf ihre ursprüngliche, ethische Funktion eher begrenzt. Und somit auch die Möglichkeiten, in absehbarer Zeit eine Besserstellung der Frau in der Gesellschaft zu erlangen.

Pretty Picture

Nach unserem kurzen Ausflug in die beiden Nachbarländer Indiens im Westen und Osten wollen wir uns nun wieder dem eigentlichen Kernland des indischen Subkontinents zuwenden, um unseren Gang durch die Geschichte Indiens am Beispiel der Frau zum Abschluß zu bringen. Wie zu erwarten, steht es auch hier mit der Situation der Frau nicht zum besten. Nehmen wir ein augenfälliges Beispiel, das zugleich symptomatisch für die neuere Entwicklung Indiens ist:

»Einige Minuten lief das Mädchen neben unserer Fernsehkamera her – dann fing es an zu weinen. ›Wie heißt du?‹ fragte ich die Kleine. ›Schuschilla.‹ Wortlos hielt uns die Siebenjährige, die bei ihrer Großmutter in der Nähe der südindischen Stadt Mysore lebt, ein Polizeidokument entgegen. Wir sahen die verkohlte Leiche einer jungen Frau. Es war Schuschillas Mutter. Sie war im Haus ihrer Schwiegereltern mit Kerosin übergossen und verbrannt worden. Die Mutter von drei Kindern konnte die von der Familie ihres Mannes immer wieder geforderte Mitgift nicht mehr bezahlen.«

Was der Fernsehjournalist Franz Alt hier schildert, ist kein Einzelfall: Worüber er im »Focus« schrieb, darüber hatte auch schon der »Spiegel« kurz zuvor berichtet:

»Goldene Ketten, goldene Armreifen sind in Indien ungemein begehrt. Doch die Schwestern Baljeet und Manjeet Kaur, wohnhaft im Bundesstaat Punjab und verheiratet mit zwei Brüdern, konnten nicht mit so edler Mitgift glänzen. Das war ihr Todesurteil: Die Schwiegermutter zwang sie, ein Pestizid zu trinken.

Auch Motorroller stehen hoch im Kurs. Die im sechsten Monat schwangere Navjeet Kaur aus Delhi sollte ihre Mitgift um ein solches Gefährt aufstocken, wozu sie nicht im Stande war. Fatale Konsequenz: Die Schwiegereltern quälten sie zu Tode.

In einem Vorort der Hauptstadt kamen Nachbarn zu spät, als die gleichfalls schwangere Sudha Goel in Flammen stand. Ein weiteres Beispiel für die grausame Geldgier angeheirateter Verwandtschaft: Ihre Schwiegermutter hatte Goel mit Kerosin übergossen und angezündet.«

Genaue Zahlen sind nicht zu ermitteln: Man spricht von 7000 Mitgiftmorden pro Jahr; andere Zahlen verweisen auf 15 derartige Morde pro Tag; wieder andere beziffern die Zahl der Frauen, die in Indien um der Mitgift willen getötet oder verstümmelt werden, auf 25 000 pro Jahr; allein in Delhi, der Hauptstadt des Landes, sollen in den Jahren 1987 bis 1994 über 100 000 Gewalttaten an jungen Frauen begangen worden sein. Wie auch immer man die Zahl derartiger Ausschreitungen gegenüber Frauen beziffert, eines ist gewiß: Sie ist erschreckend hoch und steigt immer weiter; allein 1998 verzeichnete man einen Anstieg der Mitgiftmorde gegenüber dem Vorjahr um 15,2 Prozent. Man schätzt, daß die Dunkelziffer drei- bis viermal höher ist als alle offiziellen Statistiken. Und dies, obwohl es seit 1961 ein Gesetz gibt, das die Mitgiftforderung unter Strafe stellt.

Doch mit Gesetzen ist das so eine Sache, in Indien ebenso wie in Pakistan oder Bangladesh: Sie werden erlassen (sofern man sich denn dazu aufrafft), aber nicht durchgesetzt; und schon gar nicht befolgt. Welch letzteres zwei Gründe hat: Man braucht nicht nur nicht den Arm des Staates zu fürchten – der in einem solchen Fall gemeinhin als »Papiertiger« gilt, wie es das indische Nachrichtenmagazin »India Today« im Zusammenhang mit den Mitgiftmorden konstatierte –, die Opfer, die unter der Mißachtung dieses Gesetzes zu leiden haben, wissen zumeist auch gar nicht um dessen Existenz. Und selbst wenn die Behörden einschreiten, gibt es immer noch Mittel und Wege, ihre Bemühungen ins Leere laufen zu lassen: Beamte, Polizisten wie Richter, sind notorisch bestechlich, was erklärt, daß bisher noch nie die Schuldigen eines Mitgiftmordes in einer auch nur annähernd angemessenen Weise belangt worden sind. Niemand fühlt sich bemüßigt, ein Exempel zu statuieren, und so wird fleißig weiter gemordet (oder eben in infernalischer Weise mit Säure oder einer Rasierklinge hantiert). Nichts beweist deutlicher, wie sehr man noch immer – trotz wohlmeinender Paragraphen – die Persönlichkeit der Frau mißachtet. Ja, mehr noch: Im Grunde verachtet man das weibliche Geschlecht, von klein auf, wie eh und je.

Das fängt schon bei der Geburt an: am liebsten erst gar nicht ein weibliches Wesen zur Welt bringen. Daher geht man immer mehr dazu über, eine pränatale Geschlechtsbestimmung vornehmen zu lassen – sofern man es sich leisten kann –, in der Absicht, gegebenenfalls die unerwünschte Geburt eines Mädchens zu verhindern. So wird von einem Fall berichtet, wonach in Bombay, wo das Geschäft mit der Abtreibung blüht, allein in einer einzigen Klinik, die sich auf derlei Praktiken spezialisierte, von 7000 Abtreibungen im Jahr 6900 deshalb vorgenommen wurden, weil es nicht ein Sohn geworden wäre, wie man es sich gewünscht hatte.

Und sollte eben doch das Unerwünschte eintreten – weil man keine Möglichkeit sah, das Schicksal zu ändern –, dann muß das Mädchen eben dafür büßen, daß es sich erkühnt hat, auf die Welt zu kommen. »Ich mußte schon im Haushalt helfen, als ich kaum laufen konnte«, so das Zeugnis einer jungen Inderin unserer Tage. »Mein Bruder aber durfte spielen. Er bekam bei Tisch immer die saftigsten Fleischbrocken, ich nur die Reste. Er ging zur Schule, ich wurde verheiratet.«

Auch Kinderehen sind verboten: 1955 wurde ein umfassendes Gesetz zur Neufassung von Bestimmungen, die die Ehe betrafen, erlassen. Darin wird das Mindestalter für eine Heirat bei Mädchen auf 15 Jahre festgesetzt. Doch das hindert niemanden, wenn ihm danach ist, die Tradition der Verheiratung von Kindern fortzusetzen, was zumindest in ländlichen Gebieten noch häufig geschieht: »Wedding of the Dolls«, »Hochzeit der Puppen«, betitelte »India Today« einen Bericht, der diesen Mißstand aufgriff. Der jüngste Heiratskandidat, ein Mädchen namens Ganga, nach dem heiligen Fluß benannt, war gerade einmal elf Monate alt.

Ob verheiratet oder nicht, ein Mädchen hat von klein auf ein schweres Los. »India Today«:

»Es ist kein schönes Bild. Das Schicksal der Mädchen in Indien im Alter von 15 Jahren und darunter – etwa 140 Millionen an der Zahl – schreit verzweifelt nach Fürsorge und einfühlsamer Zuwendung. Sie stellen zwanzig Prozent der Bevölkerung Indiens dar, doch man verweigert ihnen ausreichend Nahrung und Fürsorge, weil ihre Eltern selbst Opfer und Gefangene grausamer Tradition und wirtschaftlicher Umstände sind, die dem weiblichen Geschlecht eine schreckliche Verantwortung aufbürden. Für ihre Sünden verbrennt man sie als erwachsene Braut um Mitgiftforderungen willen oder verdammt sie, wenn sie bei der Heirat noch Kinder sind, zu einer lebenslangen Witwenschaft in Armut, wenn der Ehemann stirbt, selbst dann, wenn die Ehe noch nicht vollzogen ist.«

»Sünde« bedeutet hier, daß man Frauen und Mädchen die Schuld an allem gibt, was einer Familie an Mißlichkeiten widerfahren kann: Bleibt die Mitgiftzahlung aus oder reicht sie nicht aus, bringt die Frau Schande über ihre Eltern, so daß sie es schließlich selbst vorziehen, wenn sie in den Tod geht, den die Familie ihres Mannes ihr auferlegt. Wobei es nicht immer die Schwiegereltern oder gar die Ehemänner sind, die es so einrichten, daß die Frau einem »Unfall in der Küche«, wie Mitgiftmorde verharmlosend genannt werden, zum Opfer fällt, sondern die Frauen häufig auch selbst Hand an sich legen, weil sie keinen anderen Ausweg mehr sehen. Und ist es der Mann, der stirbt, dann gibt man der Frau die Schuld und läßt sie den Rest ihres Lebens dafür büßen.

»Not a pretty picture«, wie es »India Today« ausdrückt. Wahrlich, ein elendes Dasein, zu dem die Frau noch immer verdammt ist. Und ein Ende ihrer Pein ist nicht in Sicht.

Dabei ist vielleicht das Erschreckendste, daß die Frauen selbst ihr elendes Schicksal so sehr verinnerlicht haben, daß sie selbst dazu beitragen, ihresgleichen zu malträtieren. Schwiegermütter sind vielleicht immer mit Vorsicht zu genießen, ganz besonders aber in Indien: Wo sonst läßt sich eine Schwiegermutter dazu herbei, die Frau ihres Sohnes mit eigenen Händen zu ermorden, indem sie ihr ein Pestizid verabreicht oder sie mit Kerosin übergießt und anzündet, wie der »Spiegel« konstatiert? Will sie sich für das Unrecht, das man auch ihr zugefügt hat, rächen, an dem einzigen Wesen, an dem sie sich rächen kann? Wie groß muß das Leiden der Frauen in Indien sein, daß sie darüber jegliches Mitgefühl vergessen!

Im 20. Jahrhundert

»Hunderte hatten sich schon am Verbrennungsplatz der Rajputen, hundert Meter von ihrem Haus entfernt, versammelt. Fünfzehn Minuten lang, so berichten die Dorfbewohner, umschritt sie den Scheiterhaufen. Erklärt Tej Singh Shekhawat [einer der Dorfbewohner]: ›Wir machten sie immer wieder darauf aufmerksam, daß es allmählich zu spät wurde und die Polizei eintreffen könnte, aber sie bedeutete uns, Geduld zu üben. Dann bestieg sie den Scheiterhaufen, und man legte den Kopf ihres Mannes in ihren Schoß.‹ Pushpendra Singh, der jüngere, 15-jährige Bruder Mal Singhs [des Ehemannes] zündete den Scheiterhaufen an. Doch die Holzscheite fingen nicht Feuer. Und, wie es in der Erklärung eines Dorfbewohners heißt, fiel Roop Kanwar in diesem Augenblick, mit versengten Füßen, vom Scheiterhaufen herunter, und man mußte ihr helfen, daß sie ihn wieder bestieg. Inzwischen begann so gut wie jede Familie im rajputischen Teil des Dorfes, einen Eimer mit Ghee [flüssiger Butter] herbeizuschaffen und damit das rauchende Holz zu übergießen, bis die Flammen hochschlugen. Um 1 Uhr 30 war alles vorbei – der zweite erfolgreiche Sati im Dorf nach 70 Jahren.«

Doch anders als alle anderen vorausgegangenen Satis in neuerer Zeit war diesem eine besondere Aufmerksamkeit beschieden, die sogar die Weltpresse bewegte. »War ihr qualvoller Tod ein Ehrenopfer?« fragte das amerikanische Nachrichtenmagazin »Time«. »Verdient sie die Verehrung, die sie bei traditionalistischen Hindus genießt? Oder war Roop Kanwar ein Opfer mittelalterlicher Barbarei, wie Feministinnen und indische Kläger behaupten?«

Die Frage, was denn nun tatsächlich an jenem Tag, als Roop Kanwar auf dem Scheiterhaufen ihres Mannes starb, geschah, war auch neun Jahre nach dem Ereignis, als die indische Justiz ein Urteil fällte, noch nicht endgültig geklärt. Auch wenn die Angeklagten, die angeblich für den Tod Roop Kanwars verantwortlich waren, freigesprochen wurden.

Man hatte sie des Mordes an Roop Kanwar angeklagt, doch den Tatbestand einer vorsätzlichen Tötung konnte man nicht nachweisen. Hätte man dagegen auf *Anstiftung* zum Mord, und zwar Selbstmord, geklagt, wäre das Urteil vermutlich anders ausgegangen. Denn nach allem, was man weiß, war zumindest die Nötigung des Opfers, den verhängnisvollen Gang zum Scheiterhaufen zu gehen, mit im Spiel. Und sei es auch nur, daß man die Trauer und Verwirrung der jungen Witwe ausnutzte, um sie in einen Tod zu treiben, der immer noch in vielen Teilen Indiens, besonders aber in Rajasthan, als ehrenvoll gilt.

Zweifel sind in jedem Fall angebracht, denn zunächst einmal war Roop Kanwar keine einfache Dorfschöne, obwohl ihre Schönheit gerühmt wird. Sie stammte aus Jaipur, immerhin die Hauptstadt des indischen Bundesstaates Rajasthan; ihre Familie zählte zum Mittelstand, und das Mädchen hatte eine gute Erziehung genossen. Die erste Frage, die sich ergibt, betrifft die Wahl ihres Ehepartners: Mal Singh lebte in einem kleinen Dorf, drei Stunden von Jaipur entfernt; er war noch in der Ausbildung, wollte Arzt werden, hatte aber eine Prüfung bereits nicht geschafft und sollte auch bei weiteren Prüfungen durchfallen. Er war vierundzwanzig, sie achtzehn, als sie starben; sie waren nicht einmal acht Monate verheiratet gewesen. Davon hatte Roop Kanwar kaum einen Monat mit ihrem Ehemann zusammengelebt. Was die zweite Frage aufwirft: In der Ehe stimmte offensichtlich etwas nicht! War es nur Niedergeschlagenheit, möglichweise sogar Depression oder Verzweiflung, die Mal Singh empfand angesichts der Schmach, sein berufliches Ziel, nicht zu erreichen? Es kam auch das Gerücht auf, daß Mal Singh dem, was man die ehelichen Pflichten nennt, nicht nachkommen konnte; vielleicht, weil er niedergeschlagen war. Könnte das der Grund gewesen sein, daß Dr. Magan Singh, ein Vetter des Ehemannes, womöglich die Gelegenheit nutzte, mit der schönen, jungen Braut, die verstört und verwundbar war, eine Affäre zu beginnen, wie gleichfalls gemunkelt wurde? Daß die Ehe bereits zerrüttet war, ehe sie eigentlich begann, und Roop Kanwar womöglich Schuldgefühle empfand und am Ende keinen anderen Ausweg sah, als freiwillig in den Tod zu gehen und damit Buße zu tun? Oder wurde sie von den Schwiegereltern dazu gedrängt, um Schimpf und Schande von ihrem Haus fernzuhalten? Vielleicht mit Hilfe Magan Singhs, der Arzt war und die vermeintliche Affäre vertuschen wollte und eine willkommene Gelegenheit sah, möglicherweise einen Skandal abzuwenden, als Mal Singh plötzlich starb. Auch die Ursache seines Todes ist nicht geklärt. Hat er sich womöglich selbst umgebracht – vergiftet? Angeblich wurde er mit Magenbeschwerden in ein Krankenhaus eingeliefert, wo sich allerdings kein Nachweis für seine Einlieferung oder eine Behandlung fand. Rätsel über Rätsel. Auch die Eltern Roop Kanwars, die doch am ehesten daran interessiert gewesen sein sollten, das Geheimnis um den Tod ihrer Tochter zu lösen, waren nicht sehr hilfreich bei der Aufklärung. Nur deshalb, weil sie erst *nach* dem Opfergang der Tochter über ihren Tod unterrichtet wurden?

Gänzlich schuldlos waren die Eltern zweifellos nicht; wie in Indien üblich, haben sie vermutlich die Ehe für ihre Tochter arrangiert, womöglich gegen ihren Willen. Ein angehender Arzt gilt in Indien als eine gute Partie; Roop Kanwar, die das städtische Leben in Jaipur gewöhnt war, wird aber nicht sehr glücklich gewesen sein, sich plötzlich in einem Dorf in der Provinz, das quasi noch in der Vergangenheit lebte, wiederzufinden. Mit einem Mann, der womöglich weder als Ernährer noch als Ehemann taugte. Deshalb nahm sie Reißaus, sobald sie konnte. Möglicherweise auch, um den Avancen Magan Singhs zu entgehen, wofür sich dieser vielleicht rächen, sofern er nicht nur einen Skandal verhindern wollte. Indem er sie unter Drogen setzte – eine alte Tradition, die beim Opfergang einer Frau auf dem Scheiterhaufen ihres Mannes geübt wird, um sicherzugehen, daß das Spektakel auch tatsächlich stattfindet.

Denn Sati ist vor allem ein spektakuläres Schauspiel, an dem nicht zuletzt auch verdient wird. Der Ort, wo eine Frau Sati begeht, wird zum Schrein – eine Pilgerstätte, die man als Heiligtum verehrt. Davon gibt es unzählige in Indien, vor allem in Rajasthan, wo sich die Sitte des Sati am hartnäckigsten erhalten hat. Von den 40 Fällen von Sati, die seit 1947, dem Jahr der Unabhängigkeit, in Indien registriert wurden, entfallen 28 auf Rajasthan.

Deorala, der Ort, wo Roop Kanwar den Akt des Sati beging, hat immerhin in den neun Jahren, die bis zur Urteilsverkündung vergingen, 150 000 Dollar, an Opfergaben und dem Obolus, den die in Scharen herbeiströmenden Pilger nur zu gerne für ein Bild entrichteten, das Roop Kanwar zeigt, wie sie von den Flammen verschlungen wird, eingenommen. 150 000 Dollar, das ist in Indien, zumal in einem entlegenen Dorf in Rajasthan, eine Menge Geld. Man könnte also sagen, daß sich das Geschäft gelohnt hat.

Immerhin, die indische Regierung hat sich dazu aufgerafft, 1988, ein Jahr nach den tragischen Ereignissen in Deorala, ein Gesetz zu erlassen, das jegliche Anstiftung zum Akt des Sati unter Strafe stellt; wer gegen dieses Gesetz verstößt, dem winkt die Todesstrafe.

Für Roop Kanwar kam dieses Gesetz zu spät. Was wirklich geschah, wird man wohl nie erfahren. »India Today«, das indische Nachrichtenmagazin, resümiert:

»Roop Kanwars wirkliche Gedanken, ihre Geheimnisse sind mit ihr verbrannt. Alles, was übrigbleibt, sind Mythen und Aberglauben. Ob sie gezwungen wurde oder aus freiem Willen handelte: die nackte, brutale Wahrheit ist, daß eine Frau, die kaum erwachsen war, lebendig verbrannt wurde unter dem Jubel und Beifall einer rasenden Menge im Indien des 20. Jahrhunderts und nun zur Grundlage einer höchst einträglichen religiösen Verehrung geworden ist.«

Im Grunde hat sich in Indien nur wenig geändert. Zumindest auf dem Lande lebt man häufig noch wie vor Jahrhunderten.

Rapiristan

Sati ist ein eklatantes Beispiel für die besondere Art des Traditionalismus in Indien, der – unter dem Deckmantel der Religion – vor allem die Frau benachteiligt. Dabei stellt Sati freilich heute nur noch eine Ausnahmeerscheinung dar, auch wenn dieser Brauch als ein besonderes Symbol für die prekäre Lage der Frau in Indien gilt. Zudem ist Sati immer nur auf bestimmte Bevölkerungskreise, die eine orthodoxe Auslegung der Religion pflegten, beschränkt gewesen. Die Frau im Volke hatte darunter gewöhnlich nicht zu leiden, was aber nicht heißt, daß ihr Leben unbeschwert verlaufen wäre. Die Frau der niederen Bevölkerungsschichten unterlag zwar nicht den strengen Geboten, die zum Aufkommen von Sati und der Erscheinung des Purdah-Systems führten, doch deshalb war ihr Los nicht etwa beneidenswerter. Sie genoß zwar größere Freiheit, doch ihr Dasein war geprägt von Unwissenheit und Armut, und daraus ergaben sich Mißstände, die bis auf den heutigen Tag andauern. Hier einige Beispiele:

»Ihre Marter begann vor vier Jahren in ihrer Hochzeitsnacht. Die junge Mewar sah mit Schrecken, wie ihr Mann Rakesh Sansi, der sie gerade geheiratet hatte, sich ihr mit einer Strähne entflochtenen Garns – der Fluch einer jeden Braut in der Gemeinschaft der Sansi in Rajasthan – in der Hand näherte. Er verwendete das Garn für die Kukari-Probe – einem groben Jungfrauentest, bei dem vorausgesetzt wird, daß ein unversehrtes Hymen ein Beweis für Unberührtheit ist – und stürmte dann hinaus, um vor seinen Verwandten zu verkünden: ›Yeh to kharab hai‹ (sie ist unrein)!«

»Prem erinnert sich nicht an alle Einzelheiten. Sie entsinnt sich einer Gruppe stockschwingender Männer, die sie und zwei andere Frauen irgendwo in Pratapgarh, in Rajasthan, Bana und Bansi vorführten. Als einer der Brüder in ihre Richtung nickte, traf sie von hinten ein Schlag mit einem Stock, und sie wurde in einen Jeep geworfen. Als Sie erwachte, befand sie sich 300 Kilometer entfernt, in dem Dorf Napa Ka Khera im Distrikt von Ajmer. Sie war als Braut für Bansi gekauft worden.«

»Manjit Kaur ist 18 Jahre alt. Im vergangenen Monat wurde sie von einem Polizeitrupp während einer Razzia, die man in einem terroristischen Schlupfwinkel durchführte, befreit. Schwanger und traumatisiert, erzählte das schluchzende junge Mädchen seine tragische Geschichte. Mehr als sechs Monate lang war sie das Opfer einer schockierenden und wenig beachteten Seite der Kalaschnikow-Kultur im Panjab gewesen – des sexuellen Terrorismus.«

Die Liste ließe sich fortsetzen; ganze Bände könnte man damit füllen, und es würde immer auf das gleiche hinauslaufen: die Frau als Opfer sexueller Übergriffe. Sei es nun ein »Jungfrauentest«, Entführung oder Terrorismus. Und es wäre auch mehr als wahrscheinlich, daß am Ende ein Urteilsspruch stünde – soweit es überhaupt zu einem Verfahren käme –, der so lautet wie dieser:

»Ich schließe schlechtes Benehmen, Belästigung und tätliche Bedrohung nicht aus. Doch ich bin überzeugt, daß keine Vergewaltigung stattgefunden hat. Eine Vergewaltigung kann nur unter besonderen Umständen stattfinden und nicht, wenn eine Gruppe ausgewählter Männer im Alter von 25 bis 68 Jahren zusammen ist.«

So ein Richter in Bihar, der über eine Massenvergewaltigung, die von der Polizei verübt wurde, befand. Kein Wunder, daß man selbst in Indien von »Rapiristan« spricht, wenn man sich auf eine Gegend wie Bihar, wo derlei Vorkommnisse besonders häufig sind, bezieht. Wozu man wissen muß, daß Vergewaltigung auf Englisch »rape« heißt und daß Englisch das allgemeine Verständigungsmittel in Indien ist, soweit es die gebildeteren Kreise betrifft. »Rapiristan«, das klingt wie Rajasthan oder Hindustan und könnte sich eigentlich auf jeden Landesteil in Indien beziehen. Denn Vergewaltigungen sind in Indien so häufig, daß man eigentlich ganz Indien »Rapiristan« nennen könnte.

Vor allem auf dem Lande wird vergewaltigt: einzeln oder auch gleich zu mehreren – die Frau ist Freiwild, wenn sie zu den unteren Schichten gehört. Selbst die Polizei ist darüber nicht erhaben: in Gefängnissen werden Frauen routinemäßig mißbraucht. Das gehört sozusagen zum Privileg eines Polizisten – und zum Risiko, das eine Frau eingeht, wenn sie – aus welchen Gründen auch immer – in die Fänge der Polizei gerät.

Doch der Reihe nach. Ein Jungfrauentest – nun gut, davon geht vielleicht die Welt nicht unter. Jungfräulichkeit stand schließlich auch bei uns einmal hoch im Kurs. Doch mit der Jungfräulichkeit in Indien hat es eine besondere Bewandtnis: sie ist noch immer *conditio sine qua non*, Unabdingbare Voraussetzung. Sieht man von neueren Entwicklungen in den Städten, die aber noch immer eine Ausnahme sind, einmal ab.

Doch diese Art der Jungfräulichkeit – als Beweis der Keuschheit – ist bei den Sansi in Rajasthan eigentlich gar nicht so sehr gefragt, denn es geht um etwas ganz anderes: egal, ob ein Mädchen jungfräulich in die Ehe geht oder nicht, es zahlt sich für die Familie ihres Mannes allemal aus, wenn man sie als unkeusch deklariert. Denn dann besteht Aussicht auf Cash; die Forderungen sind unbegrenzt, Hunderttausende von Rupien werden verlangt. Zahlen muß der tatsächliche oder vermeintliche Liebhaber. Und wehe, die Bedrängte kann keinen nennen, dann wird sie so lange malträtiert, bis ihr einer einfällt. Ganz gleich, wer. Hauptsache, man quält sie nicht weiter. So viel zum Jungfrauentest in Rajasthan, auch wenn er dort nicht die Regel ist. Aber so etwas macht Schule.

Womit wir beim nächsten Thema wären: die Entführung von Frauen, gleichfalls in Rajasthan. Dieser Mißstand erfreut sich bereits beachtlicher Beliebtheit, freilich nicht bei den Betroffenen. Aber wer fragt die schon?

Im Grunde geht es eigentlich nicht um Entführungen, es handelt sich schlichtweg um Kauf und Verkauf. Der Ehemann verkauft, und ein neuer kauft. »India Today« kommentiert:

»Es ist eine Rückkehr ins finstere Mittelalter. In verschiedenen rückständigen Gegenden Rajasthans werden Frauen ungestraft gekauft und verkauft, während die Polizei und die Panchayats [Dorfräte] wegschauen. Prem hatte Glück – sie konnte fliehen. Doch jedes Jahr werden Hunderte wie sie von Mann zu Mann weitergereicht, für Geld. Und es sind die Ehemänner, die als Versteigerer fungieren.«

Auch wenn sich dieser Kommentar auf Rajasthan bezieht, das besonders rückständig ist, so bedeutet das nicht, daß es in anderen Teilen Indiens zivilisierter zugeht. Soweit es Frauen betrifft, so lebt man auch hier noch im Mittelalter. Das trifft selbst für die großen Städte zu, wie wir noch sehen werden.

Aber da ist noch der Panjab. Und natürlich Bihar, das Schlußlicht unter den Bundesstaaten Indiens. Hier geht es wahrhaftig drunter und drüber. In Bihar wird gemordet, geplündert, vergewaltigt. Ohne daß der Staat einschreitet; der – zumindest in Bihar – so korrupt ist, daß es eigentlich zum Himmel schreit. Was hätte wohl der selige Buddha gesagt, der immerhin in der Gegend von Bihar das Licht der Welt erblickte, wenn er dieses elenden Zustandes, den Bihar heute bietet, ansichtig geworden wäre?

Und der Panjab, die Heimat der Sikhs? Der Terror ist inzwischen überwunden. Vielleicht auch so manche Wunde verheilt, soweit das möglich ist. Aber auch der Panjab erteilt uns eine Lehre: Wo immer die Möglichkeit besteht, ungeschoren davonzukommen, ganz gleich, ob es im Namen der Freiheit geschieht, aus Habgier oder auch aus Not oder einfach nur aus purer Gesetzlosigkeit, vergreift man sich an den Wehrlosen, den Frauen, verkauft, mißhandelt und erniedrigt sie. Bis ihre Seelen gebrochen sind. Und sie nur noch in dumpfem Schweigen und bar jeder Hoffnung vor sich hindämmern. Sofern sie es nicht vorziehen, sich das Leben zu nehmen.

Die Banditenkönigin

Die Leidensfähigkeit der Inderin erscheint oft grenzenlos. Dennoch sollte nicht übersehen werden, daß sich seit einiger Zeit Widerstand regt. Er ist jedoch weitgehend auf die Städte beschränkt und wird zudem von Frauen getragen, die den höheren Gesellschaftsschichten angehören, zumindest nicht Angehörige der ärmeren Bevölkerungsteile sind, auch wenn sie sich inzwischen auch deren Belange auf die Fahnen geschrieben haben.

Ein Aufbegehren der Frauen auf dem Lande ist immer noch eine Seltenheit. Denn zum einen steht den Frauen dort ihre Unwissenheit im Weg, womit nicht ein Mangel an Lebensweisheit gemeint ist, über die sie sehr wohl verfügen. Was den Frauen in den ländlichen Gebieten – und das sind immerhin noch immer rund drei Viertel aller Frauen in Indien – fehlt, das ist ein *Bewußtsein* ihrer prekären Lage. Zudem wissen sie nicht um ihre *Rechte*, die ihnen der Staat zuerkennt und die sie einfordern könnten, wenn sie sich ihrer bewußt wären. Hinzu kommt, daß sie kaum in der Lage wären, ihren Protest gegen die Mißachtung dieser Rechte zu artikulieren, da sie weder lesen noch schreiben können. Sie können also keine schriftlichen Eingaben machen oder sich etwa an die Medien wenden. Außerdem ist die Vormacht der Männer auch auf dem Lande noch immer so groß, daß es den Frauen praktisch unmöglich ist, irgendwelche Initiativen zu ergreifen ohne die Zustimmung der Männer, die sich natürlich einem Aufbegehren der Frauen widersetzen. Denn wie arm sie auch immer sein mögen und wie elendig ihr Leben ist, es gibt doch immer noch einen Trost:

die Macht, die der Mann über die Frau besitzt und die er sich nicht nehmen läßt.

Um so aufsehenerregender war deshalb eine Nachricht, die im Jahre 1981 Schlagzeilen machte: Eine Frau hatte es gewagt, Hand gegen ihre Peiniger zu erheben! Und nicht nur waren dies Männer; sie gehörten auch noch einer angesehenen Kaste an. So etwas hatte es noch nicht gegeben!

Was war geschehen? Eine Bande Aufsässiger, sogenannte *Dacoits*, wie man marodierende Banden auf dem Lande in Indien nennt, hatte ein Dorf in Uttar Pradesh, in Zentralindien, überfallen und fast zwei Dutzend Dorfbewohner, Angehörige einer höheren Kaste, ermordet. Das Bemerkenswerte daran war, daß es sich bei den Ermordeten aussschließlich um Männer handelte. Und was noch ungewöhnlicher war: Nicht ein Mann, sondern eine Frau hatte die Bande angeführt. Ihr Name wurde mit »Phoolan Devi« angegeben, was »Blumengöttin« bedeutet. Wie es hieß, habe sie aus Rache gehandelt.

Bald schon erlangte Phoolan Devi, die »Banditenkönigin«, wie man sie taufte, Berühmtheit. Unzählige Bücher erschienen, und auch ein Film wurde über sie gedreht, der vor allem in Indien Furore machte. Besonders eine Szene sorgte für Sprengstoff. Dazu heißt es in einer Besprechung des Films in dem Nachrichtenmagazin »India Today«:

»Die Szene ist peinlich genau gefilmt. Aufgenommen von einer erhöhten Stellung, um die ungeheure Weite zu betonen, die die gebückte Gestalt Phoolans unter den erniedrigenden Blicken der Dorfbewohner zu durchmessen hat, unterstreicht sie die Scham, die mit geschlechtlicher Nacktheit in der ländlichen Gesellschaft verbunden ist. Zuvor hat sich Phoolan geweigert, mit Vikram den Liebesakt unbekleidet zu vollziehen.«

Vikram, der der gleichen Kaste der Mallah, der Fischer, angehörte wie Phoolan Devi, war der Geliebte der »Blumengöttin« gewesen. Er war es, der sie mit dem Leben der Dacoits vertraut gemacht hatte, nachdem sie ihrem bisherigen Leben den Rücken gekehrt hatte. Dieses war nach dem üblichen Muster verlaufen: mit elf Jahren verheiratet an einen älteren

Mann, der sie mißhandelte, so daß Phoolan zu ihren Eltern zurückkehrte, die sie jedoch nicht mehr aufnehmen wollten und bei einem Onkel unterbrachten. Mit dessen Sohn überwarf sich Phoolan, als sie Partei für ihren Vater ergriff, der mit dem Onkel in einen Rechtsstreit um ein Stück Land verwickelt war, das der Vetter Phoolans zu erben gedachte. Man machte ihr Mangel an Fügsamkeit zum Vorwurf, setzte das Gerücht in Umlauf, sie sei eine Hure, obwohl das völlig aus der Luft gegriffen war, und verbannte sie schließlich in ein anderes Dorf, wo sie wiederum bei Verwandten unterkam. Als das Haus des Onkels, mit dessen Sohn sie sich angelegt hatte, von Banditen überfallen wurde, fiel der Verdacht auf sie, und die Polizei nahm sie fest und warf sie ins Gefängnis, wo man sie vergewaltigte. Das war Anfang 1979; Phoolan Devi war damals 22 Jahre alt.

Nach drei Wochen Haft (und Vergewaltigung) gab man die Gefangene gegen eine Kaution frei, und von diesem Augenblick an war Phoolan Devi nicht mehr das, was sie bislang gewesen war: sie schloß sich den Banditen an, deren Anführer Vikram ihr zugetan war und sie zu seiner Geliebten machte. Die »Blumengöttin« sah eine Chance, ihr Leben nicht mehr nur zu erdulden, sondern den Lauf der Dinge selbst zu bestimmen.

Unglücklicherweise entbrannte eine Rivalität innerhalb der Gruppe, der sie sich angeschlossen hatte, wobei sie der Grund für eifersüchtige Auseinandersetzungen war. Diese endeten damit, daß Vikram ermordet wurde und Phoolan Devi in die Hände seines Rivalen fiel, den sie verabscheute und der ihr in dem Dorf, aus dem er stammte, jene Schmach zufügte, auf die sich die umstrittene Szene in dem Film bezieht. Sie selbst legt darüber in einer Autobiographie, die auf Initiative eines französischen Verlegers zustande kam, beredtes Zeugnis ab:

»Sie fielen über mich her wie Wölfe. Sie zerrten mich hinter sich her und hoben mich hoch, und ich fiel, und sie zogen mich wieder an meinen Haaren hoch. Ich sah Dinge, die ich nie wieder vergessen kann. Ich sah Gesichter in einer Menschenmenge, und ich war nackt ihren Blicken ausgesetzt. Dämonen kamen ohne Unterlaß aus dem Feuer der Hölle, um mich zu vergewaltigen. Ich bat zu den Göttern und Göttinnen, mir zu helfen, mich am Leben zu lassen, mich durch die feuchten Felder laufen zu lassen, die Schluchten hinaufzuklettern, mich Rache nehmen und den rothaarigen Dämon [ihren Peiniger] erschlagen zu lassen. Dann kehrte die Dunkelheit zurück, und ein anderer Mann lag grunzend auf mir, ein alter Mann, ein Gespenst, schwitzend mit dem Gestank des Todes.«

Die Pein und Schmach, die Phoolan Devi in dem Dorf Behmai erdulden mußte, dauerte drei Wochen. Dann gelang ihr die Flucht. Sie schwor Rache, und fortan war sie es, die wie eine entfesselte Dämonin Vergeltung für all das Unrecht übte, das die Reichen und Mächtigen an all den Armen und Ohnmächtigen begingen. In ihren eigenen Worten:

»Die Leute meiner Kaste hörten von all dem. Wenn eine Mutter ihre Tochter oder ein Mann seine Frau oder seine Schwester beschützen wollte, so wußten sie, daß sie nur zu dem Vergewaltiger zu sagen brauchten, daß Phoolan Devi ihn bestrafen wird.

Und ich tat es.

Ich half den Armen, indem ich ihnen Geld gab, und ich bestrafte die Bösen mit den gleichen Qualen, die sie andern zufügten, denn ich wußte, die Polizei hörte niemals auf die Beschwerden der Armen. Ich wußte, daß es Hunderte von Mädchen gab, die dazu gezwungen worden waren, gefährliche Abtreibungen vornehmen zu lassen, um nicht der Schande ausgesetzt zu sein, oder aber sich in den Fluß [Jumna] zu werfen oder sich in der Tiefe eines Brunnens zu ertränken, weil man sie wie Prostituierte behandelte und sie Angst hatten. Sie hatten alle Angst.«

Phoolan Devi wurde zur Legende. Man verglich sie mit Robin Hood, und das Massaker, das ihre Bande, die sie schließlich allein anführte, in Behmai verübte, dem Ort, wo sie Höllenqualen ausgestanden hatte, machte nicht nur Schlagzeilen, weil es eine Sensation war, sondern bewirkte auch, daß man sich eines Mißstandes bewußt wurde, der zu einer Geißel des Volkes auf dem Lande geworden war: Nicht nur Not und Armut, sondern auch Gewalt und Gesetzlosigkeit herrschten dort, und es war vor allem das Volk, die Armen, das darunter zu leiden hatte.

Dennoch wurden auch kritische Stimmen laut, die ein energisches Vorgehen der Regierung gegen die Banditen, allen voran Phoolan Devi, forderten. Man setzte eine Belohnung auf ihren Kopf aus und brachte ein ganzes Heer von Polizisten, 4000 an der Zahl, unterstützt von Helikoptern, zum Einsatz. Doch vergebens: Phoolan Devi entwischte ihren Häschern immer wieder im letzten Augenblick.

Da sah sich Indira Gandhi, die zu der Zeit das Heft in der Hand hielt, gezwungen, eine andere Taktik zu wählen, und schickte einen Emissär aus, der eine Kapitulation Phoolan Devis aushandeln sollte. Es standen Wahlen an, und Indira Gandhi konnte auf die Stimmen der reichen Thakur, der Grundbesitzer, die gewöhnlich auch die Stimmen des einfachen, von ihnen geknechteten Volkes beeinflußten, nicht verzichten.

Der Plan Indiras ging auf, zumal ihre Rivalin um die Gunst der Medien zunehmend in die Enge getrieben wurde und ihr nur noch wenige Anhänger geblieben waren. Am 12. Februar 1983 ergab sich Phoolan Devi gegen die Zusicherung, daß man sie nur in Gewahrsam nehmen und nicht an diejenigen ausliefern würde, die sie sich zu erbitterten Feinden gemacht hatte. Als sie auf einer Tribüne, die anläßlich des Ereignisses der Kapitulation ihrer Bande errichtet worden war, vor eine versammelte Menge trat, zusammen mit einem Vertreter der Regierung, war dies zugleich ein Triumph wie auch das Eingeständnis der Niederlage. Ihr winkte nun das Dasein einer Gefangenen. Mehr noch: wer würde fortan ihren Kampf weiterführen?

Man verbrachte Phoolan Devi in das Zentralgefängnis von Gwalior, was insofern ein bemerkenswertes Zusammentreffen war, als sie just von diesem Gefängnis aus einen Blick auf jene Ebene vor den Toren Gwaliors erhaschen konnte, wo die legendäre Rani von Jhansi, der sie auf ihre Weise nachgeeifert hatte, vom Schicksal ereilt worden war. Zunächst sah es so aus, als ob Phoolan Devi Vergleichbares erspart bleiben würde: 1994, nach elfjähriger Haft, wurde sie auf freien Fuß gesetzt, und zwei Jahre später gelang es ihr – was wohl niemand erwartet hätte und sie selbst am allerwenigsten –, ins Parlament in Delhi gewählt zu werden. Dort setzte sie sich fortan für die Rechte der Unterdrückten ein – für die Frauen des Volkes. Es schien, als habe Phoolan Devi am Ende doch noch die Waffe der Gewalt gegen die des Wortes eingetauscht. Doch ihre Peiniger, die sie gedemütigt hatte, vergaben ihr nicht: am 25. Juli 2001 fiel Poolan Devi einem Attentat zum Opfer.

Glückliche Kinder

Daß es gerade eine Frau der unteren Kasten war, die aufbegehrte, ist bemerkenswert. Wir haben verschiedentlich gehört, daß Frauen der höheren Kasten, insbesondere der Kshatriya, der Kriegerkaste, deren herausragendste Repräsentanten die Rajputen sind, sich nicht selten durch besondere Tapferkeit in kriegerischen Auseinandersetzungen und außergewöhnliche Opferbereitschaft wie bei der Zeremonie des Jauhar auszeichneten. Daß aber eine Frau der unteren Kasten, so sehr sie es auch gewöhnt sein mag, einen höheren Grad an Bewegungsfreiheit zu genießen als ihre Schwestern in den höheren Kasten oder gar die Musliminnen, es wagt, die Hand zu erheben, ist eher ungewöhnlich, selbst wenn man berücksichtigt, daß sie ja sonst über keinerlei Möglichkeit verfügt, sich Mißhandlungen zu erwehren.

Und doch ist das Verhalten Phoolan Devis nicht so überraschend, wie es den Anschein hat. Denn gerade in den unteren Kasten setzt sich ein Erbe fort, das bis zu den Anfängen der Geschichte Indiens zurückreicht. Es manifestiert sich in besonders ausgeprägter Form in den Stammesvölkern Indiens, die bis auf den heutigen Tag überdauert haben. Sie sind die Träger einer Tradition, in der die Kultur des ursprünglichen Indien, die der arischen Entwicklung vorausging, erhalten geblieben ist. Und was diese Tradition vor allem auszeichnet, ist die besondere Stellung der Frau in der Gesellschaft. Die hinduistische Überlagerung führte dazu, daß diese herausragende Stellung der Frau allmählich aufgeweicht wurde, bis sie sich schließlich in ihr Gegenteil verkehrte. Bei den Stammesvölkern, die von der durch den Hinduismus bedingten Gesellschaftsordnung nicht beeinflußt wurden, hat sich die ursprüngliche, vergleichsweise hohe Stellung der Frau in der Gesellschaft bis auf den heutigen Tag erhalten. Da aber der Übergang zwischen den Stammesvölkern und den niederen Kasten in den ländlichen Gebieten, wo die einen mit den andern in häufigem Kontakt stehen, oft fließend ist, fin-

den sich nicht selten auch am unteren Ende der hinduistischen Kasten-
skala Merkmale der Stammesgesellschaften wieder, die nicht zuletzt auch
die Stellung der Frau betreffen. Es ist daher durchaus verständlich, daß
eine Frau wie Phoolan Devi – und sie ist nur eine von vielen, die es gewagt
haben, sich einer bewaffneten Gruppe anzuschließen – gegen ihre Peiniger aufbegehrt. Die Frau in der Stammesgesellschaft ist es gewöhnt,
»ihren Mann zu stehen«. Häufig ist sogar sie es, die für die Ordnung der
Gesellschaft ausschlaggebend ist. Mutterrecht nennt man das im Fach-
jargon, und was damit gemeint ist, das reicht von der Vorherrschaft der
Frau in der Gesellschaft bis zur Polyandrie, der Vielmännerei. Zur Abwechslung sind es einmal nicht die Männer, die sich mit mehreren
Frauen umgeben, sondern es sind Frauen, denen die Tradition das
Recht einräumt, sich mit mehreren *Männern* zu verbinden. In verschiedenen Gegenden Indiens kommt dies auch heute noch vor.

Ein anderer Brauch, der in den sogenannten mutterechtlichen Gesellschaften Indiens zu beobachten ist und eher kurios erscheint, ist die
Couvade, die man gewöhnlich nur von den Stammesvölkern am Amazo-
nas kennt. Die Völkerkunde versteht unter Couvade, auch »Männerkind-
bett« genannt, den seltsam anmutenden Brauch, daß nicht die Frau,
sondern der Mann sich bestimmten Verhaltensweisen unterwirft, wie
sie gewöhnlich Frauen bei der Geburt eines Kindes zeigen. Es ist also
der Mann, der das Gebaren einer Wöchnerin simuliert und Vorschriften
magischer oder ritueller Art einhält, die dazu dienen, die enge Beziehung des *Mannes* zum Kind zu bekunden und dessen Wohlergehen zu
sichern.

Dieses Beispiel macht deutlich, wie sehr die Stellung des Mannes in
den Stammesgesellschaften durch die Bedeutung, die man der Frau,
ihren Funktionen und Tätigkeiten, beimißt, beeinflußt wird. Generell gilt,
was Verrier Elwin, ein angesehener Völkerkundler, auf Grund eigener
Beobachtungen unter den Stammesvölkern Indiens schrieb: »[...] im
großen und ganzen hat die Frau in den Stammesgesellschaften einen
beträchtlichen Grad an Freiheit, den sie selten mißbraucht. Sie kann auf
den Basar gehen, sogar allein. Sie kann ihre Bekannten besuchen. Sie kann
tanzen und singen, wie es ihr gefällt; besonders in der Zeit vor ihrer Ehe.
Sie kann mit den Männern lachen und scherzen, ohne daß sie Tadel zu

befürchtet braucht. Ihre Freiheit ist natürlich etwas eingeschränkt, wenn sie heiratet, doch auch dann ist sie ihr eigener Herr.«

Kein Wort davon, daß die Frau bei den Stammesvölkern ihren Mann als »Gott« verehren muß, wie es die Tradition in der hinduistischen Gesellschaft vorschreibt. Und auch die vielen anderen Mißstände, die mit der hinduistischen Tradition einhergehen, gibt es bei den Stammesvölkern nicht:

»Die Frau in der Stammesgesellschaft ist im allgemeinen nicht dem Zwang früher Geburten unterworfen. Sie heiratet, wenn sie herangewachsen ist, und wenn sich ihre Ehe als Fehlschlag erweist (was selten der Fall ist), hat sie das Recht, sich scheiden zu lassen. Die beklagenswerten Beschränkungen der Witwenschaft braucht sie nicht zu fürchten. Sollte ihr Mann sterben, so kann sie – ja man erwartet es sogar – wieder heiraten; und in vielen Stämmen kann sie Eigentum erben. In den matrilinearen Gesellschaften in den Khasi- und Garo-Bergen [im Nordosten] wie auch im Süden hat sie tatsächlich eine dominante Stellung, was die Eigentumsverhältnisse wie auch die Familienangelegenheiten betrifft.«

Einher mit der angeseheneren Stellung der Frau in den Stammesgesellschaften geht eine größere sexuelle Freiheit, die man ihr zugesteht. Das zeigt sich besonders bei den Gond, jener Gruppe von Stämmen in Zentralindien, die gelegentlich erwähnt wurden. So schreibt von Fürer-Haimendorf, der wie Elwin zu den Völkerkundlern gehört, die sich mit Forschungen zu den Stammesvölkern Indiens hervorgetan haben: »Die Gond sind sexuellen Ausschweifungen gegenüber ziemlich tolerant, und der Ehebruch einer Frau ruft kaum Empörung hervor. Wenn eine Frau ihr eheliches Heim mit einem Liebhaber verlassen hat, versucht ihr Mann im allgemeinen, sie dazu zu überreden, zu ihm zurückzukehren. Nur wenn sie sich weigert und ihren Geliebten heiraten will, besteht er auf Ehescheidung und Entschädigung.«

Ob man es nun als Ausschweifung betrachtet oder nur als eine andere Sicht der Dinge, feststeht, daß die Gond – und mit ihnen die meisten der Stammesgesellschaften in Indien – ein gesünderes Verhältnis zur Sexualität haben als die Inder gemeinhin, die durch die Tradition des Hinduismus und des Islam geprägt sind. Soweit es die Gond betrifft, die

die größte Gruppe der Stammesvölker in Indien darstellen, wird besonders eine Einrichtung, die für ihre Kultur charakteristisch ist, dafür verantwortlich gemacht , daß sie als das »glücklichste Volk der Welt« bezeichnet werden: das Ghotul. Was damit gemeint ist, war vor Jahren in einem recht anschaulichen Bericht in der Illustrierten »Stern« zu lesen. Darin heißt es:

»Wir sitzen in einer kleinen Hütte im indischen Dschungel. Um uns sind nur Kinder zwischen fünf und siebzehn Jahren. Es ist Abend. Während die Kleinen in einer Ecke spielen, verteilen die Großen die Rollen für die Nacht.

›Willst du heute dein Lager mit Mukwab teilen?‹ fragt der Chef der Gruppe ein Mädchen von vielleicht vierzehn Jahren.

Sie schüttelt energisch den Kopf.

›Dann schlage ich Dafedar vor‹, sagt der Junge.

›Den will ich auch nicht.‹

›Wen denn?‹

›Havaldar‹, ruft sie, und ihre Augen strahlen.

Es wird still. Kleine Gruppen bilden sich. Sie scheinen zu beraten. Aus der Ecke der spielenden Kleinen ertönt plötzlich eine Stimme: ›Das ist unmöglich‹, ruft ein neunjähriger Junge, ›mit dem hast du dein Lager schon dreimal geteilt. Heute nacht möchte ich mit dir schlafen. Bitte …‹

Das Mädchen lächelt und geht zu dem kleinen Jungen. ›Einverstanden‹, sagt sie und fängt an, ihm die Haare zu kämmen.«

Hier wird geschildert, was sich hinter dem oft mißgedeuteten Begriff »Ghotul« verbirgt: Es ist eine Art »Kinderhaus«, in dem die Kinder eines Dorfes einer bestimmten Altersgruppe zusammenleben und auf natürliche Weise auf die Sexualität, die sie ungezwungen im Umgang miteinander erfahren, vorbereitet werden. Es herrscht eine strenge Ordnung im Ghotul, wobei vor allem darauf geachtet wird, daß nicht wirkliche, eheartige Beziehungen entstehen. Liebe ist verpönt, Sex dagegen erlaubt. Dadurch – so zeigt die Erfahrung – werden die Heranwachsenden zu Toleranz, Verzicht und Abgeklärtheit erzogen, was dazu führt, daß bei den Gond tatsächlich ein gesellschaftliches Klima herrscht, das sich sehr wesentlich von dem der übrigen Gesellschaft in Indien unterscheidet. Um noch einmal Gordian Troeller, der im Rahmen einer Reportage über die Frauen Indiens die Gond besuchte, zu zitieren:

»Die Beweise fehlen nicht: Andere Völker Indiens und selbst die modernen Inder haben eine wahre Inflation an Verbrechen, Selbstmorden und Sexualvergehen zu verzeichnen. Bei den Murias hingegen gibt es keine Kriminalität, keine Prostitution, keine Homosexualität – ja, nicht einmal kleinere Diebstähle. Hier leben laut indischer Statistik – und die ist sicherlich nicht gerade Muria-freundlich – die harmonischsten Menschen der Welt. Und wenn wir sie nicht selbst in vielen Dörfern besucht hätten, würde auch ich es nicht glauben.«

Die Muria sind der Teil der Gond, bei denen die Einrichtung des »Ghotul« noch immer zu finden ist. Auch heute noch; worauf ein neuerer Artikel im Nachrichtenmagazin »India Today« aufmerksam machte. Darin ist von einer »Wiederkehr« dieser Einrichtung die Rede, nachdem sie – durch die Einflüsse der indischen Gesellschaft wie auch christlicher Missionare – allmählich zurückgedrängt worden war. Dennoch ist es nur eine Frage der Zeit, bis das »Ghotul« endgültig der Vergangenheit angehört. Man spricht zwar von Fortschritt, aber das ist noch lange nicht mit einem glücklichen Leben gleichzusetzen.

Welt der Finsternis

Unter den kriminellen Handlungen, die in Indien begangen werden, kommt denen, die gegen Frauen verübt werden, besondere Bedeutung zu, denn sie sind allgegenwärtig. Ob es sich nun um Vergewaltigung oder Mitgiftmord, um Kinderheirat oder Entführung, Frauenkauf oder Mädchenhandel, Belästigung in öffentlichen Verkehrsmitteln oder die alltägliche Gewalt in der Familie handelt, immer hat die Frau – oder das Mädchen –, unter diesen Vergehen zu leiden. Dabei ist ein Bereich noch gar nicht erwähnt: die Prostitution. Sie blüht in Indien wie eh und je. Mit einem Unterschied: sie ist inzwischen tödlich geworden. Tödlich für die Prostituierte, tödlich für den Freier, tödlich für die Ehefrau, die gegenwärtige wie die zukünftige. Niemand ist sicher vor Aids. Am wenigsten die Frau.

Indien gilt heute als das Land mit dem höchsten Aids-Risiko. Dazu der »Spiegel« in einer Reportage, die sich der explosionsartigen Ausbreitung der Aids-Seuche in Indien widmet:

»Indien hat vier Millionen Lkw-Fahrer, gar über hundert Millionen Wanderarbeiter. Millionen ›Sex workers‹ genannte Prostituierte schaffen oft für Pfennigbeträge an. Allein in der Business-Metropole Bombay, heute Mumbai genannt, balgen sich 70 000 Huren um potentielle Freier – zu denen vier Fünftel aller indischen Männer gerechnet werden.«

Kein Wunder also, wenn es weiter heißt: »Es sind solche Horrorzahlen, die dazu führten, dass Indien heute bereits die höchste Zahl von HIV-Infizierten in der ganzen Welt hat. Mindestens zehn Millionen Inder, möglicherweise auch ein paar Millionen mehr, haben sich mit HIV infiziert.«

Der Bericht stammt aus dem Jahre 1999. Vier Jahre zuvor, 1995, hatte die WHO, die Weltgesundheitsorganisation, in Indien eine Million mit dem Aids-Virus Infizierte registriert. Das bedeutet, daß sich die Zahl derer, die in Indien das Virus in sich trugen, in nur vier Jahren verzehnfachte. Und eine Prognose von 1999 sagte voraus, daß sich in einem Zeitraum von nur zwei Jahren die Zahl der HIV-Infizierten in Indien von den damaligen zehn auf zwanzig Millionen verdoppeln, vielleicht auch auf dreißig Millionen verdreifachen würde. Die Zahl der Aids-Toten, die für 2001 prognostiziert wurde, bewegte sich zwischen 6000 und 9000 täglich. Eine Zeitbombe tickt!

Die Gründe für diese Katastrophe die Indien heimsucht wurden bereits genannt: jene Lkw-Fahrer, die bei einer Rast immer auch die Gelegenheit zu einem »Quickie« nutzen und somit die Seuche, da ein Großteil der Prostituierten HIV-infiziert ist, über das ganze Land verbreiten; die Wanderarbeiter, welche die Armut auf dem Lande in die Städte treibt, wo ihnen zur Befriedigung ihrer sexuellen Bedürfnisse nur der Weg zu einer Prostituierten bleibt; die Inder im allgemeinen, die zwar sexuell verklemmt sind – ein Erbe des britischen Puritanismus –, aber dennoch die Tradition der Prostitution hochhalten, die in Indien – wie wir gehört haben – weit in die Vergangenheit zurückreicht. Die Prostitution wurde bereits im *Kamasutra*, dem geradezu als heilig betrachteten Buch der Liebe, gefeiert. Doch während in alter Zeit die Prostituierte ein hohes Ansehen genoß, da sie zumeist kultiviert und zudem wohlhabend war, von Fürsten und Adligen protegiert wurde und somit keinerlei Stigma ausgesetzt war, hat sich die Situation heute grundlegend gewandelt. Hier einige Beispiele:

»Die vierzehnjährige Sadhna lebte in einem Dorf in Zentralbengalen und träumte davon, Shaktiniketan und Kalkutta zu besuchen. Ein Bekannter erbot sich, sie dorthin zu bringen. Doch anstatt einer Pilgerfahrt zu der einstigen friedlichen Wirkungsstätte Rabindranath Tagores, brachte man Sadhna nach Sonagachi, Kalkuttas größtem Rotlichtviertel, wo etwa 50 000 Prostituierte leben. Dort wurde sie brutal vergewaltigt und gewarnt, daß man sie töten würde, wenn sie sich weigerte, Kunden zu bedienen. Sie hatte nicht den Mut, Widerstand zu leisten. Von da an hat sie in einer Welt der Finsternis gelebt.«

»Die Töpferscheibe hat aufgehört, sich zu drehen in dem Dorf Aruvacode, das sich auf die Töpferei spezialisiert hatte. Und seine Einwohner haben sich auf einen Beruf verlegt, der nicht weniger alt ist. Aus ihrer traditionellen Tätigkeit herausgedrängt, haben sich die Frauen dieses Weilers, der sich an die grünen Hügel des Distriktes von Malappuram in Kerala schmiegt, im Laufe der Jahre einem gänzlich anderen Beruf zugewandt, um zu überleben: der Prostitution. Und das ganze Dorf ist sozusagen zu einem einzigen Bordell geworden.«

»Unter dem trüben Licht einer nackten Glühbirne, die vom Dach der Hütte herabhängt, hat sich die Familie gerade zu einem bescheidenen Abendbrot niedergelassen. Vater, Mutter, Brüder, Schwestern, Schwägerinnen und Kinder sitzen auf dem Boden, um ihr Mahl zu verzehren – *makke ki roti* [Maisfladen] und *saag* [Blattgemüse]. Es ist eine Szene, wie sie bei jeder glücklichen Familie auf dem Lande anzutreffen ist. Ein Lastwagen hält draußen mit kreischenden Bremsen. Der Fahrer steigt aus und kommt herein. Ein Mädchen beeilt sich aufzuessen und begleitet den angeheiterten Fahrer in einen Raum und schließt die Tür. Die anderen Familienmitglieder essen schweigend weiter.«

Ob Bengalen im Osten, Kerala im Süden oder – wie im letzten Fall – ein Dorf in Madhya Pradesh, im zentralen Indien, es ist immer das gleiche: freiwillig entscheidet sich niemand für den Beruf einer Prostituierten. Zumeist ist es Not, oft auch Gewohnheit – da man sich bereits an die Scham und die Schmach gewöhnt hat –, die Mädchen und Frauen in die Prostitution treibt, sofern sie nicht entführt oder verkauft werden. Auch Nachbarländer, vor allem Nepal und Bangladesh, sind von diesem infamen, schwunghaften Handel betroffen:

»Seema, heute 14 Jahre alt, war kaum zwölf, als ein verführerisch redender ›Fleischhändler‹ sie von Kathmandu nach Bombay lockte. Das Mädchen träumte davon, Filmschauspielerin zu werden. Stattdessen wurde sie an ein Bordell verkauft.«

»Shanaaz, 16 Jahre alt, ein Mädchen aus Bangladesh, fand sich in Kalkuttas Präsidentschaftsgefängnis wieder, nachdem man sie nach dem Ausländergesetz festgenommen hatte. Angestellte des Gefängnisses erreichten, daß Shanaaz freigelassen wurde, brachten sie nach Bombay und verkauften sie an ein Bordell. In den ersten zehn Tagen zwang man sie, mit 35 Freiern Verkehr zu haben. Die Besitzerin des Bordells nahm 75 Rupien von jedem Kunden, während Shanaaz nichts erhielt, weil sie – so die Bordellbetreiberin – 30 000 Rupien bezahlt hatte, um sie zu kaufen.«

Die Methoden, mit denen die Mädchen, die entführt oder verkauft wurden, zur Aufnahme ihres Gewerbes gezwungen werden, sind von äußerster Brutalität gekennzeichnet:

»Die Zeit des ›Trainings‹ oder ›Abrichtens‹ ist vielleicht die schrecklichste Phase für alle Prostituierten, und die Nepalesinnen sind keine

Ausnahme. Das Mädchen wird, ohne Nahrung und Kleider, in völliger Abgeschiedenheit in einem kleinen, engen Raum für mehrere Tage eingesperrt. Die Einzelheiten, wie sie bei Aussagen gegenüber der Polizei bekannt geworden sind, sind entsetzlich – man schlägt die Mädchen, versengt sie mit Zigarettenstummeln, vergewaltigt sie. Diese Periode der Abrichtung dauert zwischen 20 Tagen und einem Monat; danach sind die Mädchen völlig gebrochen.«

Der Bericht, aus dem hier zitiert wurde und der – wie die übrigen, aus denen die hier verwendeten Zitate stammen – im Nachrichtenmagazin »India Today« erschien, bezieht sich auf den Bundesstaat Uttar Pradesh, die erste Station in Indien für die Mädchen aus Nepal, die von ihren Eltern an die »Fleischhändler«, das heißt Mädchenhändler, verkauft werden. Und hier ist es besonders Lucknow – das einstige Zentrum ausschweifenden Lebens, wo jedoch keine einfachen Prostituierten, sondern Kurtisanen Karriere machten –, das als Ort der »Zurichtung« der Mädchen dient, ehe sie weiterverkauft werden – gewöhnlich an Bordelle in Bombay, Kalkutta oder auch Delhi. Die Eltern der Mädchen in Nepal, die wiederum Armut (oft auch Unwissenheit) dazu treibt, ihre Töchter zu verkaufen, erhalten zwischen 80 und 150 Rupien pro Mädchen. In Lucknow werden die Mädchen an die Zurichter für 1000 bis 5000 Rupien verkauft. Wenn die Mädchen abgerichtet und »einsatzbereit« sind, hat sich ihr Wert auf bis zu 25 000 Rupien erhöht. Kein Wunder, daß bei diesen Gewinnspannen das Geschäft blüht. Die Mädchen selbst sehen im Regelfall von dem Geld, das mit ihnen verdient wird, nie etwas.

Man schätzt, daß etwa ein Fünftel aller Prostituierten in Indien im Kindesalter ist. Das hängt nicht zuletzt auch mit altüberlieferten Vorstellungen zusammen, wonach der Geschlechtsverkehr mit einer Jungfrau magische Wirkung hat: Der Freier, der ein Mädchen defloriert, gewinnt Gesundheit und Jugend zurück. Eine fatale Vorstellung, denn inzwischen erhofft man sich auch auf diese Weise Heilung von einer Krankheit, für die es keine Heilung gibt: Aids. Prostituierte werden also gleich zu Beginn ihrer Karriere infiziert. Und die Zahl derer, die als Prostituierte arbeiten und mit dem HIV-Virus infiziert sind, ist erschreckend hoch. Für Bombay, das als Sündenbabel Indiens gilt, wird der Anteil der infizierten

Prostituierten auf über fünfzig Prozent geschätzt. Und da nahezu jeder Inder meint, es gehöre gewissermaßen zum guten Ton, sich mit Prostituierten abzugeben, überrascht auch eine weitere Zahl nicht, so erschreckend sie ist: Jeder zehnte Patient in Indien, der an Aids erkrankt ist, ist eine »Hausfrau«, wie es »India Today« ausdrückt. Also eine verheiratete Frau, die ihr Mann angesteckt hat. Denn daß sie selbst fremdgeht oder sich gar ins Rotlichtmilieu wagt, ist eher unwahrscheinlich, denn es ist immer noch die Regel in Indien, daß die Frau sexuell keine Ansprüche stellt. Auch wenn sie langsam erwacht und beginnt, sich ihrer erbärmlichen Situation bewußt zu werden.

Und die Devadasis, die schließlich auch – im Dienste der Tempel – der Prostitution nachgingen? Auch dazu hat »India Today« nichts Erfreuliches zu vermelden:

»Im Belgaum-Distrikt in Karnataka besteht das Devadasi-System ungehindert weiter. Dort werden jedes Jahr während der Marg-Purnima-Feierlichkeiten Tausende minderjähriger Mädchen in den Kult der Göttin Yellamma eingeführt. Man gewöhnt sie daran zu glauben, daß sie ausschließlich zum Vergnügen der Männer da sind und von der Prostitution leben müssen. Während des Marg-Purnima-Festes vergangenen Monat wurden mehr als 3000 minderjährige Mädchen als Devadasis geweiht. Und obwohl das Gesetz diese Praktiken verbietet, lenkten die Polizisten von Belgaum – weit davon entfernt, die Zeremonie zu unterbinden – den Verkehr und leiteten die Menge durch die Straßen.«

Die Polizei, dein Freund und Helfer! Wenn es einen Ort auf der Welt gibt, wo diese Parole ganz sicher nicht zutrifft, dann ist es Indien. Gesetze bestehen, werden erlassen, erweitert, verschärft – doch niemand kümmert sich darum. Und die Polizei am allerwenigsten. Sie wird bestochen – von Bordellbetreibern, Priestern, Mädchenhändlern –, und die Regierung in Delhi, oder auch in den einzelnen Bundesstaaten, selbst korrupt und in Skandale verwickelt, schaut weg, hat nicht den Mut und auch nicht die Mittel, die Misere zu beheben. Der Schlendrian geht weiter; und immer auf Kosten der Frauen, Mädchen und Kinder, der Schwächsten der Schwachen, die sich nicht wehren können und sich nicht zu helfen wissen.

Die Engländer haben das System der Devadasis verboten, weil es so weit degeneriert war, daß es sich kaum noch von gewöhnlicher Prostitution unterschied. Und auch die Inder haben, als sie das Zepter selbst übernahmen, Verbote erlassen, die gegen Zuhälterei, Frauenhandel und das Devadasi-System gerichtet waren, doch nichts ist geschehen. Der Handel blüht weiter, und was speziell die »Devadasis« betrifft, die man unter dem Deckmantel der Religion in die Prostitution zwingt, so begnügt man sich heute nicht mehr damit, sie nur noch im Angesicht der Göttin, der sie »geweiht« wurden, »arbeiten« zu lassen: Man verschachert sie auch an die Mädchenhändler, die sie in die großen Städte schaffen. Der »Spiegel« dazu: »Heute rekrutieren sich etwa 15 Prozent aller indischen Huren aus den Reihen der Devadasis, der ›Dienerinnen Gottes‹.« Welch letzteres, wie gesagt, wie Hohn klingt. Auf 15 000 wird die Zahl der Mädchen geschätzt, die jährlich »Gott« geweiht werden. Ihre Eltern sind wiederum so arm (und unwissend), daß sie sich auf diesen Hokuspokus einlassen. Und selbst wenn sie wissen oder ahnen, wo viele der »Gottgeweihten« schließlich landen, es kümmert sie nicht. Die Not hat sie abgestumpft – die Not, die auch heute noch ein Fluch des indischen Subkontinents ist.

The New Woman

Und dennoch: Obwohl die Situation der Frau in Indien noch immer prekär ist, vor allem auf dem Lande, wo die Mehrheit der indischen Bevölkerung lebt, hat es doch auch einige Änderungen gegeben, die zu einer Verbesserung der gesellschaftlichen Stellung und wirtschaftlichen Lage der Frau geführt haben.

Doch das Gros der Bevölkerung, ist davon kaum berührt worden. Eben weil die meisten Inder noch immer auf dem Lande leben und die Veränderungen oder Verbesserungen, die zu verzeichnen sind, sich weitgehend auf die Städte – und hier wiederum auf die Mittelschicht – beschränken. Die Masse der Inder ging und geht leer aus.

Daß es Veränderungen gegeben hat, so begrenzt ihre Wirkung bislang auch ist, überrascht eigentlich nicht. Denn Versuche, die Lage des

Volkes und speziell auch die Situation der Frau zu verbessern, reichen ja bis in die Zeit zurück, da die Inder sich anschickten, ihr Schicksal selbst in die Hand zu nehmen. Nachdem sie – das sollte nicht vergessen werden – von Ideen, die auf gesellschaftliche Veränderungen abzielten und von außen an sie herangetragen wurden, inspiriert worden waren. Auch Gandhi griff diese Ideen auf und verwandelte sie in eine tatsächlich vom Volk getragene Bewegung, in der sich vor allem auch Frauen auszeichneten. Sie erlangten auf diese Weise zum ersten Mal Zugang zu politischer Tätigkeit, was erwarten ließ, daß sich dieser Freiraum, den die Frauen sich erkämpften, mit der Erlangung der Unabhängigkeit, an der sie so maßgeblich beteiligt waren, erweitern würde. Doch genau das ist nicht geschehen, obwohl der neue Staat, der sich aus kolonialer Bevormundung befreit hatte, die Gleichheit aller zum Grundprinzip erhob. Ein Vierteljahrhundert verging, während dessen man sich in der Illusion wiegte, daß alles zum Besten stünde, was die Frauen anbelangte. Es waren einige Gesetze zu ihrem Schutz und Wohl erlassen worden, und damit glaubte man, seine Pflicht und Schuldigkeit getan zu haben; den Rest würde die Zeit besorgen.

Was die Zeit – und nicht die Gesetzgebung – bescherte, das war – man wagte es kaum auszusprechen – die Erkenntnis, die sich auf Grund eines Untersuchungsberichtes aufdrängte, daß die Situation der Frau in Indien sich seit der Unabhängigkeit nicht etwa verbessert, sondern im Gegenteil in vielen und zudem besonders sensiblen Bereichen *verschlechtert* hatte. Dieser Einsicht mußte man sich 1974, als der Bericht veröffentlicht wurde, stellen. Ein Jahr später rief die UNO die Frauen der Welt zu einer Konferenz im fernen Mexiko zusammen und verkündete gleichzeitig ein »Jahrzehnt der Frauen«. Jetzt wachte man auch in Indien auf, und zwar die Frauen selbst, die nun begannen, das Zepter in die Hand zu nehmen. Die Regierung, der man bisher kritiklos alle Aktivitäten überlassen hatte, in dem naiven Glauben, daß sie es schon richten werde, wurde unter Druck gesetzt; was zur Folge hatte, daß eine Reihe neuer Gesetze verabschiedet wurde, die Mißstände wie Mitgift und Sati, die sich hartnäckig hielten, beseitigen sollten. Das war jedoch nur die eine Seite, der sich eine neue Frauenbewegung in Indien zuwandte. Nicht minder bedeutsam war, daß die indischen Feministinnen, wie sich die Streiterinnen für die Rechte der Frau nun auch in Indien nannten, eigene Strukturen entwickelten, die gewährleisten sollten, daß ihre Forderungen auch tatsächlich erfüllt wurden. Eine Vielzahl von Organisationen und Selbsthilfegruppen entstand; sogenannte Netzwerke, die die Kommunikation zwischen den Gruppen und Gleichgesinnten in aller Welt ermöglichen sollten, bildeten sich. Und ein neues Sprachrohr, die Zeitschrift »Manushi«, die sich den Belangen der Frau in Indien widmet, wurde gegründet. Selbst ein Verlag, »Kali for Women«, wurde in Delhi ins Leben gerufen, womit eine leise Drohung ausgesprochen wurde, denn Kali ist eine Art Rachegöttin. Die Frauen in Indien haben begriffen, daß man es nicht den Männern überlassen darf, Politik für Frauen zu machen. Denn die zeichnet sich dadurch aus, daß sie wirkungslos bleibt. »Nur die Gesetze sind geändert worden. An ihrer Anwendung mangelt es, die Instrumente für ihre Anwendung fehlen.« So Urvashi Butalia, Mitbegründerin von »Kali for Women«, in einer Erklärung gegenüber dem Nachrichtenmagazin »India Today«.

Der Weg ist noch weit: Indien ist zwar nicht das Schlußlicht, was die Situation der Frau betrifft, doch es rangiert zweifellos am unteren Ende. Wie einem Bericht der UNO zu entnehmen ist, der anläßlich der vierten Weltfrauenkonferenz in Peking erschien, beträgt in Indien beispielsweise die Sterberate für Frauen bei der Geburt eines Kindes 460 (in Pakistan 500 und in Bangladesh 600), während der entsprechende Wert für die Entwicklungsländer im Durchschnitt bei 351 und für die industrialisierte Welt gar nur bei zehn liegt. Auf hundert Schüler männlichen Geschlechts kommen 46 weibliche in Indien, während es in Pakistan nur 16 und in Bangladesh immerhin 33 sind. Kein Wunder, wenn jedes zehnte Mädchen im Alter von 10 bis 14 Jahren in Indien zu einer regelmäßigen Arbeit gezwungen wird – und das ist eher eine konservative Schätzung (in Pakistan und Bangladesh liegen die Zahlen etwas höher). Insgesamt gesehen nimmt Indien Platz 99 auf einer Liste von 130 Ländern ein (Pakistan liegt bei 103 und Bangladesh bei 108), soweit es den Status der Frau im Weltmaßstab betrifft. Kein Ruhmesblatt für das Land Gandhis, der gerade den Frauen besondere Wertschätzung entgegenbrachte.

Es verwundert nicht, daß *die* Veränderungen, die eingetreten sind, praktisch auf jene beschränkt blieben, die sie eingefordert haben: die

Frauen der Mittelschicht in den Städten. Aus ihren Reihen rekrutiert sich die Frauenbewegung in Indien, und sie sind ihre eigentlichen Nutznießer. Auch wenn durchaus anerkannt werden sollte, daß man sich inzwischen auch bemüht, die Bewegung hinaus aufs Land zu tragen, wo eine Reihe von Initiativen entstanden ist, die eine Verbesserung der Lebensumstände der Frauen aus dem Volk zum Ziel haben. Jedoch sind diese Ansätze immer noch eher sporadisch, während die Frau aus der Mittelschicht in den Städten einer rasanten Entwicklung unterworfen ist, die geradezu revolutionär anmutet. Wie es Sarla Mudgal, Leiterin einer der Organisationen, die sich der Belange von Frauen annehmen, ausdrückt: »Vor zwanzig Jahren haben die Frauen nur geschwiegen. Vor zehn Jahren pflegten sie zu weinen, weil ihre Ehemänner zu Prostituierten gingen. Vor fünf Jahren begannen sie, sich zu beklagen. Sie hatten angefangen, Ärger zu empfinden. Nun sind es die Männer, die sich beschweren und wehklagen, wenn ihre Frauen eine Affäre haben.«

Dieser Wandel im Verhalten der Frauen in der Mittelschicht ist natürlich nicht nur eine Folge des Aufbegehrens der Frauen, das die Feministinnen bewirkt haben. Nicht minder wirksam war und ist der zunehmende Einfluß, den die Medien – namentlich das Fernsehen – ausüben. Denn sie stoßen das Tor zur Welt auf und verkünden einen neuen Lebensstil, der an den Bastionen überkommener Werte rüttelt, die allzuoft als gesellschaftliche Mißstände enttarnt werden. Im Verein mit neuen wirtschaftlichen Möglichkeiten, die sich für die Frau in den Städten ergeben, und natürlich einer Verbesserung ihrer Bildungschancen hat sich in einer Stadt wie Bombay, das in dieser Hinsicht ein Trendsetter ist, ein Wandel vollzogen, der schlichtweg phänomenal, ja beinahe schon beängstigend ist. Jedenfalls fehlt es nicht an Stimmen, die vor der Gefahr einer Entwurzelung warnen. »Frauen befinden sich in einer sehr schwierigen Lage«, heißt es aus den Reihen von Eheberatern, die inzwischen auch in Indien aktiv sind. »Auf der einen Seite: 5000 Jahre indischer Kultur, und auf der anderen: der massive Einfluß aus dem Westen.«

Der Konflikt, der sich daraus ergibt, schafft neue Probleme: Familien, die auseinanderbrechen, Orientierungslosigkeit, ungewollte Schwangerschaften im Teenager-Alter. Erscheinungen, die wir auch im Westen kennen, die jedoch für Indien neu sind. Es wird einige Zeit brauchen, bis man einen Ausgleich zwischen Tradition und Moderne gefunden hat. Die gegenwärtige Generation ist zwischen zwei Extremen – Abhängigkeit bis hin zu Unterwürfigkeit und Selbstverleugnung auf der einen Seite und Freiheit, ja Freizügigkeit ohne Grenzen auf der andern Seite – hin- und hergerissen. Es ist eine Phase des Übergangs – das Abenteuer des Neuen – mit allen Risiken und Chancen.

Manche, so scheint es, haben sich bereits entschieden. Sie haben selbst jene, die ihnen den Weg geebnet haben, hinter sich gelassen:

»Kohli ist ein Bombay-Babe. Single, erfolgreich, sexy, clever. Tagsüber sind sie in einem aufreibenden Beruf tätig, arbeiten bis spät, stehen ihren männlichen Kollegen in Ausdauer, Geschick und Entschlossenheit nicht nach. Aber wenn du meinst, das ist nur Power ohne Seele, dann liegst du falsch.

Jenen von den Machern in den oberen Etagen verkündeten Leitspruch: Hart arbeiten und hart feiern!, haben sich nun auch die Chics zu eigen gemacht. Am Abend heißt es Vergnügen, und der Sari wird mit einem Trägerlosen vertauscht, als sei es das Selbstverständlichste von der Welt. Dann sind Dinner, Discos, Pubs und Clubs angesagt. Spaß und dabei immer auch ein Auge auf die richtigen Leute, denn die sind für das Geschäft absolut wichtig.«

Kurzum: Die alte Inderin ist tot, es lebe die neue Generation, die Zukunft! Und so heißt es denn weiter: »Doch das stereotype Bild der verbissenen, reizlosen Feministin ist out. Dies ist eine post-feministische Generation von Frauen, die sich ganz ihrer Weiblichkeit hingeben. Schließlich bedeutet Stil auch Power.«

Die Frau mit Klasse: das ist die neue Inderin! Sie steht am anderen Ende der Skala. Von der Mehrheit der Inderinnen ist sie soweit entfernt wie die Erde vom Mond.

Miss India

Im Mai 1989 erschien in der französischen Illustrierten »Paris Match« eine zweiteilige Reportage, die selbst die Franzosen einigermaßen überraschte. Nicht daß die Geschichte, um die es ging, nicht auch anderswo erschienen wäre. Namentlich in England erregte sie Aufsehen. Doch während man dort, wie in der englischen Presse üblich, äußerst schrill reagierte, klingt die französische Version doch eher gelassen. Darin heißt es:

»In den Notizbüchern beginnt alles im November 1983 in Paris, wo Pamella, die sich noch Singh nennt, ihre einundzwanzig Jahre auf der Avenue Montaigne spazierenführt. Sehr elegant, könnte man meinen, sie sei von Yves Saint Laurent eingekleidet worden. Den ganzen Tag über hat sie sich auf diese entscheidende Abendgesellschaft vorbereitet: ein Cocktail mit Kashoggi. Ein Butler öffnet ihr die Tür. Sie sieht sich einer Welt der Eleganz und des Raffinements gegenüber. Augenscheinlich besteht Pamella diese erste Prüfung, denn Adnan Kashoggi bittet sie um ihre Telefonnummer. Bereit zu einer mehr persönlichen Inspektion, zögert sie nicht lange und erinnert sich noch heute gut an diesen ersten gelungenen Fang.«

Kashoggi ist in der Tat keine geringe Beute. Doch wer hier wem ins Netz gegangen ist, sei einstweilen noch dahingestellt. Wenden wir uns statt dessen dem Augenblick zu, wo Pamella Singh zum ersten Mal den Blick der Öffentlichkeit auf sich lenkte. Das war nicht in Paris, sondern in Bombay. Hier arbeitete sie zunächst als Model, ehe ihr der erste Durchbruch gelang: 1982 wurde sie zur »Miss India« gewählt. Mit diesem Triumph in der Tasche ging sie nach Lima in Peru, wo in diesem Jahr der Wettbewerb für die »Miss Universe« stattfand. Doch diesmal erfüllten sich ihre Hoffnungen nicht, und ohne einen Pfennig in der Tasche schaffte sie es gerade noch bis New York, wo sie einem Landsmann begegnete, der sich als Swami, eine Art Guru, ausgab und nebenbei dubiose Geschäfte betrieb. In dieser Eigenschaft pflegte er auch Kontakt mit Kashoggi, einer nicht minder schillernden Persönlichkeit, die Waffengeschäfte in großem Stil tätigte und dabei ein Vermögen gemacht hatte. Kashoggi, der überall zu Hause war, doch eigentlich aus Saudi-Arabien stammte, ließ es sich angelegen sein, nicht nur mit zwielichtigen Gestalten Geschäfte zu machen, sondern sich auch mit einer Schar erlesener Schönheiten zu umgeben, um damit seine Geschäfte, an denen er Milliarden verdiente, zu fördern. Pamella Singh, immerhin eine Schönheitskönigin von noch dazu exotischer Ausstrahlung, erkannte ihre Chance, nachdem der Swami ihr eine Verbindung zu Kashoggi verschafft hatte, und machte das Beste daraus. Das heißt, sie brachte nun erst einmal ihre Finanzen in Ordnung, indem sie sich nicht zierte, im Auftrage Kashoggis besondere Dienstleistungen zu erbringen. Darin war sie so erfolgreich, daß sie sich bald selbständig machen und auf eigene Rechnung arbeiten konnte. In der »Paris Match« kommt Pamella selbst zu Wort:

»In Paris machte mich ein Juwelier mit zahlreichen saudischen Prinzen bekannt, darunter einigen, die dem Prinzen Mohammed [den Pamella bereits durch Vermittlung Kashoggis kannte] nahestanden. Ich habe also mit einem der jungen Erben des Hauses Faisal in einem Appartement in der Nähe des Hotels Nikko geschlafen. Als ich dort eintraf, spielte er mit seinen Cousins, jungen Leuten, die etwa zwanzig Jahre alt waren, Karten, während sie dabei Musik hörten. Nachdem er mir tausend Dollar gegeben hatte, baten mich die andern um meine Telefonnummer. Während der folgenden Wochen habe ich mit neun von ihnen geschlafen.«

»Faire l'amour«, sagen die Franzosen, und das klingt konzilianter. Doch was gemeint ist, daran besteht kein Zweifel: Pamella Singh, die sich jetzt mit Nachnamen »Bordes« nannte, denn sie hatte inzwischen – pro forma – einen Franzosen dieses Namens geheiratet, um sich damit eine Aufenthaltsgenehmigung in Frankreich zu verschaffen, betätigte sich als Call-Girl. Doch Prinzen des Hauses Saud, so lukrativ sich der Umgang mit ihnen auch erwies, genügten ihr nicht: Pamella wollte höher hinaus – sie träumte davon, sich einen Millionär zu angeln, sich zur Ruhe zu setzen und die Vergangenheit zu vergessen. Denn im Grunde war sie in etwas hineingeraten, das sie sich anfangs nicht im Traum hätte vorstellen können. Entstammte sie doch einer traditionellen, mittelständischen Familie, die allerdings wiederholt vom Unglück heimgesucht wurde: Pamellas Vater fiel 1962, in ihrem Geburtsjahr, bei Kämpfen, die Indien mit China ausfocht, und neun Jahre später fiel auch ihr Bruder, diesmal im Krieg Indiens gegen Pakistan, um Bangladesh aus der Taufe zu heben. Pamellas Mutter schob ihre Tochter in ein Internat ab, wo sie ohne die Geborgenheit einer Familie heranwuchs. Obwohl oder gerade weil sie intelligent war, setzte Pamella auf ihre Schönheit und versuchte es zunächst als Model, ehe sie den Sprung in die Schönheitskonkurrenz schaffte. Von da an war ihr Weg vorgezeichnet, da es keine familiären Bande gab, die sie vor ihrem weiteren Schicksal hätten bewahren können.

Sie hätte es freilich schlimmer treffen können. Da sie clever war, ließ sie sich nicht ausnehmen. Zielstrebig ging sie ihren Weg, der sie schließlich nach England führte, wo sie ihren Traum wahr machen wollte. Doch sie hatte ein Handikap: Sie hatte durch Kashoggi die Bekanntschaft eines Libyers gemacht, der ein Vetter Gaddafis und im libyschen Geheimdienst tätig war. Mit diesem Libyer hielt sie auch weiterhin Kontakt, als sie in England auf der Suche nach ihrem Millionär war. Und das wurde ihr zum Verhängnis:

»So anmutig, so elegant, so klug: man kann verstehen, warum es Pamella Bordes leichtgefallen ist, ihren langen Schatten auf die Abgeordnetenkammer [das englische Unterhaus] zu werfen. Die britischen Parlamentarier konnten nicht ahnen, daß diese höfliche Mitarbeiterin, die in der Dokumentation tätig war, zugleich auch Stammgast unzähliger anderer Zimmer war. Doch wenn ganz England heute weiß, daß die einstige Miss India das luxuriöseste Call-Girl der letzten Jahre war, das von einer rechten Hand Gaddafis manipuliert wurde, entdeckt das Londoner Establishment mit Bangen, daß die Kurtisane sich gleichermaßen mit der Feder auskennt. Denn Pamella hat im gleichen Maße, wie sich die Liste in ihrem Adreßbuch verlängerte, fünf kleine Notizbücher mit genauen und detaillierten Aufzeichnungen gefüllt. Ein explosives Bekenntnis, das die englischen Zeitungen veröffentlichen und das die Sitten zahlreicher ausländischer Militärs, Geschäftsleute aus dem Orient, britischer Politiker und Journalisten aufdeckt. Keiner wird geschont. Selbst die Königsfamilie ist in die Affäre verwickelt ...«

Voilà: Die Verführerin aus Indien hatte es geschafft! Wie zu alten Zeiten, als die indischen Kurtisanen Fürsten und Adlige betörten, so hatte auch Pamella Bordes alias Singh den Reichen und Mächtigen selbst im stolzen Großbritannien, das einst Herr über Indien gewesen war, den Kopf verdreht. Selbst das Königshaus – in der Person Mark Phillips, des Ehemannes der Prinzessin Anne – war gegen die Versuchung aus dem Orient nicht gefeit. Pamella hatte sich zwar keinen Millionär geangelt, aber in die Annalen der großen Kurtisanen Indiens ist sie allemal eingegangen.

Inzwischen lebt sie wieder in Indien, wo sie einem biedereren Gewerbe nachgeht: Pamella Singh, wie sie sich inzwischen wieder nennt, übt heute den Beruf einer Fotografin aus.

Die Fotografie ist heute in Indien besonders gefragt. Denn was Pamella selbst in Indien glückte, erst Model und dann Schönheitskönigin zu sein, ist zum Traum einer ganzen Generation geworden. »The Beauty Craze« nannte es »India Today«, die diesem Phänomen eine Titelgeschichte widmete: »Während Schönheitswettbewerbe, plastische Chirurgie, Schönheitsmittel und Fitness-Center sich ausbreiten, wird der Wunsch nach Schönheit zum neuen Mantra der Inderinnen.«

Natürlich kann sich derlei Extravaganzen wiederum nur die Frau aus der Mittel- und Oberschicht leisten. Doch sie geht um so enthusiastischer zu Werke, und nicht ohne Erfolg, wie »India Today«, in einer Rückschau auf die neunziger Jahre, stolz verkündete: »Drei Miss Worlds und eine Miss Universe, das alles in einem stürmischen Jahrzehnt. Eine armselige Miss World war die einzige Schönheitskrone, die Indien in all den Jahrzehnten zuvor errang. Kein Wunder, daß Schönheit und Fitness zur Obsession – und rasch zu einer Industrie – geworden sind, in den Städten ebenso wie in kleineren Orten.«

Aishwarya Rai, Sushmita Sen, Diana Hayden und Yukta Mookhey sowie ein weiterer Triumph, den das Jahr 2000 Indien bescherte: Priyanka Chopra, die wiederum den Titel der »Miss World« errang – Indien ist auf dem besten Wege zum Inbegriff weiblicher Schönheit zu werden. Ein schwacher Trost, zugegeben, wenn man bedenkt, wie beschämend Indiens Rang auf der Skala der Frauenrechte im Vergleich zu anderen Ländern ist, aber immerhin ein kleiner Sieg, der an jene Epochen erinnert, da die Frau in Indien in der Literatur wie in der Bildhauerkunst gefeiert wurde. Die Erinnerung daran könnte wohl geeignet sein, ihr Selbstvertrauen zu stärken. Und damit wäre schon viel gewonnen.

EPILOG

»Unter all den Übeln, die der Mensch selbst zu verantworten hat, erscheint mir keines so erniedrigend, so schockierend oder so brutal wie die Mißhandlung der besseren Hälfte der Menschheit: des weiblichen Geschlechts, nicht des schwächeren Geschlechts. Es ist das edlere von den beiden, denn es stellt auch heute noch die Verkörperung von Opfer, schweigendem Erdulden, Demut, Glaube und Wissen dar. Die Intuition der Frau hat sich oft als wahrer erwiesen als die arrogante Annahme des Mannes, über überlegenes Wissen zu verfügen. Es geschieht mit Absicht, wenn ich Sita vor Rama und Radha vor Krishna setze.«

Wer anders hätte es gewagt, in einer solch deutlichen Sprache eine Lanze für die Frau zu brechen, wenn nicht der Mahatma, die »Große Seele«. Mohandas Karamchand Gandhi war auch ein unermüdlicher Streiter für die Würde und Anerkennung der Frau. Aber wie so vieles, für das er stritt, ist auch seine Botschaft, mit der er den Frauen Mut gab, bei denen, die vermeintlich sein Erbe fortsetzten, auf taube Ohren gefallen. Gandhis Vermächtnis war schon in den Anfängen eines neuen, freien Indien nur noch eine Erinnerung. Heute sind seine Warnungen und Ermahnungen praktisch vergessen. Selbst die Frauen erinnern sich ihrer nicht mehr. Und so gibt es niemanden, der wirklich für ihre Rechte streitet, der die Nation aufrüttelt, an ihr Gewissen appelliert und so der »besseren Hälfte« ein menschenwürdiges Leben verschafft. Die vielen kleinen Anstrengungen, die unternommen werden, sind nur Nadelstiche. Am Schicksal der Frauen insgesamt ändern sie wenig; und selbst dort, wo vermeintlich ein Fortschritt erzielt wurde, ist das Resultat eher fraglich. Frauen, die sich entscheiden, ihren eigenen Weg zu gehen, werden als »Huren« beschimpft, und die, die immer noch die traditionelle Rolle der Ehefrau und Mutter vorziehen, werden dafür belohnt, indem man sie mit dem Aids-Virus ansteckt. Das Aufkommen von Aids in der Welt ist natürlich nicht den Indern anzulasten, wohl aber die seuchenartige Ausbreitung auf dem südasiatischen Kontinent den indischen Männern. Wie gleichgültig und verantwortungslos sie damit umgehen, ist ein weiterer Beweis für ihre tiefverwurzelte Verachtung des anderen Geschlechts. Wie heißt doch ein Sprichwort, das man in Indien immer wieder hört? »Ein Mann, der Pech hat, verliert sein Pferd; der, der Glück hat, seine Frau.« Zugegeben, ein Pferd ist heute nicht mehr sonderlich gefragt. Aber eine Frau noch viel weniger. Es sei denn, man behandelt sie wie ein Pferd. Ein Lasttier, dem man alle Mühe und Pein aufbürdet und das seine Last ohne Murren trägt.

Unter 130 Staaten an hundertster Stelle: welch anderen Beweises bedarf es noch, um die schlimme Lage der Frau in Indien zu dokumentieren? Dabei war Indien einmal ein Land, das gerade den Frauen einen besonderen Status einräumte. Ob in den Terrakottafigürchen der Induskultur, die die lebensspendende Kraft der Frau verherrlichten, oder in den Handbüchern der Liebe, allen voran dem *Kamasutra*, wie schließlich auch im Tempelschmuck von Khajuraho (und anderer Orte), die die Anmut und Lebensfreude der Frau bezeugen: Stets war es nicht der Mann, sondern die Frau, die im Mittelpunkt stand, denn sie schenkte nicht nur Leben, sondern auch die Freuden des Lebens, und deshalb achtete und verehrte man sie. Doch – wie wir gesehen haben – änderte sich das. Die Verehrung oder gar Vorherrschaft der Frau trat in den Hintergrund, und es begann ihr langer, stetiger Abstieg, den selbst die Reformen, die im Zuge der kolonialen Überlagerung Indiens durch die Briten eingeführt wurden, nicht aufhalten konnten. Welche Kräfte waren es, die zu diesem Niedergang führten? Was bewirkte diesen »Sinneswandel«, der den Indern im wahrsten Sinne des Wortes den Geist verwirrte? Freilich nicht nur den Männern, obwohl sie besonders unter dieser geistigen Umnachtung litten (und leiden): Auch den Frauen, die diese mentale Entgleisung widerstandslos hinnahmen und schließlich selbst verinnerlichten. Eine Antwort auf diese Frage zu finden, ist nicht einfach – selbst nach unserem Gang durch die Geschichte Indiens. Das liegt vor allem daran, daß die Geschichte Indiens eine verwirrende Fülle von Ereignissen birgt, die zu einer sehr komplexen Entwicklung geführt hat. Dennoch lassen sich die großen Linien erkennen – die Induskultur, die darauf folgende

Periode, die durch das Schrifttum der Veden gekennzeichnet ist, eine Phase erster Reformen, die insbesondere durch das Aufkommen des Buddhismus geprägt ist, die Reaktion, die darauf folgte und zur Herausbildung des eigentlichen Hinduismus führte, die erste koloniale Überlagerung durch den Islam, der eine zweite unter den Engländern folgte, und schließlich die Erlangung der Selbständigkeit, die zur Entstehung dreier neuer Staaten führte, all dies im Verlauf von gut 5000 Jahren –, und es lassen sich daraus einige bedeutsame Indizien ablesen. Das wichtigste ist wohl das ständige Auf und Ab der Ereignisse, das Entstehen und der Zerfall von Reichen, die einander in stetem Wechsel ablösten, was zu politischer Instabilität und gesellschaftlichem Chaos führte – ein Prozeß, der bis in die Gegenwart andauert.

Die einzige Konstante, die es in Indien gab, war die Religion. Auch sie war zwar Wandlungsprozessen unterworfen, doch der Trend ging dahin, den religiösen Kern zu bewahren, ihn gegen Angriffe von außen zu wappnen, was zu einer Verhärtung und Erstarrung überkommener Traditionen führte. Die Religion blieb der einzige Orientierungspunkt, und so unterwarf man sich ihr bedingungslos, ohne Fragen zu stellen oder sich gar gegen verkrustete Strukturen aufzulehnen. Eine Infragestellung geschah bezeichnenderweise erst, als die Engländer für ein Art »Pax Britannica« gesorgt hatten, die Freiraum für eine kritische Reflexion schuf. Doch just in diesem Augenblick kam ein neuer Faktor zum Tragen: die zunehmende Verarmung der Bevölkerung – ein Prozeß, der ungebrochen ist. Er stellt einen der Hauptgründe dafür dar, daß alle hehren Prinzipien, die zum Wohle des Volkes und insbesondere auch der Frau verkündet wurden, nicht wirklich zum Tragen gekommen sind – weder in Indien noch in Pakistan oder Bangladesh –, wobei in letzter Zeit die neuerliche Hinwendung zur Religion, in Form eines erstarkenden Fundamentalismus, die Situation noch verschärft hat. Die Geschichte wiederholt sich: Politisches Chaos und gesellschaftlicher Umbruch rufen die Verfechter der Tradition auf den Plan, von der man sich das Heil, die Überwindung von Not und Armut verspricht. Die Leidtragenden sind die Frauen, die stellvertretend für die Kräfte des Wandels und des Chaos verantwortlich gemacht werden und einer doppelten Pein ausgesetzt sind: den Angriffen und der Bevormundung seitens der Fundamentalisten und dem allgegenwärtigen Elend, das selbst sie zu folgsamen Anhängern der sie diskriminierenden Gotteseiferer werden läßt. Ein Teufelskreis, aus dem es kaum ein Entrinnen gibt. Denn wo Frauen in blindem Aberglauben gehalten und daran gehindert werden, auch nur die rudimentärsten Formen der Bildung zu erlangen – zwei Drittel der Frauen in Indien können weder lesen noch schreiben, in Pakistan und Bangladesh sind es sogar drei Viertel –, da ist keine Verbesserung ihrer prekären Lebensumstände möglich. Daß es auch anders geht, hat China bewiesen, wo die Analphabetenrate bei Frauen – bei anfangs kaum geringeren Defiziten – auf immerhin 25 Prozent reduziert werden konnte, wobei der Abstand zur vergleichbaren Quote bei den Männern nur noch acht Prozent beträgt, während er in Indien bei fast 30 Prozent und in Pakistan und Bangladesh (wegen der höheren Analphabetenrate insgesamt) etwas darunter liegt.

Solange die Frau auf dem indischen Subkontinent in Unwissenheit gehalten wird, und solange das Volk – und damit der weitaus größte Teil der Frauen – nicht am wirtschaftlichen Fortschritt teilhat, von dem bislang nur eine kleine Elite profitiert, wird sich an ihrer beklagenswerten Situation nichts ändern. Da hilft es auch nicht, wenn die indische Regierung in Khajuraho, anläßlich des tausendjährigen Bestehens der einstigen Kapitale der Chandella, eine pompöse Jubiläumsfeier veranstaltet und die UNESCO sogar, wie sie es 1997 tat, die Tempel von Khajuraho zum Kulturerbe der Menschheit erklärt. Das trägt zwar zum Ruhme Indiens bei, doch die eigentliche Erkenntnis, die sich daraus ergeben sollte, wird verschwiegen, in Delhi ebenso wie bei der UNESCO: Daß nämlich die Frau in Indien in der Vergangenheit ein würdigeres Leben führte als heute. Es wird Zeit, daß man der Inderin diese Tatsache bewußt macht. Dann hat auch sie eine Zukunft.

ANHANG

Nachweis der Zitate

Abgesehen von älteren deutschsprachigen Quellen wurde die Schreibung von Ortsbezeichnungen, Eigennamen und Schlüsselbegriffen in den Zitaten weitgehend der im übrigen Text gewählten Form, die sich nach der im deutschen Sprachraum heute üblichen Schreibweise richtet, sofern nicht bei geringerem Bekanntheitsgrad auf die in der Fachliteratur gebräuchliche Form ausgewichen werden mußte, angeglichen. Auf diakritische Zeichen wurde verzichtet.

Einführung: Hamburger Abendblatt v. 2./3. Dezember 2000 (Miss-Wahl); The Ananga Ranga, hrsg. v. H. E. Wedeck, New York 1964, S. 36 f. (Padmini); Newsweek, 2. Dezember 1996, S. 31 (Sati); Wilfried Westphal, Die Töchter der Kleopatra – Frauen in Ägypten: Von den Pharaonen bis heute, Düsseldorf u. Zürich 2000 (Geschichte der Ägypterin); Diwan Jarmani Dass, Maharaja – Lives and Loves and Intrigues of Indian Princes, Delhi 1970, S. 38 (Kulthandlung).

Erster Teil: Zu Ehren der Götter

Auszug aus dem Purusha-Lied, Rigveda, in: A. L. Basham, The Wonder that was India, o. O. 1977, S. 243; Brihadaranyaka-Upanishad, Auszug, in: The Thirteen Principal Upanishads, übers. u. hrsg. v. R. E. Hume, London u. a. 1921, S. 81 (Gefährtin); Bhavishya-Purana, Auszug, in: Hindu Myths, übers. u. hrsg. v. W. D. O'Flaherty, Harmondsworth 1976, S. 54 f. (Anasuya); Mahabharata, Hindu Myths, S. 36 f. (Verführerinnen); Ratirahasya, übers. u. hrsg. v. Siegfried Lienhard, S. 24 (Frauentypen); Rigveda, 6. Liederkreis, in: Das alte Indien, hrsg. v. H. G. Franz, München 1990, S. 92 (Kriegsgesang); Anrufung Ushas, Rigveda, 1. Liederkreis, in: Die Literaturen Indiens, hrsg. v. H. v. Glasenapp, Stuttgart 1961, S. 57; Rigveda, 1. Liederkreis (179), nach: Der Rigveda, Teil I, übers. u. hrsg. v. K. F. Geldner, Göttingen 1923, S. 231 f. (Versuchung des Asketen); Rigveda I 124, 7, ebd., S. 156 (Buhlerin); Buddha's Leben (Asvaghosa's Buddhacaritam), übers. u. hrsg. v. Richard Schmidt, Hagen u. Darmstadt 1923, S. 22, 30, 31, 33 f., 35, 42 ff. u. 46; Ausspruch des Buddha, zit. in: P. Thomas, Indian Women Through the Ages, Bombay u. a. 1964, S. 82 (Prophezeiung); Lied der Sumangala, ebd., S.88 (Flucht aus der Ehe); Ramayana, übers. u. hrsg. v. Claudia Schmölders, Köln 1983, S. 39 f., 44 f., 120, 122 ff., 193, 201, 280 ff. u. 284; Ramayana, Auszug in: Johann Jakob Meyer, Das Weib im altindischen Epos, Leipzig 1915, S. 316 (Ergebenheit Sitas); Ramayana, ebd., S. 395 (Sitas Verzicht); The Laws of Manu, übers. u. hrsg. v. Wendy Doniger, New Delhi 1992, S. 197; Manu, ebd., S. 198, 38, 198, 164, 48 u. 209; Arrian, Indische Geschichte, übers. u. hrsg. v. Oskar von Hinüber, Teil I, Berlin 1985, S. 633 u. 635; Diodor, Historische Bibliothek, Auszug in: Ancient India as Described in Classical Literature, übers. u. hrsg. v. J. W. Mac Crindle, New Delhi 1984, S. 202 ff.; Manu, S. 190 f. (Verlust der Jungfräulichkeit); Strabon, Geographie, Auszug in: Ancient India ... in Classical Literature, S. 69 (Brautkauf); Ramayana, S. 43 f. (Hochzeitszeremonie); Das Kamasutram des Vatsyayana, übers. v. Richard Burton u. F. F. Arbuthnot, Hanau 1964, S. 109 f. (Tugenden der Ehefrau); Manu, S. 191 f. (Ehebruch); Die Liebeslehren des Kama Sutra, übers. u. hrsg. v. Indra Sinha, Offenbach 1998, S. 160 (Kurtisanen); Kamasutram des Vatsyayana, S. 47 (geschlechtliche Vereinigung); Mahavagga, Auszug, zit. in: Moti Chandra, The World of Courtesans, Delhi u. a. 1973, S. 24 f. (Ambapali); Kama Sutra, S. 162 (Kurtisane); Gita-Gowinda, in: Indische Liebeslyrik, hrsg. v. Helmuth von Glasenapp, München 1921, S. 114, 119 ff. u. 150; Brahmavaivarta-Purana, Auszug in: Geoffrey Parrinder, Sexualität in den Religionen der Welt, Olten 1991, S. 18 (Krishna-Legende); Mahoba Khand, Auszug in: Sisir Kumar Mitra, The Early Rulers of Khajuraho, Delhi 1977, S. 22 u. 25 (Hemavati); Mitra, Khajuraho, S. 219 f. (Tempelschmuck).

Zweiter Teil: Am Hofe der Moguln

Ibn Asir, Kamilu-t Tawarikh, Auszug in: The History of India as Told by Its Own Historians, hrsg. v. H. M. Elliot u. John Dowson, 1966, Bd. 2, S. 469 (Zug Mahmuds von Ghazni); Tarikh-i Alfi, Auszug in: History of

India, Bd. 2, S. 472f. (Somnath); Kamilu-t Tawarikh, ebd., S. 470f. (desgl.); Tarikh-i Alfi, ebd., S. 471 (desgl.); Ibn Battuta, Reisen ans Ende der Welt, München u. Zürich o.J., S. 97f. (Malwa); ebd., S. 91f. (Austausch von Geschenken); Minhaju-s Siraj, Tabakat-i Nasiri, Auszug in: History of India, Bd. 2, S. 333f. (Raziya); The Rehla of Ibn Battuta, übers. u. hrsg. v. Mahdi Husain, Baroda 1953, S. 34f. (desgl.); Hasan Nizami, Taju-l Ma-asir, Auszug in: History of India, Bd. 2, S. 231 (Fall von Kalanjar); The Akbar Nama of Abu'l-Fazl, übers. u. hrsg. v. H. Beveridge, Delhi 1977, Bd. 2, S. 327 (Durgavati); ebd., S. 329f. (desgl.); ebd., S. 331f. (Jauhar); James Tod, Annals and Antiquities of Rajasthan, London 1920, Bd. 1, S. 307f. (Padmini); Kama Sutra, S. 36 (Lotosdame); Tod, Annals, Bd. 1, S. 308 u. 310f. (Padmini); Mahomed Kasim Ferishta, History of the Rise of the Mahomedan Power in India, übers. u. hrsg. v. John Briggs, Lahore 1977, Bd. 2, S. 380ff. (Devaraya); ebd., 364f. (Firoz Shah); ebd., S. 386f. (Hochzeitszug); ebd., S. 387 (Nehal); Narrative of Domingo Paes, übers. v. Robert Sewell, in: Ders., A Forgotten Empire, New Delhi 1970, S. 253 (Tänzerinnen); ebd., S. 258 (Bajaderen); Abdur Razzak, zit. in: Chandra, Courtesans, S. 208 (Kurtisanen); Chronicle of Fernão Nuniz, übers. v. R. Sewell, in: Forgotten Empire, S. 344 (Chinna Devi); ebd., S. 344f. (Nagalapur); Paes, Forgotten Empire, S. 240f. (Harem); Nuniz, ebd., S. 373 (Opfertod der Ehefrau); Ibn Battuta, Reisen, S. 66 (weibliche Kriegsbeute); Jahangir's India: The Remonstrantie of Francisco Pelsaert, übers. u. hrsg. v. W. H. Moreland u. P. Geyl, Delhi o.J., S. 81ff. (Hochzeit); ebd., S. 64 (Lebensstil der Oberschicht); ebd., S. 64ff. (Harem); Ferishta, History, Bd. 2, S. 369f. (Firoz Shah); Akbar Nama, Bd. 2, S. 212ff. (Rupmati); Tod, Annals, Bd. 2, S. 730ff. (Karamdevi); M. de Thévenot, zit. in: Mohammad Yasin, A Social History of Islamic India, Lucknow 1958, S. 124; Edward Terry, zit. in: Yasin, History, S. 121; Ibn Battuta, Reisen, S. 67 (Steinigung); Pelsaert, Remonstrantie, S. 78ff. (Sati); Ferishta, History, Bd. 4, S. 236f. (Ghiyas-ud-din); Tarikh-i Badauni, Auszug in: Elliot, History of India, Bd, 5, S. 536 (Akbar); Akbar Nama, Bd, 2, S. 242f. (Harkha); François Bernier, Travels in the Mogul Empire, übers. u. hrsg. v. Archibald Constable, London u.a. 1914, S. 293 (Mausoleum); ebd., S. 413f. (Gärten in Kaschmir); ebd., S. 299 (Taj Mahal).

Dritter Teil: Unter dem Zepter der Queen

F. Yeats-Brown, Bengal Lancer, London o.J., S. 121 (Jahanara); William Hawkins, Bericht, in: Early Travels in India, hrsg. v. William Foster, Delhi 1968, S. 77 u. 84f.; Alexander Hamilton, A New Account of the East Indies, Auszug in: The Diary of William Hedges, Bd. 2, hrsg. v. Henry Yule, London 1888, S. XC (Charnock); David Carroll, Tadsch Mahal, Wiesbaden 1975, S. 110f. (Jahandar Shah); Leopold von Orlich, Reise in Ostindien, Leipzig 1845, Bd. 2, S. 111f. (Kurtisanen); Fanny Parks, Wanderings of a Pilgrim in Search of the Picturesque, Karachi 1975, Bd, 1, S. 193f. (Tänzerin); Orlich, ebd., S. 114 (Folterkammer); William Howard Russell, Tagebucheintrag, zit. in: Michael Edwardes, The Orchid House, London 1960, S. 199 (Hazrat Mahal); Orlich, Reise, Bd. 1, S. 185 (Ranjit Singh); ebd., S. 176 (Frauen der Sikhs); ebd., S. 183f. (Sati); Emily Eden, Up the Country, London 1984, S. 198 (Tänzerin); W.G.Osborne, The Court and Camp of Runjeet Sing, London 1840, S. 95f. (Amazonen); John Martin Honigberger, Thirty-Five Years in the East, London 1852, S. 98f. u. 100 (Sati); Eden, Country, S. 310 (Sati); polizeilicher Bericht, in: James Peggs, India's Cries to British Humanity, London 1830, S. 14 (Sati); John Lang, Wanderings in India, London 1859, S. 84, 90 u. 93f. (Lakshmi Bai); Auszug aus einem Bericht, Regierungsakten v. 30. Dezember 1859, in: S. N. Sinha, Rani Lakshmi Bai of Jhansi, Allahabad 1980, S. 121f. (Revolte in Jhansi); Vishnu Dodse, Manjha Pravas, Auszug in: Sinha, Lakshmi Bai, S. 95 (Rani von Jhansi); Charters Macpherson, Bericht, zit. in: John Smyth, The Rebellious Rani, London 1966, S. 194 (Tod der Rani); Hugh Rose, Papiere im Britischen Museum (28. Juni 1858), zit. in: Joyce Lebra-Chapman, The Rani of Jhansi, Honolulu 1986, S. 113f. (desgl.); Parks, Wanderings, Bd. 1, S.383 (Mulka Humani); J. A. Dubois, Hindu Manners, Customs and Ceremonies, übers. u. hrsg. v. H. K. Beauchamp, Oxford 1953, S. 313f. (Inderin); Samuel Sneade Brown, Home Letters written from India between the years 1828–1841, London 1878, S. 17 (desgl.); (N.E.) Kindersley, Briefe, Leipzig 1777, S. 224f., 223 u. 225f. (Nautch, Tänzerinnen); Edward Sellon, The Ups and Downs of Life, Auszug in: The Essential Guide to Erotic Literature, Part One, hrsg. v. C. J. Scheiner, Ware 1996, S. 84f. (Kurtisanen); Frank Richards, Old-Soldier Sahib, London o.J., S. 77f., 109f. u. 197 (Prostituierte); Jarmani Dass, Maharaja,

S. 24, 23 f., 15 f., 23 u. 24 f. (Bhupinder Singh); Gayatri Devi u. Santha Rama Rau, A Princess Remembers, London 1985, S. 156, 135, 137, 139 f., 157 u. 163 (Gayatri Devi); Dass, Maharaja, S. 38 f., u. 37 (Patiala); Dubois, Manners, S. 310 f. (Devadasis); Emil Schlagintweit, Indien in Wort und Bild, Bd. 2, Leipzig 1891, S. 5 (Bildungswesen); Schlagintweit, Indien, Bd. 1, 1890, S. 219 (Stellung der Frau); ebd., Bd. 2, S. 56 (Mädchenmord); M. Winternitz, Die Frau in den indischen Religionen, Leipzig 1920, S. 24 (desgl.); Schlagintweit, Indien, Bd. 2, S. 150 f. (Sati); M. K. Gandhi, An Autobiography, London 1972, S. 9 (Heirat); William L. Shirer, Gandhi: A Memoir, New York 1982, S. 129 f. (Verfassungsentwurf).

Vierter Teil: Im Namen der Freiheit

Larry Collins u. Dominique Lapierre, Freedom at Midnight, New York 1976, S. 335 u. 336 (Massaker im Panjab); Leonard Mosley, The Last Days of the British Raj, London 1961, S. 242 (Ausschreitungen in Amritsar); Bericht, Bunte Illustrierte, Nr. 19, 1955 (Besuch in Jaipur); Gabriele Venzky, in: Witwen und Töchter, hrsg. v. Elke Wandel, Reinbek 1991, S. 61 (Indira Gandhi); Newsweek, Nr. 46, 1984, S. 8 (Attentat auf Indira Gandhi); The Washington Post, Abdruck in: The Guardian Weekly, 25.–31. Mai 2000 (Pakistan); Newsweek, 27. März 1972, S. 11 (Bangladesh); Focus, Nr. 37, 2000, S. 111 u. 113 (Säureattentate); Taslima Nasreen, in einem Aufsatz, The Unesco Courier, Juni 2000, S. 17; Focus, Nr. 9, 2001, S. 242 (Mitgiftmord); Der Spiegel, Nr. 3, 2001, S. 138 (Mitgiftmorde); Zeugnis einer Inderin, Fernseh Woche, Nr. 35, 2000 (Kindheit); India Today, 15. Juni 1986, S. 11 (Schicksal der Mädchen); ebd., 15. Oktober 1987, S. 59 (Sati); Time, 2. Dezember 1996, S. 31 (Roop Kanwar); India Today, 15. Okt. 1987, S. 61 (desgl.); ebd., 12. Juli 1999, S. 36 (Jungfrauentest); ebd., 8. März 1999, S. 36 (Entführung); ebd., 31. Dezember 1992, S. 90 (Terrorismus); ebd., 31. Mai 1989, S. 46 (Urteilsbegründung); ebd., 8. März 1999, S. 36 (Versteigerung); ebd., 31. August 1994, S. 84 (Phoolan Devi); Phoolan Devi, I: Phoolan Devi, London 1997, S. 370 (Vergewaltigung); ebd., S. 396 (Vergeltung); Verrier Elwin, Tribal Women, in: Women of India, hrsg. v. Tara Ali Baig, Delhi 1958, S. 206 f. (Stammesvölker); Christoph von Fürer-Haimendorf, Die Gond in Zentralindien, in: Atlantis – Die Völker der Welt, Südasien, Zürich o. J., S. 75

(Gond); Gordian Troeller, Stern, Nr. 43, 1965 (Ghotul); Der Spiegel, Nr. 49, 1999, S. 242 f. (Aids); India Today, 15. April 1989, S. 84, 85 u. 87 (Prostitution und Mädchenhandel); ebd., 15. Oktober 1991, S. 90 (Prostitution); ebd., 31. Januar 1988, S. 68 (desgl.); ebd., 15. August 1989, S. 73 (Mädchenhandel); ebd., 15. April 1989, S. 86 (Devadasis); ebd., 15. Februar 1995, S. 86 (Urvashi Butalia); ebd., 30. September 1995, S. 48 (UNO-Statistik); ebd., 15. Oktober 1989, S. 71 u. 75 (Mittelschicht); ebd., 14. August 2000, S. 43 (Postmoderne); Paris Match, 4. Mai 1989 (Pamella Singh); India Today, 15.November 1996, Cover (Schönheitswahn); ebd., 3. Januar 2000 (Schönheitsköniginnen).

Epilog: Gandhi on Women, hrsg. v. Pushpa Joshi, New Delhi 1988, S. 87.

Ausgewählte Literatur

Bei der Beschaffung der Literatur war – wie stets – die Universitäts- und Landesbibliothek Bonn mit Verständnis und Entgegenkommen behilflich; ein besonderer Dank gilt Klaus Segreff für die großzügige Auslegung der Leihfristen. Zu danken habe ich auch Peter Wyzlic von der Bibliothek des Indologischen Seminars der Universität Bonn, der mir seine Schätze vorbehaltlos anvertraute und mir so manchen wertvollen Tip gab. Schließlich gebührt auch Karl-Heinz Golzio vom Indologischen Seminar Dank, der nicht nur wußte, wer Job Charnock war, sondern mir auch bei den Lebensdaten Buddhas auf die Sprünge half.

Die folgende Auswahl erhebt keinen Anspruch auf Vollständigkeit; dafür ist das hier behandelte Thema zu umfangreich und der zur Verfügung stehende Raum zu begrenzt, so daß auch auf eine Wiederholung der im Nachweis der Zitate genannten Werke verzichtet werden mußte.

Übergreifender Thematik

ALLEN, C., u. DWIVEDI, S., Lives of the Indian Princes. London 1986

ALTEKAR, A. S., The Position of Women in Hindi Civilization. Benares 1956

ARCHER, W. G., The Loves of Krishna in Indian Painting and Poetry. London 1957

BACH, HILDE, Indian Love Paintings. New York 1985

CHATTERJI, USHA, La femme dans l'Inde. Paris 1964

CIMINO, R. M. (Hrsg.), Life at Court in Rajasthan. Florenz 1985

DEHEJIA, VIDYA, Yogini Cult and Temples: A Tantric Tradition. New York 1986

DESAI, DEVANGANA, Erotic Sculpture of India. New Delhi 1975

FISCHER, KLAUS, Erotik und Askese in Kult und Kunst der Inder. Köln 1979

FRÉDÉRIC, LOUIS, La danse sacrée. Paris 1957

GUPTA, A. R., Women in Hindu Society. New York 1982

HAWLEY, J. S. (Hrsg.), Sati: The Blessing and the Curse. New York u. Oxford 1994

–, u. WULFF, D. M. (Hrsg.), Devi: Goddesses of India. Delhi 1998

KAKAR, SUDHIR, Intimate Relations: Exploring Indian Sexuality. Delhi 1990

KHOSLA, G. D., Pornography and Censorship in India. New Delhi 1976

LESLIE, JULIA (Hrsg.), Roles and Rituals for Hindu Women. London 1991

LIDDLE, J., u. JOSHI, R., Daughters of Independence. New Delhi u. London 1986

MADHAVANANDA, SWAMI, u. MAJUMDAR, C. R. (Hrsg.), Great Women of India. Mayavati Pithoragarh 1982

MITTER, D. N., The Position of Women in Hindu Law. Kalkutta 1913

MODE, HEINZ, Die Frau in der indischen Kunst. Wien u. München 1970

MOORE, LUCY, Maharanis. London 2004

MORROW, ANN, Highness: The Maharajahs of India. London 1987

NAIR, P. T., Marriage and Dowry in India. Kalkutta 1978

NANDA, B. R. (Hrsg.), Indian Women from Purdah to Modernity. New Delhi 1976

ROBINSON, A., u. SUMIO, U., Maharadschas. Braunschweig 1988

SCHMIDT, RICHARD, Liebe und Ehe im alten und modernen Indien. Berlin 1904

SCINDIA, VIJAYARAJE, Princess: The Autobiography of the Dowager Maharani of Gwalior, London 1988

SHARMA, G. N., Social Life in Medieval Rajasthan. Agra o.J.

SVEJDA-HIRSCH, LENKA, Die indischen Devadasis im Wandel der Zeit. Berlin 1991

THOMAS, P., Kama Kalpa. Bombay o.J.

TOPSFIELD, ANDREW, Indian Court Painting. London 1984

Teil I: Zu Ehren der Götter

ANAND, M. R., Indien: Kama Kala. München 1979

AUBOYER, JEANNINE, La vie quotidienne dans l'Inde. Paris 1974

BHARATA-MUNI, The Natya-Shastra. 2 Bde., Kalkutta 1950–1961

CAKRAVARTI, CHAAKRABERTY., Sex Life in Ancient India. Kalkutta 1963

DE, S. K., Ancient Indian Erotics and Erotic Literature. Kalkutta 1959

DHANAPALA, D. B., Buddhist Paintings from Shrines and Temples in Ceylon. London 1964

FISER, IVO, Indian Erotics of the Oldest Period. Prag 1966

FOUCHET, M.-P., L'art amoureux des Indes. Lausanne 1957

FRÉDÉRIC, L., U. RAI, R., Khajuraho. Köln 1993

GOLOB, ANDRÉ, Buddha und die Frauen. Altenberge 1998

HORNER, I. B., Women Under Primitive Buddhism. London 1930

INDRA, The Status of Women in Ancient India. Benares 1955

PAUL, D. Y., Women in Buddhism. Berkeley 1979

RAJA, C. K., A Survey of Love in Sanskrit. Thrissur 1997

ROWLAND, BENJAMIN, The Ajanta Caves. London 1963

SCHMIDT, RICHARD, Beiträge zur indischen Erotik. Berlin 1922

SHASTRI, S. S., Women in the Vedic Age. Bombay 1969

SINHA, S. N., u. BASU, N. K., History of Prostitution in India. Bd. 1, Kalkutta 1933

THIRLEBY, ASHLEY, Das Tantra der Liebe. Frankfurt/M. u. a. 1982

UPADHYAYA, B. S., Women in Rgveda. New Delhi 1974

WINTERNITZ, MORITZ, Das altindische Hochzeitsrituell. Wien 1892

ZANNAS, ELIKY, Khajuraho. Den Haag 1960

Teil II: Am Hofe der Moguln

ANSARI, M. A., Social Life of the Mughal Emperors. Allahabad u. New Delhi 1974

BUTENSCHON, ANDREA, The Life of a Mughal Princess: Jahan Ara. London 1931

CHAND, TARA, Influence of Islam on Indian Culture. Allahabad 1954

CHOPRA, P. N., Some Aspects of Society and Culture during the Mughal Age. Agra 1963

DEVEE, SUNITY, The Beautiful Mugul Princesses. London 1918

FINDLY, E. B., Nur Jahan, Empress of Mughal India. New York 1993

GASCOIGNE, BAMBER, Die Großmoguln. München 1973

GUL-BADAN BEGAM, The History of Humayun. Delhi 1972

JAISI, M. M., Padmavat. Allahabad 1935

KAUSAR, ZINAT, Muslim Women in Medieval India. Patna 1992

KOKA SHASTRA, Das Tantra der Liebe, hrsg. v. Alex Comfort, Berlin 1998

LAL, K. S., The Mughal Harem. New Delhi 1988

MISRA, REKHA, Women in Mughal India. Delhi 1967

PAL, PRATAPADITYA, u.a., Romance of the Taj Mahal. Los Angeles u. London 1989

RAY, N. R., Mughal Court Painting. Kalkutta 1975

ROY, SHIBANI, Status of Muslim Women in North India. Delhi 1979

SHUJADDIN, MUHAMMAD, The Life and Times of Noor Jahan. Lahore 1967

TIRMIZI, S. A., Edicts of the Mughal Harem. Delhi 1979

Teil III: Unter dem Zepter der Queen

ALI, M. H., Observations on the Mussulmauns of India. 2 Bde., London 1832

ANDREWS, E. W., u. BUSHNELL, K. C., The Queen's Daughters in India. London 1898

BALLHATCHET, KENNETH, Race, Sex and Class under the Raj. London 1980

BARNES, I. H., Behind the Pardah. London 1897

BARR, PAT, The Memsahibs. London 1989

BORTHWICK, MEREDITH, The Changing Role of Women in Bengal, 1849–1905. Princeton 1984

BURTON, ANTOINETTE, Burdens of History: British Feminists, Indian Women, and Imperial Culture, 1865–1915. Chapel Hill u. London 1994

CHATTOPADHYAYA, KAMALADEVI, The Awakening of Indian Women. Kalkutta 1939

COLLET, S. D., The Life and Letters of Raja Rammohan Roy. Kalkutta 1962

COOPER, ELIZABETH, The Harim and the Purdah. New York 1915

–, My Lady of the Indian Purdah. New York 1927

CORMACK, JOHN, Account of the Abolition of Female Infanticide in Guzerat. London 1815

DALRYMPLE, WILLIAM, White Mughals. New Delhi 2002

DAS, BISWANATH (Hrsg.), Autobiography of an Indian Princess. New Delhi 1995

GANDHI, M. K., Women and Social Injustice. Allahabad 1945

HYAM, RONALD, Empire and Sexuality. Manchester u. New York 1991

Kaur, Manmohan, Women in India's Freedom Struggle. New Delhi 1985

MacMillan, Margaret, Women of the Raj. New York 1988

Macnicol, Nicol, Pandita Ramabai. Kalkutta 1926

Mayo, Katherine, Mother India. New York 1927

Nevile, Pran, Nautch Girls of India. New Delhi 1985

–, Beyond the Veil: Indian Women in the Raj. New Delhi 2000

Panigrahi, Lalita, British Social Policy and Female Infanticide in India. New Delhi 1972

Pemble, John, The Raj, the Indian Mutiny and the Kingdom of Oudh, 1801–1859. Hassocks 1977

Ramabai Sarasvati, Pundita, The High Caste Hindu Woman. Philadelphia 1888

Rawson, Philip, Erotic Art of India. New York 1977

Rothfeld, Otto, Women of India. London o. J.

Santha, K. S., Begums of Awadh. Varanasi 1980

Sharar, A. H., Lucknow: The Last Phase of an Oriental Culture. London 1975

Singh Nijjar, Bakshish, Maharani Jind Kaur. New Delhi 1975

Spear, Percival, The Nabobs. London u. Dublin 1980

Stanford, J. K., Ladies in the Sun: The Memsahibs in India, 1790–1860. London 1962

Tahmankar, D. V., The Rani of Jhansi. London 1958

Teil IV: Im Namen der Freiheit

Balse, Mayal, The Indian Female Attitude Toward Sex. New Delhi 1976

Bhutto, Benazir, Daughter of the East. London 1990

Brown, Louise, Sex Slaves: The Trafficking of Women in Asia. London 2004

Bumiller, Elisabeth, May You Be the Mother of a Hundred Sons. New Delhi 1991

Chandra, P. M., Dowry and Position of Women in India. New Delhi 1986

Das, A. N., The Republic of Bihar. New Delhi 1992

Dé, Shoba, Selective Memory. New Delhi 1998

DURRANI, TEHMINA, Mein Herr und Gebieter. Hamburg 1994

ELWIN, VERRIER, The Muria and their Gothul. Bombay 1947

FREDERICK, J., U. KELLY, T. L., (Hrsg.). Für Brot und Götter: Tradition und Alltag der Prostitution in Südasien. Frankfurt/M. 2001

GOLDSTEIN, R. N., Indian Women in Transition. Metuchen 1972

GOSH, BISWADEEP, Hall of Fame: Aishwarya Rai. Mumbai 2004

JEFFERY, PATRICIA, Frogs in a Well: Indian Women in Purdah. London 1979

JUNG, ANEES, Unveiling India. New Delhi 1992

KISHWAR, MADHU, Off the Beaten Track: Rethinking Gender Justice for Indian Women. New Delhi 1999

–, U. VANITA, R. (Hrsg.), In Search of Answers: Indian Women's Voices from Manushi. London 1984

MALHOTRA, INDER, Indira Gandhi: A Personal and Political Biography. London 1989

MANDELBAUM, D. G., Women's Seclusion and Men's Honour: Sex Roles in North India, Bangladesh, and Pakistan. Tucson 1986

MIES, MARIA, Indische Frauen zwischen Unterdrückung und Befreiung. Frankfurt/M. 1986

MITTER, S. S., Dharma's Daughters. New Delhi 1992

NASRIN, TASLIMA, Lied einer traurigen Nacht. Frauen zwischen Religion und Emanzipation. 1996

ROSS, A. V., Vice in Bombay. London 1969

SEN, MALA, Bandit Queen: Die Geschichte der Phoolan Devi. München 1993

SHY, MARION, Kamatipura. Tübingen 1994

WICHTERICH, CHRISTA, Stree Shakti: Frauen in Indien. Bornheim 1986

Belletristik

ALI, AHMED, Ocean of Light. Delhi 1972

ANSARI, DAGMAR, Die Frau im modernen Hindi-Roman nach 1947. Berlin (Ost) 1970

BANKS, POLAN, Maharajah. New York 1966

BEER, ROLAND (Hrsg.), Die sieben Gärten der Liebe. Frankfurt/M. 1987

BENARD, CHERYL, Der Tod der Gazelle. Hamburg 1999

BUTALIA, U., u. MENON, R. (Hrsg.), Die Zeiten haben sich geändert. München 1995

CHUNDER, P. C., Job Charnock and His Lady Fair, New Delhi 1978

DÉ, SHOBA, Socialite Evenings. New Delhi 1992

DESAI, ANITA, Bye, bye, Blackbird. London 1971

–, Baumgartner's Bombay, London 1988

DHANOA, BELINDER, Waiting for Winter. New Delhi 1991

GOETHE, J. W. v., Der Gott und die Bajadere. Ballade, 1798

HARBOU, T. v., Das indische Grabmal. Frankfurt/M. 1986

JHABVALA, R. P., To Whom She Will. Harmondsworth 1985

–, The Nature of Passion. Harmondsworth 1986

KAKAR, SUDHIR, Kamasutra oder die Kunst des Begehrens. München 1999

KAYE, M. M., Palast der Winde. Frankfurt/M. 1984

MACNICOL, MARGARET, Poems by Indian Women. Kalkutta 1932

MARKANDAYA, KAMALA, A Silence of Desire. London 1966

MASTERS, JOHN, Bhowani Junction. Harmondsworth 1962

–, Nightrunners of Bengal. Harmondsworth 1974

MEHTA, GITA, Raj. London 1990

MISRA, JAISHREE, Ancient Promises. New Delhi 2000

MURARI, T. N., Ein Tempel unserer Liebe. Frankfurt/M. 1994

NASRIN, TASLIMA, Scham. Hamburg 1995

RAU BADAMI, ANITA, Im Schatten der Tamarinde. München 1998

ROY, ARUNDHATI, The God of Small Things. London 1997

RUSWA, M. M. H., Die Kurtisane von Lakhnau. Zürich 1971

SAGHAL, NAYANTARA, Die Memsahib. München 1991

SETH, VIKRAM, Eine gute Partie. Hamburg 1995

SUNDARESAN, INDU, Pfauenprinzessin. Frankfurt/M. 2003

WINTERBERG, ANNA (Hrsg.), Frauen in Indien: Erzählungen, München 1988

Historischer Überblick
zur gesellschaftlichen Stellung der Frau auf dem indischen Subkontinent

Perioden	Ereignisse	Entwicklungen
7000–3000 v. Chr.: Neolithische Revolution	Einführung des Ackerbaus; Töpferei	gesellschaftliche Vorrangstellung der Frau; Fruchtbarkeitskulte
3000–1500 v. Chr.: Induskultur	Entstehung von Stadtstaaten; Entwicklung der Schrift	gesellschaftlicher Aufstieg des Mannes; Frau weiterhin bedeutsam im Kult
1500–600 v. Chr.: Vedische Zeit	Einfälle der Arier, Zurückdrängung der Urbevölkerung; Entstehung des Kastensystems; ältere Form des Hinduismus: Brahmanismus	Etablierung des Patriarchalismus; Vorrang männlicher Gottheiten
600 v. Chr.– 1200 n. Chr.: Zeit der Königreiche	Entstehung und Ausbreitung des Buddhismus; Indienfeldzug Alexanders d. Gr. (327–325 v. Chr.); Maurya-Reich (321–185 v. Chr.); Ramayana (3./2. Jh. v. Chr.); Gesetzesbuch des Manu (2. Jh. n. Chr.); Gupta-Reich (320–535); Kamasutra (4. Jh.); Renaissance des Hinduismus; Blüte der Chandella-Kultur in Khajuraho (10./11. Jh.); Einfälle muslimischer Eroberer (Ghaznaviden, Ghuriden: 11./12. Jh.); Gita Govinda (12. Jh.)	fortschreitende Entmündigung und Diskriminierung der Frau: Kinderheirat, Sati; Aufkommen des Haremswesens, Kurtisanen; Devadasis, tantrische Kulte
1200–1800: Vorherrschaft der Muslime	Delhi Zentrum der Macht (1206–1526); Raziya, Sultanin (1236–1240); Reich von Vijayanagar (1336–1565); Entstehung des Sikhismus (15. Jh.); erste europäische Niederlassungen (16./17. Jh.); Blüte des Mogulreiches (1556–1658); Sieg der Engländer in Bengalen (1757)	Verschärfung der gesellschaftlichen Diskriminierung und Ausgrenzung der Frau: Ausweitung des Haremswesens, Polygamie, Purdah, Schleier; Jauhar, Sati; verbreitete Sklaverei; Aufkommen von Nautch-Darbietungen, Mätressenwesen (Bibis)
1800–1947: britische Kolonialherrschaft	Königreich von Oudh (1819–1856); Jhindan, Herrscherin der Sikhs (1843–1848); Sepoy-Aufstand (1857/58); Lakhshmi Bai, Rani von Jhansi (1858); 1877 Viktoria Kaiserin von Indien; 1919 Gandhi beginnt Freiheitskampf	Entfremdung zwischen Engländern und Indern, Aufkündigung sozialer Kontakte; wachsender Einfluß der Memsahib; Reformbewegung, erste emanzipatorische Ansätze; dekadente Pracht an den Höfen der Maharadschas; beginnendes politisches Bewußtsein der Frau

Perioden	Ereignisse	Entwicklungen
seit 1947: unabhängige Republiken	Progrome im Zuge der Teilung, erneute Ausschreitungen bei der Loslösung Bangladeshs von Pakistan (1971); 1966–1977/1980–1984 Indira Gandhi Ministerpräsidentin; 1971 Abschaffung der den Fürsten zuerkannten Apanagen; Aufkommen des islamischen Fundamentalismus in Pakistan (seit 1977) und Bangladesh (seit 1988); 1988–1990 u. 1993–1996 Benazir Bhutto Premierministerin; seit 1991 Ministerpräsidentinnen in Bangladesh	verfassungsmäßige Garantien zur gesellschaftlichen Gleichstellung; 1974 offizielles Eingeständnis in Indien anhaltender Diskriminierung und Benachteiligung der Frau; Entstehung einer feministischen Bewegung in Indien; Zunahme der Gewalt auf dem Subkontinent (Mitgiftmorde in Indien, »Ehrendelikte« in Pakistan und Bangladesh); 2001 Attentat auf Phoolan Devi

Bildnachweis

Farbtafeln II, V und VIII Aufnahmen des Autors. Übrige Abbildungen: Verlagsarchiv. Trotz nachdrücklicher Bemühungen ist es uns nicht gelungen, alle Rechteinhaber zu ermitteln. Wir bitten diese daher um Verständnis, wenn wir gegebenenfalls erst nachträglich eine Abdruckhonorierung vornehmen können.

Personen- und Sachregister

Emanzipation (s. a. Frauenbewegung) 279 f., 281, 283 f.
England, Engländer s. Großbritannien
Engländerinnen (s. a. Eden u. Parks)
254 f., 279 f., 281
Erotik (s. a. Sexualität) 272

Familie, Ehe (s. a. Harem, Hochzeitszeremoniell u. Kinderehe)
40 ff., 54, 64 f., 78 ff., 85 ff.,
88 ff., 163 f., 165, 167 f., 172, 278,
301, 327
Fatehpur Sikri 190 f.
Feminismus s. Frauenbewegung
Frau s. Inderin
Frauenbewegung (s. a. Emanzipation) 281, 336 ff.
Frauenhandel 332 ff.
Fundamentalismus (s. a. Islamismus)
347 f.
Fürer–Haimendorf, Christoph von
327

Gandhi, Indira 284, 295 ff., 305,
324
Gandhi, Mohandas Karamchand
(Mahatma) 282 ff., 345
ganikas 100
Geschichte s. Indien
Gesetze (s. a. Reformen) 11 f., 235,
273 f., 276, 277, 278, 310, 311,
316, 334 f., 336
Gesetzesbücher (s. a. Manu) 76
Ghotul 328 f.
Gita Govinda 109
Goa 201
Gond 134, 327 ff.
gopis 106
Göttinnen (s. a. Muttergottheit u.
Kali) 35, 62, 115, 230
Großbritannien, Briten 15, 122,
200 f., 202 f., 210, 227 ff., 236,
238, 249 f., 279, 342 f.
Günderrode, Caroline von 292
Gwalior (Ort) 246 f.

Haq, Zia ul– 301

Harbou, Thea von 292
Harem (s. a. Zenana) 147, 149,
157 ff., 170 ff., 175 f., 177, 182 ff.,
186 ff., 189 f., 191 f., 196, 222,
226, 263, 271
Harkha 188 f.
Hawkins, William 202, 203 ff.
Hazrat Mahal 218 f., 220, 242
Hinduismus 9, 11, 15, 16 f., 29, 52,
53, 54 f., 60, 63, 104, 153, 178,
230, 232, 327
Hochzeitszeremoniell 89 ff., 164 f.,
166 f., 168, 267
Huris 174

Ibn Battuta 124 ff., 130, 131, 161,
183
Inderin 251 f.
– gesellschaftliche Stellung (s. a.
Matriarchat sowie Emanzipation)
37, 40 f., 54, 55, 61, 74 ff., 114 f.,
127, 152, 178 f., 189 f., 221, 230,
232 f., 275, 278, 298, 301, 325 ff.,
335, 337 f., 346 f., 362 f.
Indien (s. a. Südindien) 302, 310 ff.,
348
– Geschichte 15, 17, 26, 36, 60,
74, 109, 122, 128, 134, 152, 201,
219, 288, 346 f., 362 f.
Indika 80
Indologie 17 f., 276
Induskultur 30, 32 f., 34, 35, 37,
104
Islam (s. a. Mogul u. Muslime) 9,
15, 60, 75, 109, 122, 127, 147, 149,
158, 160, 178, 184, 198, 230, 232,
302
Islamismus 301, 302, 305, 308

Jahanara 199 f., 201
Jahangir 189, 190, 192, 194 f., 203 f.
Jaipur (Fürstentum) 267 ff.
Jaipur (Ort) 293 f.
Jauhar 137 ff., 143, 162
Jhansi (Fürstentum) 237 ff.
Jhansi (Ort) 239, 241 f., 243, 246
Jindan (Jind Kaur) 226 ff.
Jodh Bai 191